CURSO DE DIREITO PENAL
PARTE GERAL

SÉRIE CURSOS DE DIREITO

inter
saberes

Fauzi Hassan Choukr

CURSO DE DIREITO PENAL
PARTE GERAL

Rua Clara Vendramin, 58 ■ Mossunguê
CEP 81200-170 ■ Curitiba ■ PR ■ Brasil
Fone: (41) 2106-4170
www.intersaberes.com
editora@intersaberes.com

Conselho editorial Dr. Alexandre Coutinho Pagliarini ■ Drª Elena Godoy ■ Dr. Neri dos Santos ■ Mª Maria Lúcia Prado Sabatella
Editora-chefe Lindsay Azambuja
Gerente editorial Ariadne Nunes Wenger
Assistente editorial Daniela Viroli Pereira Pinto
Edição de texto Letra & Língua Ltda. - ME
Tiago Krelling Marinaska
Capa Iná Trigo
Projeto gráfico Sílvio Gabriel Spannenberg
Designer responsável Charles L. da Silva
Diagramação Fabio Vinicius da Silva
Iconografia Regina Claudia Cruz Prestes

Dados Internacionais de Catalogação na Publicação (CIP)
(Câmara Brasileira do Livro, SP, Brasil)

Choukr, Fauzi Hassan
  Curso de direito penal : parte geral / Fauzi Hassan Choukr. -- Curitiba, PR : Intersaberes, 2024. (Série cursos de direito)
  Bibliografia.
  ISBN 978-85-227-0895-6
  1. Direito - Estudo e ensino 2. Direito penal - Brasil I. Título. II. Série.

23-177953   CDU-343(81)

Índices para catálogo sistemático:
1. Brasil : Direito penal   343(81)
Eliane de Freitas Leite - Bibliotecária - CRB 8/8415

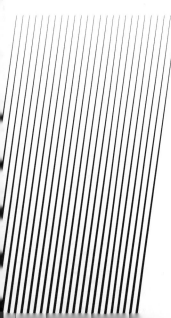

1ª edição, 2024.
Foi feito o depósito legal.
Informamos que é de inteira responsabilidade do autor a emissão de conceitos. Nenhuma parte desta publicação poderá ser reproduzida por qualquer meio ou forma sem a prévia autorização da Editora Intersaberes. A violação dos direitos autorais é crime estabelecido na Lei n. 9.610/1998 e punido pelo art. 184 do Código Penal.

Sumário

Capítulo 1

Fundamentos para um sistema punitivo no Estado Democrático de Direito   7

1.1 Sistema penal e Direito Penal   8

1.2 A subordinação ao Estado de Direito e a legitimação do Direito Penal   16

1.3 A relação entre sistema penal e direitos fundamentais   19

1.4 O objeto do Direito Penal: o que punir   20

1.5 A construção do saber penal   23

Capítulo 2

Tipo penal   33

2.1 Elementos fundamentais do tipo penal   40

2.2 Tipo penal e sua construção legislativa   45

2.3 A estrutura do tipo penal   55

2.4 Tipo penal, linguagem e interpretação   60

2.5 Tipo penal no tempo   64

2.6 Tipo penal e sua incidência no espaço   69

Capítulo 3

Conduta   75

3.1 Conceituação de conduta: manifestação objetiva   77

3.2 Espécies de conduta   81

3.3 A conduta e seus protagonismos   83

Capítulo 4

Resultado   99

4.1 O resultado do comportamento: abordagem geral   104

4.2 Espécies   108

4.3 O momento do resultado e a classificação dos crimes   115

Capítulo 5

Elemento anímico: elemento subjetivo do tipo   119

5.1 Introdução   120

5.2 Dolo   121

5.3 Culpa   130

Capítulo 6

Responsabilização   135

6.1 A atribuição de responsabilização: uma explicação prévia   138

6.2 A responsabilização integral   141
6.3 A responsabilização em crise   148
6.4 O comprometimento cognitivo e a resposta penal   154
6.5 Causas de inimputabilidade   157

Capítulo 7
Penas   159
7.1 Justificações para existência da pena   187
7.2 Fundamentos constitucionais para criação e aplicação da pena   190
7.3 Pena e conduta   199
7.4 Espécies de pena   206

Capítulo 8
Punibilidade e sua extinção   241
8.1 A punibilidade e seus fundamentos de ocorrência   247
8.2 A extinção da punibilidade   248

REFERÊNCIAS   277
SOBRE O AUTOR   291

Capítulo 1

Fundamentos para um sistema punitivo no Estado Democrático de Direito

1.1 Sistema penal e Direito Penal

A existência de um sistema[1] punitivo[2] é uma construção social[3], não um dado natural. Pressupõe, portanto, uma estrutura política[4], cultural[5] e econômica[6] que o precede e, em certo sentido, o orienta e o legitima. Na qualidade de sistema (decomposto em subsistemas na forma a ser discutida mais adiante), está estruturado em segmentos alegadamente dotados de uma coesa racionalidade que, também idealisticamente, funcionariam de modo a garantir sua operacionalidade.

Adota-se, aqui, portanto, uma concepção orgânica-funcional pela qual os componentes sistêmicos têm inter-relação[7] e, ao mesmo tempo, graus de independência de constituição, voltados para determinada finalidade comum que será discutida na sequência. Evidencia-se, portanto, o caráter efetivamente concreto do sistema penal (SP), que não se presta a estritas construções desvinculadas de operatividade e consequências sociais.[8]

---

1 Aqui entendido como sistema na forma inicialmente proposta por VON BERTALANFFY, Ludwig et al. **Teoria dos sistemas**. Fundação Getulio Vargas, 1976, diferenciando os sistemas fechados e os abertos, estes últimos preservando sua existência a partir de trocas externas. Essas trocas, no caso do sistema punitivo, somente serão possíveis de existir na forma como proposto na sequência, no texto principal.

2 A ideia de punição é ínsita a esse sistema. A natureza da punição (discutida na teoria da pena), assim como a concatenação de atos que chegam a esse resultado (a persecução penal) terão, ao longo desta obra, um sentido que se pretende diverso daquele predominantemente postulado.

3 Por todos, ver GARLAND, David. **A cultura do controle**: crime e ordem social na sociedade contemporânea. Rio de Janeiro: Revan, 2005.

4 Aspectos dessa vinculação podem ser analisados em ZAFFARONI, Eugenio Raúl et al. **Direito penal brasileiro**. Rio de Janeiro: Revan, 2003. v. 1. p. 532.

5 A diversidade do conceito de cultura é vasta. Para o âmbito estrito do presente Livro, ver GARLAND, David. Concepts of Culture in the Sociology of Punishment. **Theoretical Criminology**, v. 10, n. 4, p. 419-447, 2006.

6 A aproximação de modelos econômicos ao sistema punitivo será objeto de considerações específicas. A abordagem é necessária para compreender críticas como as expendidas, entre outros, por BRANDARIZ GARCÍA, José A.; MELOSSI, Dario; SOZZO, Máximo. The Political Economy of Punishment Today: an Introduction. In: ____. **The Political Economy of Punishment Today**: Visions, Debates and Challenges. New York, NY: Routledge, 2017. p. 1-22.

7 Na inter-relação será evidenciado, ao longo da obra, que não existem conceitos e práticas completamente independentes dentro do sistema. Assim, adiantando alguns aspectos que serão aprofundados ao seu tempo, um conceito construído na teoria do crime, por exemplo, será dependente de instrumentos processuais que o certifiquem, com a consequência de, em não o fazendo – ou não sendo possível fazê-lo – constituir-se em estrita concepção sem aplicabilidade.

8 Nesse sentido, em BATISTA, Nilo. **Introdução crítica ao direito penal brasileiro**. Rio de Janeiro: Revan, 1990, p. 25, a afirmação que o sistema penal "é uma realidade, e não uma abstração dedutível das normas jurídicas que o delineiam".

Na visão ainda predominante quer do ponto de vista social, quer em nichos significativos da cultura – social e jurídica – em torno do sistema punitivo[9] e, em particular, para esta obra, o Direito Penal – DP (um dos componentes desse sistema, historicamente visto como protagonista) existe e se mantém para reafirmar a ordem social[10]. Como consequência será, portanto, essencialmente conservador[11], tendente a criar categorias teóricas e práticas operacionais reafirmadoras da ordem que se pretende manter.[12]

> A finalidade e a legitimação do DP estão ligadas à preservação, afirmação e expansão dos direitos humanos e fundamentais.

O que se propõe como eixo estruturante de todo o desenvolvimento teórico que se seguirá é que a justificativa de um sistema punitivo só tem sentido existencial com o propósito de preservar, afirmar e **expandir** a efetiva tutela de direitos humanos e fundamentais que é o único ambiente sociopolítico no qual ele pode surgir de maneira legítima, dando, assim, um significado concreto ao que antes se referiu como "estrutura política e social".[13]

> Assim, ao lado da construção consolidada de serem os direitos humanos e fundamentais limites "negativos" para o SP, a dizer, as barreiras clássicas de forma de construção, interpretação e funcionamento prático desse sistema, tem-se que eles são os fundamentos legítimos para a própria estruturação desse sistema.

---

9 Aqui definitivamente entendido com Zaffaroni como "controle social punitivo institucionalizado, que na prática abarca desde que se detecta ou supõe detectar-se uma suspeita de delito até que se impõe e executa uma pena, pressupondo uma atividade normativa que cria a lei que institucionaliza o procedimento, a atuação dos funcionários e define os casos e condições para esta atuação". ZAFFARONI, Eugenio Raúl. **Em Busca das Penas Perdidas:** a Perda da Legitimidade do Sistema Penal. Rio Janeiro: Revan, 1989. p. 70.

10 Ordem social que, como afirma TIEDEMANN, Klaus. **Introdução ao direito penal e ao direito processual penal.** Belo Horizonte: Editora Del Rey, 2007, p. 6, não haveria de comportar elementos morais ou religiosos na explicação daquilo que o autor apresenta um sentido evolutivo do DP.

11 Inquietação presente em escritos vinculados com a discussão democratizante do sistema penal, como aponta FRAGOSO: "Indaga-se que função desempenha verdadeiramente o direito punitivo, como écnica de controle social e, em que medida serve aos interesses e preconceitos dos que têm o poder de fazer as normas. E indagase, sobretudo, como funciona realmente o sistema repressivo do Estado. Pergunta-se até que ponto o DP corresponde à defesa de valores de validade geral, numa sociedade pluralística e democrática". FRAGOSO, Heleno Claudio. Ciência e experiência do direito penal. **Revista de Direito Penal**, v. 26, p. 7-17, 1979. p. 3.

12 Da maneira como afirmado por FRAGOSO, "O conjunto de normas que constitui o direito e o processo penal e a doutrina que sobre ele se realiza, cumprem também uma função ideológica, segundo a qual se apresenta a realidade do sistema punitivo de forma ilusória". FRAGOSO, Heleno Claudio. Ciência e experiência do direito penal. **Revista de Direito Penal**, v. 26, p. 7-17, 1979. p. 3.

13 No sentido do texto MAÑALICH, Juan Pablo. La prohibición de la infraprotección como principio de fundamentación de las normas punitivas: ¿Protección de los derechos fundamentales mediante el derecho penal? **Derecho y Humanidades**, n. 11, 2005.

Ademais, esse eixo ressignifica o pontuado papel democrático do SP quando o vincula à limitação do poder de punir estatal, porquanto exige que esse papel interventivo altamente aflitivo e com altíssimos ônus sociais somente atue na proteção daqueles direitos após o pleno esgotamento de todos os demais mecanismos disponíveis para solução de conflitos sociais, sendo que, no caso específico do DP[14], seu emprego, a dizer, a criação de uma norma de conduta penalmente relevante, pressupõe a criteriosa constatação da insuficiência das demais regulações de conduta para que se alcance as finalidades mencionadas acima.

`1.1.1` O conceito de Direito Penal

Uma das possíveis definições de DP o conceitua como

> conjunto de normas jurídicas que, materializando o poder punitivo do Estado, define as infrações penais com a indicação das sanções correspondentes, fixando, simultaneamente, os princípios e garantias fundamentais do cidadão perante o exercício desse poder, ao tempo em que cria os pressupostos de punibilidade e delimita o nível de participação da vítima no conflito.[15]

`1.1.2` As relações do Direito Penal na construção do sistema penal

É inegável que o sistema jurídico-penal enfrenta uma série de problemas e desafios. As categorias dogmáticas atualmente utilizadas são consideradas antiquadas e inadequadas, carecendo de uma perspectiva política-criminal mais atualizada. Além disso, a relação entre o "problema criminal" e as respostas institucionais oferecidas pelo DP é desordenada e muitas vezes ilegítima.

Uma alternativa satisfatória para os problemas enfrentados pelo sistema jurídico-penal só será encontrada por meio de uma abordagem interdisciplinar que estabeleça uma relação dialogada entre o universo jurídico, criminológico e político-criminal. A Criminologia, assim como a Política Criminal, reivindica uma posição de autonomia e transcendência em relação ao campo jurídico-criminal. É por meio do pensamento criminológico que podemos encontrar respostas para a ineficácia do sistema jurídico-penal no controle da criminalidade. Essas respostas devem influenciar o sistema institucionalizado de controle como um

---

14   É uma visão minimalista do sistema punitivo, mas não supressora. Nesse sentido, antecipando considerações que serão desenvolvidas em outros pontos desta Obra, ver PAIVA, Matheus Maciel; DA SILVA FILHO, Edson Vieira. O minimalismo penal de Raúl Zaffaroni e um diálogo com a hermenêutica filosófica como caminhos para a reconstrução do sistema penal brasileiro. **Revista Quaestio Iuris**, v. 14, n. 3, p. 1205-1239, 2021.

15   QUEIROZ, Paulo. **Direito Penal**: introdução crítica. São Paulo: Saraiva, 2001.

todo, especialmente por meio de mandamentos de política criminal. A relação entre o DP, a Criminologia e a Política Criminal deve ser caracterizada por uma unidade funcional, em que cada campo contribui para a determinação dos conceitos e categorias dogmáticas.

1.1.2.1 **Com a Política Criminal**

A ideia de uma "ciência global do Direito Penal" já foi proposta por VON LISZT[16], visando a uma abordagem mais abrangente e harmônica do fenômeno criminal. No entanto, é importante ressaltar que a Política Criminal não deve ser vista como uma disciplina superior à dogmática penal, mas sim como um seu elemento epistêmico.[17]

Recentemente, a relação entre o DP e a Política Criminal tem sido reavaliada, especialmente pela teoria racional-final ou teleológica, que busca uma maior interação entre os dois campos, permitindo que a Política Criminal exerça uma posição privilegiada no discurso jurídico.

Para DELMAS-MARTY[18], a política criminal é "o conjunto de procedimentos através dos quais o corpo social organiza as respostas ao fenômeno criminal", de maneira plural e levando em conta não apenas uma resposta de cunho repressivo isoladamente.

Nesse sentido, pode-se apresentar o seguinte cenário de manifestações de política criminal:

- **Política Criminal Preventiva**: Tem como objetivo evitar a ocorrência de crimes por meio de ações de caráter educativo, social, econômico e político. Envolve medidas como investimento em educação, saúde, emprego e programas de inclusão social.
- **Política Criminal Repressiva**: Concentra-se na punição dos indivíduos que cometem crimes, visando à ressocialização do infrator e à proteção da sociedade. Envolve a aplicação de penas e medidas socioeducativas.
- **Política Criminal de Controle**: Prioriza a aplicação de medidas de controle e monitoramento, como a vigilância eletrônica e o uso de tecnologias de rastreamento, para reduzir a reincidência e garantir a segurança pública.
- **Política Criminal de Tolerância Zero**: Baseia-se na adoção de medidas rigorosas e punitivas para combater a criminalidade, sem tolerância para infrações

---

16 VON LISZT, Franz. **Tratado de Direito Penal Allemão**. Rio de Janeiro: F. Briguiet & C., 1899. Tomo I. p. 105.

17 RIPOLLÉS, José Luis Díez. O Papel Epistêmico da Política Criminal nas Ciências Penais: a Contribuição de V. Liszt. **Direito Público**, v. 19, n. 104, 2022.

18 DELMAS-MARTY, Mireille. **Modelos e movimentos de Política Criminal**. Rio de Janeiro: Revan, 1992. p. 24.

de menor gravidade. É conhecida por sua abordagem mais rigorosa e enfática contra o crime.

E, numa perspectiva mais integrativa, tem-se que, no contexto atual, marcado pela globalização e pelo avanço tecnológico, a política criminal enfrenta novos desafios e novas demandas. Algumas tendências contemporâneas merecem destaque:

- **Política Criminal Transnacional**: Com o aumento da criminalidade transnacional, torna-se necessária uma cooperação internacional mais efetiva no combate a crimes como o tráfico de drogas, o terrorismo e a lavagem de dinheiro.
- **Política Criminal Ambiental**: A proteção do meio ambiente ganha cada vez mais importância na agenda política e criminal. A política criminal ambiental busca a tutela dos recursos naturais e a responsabilização dos infratores.
- **Política Criminal Digital**: O avanço das tecnologias digitais trouxe consigo novos tipos de crimes, como a cibercriminalidade. A política criminal digital busca enfrentar esses desafios, por meio da elaboração de leis e políticas de segurança cibernética.
- **Política Criminal de Gênero**: A violência contra a mulher e a busca pela igualdade de gênero são questões centrais na política criminal contemporânea. Medidas de proteção e combate à violência de gênero estão sendo implementadas em diversos países.

Nas discussões contemporâneas, a política criminal aparece de modo indissociável no quadro geral das políticas públicas[19], uma vez já definidas como programas de ação governamental, resultantes do "alargamento da competência normativa"[20], não somente em relação à instância central, mas também ao plano inferior. A lei passa a ser substituída pela política pública, permanecendo a separação entre as funções de declarar, executar e controlar.

Todavia, para o SP, há de se insistir no papel reservado a cada agência pública no espaço de concretização desse "publicismo político", visto que não se pode assumir como legítimo no Estado de Direito que determinados órgãos públicos no transcurso do devido processo legal assumam a posição de "defender" pautas públicas sob risco direto de assumirem uma posição de "justiciamento" no caso

---

19 TEIDER, Lucas Hinckel et al. Política criminal é política pública? **E-Civitas**, v. 12, n. 2, p. 197-211, 2019.

20 COMPARATO, Fábio Konder. Ensaio sobre o juízo de constitucionalidade de políticas públicas. **Revista dos Tribunais**, ano 86, n. 737, p. 39-48, mar. 1997. p. 18-19. Disponível em: <https://edisciplinas.usp.br/pluginfile.php/4182394/mod_resource/content/1/COMPARATO_Ensaio_sobre_o_juizo_de_constitucionalidade_de_politicas_publicas.pdf>. Acesso em: 30 nov. 2023. p. 46.

concreto, como corretamente aponta ZANOIDE DE MORAES[21], que, após destacar a necessária vinculação de uma política criminal e uma política de "Estado" (e criticar a ausência dela na realidade brasileira), afirma que

> A falta de uma Política de Estado, em cujo bojo possa se inserir de modo claro uma política criminal, assim como o legiferar de modo desorganizado e emergencial propicia o surgimento de outra causa: a atuação desordenada dos operadores do Direito Criminal e dos juristas.

`1.1.2.2` Com a Criminologia[22]

A literatura criminológica aponta de maneira incisiva a seletividade do denominado *sistema penal*, aqui compreendido como "controle social punitivo institucionalizado, que na prática abarca desde que se detecta ou supõe detectar-se uma suspeita de delito até que se impõe e executa uma pena, pressupondo uma atividade normativa que cria a lei que institucionaliza o procedimento, a atuação dos funcionários e define os casos e condições para esta atuação"[23], especialmente naquilo que se compreende por "criminalização secundária", a dizer, na "ação punitiva exercida sobre pessoas concretas"[24], de modo a diferenciá-la da chamada

---

21 ZANOIDE DE MORAES, Maurício. Política criminal, Constituição e Processo Penal: razões da caminhada brasileira para a institucionalização do caos. **Revista da Faculdade de Direito**, Universidade de São Paulo, v. 101, p. 403-430, 2006. p. 419. Disponível em: <https://www.revistas.usp.br/rfdusp/article/view/67712/70320>. Acesso em: 30 nov. 2023.

22 As observações aqui expostas fazem parte das reflexões do Autor construídas ao longo dos últimos 30 anos na docência do sistema penal e refletem o conteúdo de palestras e aulas em cursos de pós-graduação *lato* e *stricto sensu*. Particularmente podem ser encontradas nos seguintes textos: CHOUKR, F. H. Apontamentos sobre a cultura do sistema penal no momento de sua recodificação. In: ANA CLÁUDIA BASTOS DE PINHO; JEAN-FRANÇOIS Y. DELUCHEY; MARCUS ALAN DE MELO GOMES. (Org.). **Tensões Contemporâneas da Repressão Criminal**. Porto Alegre: Livraria do Advogado Editora, 2014. v. 1. p. 29-36; CHOUKR, Fauzi Hassan. **Formação jurídica e redemocratização**. 2016. Disponível em <https://www.jusbrasil.com.br/artigos/formacao-juridica-e-redemocratizacao/269971923>; CHOUKR, Fauzi Hassan. **O direito do Estado de punir**: exclusão social e criminalidade. **ESMAT**, v. 13, n. 22, p. 89-95, jul/dez. 2022.

23 ZAFFARONI, Eugênio Raúl. **Em Busca das Penas Perdidas**: a Perda da Legitimidade do Sistema Penal. Rio de Janeiro: Revan, 1989. p. 70.

24 ZAFFARONI, Eugenio Raúl et al. **Direito penal brasileiro**. Rio de Janeiro: Revan, 2003. v. 1. p. 43.

criminalização primária[25], compreendida como "o ato e o efeito de sancionar uma lei penal material que incrimina ou permite a punição de certas pessoas"[26].

Essa seletividade, na forma como apregoada por setores da criminologia, especialmente denominada "crítica", surge como um sucedâneo do denominado *labeling approach*, que visa à "construção de uma teoria materialista, ou seja, econômico-política, do desvio, dos comportamentos socialmente negativos e da criminalização, um trabalho que leva em conta instrumentos conceituais e hipóteses elaboradas no âmbito do marxismo", no dizer de um de seus maiores representantes, BARATTA (1999, p. 159), colocando em xeque a legitimação do funcionamento e da própria existência do sistema penal, não raras vezes desdobrando-se em conformações teóricas que buscam justificar a própria eliminação (abolição) do sistema penal (por todos, Hulsman, 1997, *passim*).

Essa visão tem o grande mérito de descortinar para o SP a face concreta da realidade. Realidade que é plural em todas as suas manifestações: econômica, política, social e, num amplo sentido, cultural.

Com efeito, ainda que tomada inicialmente com bases marxistas, como afirmou BARATTA, o foco "materialista" descortina um sistema penal tendentemente voltado para um selecionado grupo que pode ser destinatário de um determinado "modelo penal" devido ao seu confronto com o poder político dominante, surgindo daí um aparato de punição que leve em conta essa motivação e aja de acordo com uma "lógica de Estado". Quando não, em situações de exceção ao Estado de direito, esse aparato repressivo motiva sua atuação com instrumentos ideológicos como a "doutrina de segurança nacional", de existência recente em larga parte da América do Sul há não muitos anos inclusive entre nós (Skidmore, 1998, *passim*).

Essa seletividade ainda pode surgir tendo como destinatários grupos economicamente desfavorecidos ou deslocados em face de políticas econômicas como aponta WACQUANT (2001, p. 70), ao afirmar que

---

25 A criminalização abstrata de condutas corresponde ao que, na criminologia, ZAFFARONI denomina *criminalização primária*: "Los legisladores proyectan la punición en abstracto, lo que se llama criminalización primaria. La criminalización primaria es un proyecto legal tan enorme que em sentido estricto abarcaría a casi toda la población. Es um programa irrealizable que se cumple en muy escassa medida, pues sólo en un pequeño número de casos las agencias ejecutivas seleccionan a personas sobre las que ejercen el poder punitivo". ["Os legisladores projetam a punição em abstrato, o que se denomina de criminalização primária. A criminalização primária é um projeto legal tão enorme que, em sentido estrito, abarcaria a quase toda a população. É um programa irrealizável que se cumpre de forma muito escassa, pois só em pequeno numero de casos as agências executivas selecionam as pessoas sobre as quais exercem o poder punitivo"] (ZAFFARONI, Eugenio Raúl. **Estructura básica del derecho penal**. Buenos Aires: Ediar, 2009, p. 22).

26 *Idem*, p. 43.

> A penalidade neoliberal apresenta o seguinte paradoxo: pretende remediar com um "mais Estado" policial e penitenciário o "menos Estado" econômico e social que é a própria causa da escalada generalizada da insegurança objetiva e subjetiva em todos os países, tanto do Primeiro como do Segundo Mundo. No entanto, e sobretudo, a penalidade neoliberal ainda é mais sedutora e mais funesta quando aplicada em países ao mesmo tempo atingidos por fortes desigualdades de condições e de oportunidades de vida e desprovidos de tradição democrática e de instituições capazes de amortecer os choques causados pela mutação do trabalho e do indivíduo [...].

Ainda nessa função selecionadora, o sistema penal pode dirigir-se a determinados grupos em virtude das opções de "cultura" por eles adotados, criminalizando "modos de ser", e não "atos", num arco de situações que vai desde a opção sexual (*v.g.* com o funcionamento da máquina penal para punir opções de índole sexual) até a crítica ao comportamento religioso na sociedade, nisso residindo criminalização primária e secundária.

Como consequência, a visão crítica tende a gerar um discurso teórico de "emancipação" como aponta CASTRO (2005, *passim*), para quem deve-se levar em conta "não apenas a maneira como se exerce o controle formal, mas a maneira pela qual as ideologias são constituídas e manipuladas, sem o que entenderemos muito pouco daquele controle formal" (CASTRO, 2005, p. 94).

A realidade descortinada e, por que não, dilacerada em suas motivações políticas e ideológicas é apresentada reiteradamente pelos conflitos e pela dominação hegemônica (o que se justifica pelas raízes marxistas, como já apontado) e direciona a necessidade da ruptura com o "sistema penal" marcado por todas as insuficiências já declinadas. Sem embargo, paradoxalmente, não impede, como se verá, que venha acompanhado de efeitos agregados que podem não ser exatamente úteis diante da constatação da perenidade de um sistema punitivo.

`1.1.2.3` Com o Processo Penal

Direito e Processo Penal têm uma relação coexistencial[27] que permite afirmar que a norma penal somente se realiza vivamente no curso do devido processo legal. Este tópico, pela dimensão que estabelece com o tipo penal, será expandido nos próximos capítulos. Aqui, tem-se que o DP concreto somente se perfaz ao final da sentença condenatória definitiva que reconhece a conduta de um comportamento típico atribuível à pessoa acusada.

---

27 Para uma abordagem do tema ver, dentre outros, DE LORENZI, Felipe da Costa; CEOLIN, Guilherme Francisco; BUONICORE, Bruno Tadeu. As relações de complementaridade entre direito penal, direito processual penal e política criminal. **Revista Brasileira de Políticas Públicas**, v. 13, n. 1, 2023.

1.2 A subordinação ao Estado de Direito e a legitimação do Direito Penal

A face política do DP é bem destacada[28] e assim se deve entender

> Porque o Direito Penal encerra em si o uso estatal da violência, sua compreensão somente pode ser efetuada através da união de seus elementos técnicos-dogmáticos com o seu significado político. Com efeito, o face política do Direito Penal aflora tão fortemente que ele é apontado como o mais sensível termômetro da feição política do próprio Estado, isto é, se a violência da pena for aplicada de forma ilimitada, sem resguardar a Dignidade da Pessoa Humana, estaremos diante de um Estado arbitrário; de outro lado, se a violência da pena for aplicada dentro de parâmetros de proporcionalidade (legalidade, culpabilidade etc.), de modo que se respeite a dita Dignidade da Pessoa Humana, estar-se-á ante a um Estado democrático.[29]

Nesse contexto, um sistema político baseado no arbítrio não dispõe de um DP no sentido trabalhado nesta obra. Pode contar com instituições atuantes num modelo repressivo e, até mesmo, nominalmente, um "Código Penal". Mas o desamparo das bases democráticas e de um sistema político a ela correlato desautorizam que se forme um SP e um DP que condigam com o eixo teórico aqui adotado.

1.2.1 A função dos princípios constitucionais como limitação do Direito Penal

Cabe ressaltar inicialmente que, por uma opção metodológica, não serão tratados aqui os "princípios constitucionais" ligados ao DP, que serão inseridos nas discussões em cada capítulo.

DA SILVA[30] aponta com precisão que

> A palavra princípio é equívoca. Aparece com sentidos diversos. Apresenta a acepção de começo, de início. Norma de princípio (ou disposição de princípio), p. ex., significa norma que contém o início ou esquema de um órgão, entidade

---

28 Por todos ver BRANDÃO, Cláudio. Significado político-constitucional do direito penal. **Revista Brasileira de Direito Constitucional**, v. 7, n. 1, p. 31-45, 2006.

29 BRANDÃO, *op cit.*, p. 12.

30 DA SILVA, José Afonso. Os princípios constitucionais fundamentais. **Revista do Tribunal Regional Federal 1ª Região**, v. 6, n. 4, p. 17-22, 1994. p. 18.

ou de programa, como são as normas de princípio institutivo e as de princípio programático. Não é nesse sentido que se acha a palavra princípios da expressão princípios fundamentais do Título I da Constituição. Princípio aí exprime a noção de "mandamento nuclear de um sistema".

Esse mesmo autor, corroborando a visão de CANOTILHO, divide os princípios entre "princípios jurídico-constitucionais" e "princípios político-constitucionais", alocando entre os primeiros os atinentes ao SP; enquanto para o autor português, os princípios se dividem em "princípios jurídicos fundamentais, princípios políticos constitucionalmente conformadores, princípios constitucionais impositivos e os princípios-garantia".[31]

Destaca-se a importância da afirmação de CANOTILHO sobre a função **negativa** dos princípios, concebida como

> Particularmente relevante nos casos limites (Estado de Direito e de não direito, Estado Democrático e ditadura). A função negativa dos princípios é ainda importante noutros casos onde não está em causa a negação do Estado de Direito e da legalidade democrática, mas emerge com perigo o "excesso de poder".[32]

Assim,

> Os princípios jurídicos fundamentais, na visão de Canotilho, são, pois, os que possuem função negativa (princípio da proibição do excesso), função positiva (informar os atos dos poderes públicos) e se traduzem nos princípios gerais de Direito, cujas premissas, no sentido material, norteiam a interpretação, integração e conhecimento das normas jurídicas, e também vinculam o legislador no ato de legislar.[33]

Nesse campo, com uma função limitadora (legislativa e na hermenêutica), encontram-se os princípios conformadores do SP.

1.2.2 A insuficiência da apostasia do sistema penal

As teorias críticas, tenham elas explícito e arraigado apego marxista ou não, esbarram na constatação da perenidade de um sistema punitivo. Especialmente as posições de eliminação do SP pela via da sua abolição, ainda que constituam

---

31 CANOTILHO, J. J. Gomes. **Direito constitucional e Teoria da Constituição**. 5. ed. Coimbra: Amedina, 2002. p. 1148.

32 *Idem, ibidem.*

33 DOVERA, Ruth Lusia Duarte. Princípios constitucionais. **Revista Eletrônica Direito e Política, Programa de Pós-Graduação Stricto Sensu em Ciência Jurídica da UNIVALI**, Itajaí, v. 7, n. 2, p. 13, 2º quadrimestre de 2012. Disponível em: <www.univali.br/direitoepolitica>. Acesso em: 13 out. 2023.

"el modo más radical de afrontar la realidad del Derecho penal, entendido como potestad punitiva del Estado ejercida en el marco de un conjunto de normas: en efecto, en su versión más radical, rechaza la existencia del Derecho penal y propone su substitución por otras formas no punitivas de resolución de los conflictos que llamamos 'delitos'", têm "Su capacidad real de resolución del problema de la criminalidad termina donde comienza el verdadero núcleo del Derecho penal"[34].

Não por outra razão aponta ROXIN[35] enfaticamente que o "direito penal tem um futuro" e que os mecanismos alternativos como a expansão de vigilância sobre pessoas, ainda que de maneira permitida, não "conseguirá tornar o direito penal supérfluo".

Mas o que as formas apostáticas de discussão do SP apresentam de insuficiente não é apenas "sua capacidade real de resolução do problema da criminalidade" como apregoou SILVA SÁNCHEZ, mas sim o fato de não apresentarem encaminhamentos concretos para aquilo a ser feito em outros âmbitos, pois a "função" desse viés de crítica é pura e simplesmente argumentar que o "problema não é legitimamente resolvido pelo sistema penal"[36]. Observado por esse prisma, a visão crítica pode funcionar com o efeito colateral da paralisia da própria cultura do SP.

Há perda de sentido na discussão do SP quando se destaca sua congênita vocação para a seletividade e tudo de mais importante se volta para a própria denúncia dessa deformação original, seja apregoando seus vícios de formação a partir de matrizes econômicas (o SP voltado para o domínio das classes econômicas desfavorecidas por aquelas detentoras do "poder"), políticas (o SP como fonte de perenidade de uma facção política no "poder") ou culturais (o SP como reprodutor de valores de "dominantes" sobre "dominados").

Da mesma maneira, o discurso da deslegitimação do SP também é sentido quando, superando-se determinado estado de "não Direito" no qual houve a quebra dos parâmetros democráticos, a reconstrução das estruturas democráticas é debilitada e se faz atuar lentamente como fruto da insuficiência da transição politico-jurídica, que, mantendo as heranças culturais do regime anterior, as reproduz nas novas estruturas de modo real (manutenção expressa de mecanismos legais do regime anterior) ou simbólico (manutenção dos símbolos culturais que rege(ia)m o modelo anterior).

Essa busca por legitimar e circunscrever o sistema punitivo e, em particular, o DP, não eliminará uma potencial disfuncionalidade que lhe parece inevitável: sua seletividade. Contudo, a adoção da premissa tomada tenderá a apontar de

---

34 SILVA SÁNCHEZ, Jesús-Maria. **Aproximación al Derecho Penal Contemporáneo**. Barcelona: JM Bosch, 1992. p. 35.

35 ROXIN, Claus. Tem futuro o direito penal? In: ____. **Estudos de direito penal**. Tradução Luís Greco. Rio de Janeiro: Renovar, 2006. p. 28.

36 SILVA SÁNCHEZ, op. cit., idem.

maneira mais assertiva essa seletividade, hoje majoritariamente presente em segmentos críticos do funcionamento do sistema punitivo. Também, como se verá, tende a concretizar no campo conceitual e operacional a aspiração da construção de um saber condizente com necessidades específicas de uma sociedade concretamente identificada.

Adiante-se que isso não significa a adoção de um atomismo conceitual, a dizer, a negação de temas universais inerentes ao DP, tais como a legítima defesa, com a discussão sobre seus conceitos e suas consequências. Esse universalismo, contudo, estará orientado pelos direitos humanos e fundamentais em sua interpretação e operacionalização.

Ademais, exatamente essa premissa será essencial para o emprego do método comparado, sempre essencial para compreensão dos limites e forma de atuação de conceitos e práticas, agora potencialmente desnudados quanto à sua inaptidão de implantação por puro mimetismo ou, ainda, adequando conceitos à realidade social concreta. Exemplos dessas situações serão apresentados no decorrer do presente capítulo.

1.3 A relação entre sistema penal e direitos fundamentais

Ao colocar-se os direitos humanos e fundamentais como eixo construtivo do sistema punitivo, abre-se espaço para a discussão sobre a existência entre eles de uma diferenciação de espaços de construção que leva, por sua vez, à necessidade da existência de uma estrutura (normativa, cultural) dialogal entre ambos, algo particularmente relevante quando se fala do DP.

Como consequência, todos os segmentos que integram esse sistema devem estar alicerçados e orientados, quer do ponto de vista teórico, quer nas suas práticas operacionais concretas, naquela premissa, funcionando, um em relação aos outros, como mecanismos internos de freios e contrapesos.

Neste ponto, para um direito material penal abstratamente incapaz de nuançar as realidades objetivas para as quais se projeta, deve existir um mecanismo processual que equilibre esse sistema oferecendo soluções prático-operacionais como a justiça restaurativa; para políticas públicas de segurança expansivas de determinada visão de **governo** que afetem direitos fundamentais, deve-se ter um sistema normativo penal de refreamento desses mecanismos; quando determinado arcabouço normativo acaba por ser inserido no sistema normativo (ainda que pendente seu controle de constitucionalidade), a doutrina deve servir de contraponto a essa estrutura.

Reconhecer esse fundamento e essa finalidade pressupõe que se fale em "sistemas punitivos", no plural, e não na singularidade que marca a maior parte do desenvolvimento cultural do tema. Construído com base em uma visão monolítica de sociedade, a afirmação singular nega(va) a própria existência de múltiplos conflitos sociais, encarnando uma resposta igualmente singular a todos eles. Vincular definitivamente o sistema punitivo aos direitos fundamentais implica quebrar essa lógica.

Modificam-se, assim, com as premissas lançadas, entre outros aspectos da compreensão do sistema punitivo e, em particular, para esta obra, do DP:

a] a forma de legitimá-lo;

b] a forma de conceber suas finalidades legítimas;

c] a maneira de se construírem seus parâmetros teóricos (e a ressignificação do papel da "doutrina");

d] o modo de criar suas bases normativas (uma dimensão diferenciada do princípio da legalidade penal);

e] o modo como o "direito vivo" (a "jurisprudência") o interpreta.

1.4 **O objeto do Direito Penal: o que punir**

1.4.1 **O bem jurídico**

Como aponta BECHARA,[37]

> O autor que pela primeira vez se utilizou da noção de bem jurídico, Johann Michael Franz Birnbaum (Über das Erfordernis eines Rechtsverletzung zum Begriff des Verbrechens, Archiv des Criminalrechts – 1834, p. 149 e ss.), em meados do século XIX, visava com ela a abranger um conjunto de valores, de conteúdo liberal, que fosse apto a basear a punibilidade dos comportamentos que os ofendessem.

O conceito de *bem jurídico*, superando a visão prioritariamente individualista na qual foi inicialmente inserido[38], é fundamental para a compreensão do DP e

---

37 BECHARA, Ana Elisa Liberatore S. O rendimento da teoria do bem jurídico no direito penal atual. **Revista Liberdades**, v. 1, n. 1, p. 16-29, 2009. p. 17. Disponível em: <https://ibccrim.org.br/media/posts/arquivos/1/artigo1.pdf>. ACesso em: 30 nov. 2023.

38 GIULIANI, Emília Merlini. A função crítica do bem jurídico supraindividual em face da intervenção Penal. **Revista Justiça e Sistema Criminal**, v. 6, n. 11, p. 101-120, 2014.

para a definição do que é considerado crime. Em sentido geral, bem jurídico é tudo aquilo que tem valor para o ser humano. No entanto, é importante diferenciar bem jurídico de bem em sentido estrito, uma vez que o bem jurídico é o objeto de tutela penal.

O principal desafio do DP é estabelecer regras para a escolha dos bens e valores fundamentais da sociedade que serão considerados crimes e as sanções proporcionais a essas lesões. A função político-criminal do bem jurídico é um dos critérios principais para essa delimitação, pois é por meio do valor do bem jurídico que se relaciona com as funções da pena, tais como a reparação e a prevenção do ilícito.

O bem jurídico é o reflexo dos valores fundamentais de uma sociedade em determinado momento histórico. É o conjunto de valores ético-sociais eleitos pelo DP para assegurar a paz social e que são colocados sob sua proteção para evitar ataques ou lesões a esses interesses. O conceito de bem jurídico deriva das necessidades do ser humano ao longo de suas experiências de vida, em que o legislador capta a axiologia social e transforma o interesse em objeto tutelado penalmente.

O bem jurídico desempenha várias funções no DP[39]:

- **Função de Garantia ou de Limitar o Direito de Punir do Estado**[40]: O bem jurídico tem a função de limitar a dimensão material da norma penal, de modo que o Estado Democrático e Social de Direito só deve tutelar condutas que gerem grave lesão ou perigo a esses bens.
- **Função Teleológica ou Interpretativa**: O bem jurídico condiciona a interpretação dos tipos penais e o sentido e alcance da proteção a determinado bem jurídico.
- **Função Individualizadora**: O bem jurídico funciona como critério de ponderação da pena, analisando a gravidade da lesão.
- **Função Sistemática**: A classificação interna dos delitos dentro da Parte Especial do Código Penal (CP) leva em consideração os bens jurídicos protegidos, orientando a atividade de proteção desses interesses.

---

39 A ver a classificação, entre outros, dada por DA SILVA, Ivan Luiz. O bem jurídico-penal como limite material à intervenção criminal. **Revista de Informação Legislativa**, v. 50, n. 197, p. 65-74, 2013.

40 E, nesse sentido, de legitimá-lo. A ver em AZEVEDO, André Mauro Lacerda; NETO, Orlando Faccinni. **O bem jurídico penal**: duas visões sobre a legitimação do direito penal a partir da teoria do bem jurídico. Porto Alegre: Livraria do Advogado Editora, 2021.

1.4.2 Efetiva lesão ao bem jurídico e intervenção penal

A considerar a posição central que ocupa o bem jurídico impõe considerar que sua efetiva lesão é condicionante para a imposição da pena. Lesões ínfimas implicam a desconsideração da ocorrência da tipicidade. A isso se convencionou denominar de *insignificância penal*, expressão que

> foi cunhado pela primeira vez por Claus Roxin, em 1964, que voltou a repeti-lo em sua obra Política Criminal y Sistema del Derecho Penal, partindo do velho adágio latino mínima non curat praetor. A tipicidade penal exige uma ofensa de alguma gravidade a bens jurídicos protegidos, pois nem sempre qualquer ofensa a esses bens ou interesses é suficiente para configurar o injusto típico.[41]

Neste sentido, conforme abalizada doutrina,

> o Direito Penal, como é sabido, diante de sua natureza subsidiária e fragmentária, só deve ir até onde seja necessário para a proteção do bem jurídico, não se ocupando de bagatelas. Para isso, é preciso considerar materialmente atípicas as condutas lesivas de inequívoca insignificância para a vida em sociedade. O juízo de tipicidade, para quer tenha efetiva significância e não atinja fatos que devam ser estranhos ao direito penal, por sua aceitação pela sociedade ou dano socialmente irrelevante, deve entender o tipo na sua concepção material, como algo dotado de conteúdo valorativo, e não apenas sob seu aspecto formal. A imperfeição do trabalho legislativo faz com que possam ser consideradas formalmente típicas condutas que, na verdade, deveriam estar excluídas do âmbito de proibição estabelecido pelo tipo penal. Ao realizar o trabalho de redação do tipo penal, o legislador apenas tem em mente os prejuízos relevantes que o comportamento incriminado possa causar à ordem jurídica e social. Todavia, não dispõe de meios para evitar que também sejam alcançados os casos leves. O princípio da insignificância surge justamente para evitar situações dessa espécie, atuando como instrumento de interpretação restritiva do tipo penal, com o significado sistemático e político-criminal de expressão da regra constitucional do nullum crimen sine lege, que nada mais faz do que revelar a natureza fragmentária e subsidiária do direito penal.[42]

O princípio da insignificância se baseia no princípio da intervenção mínima, que estabelece que o DP deve ser aplicado apenas como última possibilidade,

---

41 BITTENCOURT, Cezar Roberto. **Tratado de Direito Penal**: Parte Geral – v. 1. 14. ed. São Paulo: Saraiva, 2009. p. 21-22.

42 VICO MAÑAS, Carlos. **O Princípio da Insignificância como Excludente da Tipicidade no Direito Penal**. São Paulo: Saraiva, 1994.

quando outras formas de solução do conflito se mostrarem insuficientes. O objetivo é evitar que o Estado exerça um poder punitivo excessivo sobre a sociedade, utilizando o encarceramento e a privação de liberdade como último recurso.

A aplicação do princípio da insignificância no DP requer o preenchimento de quatro condições essenciais:

1] **Mínima ofensividade da conduta**: a conduta praticada deve ter uma baixa capacidade de causar ofensa ou dano significativo.
2] **Inexistência de periculosidade social do ato**: a conduta não deve representar um perigo para a sociedade, não sendo capaz de gerar um sentimento de insegurança coletiva.
3] **Reduzido grau de reprovabilidade do comportamento**: a conduta praticada deve ser considerada de pouca gravidade moral, sem grande reprovação social.
4] **Inexpressividade da lesão provocada**: a lesão jurídica causada pela conduta deve ser insignificante, não causando um prejuízo relevante aos bens jurídicos tutelados.

Ademais, conforme pontuam ZAFFARONI e PIERANGELI,[43]

> A insignificância da afetação exclui a tipicidade, mas só pode ser estabelecida através da consideração conglobada da norma: toda a ordem normativa persegue uma finalidade, tem um sentido, que é a garantia jurídica para possibilitar uma coexistência que evite a guerra civil (a guerra de todos contra todos). A insignificância só pode surgir à luz da finalidade geral que dá sentido à ordem normativa, e, portanto, à norma em particular, e que nos indica que essas hipóteses estão excluídas de seu âmbito de proibição, o que não pode ser estabelecido à simples luz de sua consideração isolada.

1.5 A construção do saber penal[44]

Lançado marco teórico na forma exposta, deve-se questionar se o saber penal tradicional é "suficiente" para alicerçar as finalidades de preservação, afirmação e expansão do DP. Nesse âmbito específico subjaz a ideia de se, em algum momento, a denominada dogmática "tradicional" foi capaz de atender aos anseios

---

43 ZAFFARONI, Eugênio Raúl. PIERANGELI, José Henrique. **Manual de Direito Penal Brasileiro**: Parte Geral. 3. ed. São Paulo: Revista dos Tribunais, 2001. p. 459.

44 Muitas das reflexões aqui expostas foram trabalhadas em CHOUKR, Fauzi Hassan. Diálogos possíveis entre o Supremo Tribunal Federal e a Corte Interamericana de Direitos Humanos no "Caso Araguaia": uma defesa ampla, geral e irrestrita dos direitos humanos? **Revista Brasileira de Direito Processual Penal**, v. 2, n. 1, 2016. Disponível em: <https://revista.ibraspp.com.br/RBDPP/article/view/24>. Acesso em: 6 fev. 2024.

de eficiência/efetividade na fruição desses direitos tidos como fundamentais por meio do SP e, em especial, do DP.

Para o enfrentamento dessa questão, deve-se, a meu juízo, focar em primeiro plano a fundamentação (meta)teórica desses "direitos" partindo-se, pela amplitude que lhe é própria, daqueles denominados "humanos".

Recorde-se que as condições políticas após o fim da Guerra Fria propiciaram o surgimento de uma fase de expansão de compromissos internacionais voltados para a proteção dos "direitos humanos", que, malgrado a polissemia que lhes cerca não se trata, reduzidamente, de uma noção "confusa, ilusória", mas sim, possivelmente, de "efeito de uma incultura, e de uma regressão da ciência jurídica"[45], mesmo porque, em nome dessa "incultura", vidas humanas sejam valorizadas e se tente (re)construir, também no âmbito Judiciário[46], uma rede de mecanismos que vai muito além daquela estabelecida no período anterior ao da própria criação do tecido internacional que uniria nações em torno de uma organização, malgrado as condições políticas peculiares a cada situação possam servir, ainda, de freio à plena efetividade desses direitos.[47]

Melhor, portanto, acompanhar BOBBIO ao se referir ao marco inicial dessa "incultura", a dizer, a Declaração Universal quando afirma que

> Com essa declaração, um sistema de valores é – pela primeira vez na história – universal, não em princípio, mas de fato, na medida em que o consenso sobre sua validade e sua capacidade para reger os destinos da comunidade futura de todos os homens foi explicitamente declarado. [...]. Somente depois da Declaração Universal é que podemos ter a certeza histórica de que a humanidade – toda a humanidade – partilha alguns valores comuns; e podemos, finalmente, crer na universalidade dos valores, no único sentido em que tal crença é historicamente legítima, ou seja, no sentido em que universal significa não algo dado objetivamente, mas subjetivamente acolhido pelo universo dos homens.[48]

Compartilhamento de valores que, reconhecidos normativamente desde um plano exterior (mundial, regional ou comunitário), se reproduz no plano interno e, por tal razão, passa a ser concebido como "fundamental" um direito que, prioritariamente fora concebido como "humano".

---

45 E esse é somente o início da crítica. VILLEY, Michel. **O direito e os direitos humanos**. São Paulo: M. Fontes, 2007. p. 17.

46 A propósito, LUTZ, Ellen; SIKKINK, Kathryn. The Justice Cascade: the Evolution and Impact of Foreign Human Rights Trials in Latin America. **Chicago Journal of International Law**, v. 2, n. 1, p. 1-34, 2001.

47 RATNER, Steven R.; ABRAMS, Jason S. **Accountability for Human Rights Atrocities in International Law**: Beyond the Nuremberg Legacy. New York: Oxford University Press, 1997.

48 BOBBIO, Norberto. **A era dos direitos**. Rio de Janeiro: Campus, 1992. p. 28.

Nesse ponto, o Brasil, como integrante do Sistema Interamericano de Direitos Humanos[49], assina e ratifica[50] a Convenção Interamericana de Direitos Humanos[51], bem como aceita a competência da Corte Interamericana de Direitos Humanos desde 1998[52]. Ao mesmo tempo, é signatário e ratificador do pacto de direitos civis e políticos de Nova Iorque[53], bem como adere às Convenções de Genebra referentes ao denominado *direito internacional humanitário*[54] e, de resto, integra formalmente toda uma ordem internacional voltada para a defesa dos direitos humanos[55].

Particularmente sensível no que diz respeito à proteção dos direitos humanos, a estrutura normativa internacional anteriormente mencionada se projeta para o direito interno não apenas nas dimensões de compatibilidade (texto

---

49 O sistema interamericano de proteção dos direitos humanos teve seu início formal com a Declaração Americana dos Direitos e Deveres do Homem, aprovada pela Nona Conferência Internacional Americana (Bogotá, Colômbia, 1948), durante a qual também foi criada a Organização dos Estados Americanos (OEA).

50 Ratificada pelo Brasil em 25 de setembro de 1992.

51 O sistema interamericano fortaleceu-se com a Convenção Interamericana, assinada em San José, Costa Rica, em 22 de novembro de 1969, tendo entrado em vigor em 18 de julho de 1978, nos termos do art. 74, inciso 2, do documento, quando foi depositado o décimo primeiro instrumento de ratificação e registrado na ONU em 27 de agosto de 1979, sob o n. 17.955. No texto será designada também por "CADH".

52 Desde 10 de dezembro de 1998.

53 Adotado pela Resolução n. 2.200-A da Assembleia Geral das Nações Unidas, em 16 de dezembro de 1966. Aprovado pelo Decreto Legislativo n. 226, de 12 de dezembro de 1991. Ratificado pelo Brasil em 24 de janeiro de 1992. Em vigor no Brasil a partir de 24 de abril de 1992. Promulgado pelo Decreto n. 592, de 6 de julho de 1992.

54 Adotada a 12 de agosto de 1949 pela Conferência Diplomática destinada a elaborar as Convenções Internacionais para a Proteção das Vítimas da Guerra, que reuniu em Genebra de 21 de abril a 12 de agosto de 1949, com entrada em vigor na ordem internacional: 21 de outubro de 1950, tendo havido a adesão pelo Brasil em 29 de junho de 1957.

55 Assim, por exemplo: Convenção sobre Asilo (assinada em 1928; ratificação ou adesão em 3 de setembro de 1929); Convenção sobre Asilo Político (assinada em 1933; ratificada em 23 de fevereiro de 1937); Convenção para a Prevenção e a Repressão do Crime de Genocídio (assinada em 1948 e ratificada em 4 de setembro de 1951); Convenção n. 98; Convenção Relativa ao Estatuto dos Refugiados (assinada em 1951 e ratificada em 13 de agosto de 1963); Convenção sobre Asilo Diplomático (assinada em 1954; ratificação ou adesão em 17 de setembro de 1957); Convênio Suplementar sobre a Abolição da Escravidão, do Tráfico de Escravos e das Instituições e Práticas Análogas à Escravidão (assinada em 1956; adesão em 6 de janeiro de 1966); Protocolo sobre o Estatuto dos Refugiados (1966; assinado em 1967; adesão em 7 de março de 1972); Convenção contra a Tortura e outros Instrumentos ou Penas Cruéis Desumanas ou Degradantes (1984; assinada em 1984 e ratificada em 28 de setembro de 1989); Convenção Interamericana para Prevenir e Punir a Tortura (1965; assinada em 1985 e ratificada em 20 de julho de 1989).

internacional em cotejo com direito interno[56]), forma de sua inserção (texto internacional incorporado ao direito interno[57]) ou inserção vertical do texto internacional (posição hierárquica em relação à Constituição e demais textos normativos) mas, de maneira expressa, como condicionante do processo legislativo, que, de um lado, (1) não pode afrontar explicitamente a tessitura internacional e, de outro, (2) deve empreender a nova legislação com a maior conformação possível ao disposto nas normas internacionais visando extrair-lhe a eficácia mais abrangente com o emprego de técnicas (processuais penais, para o caso do presente texto) que assegurem esse objetivo.

Contudo, para se alcançar um "mínimo grau" de efetividade, é necessária, dentre outros aspectos, a projeção no plano interpretativo pela atuação do ator judicial – particularmente nesse ponto, a figura do Juiz – e, com igual importância, do ator acadêmico no processo de aculturamento da comunidade profissional atuante.[58] E, se já não bastasse a dificuldade ínsita à construção de um saber jurídico (por via da dogmática jurídica) para os direitos "humanos", isso se acentua no cenário dos direitos "fundamentais".

Isso porque a afirmação daquilo que para o campo jurídico se denomina de *direitos humanos* pressupõe uma forma de saber apta para o reconhecimento de mutações sociais contínuas, formadora de um espaço "aberto" que se completa – sempre momentaneamente – por demandas sociais que se modificam

---

56 Ver, entre outros, TRINDADE, Antonio Augusto Cançado. A interação entre direito internacional e o direito interno na proteção dos direitos humanos. **Arquivos do Ministério da Justiça**, Brasília, v. 46, n. 182, p. 27-54, jul./dez. 1993. No mesmo sentido, PIOSEVAN, Flávia. **Direitos Humanos e o Direito Constitucional Internacional**. São Paulo: Max Limonad, 1996. BASTOS, Celso; MARTINS, Yves Gandra da Silva. **Comentários à Constituição do Brasil**. São Paulo: Saraiva, 1988-1989; ROCHA, Fernando Luiz Ximenez. A incorporação dos tratados e convenções internacionais de direitos humanos no direito brasileiro. **Revista de Informação Legislativa**, v. 33, n. 130, p. 77-81, abr./jun. 1996.

57 Veja-se a posição de André CARVALHO RAMOS, que, juntamente a outros autores, anotava a autoexecutoriedade dos tratados versados sobre direitos humanos e sua inserção em âmbito constitucional e, apoiado em vasta lição doutrinária, afirmava ter a Constituição de 1988 incorporado automaticamente as normas de tratados internacionais de direitos humanos ratificados pelo Brasil, mas, em face das divergências com a jurisprudência (*vide* tópico *supra*) e da própria doutrina sugeria a adoção de uma "terceira via", qual fosse, "a aceitação da compatibilidade das normas constitucionais com a normatividade internacional de proteção aos direitos humanos como presunção absoluta, em face dos princípios da Constituição de 1988". In: CARVALHO RAMOS, André. O Estatuto do Tribunal Penal Internacional e a Constituição Brasileira. In: CHOUKR, Fauzi Hassan; AMBOS, Kai (Org.). **Tribunal Penal Internacional**. São Paulo: RT, 2000. p. 263-264.

58 Por certo essa maximização interpretativa exige um ambiente cultural próprio para sua semeadura e colheita, a dizer, a formação juridical cumpre também aqui um (ou "o") papel primordial. A extensão do presente artigo não permite o devido aprofundamento e desdobramentos nesse sentido. Ver, para início de discussão, LOUREIRO, Maria Fernanda; CHOUKR, Fauzi Hassan. Ensino Jurídico, Críticas e Novas Propostas: Paisagem no Horizonte? In: RODRIGUES, Horácio Wanderlei; MEZZAROBA, Orides, MOTTA, Ivan Dias da. (Org.). **XXII Encontro Nacional do CONPEDI/UNICURITIBA**. Tema: 25 anos da Constituição Cidadã – os Atores Sociais e a Concretização Sustentável dos Objetivos da República. Florianópolis: Funjab, 2013. p. 266-290.

em velocidade diferente daquela que o saber jurídico tradicional (dogmático) sempre acolheu.

Aqui, a dogmática tida como "tradicional", fruto de um saber verticalizado e responsivo às estruturas normativas, jamais foi capaz de dotar de efetividade a fruição dos "direitos humanos" e, tampouco, dos "fundamentais". Esse saber, ademais, tende por tal razão ao engessamento dessas mesmas estruturas, tornando-as pouco permeáveis às mutações sociais que reclamam o (re)conhecimento jurídico.

Neste ponto, a dogmática tradicional, de natureza "criptonormativa" (FERRAZ JR.), voltada para a reprodução da segurança por meio da construção de um saber capaz de "garantir expectativas" com variações controláveis e mínimas, não parece se prestar suficientemente para o reconhecimento de tais direitos quando vistos "em ação", a dizer, postulados por forças sociais "em juízo"[59].

Observado por um viés decisionista, esses direitos têm dificuldade de ser reconhecidos em sua afirmação normativa e, consequentemente, judicial. Nesse sentido, o fracasso da dogmática "tradicional" é sensível e ela passa a funcionar como um obstáculo ao reconhecimento normativo desses direitos até o momento em que venham a ser confinados num espaço normativo reconhecido como tal e objeto da produção de um saber a partir dos cânones aceitos.

A dogmática somente tem algo a acrescer aos níveis de efetividade dos "direitos fundamentais" quando se encontra capaz de reconhecer que tais direitos fundam determinada ordem política fornecendo um mínimo estrutural (Rawls) para a construção de uma ordem internacional e interna e que acabam por condicionar a própria razão de Estado, na figura construída por Delmas-Marty.

Assim, essa dogmática, "aberta" em suas bases, faz eco à própria fundamentação desses direitos em contínua gestação e, em certo sentido, evolução. Nesse sentido, será muitas vezes a única capaz de gerar respostas minimamente satisfatórias para o reconhecimento, em juízo, de situações sociais normativamente carentes de regulação, visto que a velocidade social necessariamente não vem no mesmo ritmo que a produção de um saber específico predeterminado e condicionante para orientação do julgador.

Como decorrência, espera-se desse saber que forneça aptidões, capacidades e ferramentas conceituais, ao intérprete jurídico, de lidar com temas que estão, na sua essência, fora do campo jurídico e que, quando projetados para esse campo, exigem instrumentos mais refinados conceitualmente e operacionalmente que os fornecidos pela dogmática "tradicional". Esse é, no limite, o grande desafio da intelectualidade jurídica.

---

59 E o mesmo poderia ser refletido sobre seu reconhecimento por outros espaços de poder institucionalizado, reflexão que escapa dos objetivos do presente texto, que se cinge a nuances do tema focados especificamente em relação ao saber jurídico e sua exigibilidade judicial.

7.5.1 A responsabilidade social da doutrina (ou dos "intelectuais")[60]

Já se afirmou que "A criminologia serviu, portanto, como mecanismo retórico, uma ferramenta argumentativa, para reforçar determinadas diretrizes estatais"[61]. Tal comentário pode ser expandido para outros "campos" de saber do sistema punitivo, como o DP material e o Direito Processual Penal, por exemplo.

A vinculação entre saber e poder político apresenta várias e complexas manifestações. Aqui, a partir do marco teórico exposto, dá-se destaque ao saber disponibilizado na reconstrução do Estado de Direito e voltado à reorientação teórico-prática a partir dos direitos humanos e fundamentais.

O direito no sentido positivado e sua operacionalização por si só já constituem um vasto campo para a fruição do poder, como assinala BOURDIEU.[62] O relacionamento entre o conhecimento e poder nos moldes anteriormente propostos acaba sendo mais íntimo e mais sólido na medida em que se toma o conhecimento dos valores estruturais que embasarão o sistema.

Vulgarmente, o mestre do juiz terá sempre mais "poder" que este último embora no plano institucional as aparências procurem evidenciar o contrário. A mesma visão pode ser encontrada em CALMON DE PASSOS, para quem "quando se desconhece algo, fica-se submetido a quem possui o conhecimento, e sem condições de avaliar a correção ou incorreção de quanto diz ser verdade aquele que o detém. Daí ser correto afirmar que conhecimento é poder".[63]

Para enfrentar esse delicado ponto, pode ser invocada analogicamente a lição "bobbiana" na relação entre conhecimento poder. No primeiro tópico, no dizer de Bobbio, a responsabilidade recairá, sobretudo, na comunidade intelectual, entendida num aspecto mais restrito de intelectualidade (ficando de fora, numa abordagem inicial, a intelectualidade artística, por exemplo), e que pode ser distinta em dois grupos, a dos ideólogos e a dos expertos.

---

60 As observações aqui expostas fazem parte das reflexões do autor construídas ao longo dos últimos 30 anos na docência do sistema penal e refletem o conteúdo de palestras e aulas em cursos de pós-graduação *lato* e *stricto sensu*. Particularmente podem ser encontradas nos seguintes textos: CHOUKR, F. H. Apontamentos sobre a cultura do sistema penal no momento de sua recodificação. In: ANA CLÁUDIA BASTOS DE PINHO; JEAN-FRANÇOIS Y. DELUCHEY; MARCUS ALAN DE MELO GOMES. (Org.). **Tensões Contemporâneas da Repressão Criminal**. Porto Alegre: Livraria do Advogado Editora, 2014. v. 1. p. 29-36; CHOUKR, Fauzi Hassan. **Formação jurídica e redemocratização**. 2016. Disponível em <https://www.jusbrasil.com.br/artigos/formacao-juridica-e-redemocratizacao/269971923>; CHOUKR, Fauzi Hassan. O direito do Estado de punir: exclusão social e criminalidade. **ESMAT**, v. 13, n. 22, p. 89-95, jul/dez. 2022.

61 SANTOS, Hugo Leonardo Rodrigues. A influência do saber criminológico na conversão do estado liberal em estado social. **Sistema Penal & Violência**, v. 3, n. 2, 2011. p. 2.

62 BOURDIEU, Pierre. **O Poder Simbólico**. Lisboa: Difel, 1989 (especialmente p. 209 e ss.).

63 CALMON DE PASSOS, José Joaquim. **Direito, poder, justiça e processo**: julgando os que nos julgam. Rio de Janeiro: Forense, 1997. p. 7.

Definindo-os, BOBBIO aduz que "ideólogos (são) aqueles que fornecem princípios – guia e, (por) expertos, aqueles que fornecem conhecimento – meio"[64]. Na sequência enfatizará que a responsabilidade de ambos também é diversa: "o dever dos primeiros é o de serem fiéis a certos princípios, custe o que custar; o dever dos segundos é o de propor meios adequados ao fim e, portanto, de levar em conta as consequências que podem derivar os meios propostos".[65]

A transposição dessas ideias para o campo do direito leva à distinção entre o "pensador" do fenômeno jurídico e o operador pragmático (aquele um detentor do conhecimento principiológico, e este último o detentor do conhecimento-meio). Há uma ligação entre ambos a partir da veiculação do conhecimento e, no imaginário coletivo, há uma forte inclinação a aceitar uma maior importância do segundo em detrimento do primeiro. Isso tem uma razão inclusive no plano das ideias[66] e pode ser apresentado também de outras formas, como faz FERRAZ JÚNIOR, que, partindo de uma análise comunicacional da importância dos operadores, alça-os à condição de intérpretes dos comportamentos e sua adequação ao discurso jurídico.[67]

Resta retornar às questões inicialmente propostas, quais sejam, o tipo de conhecimento útil para a compreensão geral do sistema e quem detém esse conhecimento. Nesse sentido, o conhecimento-meio cede lugar em importância ao conhecimento dos princípios fomentadores do sistema porque estes se encontram em harmonia com os valores de fundação e devem ser repassados em primazia de condição em cotejo com outros tipos de saber. Quando se tomam os direitos humanos e os direitos fundamentais como estruturantes da dogmática do sistema punitivo, isso fica ainda mais realçado.

Assim deve-se conhecer os aspectos fundamentais do sistema, o que somente é possível por meio de um processo de aculturamento desempenhado no plano do emissor por quem tenha esse tipo de saber específico. Dessa maneira, todo o saber e sua operacionalização estão condicionados ao marco exposto, fazendo com o sistema "em marcha" e "em concepção" sejam a ele subordinados. É uma construção cultural em sentido amplo.

---

64 BOBBIO, Norberto. **Os intelectuais e o Poder**: dúvidas e opções dos homens de cultura na sociedade contemporânea. Tradução de Marco Aurélio Nogueira. São Paulo: Ed. da Unesp, 1996. p. 73.

65 BOBBIO, op. cit., p. 97.

66 Com efeito, como apontado por CHAUÍ, Marilena. **Introdução à Filosofia**. São Paulo: Brasiliense, 1982. v. 1.), a ideia de contemplação (*theoria*, em grego) teve inicialmente uma consideração de menor importância em relação à "práxis" pela relação do homem em seu mundo. No imaginário ocidental, isso acabou se solidificando de tal maneira em certas culturas a justificar que a construção do mundo pragmático independe (e é muito mais importante) de qualquer fundamentação teórica.

67 FERRAZ JÚNIOR, Tércio Sampaio. **Teoria da Norma Jurídica**. Rio de Janeiro: Forense, 1978. p. 67.

Contudo, ao detentor do conhecimento-meio não se lhe reserva um papel secundário. Ao contrário, e a partir da própria visão comunicacional de FERRAZ JÚNIOR anteriormente mencionada, pode-se concordar que ele é o elo, por meio de um mecanismo de interpretação, entre o mundo fenomenológico e o discurso jurídico. Dada sua posição, o detentor desse tipo de saber na verdade tem a operacionalização concreta do sistema em suas mãos ou, mais exatamente, em suas palavras. Resta indagar, pois, quem, entre esses operadores é um "intérprete responsável" e qual seria a "hermenêutica confiável".

Na tentativa de buscar um encaminhamento para a segunda indagação proposta, pode-se empregar a distinção proposta por ECO quanto à **interpretação semântica** e **interpretação crítica**[68], afirmando que

> interpretação semântica ou semiótica é o resultado do processo pelo qual o destinatário, diante da manifestação linear do texto, preenche-a de significado. A interpretação crítica ou semiótica é, ao contrário, aquela por meio da qual procuramos explicar por quais razões estruturais pode o texto produzir aquelas (ou outras, alternativas) interpretações semânticas.

> Tal linguagem não é estranha ao mundo direito que já conhece – e repudia – a literalidade da interpretação, buscando completá-la com a finalidade social da norma, por exemplo. Ou, como apontado por PERELMAN,

> quando se poderá dizer que um texto é claro? Quando é claro o sentido que o legislador antigo lhe deu? Quando o sentido que se lhe dá é claro para o juiz? Quando os dois sentidos claros coincidem? De fato isto não basta de modo algum, pois uma regra de direito é necessariamente interpretada dentro de um contexto de sistema jurídico.[69]

Como concluir, então, pela confiabilidade da tarefa hermenêutica a partir do momento em que se entra no plano axiológico é a questão que fica sempre em aberto. Na linha de tudo quanto foi exposto até agora, é somente por meio da detenção dos conhecimentos-guia que se pode alcançar a interpretação confiável. Todavia, como não são esses portadores de saber que atuam na práxis, é forçoso encontrar um meio para que os operadores-fim possam administrar o sistema sem os desvirtuamentos de hábito. Mais uma vez, o problema é cultural, nesse ponto tocante à sua reprodução. Um desses habituais desvirtuamentos pode ser representado pelo igualmente delicado – e aparentemente insolúvel – tema do limite da interpretação (ou, em outras palavras, saber se toda interpretação é

---

68 ECO, Umberto. **Os Limites da Interpretação**. São Paulo: Perspectiva, 1995. p. 12.
69 PERELMAN, Chaim. **Ética e Direito**. São Paulo: M. Fontes, 1996. p. 621.

"possível" ou não). Mais uma vez aqui vale citar a lição de ECO[70], ao afirmar que "entre a intenção do autor e o propósito do intérprete existe a intenção do texto". Nesse sentido, conhecer a intenção do texto é conhecer a gama valorativa do sistema – o que só é possível pelo mecanismo cultural anteriormente descrito – o que é uma tarefa de reprodução dos detentores do saber de princípios.

Assim, se o operador que detém o conhecimento-fim é o verdadeiro administrador do sistema, e o faz a partir da interpretação, isso não significa que o faça sem limites, que toda interpretação seja "possível", uma vez que encontrará suas fronteiras na correta compreensão e apreensão dos valores a partir do processo cultural.

Justamente a incorreta compreensão do mecanismo exposto anteriormente cria um fosso entre o princípio reitor e a prática abominável. Nem mesmo a mais alta Corte do país ficou imune a esse descompasso, tendo profunda dificuldade de atuação de princípios basilares e constitucionalmente estabelecidos a casos concretos. Faltou a correta adequação cultural nos moldes apresentados *supra*.

O intérprete, na medida em que se trate de um operador prático, será tanto mais responsável quanto tiver sido formado nos conhecimentos-guia e arregimentado (caso se trate de um agente público) nesse padrão.

Ainda assim, o ônus maior sempre recairá naqueles que têm a obrigatoriedade da formação e do conhecimento dos princípios. No limite, não há como se escapar a essa realidade. O juiz (ou qualquer outro agente) que fecha os olhos aos fundamentos do princípio constitucional da motivação das decisões ou que, mesmo à luz da Constituição, leva o silêncio do acusado em seu desfavor é obviamente responsável por sua incompreensão do sistema em sua base cultural. Mas não se pode fugir a responsabilidade daqueles que, detendo os conhecimentos-reitores, permitem uma formação dessa natureza e a possibilidade da assunção a um papel social por parte de quem não detém a cultura (no sentido aqui anotado, reitere-se) necessária.

Por outro turno, e buscando visualizar a fundamentação teórica na sua dimensão concreta, pode-se acrescer de importância a responsabilidade dos detentores do conhecimento-guia num cenário de profunda e complexa transformação social (como na hipótese nacional) com a passagem política visando à (re)construção da democracia. Nesse momento, mais que se desejar o conhecimento-fim para a edificação do novo sistema, o saber da cultura democrática é primordial. Num sentido aplicativo, a detenção do saber da relação entre liberdade e democracia e seu reflexo no processo é mais necessário, por exemplo, do que conhecer as fases do procedimento ordinário, até porque, de acordo com a dimensão do

---

70 ECO, Umberto. **Interpretação e Superinterpretação**. São Paulo: M. Fontes, 1997. p. 34.

conhecimento antes mencionado, o procedimento será um instrumento a favor da liberdade (ou contra ela).

Voltando à lição de BOBBIO, que de certa maneira é o pano de fundo para as considerações que se seguiram, caberia indagar se o papel exigido desse tipo de detentor de conhecimento é para além da atividade de reprodução de saber ou, em outras palavras, se há ou não uma dimensão política no sentido estrito do termo (até porque, de acordo com a elasticidade que se queira dar à palavra, toda atividade humana é "política"). Na lição do filósofo, a ligação entre os intelectuais e a política é predatória, vez que, "na medida em que se faz político, o intelectual trai a cultura; na medida em que se recusa a fazer-se político, a inutiliza. Ou traidor ou inutilizador".[71]

Aplicada a análise ao caso pátrio, a dimensão política da intelectualidade foi notada na produção de trabalhos preparatórios ao próprio texto constitucional de 1988 com a "comissão de notáveis" e em inúmeros outros momentos como a criação do Código de Defesa do Consumidor (CDC) e do Estatuto da Criança e do Adolescente (ECA), entre outros, em que a comunidade intelectual, através dos detentores do conhecimento de princípios, teve papel fundamental. Como se verá em momento ulterior, o mesmo não acontece com o Processo Penal, em que foi eleita a via (nefasta) das reformas pontuais. Apresentados esses pontos fundamentais, que são aplicados ao sistema de modo global e que, a rigor, seriam verificados tanto na normalidade quanto na "emergência", cumpre verificar se há ou não a manutenção da base quando entrar em jogo o discurso do caos.

---

71 Op. cit., p. 22.

Capítulo 2
Tipo penal

Base Legal no Código Penal

Anterioridade da Lei

Art. 1º Não há crime sem lei anterior que o defina. Não há pena sem prévia cominação legal. (Redação dada pela Lei n. 7.209, de 11 de julho de 1984)

Lei penal no tempo

Art. 2º Ninguém pode ser punido por fato que lei posterior deixa de considerar crime, cessando em virtude dela a execução e os efeitos penais da sentença condenatória. (Redação dada pela Lei n. 7.209, de 11 de julho de 1984)

Parágrafo único. A lei posterior, que de qualquer modo favorecer o agente, aplica-se aos fatos anteriores, ainda que decididos por sentença condenatória transitada em julgado. (Redação dada pela Lei n. 7.209, de 11 julho de 1984)

Lei excepcional ou temporária (Incluído pela Lei n. 7.209, de 1984)

Art. 3º A lei excepcional ou temporária, embora decorrido o período de sua duração ou cessadas as circunstâncias que a determinaram, aplica-se ao fato praticado durante sua vigência. (Redação dada pela Lei n. 7.209, de 11 de julho de 1984)

Tempo do crime

Art. 4.º Considera-se praticado o crime no momento da ação ou omissão, ainda que outro seja o momento do resultado. (Redação dada pela Lei n. 7.209, de 11 de julho de 1984)

Territorialidade

Art. 5º Aplica-se a lei brasileira, sem prejuízo de convenções, tratados e regras de direito internacional, ao crime cometido no território nacional. (Redação dada pela Lei n. 7.209, de 11 de julho de 1984)

§ 1º Para os efeitos penais, consideram-se como extensão do território nacional as embarcações e aeronaves brasileiras, de natureza pública ou a serviço do governo brasileiro onde quer que se encontrem, bem como as aeronaves e as embarcações brasileiras, mercantes ou de propriedade privada, que se achem, respectivamente, no espaço aéreo correspondente ou em alto-mar. (Redação dada pela Lei n. 7.209, de 11 de julho de 1984)

§ 2º É também aplicável a lei brasileira aos crimes praticados a bordo de aeronaves ou embarcações estrangeiras de propriedade privada, achando-se aquelas em pouso no território nacional ou em voo no espaço aéreo correspondente, e estas em porto ou mar territorial do Brasil. (Redação dada pela Lei n. 7.209, de 11 de julho de 1984)

Lugar do crime (Redação dada pela Lei n. 7.209, de 1984)

Art. 6º Considera-se praticado o crime no lugar em que ocorreu a ação ou omissão, no todo ou em parte, bem como onde se produziu ou deveria produzir-se o resultado. (Redação dada pela Lei n. 7.209, de 11 de julho de 1984)

Extraterritorialidade (Redação dada pela Lei n. 7.209, de 1984)

Art. 7º Ficam sujeitos à lei brasileira, embora cometidos no estrangeiro: (Redação dada pela Lei n. 7.209, de 11 de julho de 1984)

I – os crimes: (Redação dada pela Lei n. 7.209, de 11 de julho de 1984)

a) contra a vida ou a liberdade do Presidente da República; (Incluído pela Lei n. 7.209, de 11 de julho de 1984)

b) contra o patrimônio ou a fé pública da União, do Distrito Federal, de Estado, de Território, de Município, de empresa pública, sociedade de economia mista, autarquia ou fundação instituída pelo Poder Público; (Incluído pela Lei n. 7.209, de 11 de julho de 1984)

c) contra a administração pública, por quem está a seu serviço; (Incluído pela Lei n. 7.209, de 11 de julho de 1984)

d) de genocídio, quando o agente for brasileiro ou domiciliado no Brasil; (Incluído pela Lei n. 7.209, de 11 de julho de 1984)

II – os crimes: (Redação dada pela Lei n. 7.209, de 11 de julho de 1984)

a) que, por tratado ou convenção, o Brasil se obrigou a reprimir; (Incluído pela Lei n. 7.209, de 11 de julho de 1984)

b) praticados por brasileiro; (Incluído pela Lei n. 7.209, de 11 de julho de 1984)

c) praticados em aeronaves ou embarcações brasileiras, mercantes ou de propriedade privada, quando em território estrangeiro e aí não sejam julgados. (Incluído pela Lei n. 7.209, de 11 de julho de 1984)

§ 1º Nos casos do inciso I, o agente é punido segundo a lei brasileira, ainda que absolvido ou condenado no estrangeiro. (Incluído pela Lei n. 7.209, de 11 de julho de 1984)

§ 2º Nos casos do inciso II, a aplicação da lei brasileira depende do concurso das seguintes condições: (Incluído pela Lei n. 7.209, de 11 de julho de 1984)

a) entrar o agente no território nacional; (Incluído pela Lei n. 7.209, de 11 de julho de 1984)

b) ser o fato punível também no país em que foi praticado; (Incluído pela Lei n. 7.209, de 11 de julho de 1984)

c) estar o crime incluído entre aqueles pelos quais a lei brasileira autoriza a extradição; (Incluído pela Lei n. 7.209, de 11 de julho de 1984)

d) não ter sido o agente absolvido no estrangeiro ou não ter aí cumprido a pena; (Incluído pela Lei n. 7.209, de 11 de julho de 1984)

e) não ter sido o agente perdoado no estrangeiro ou, por outro motivo, não estar extinta a punibilidade, segundo a lei mais favorável. (Incluído pela Lei n. 7.209, de 11 de julho de 1984)

§ 3º A lei brasileira aplica-se também ao crime cometido por estrangeiro contra brasileiro fora do Brasil, se, reunidas as condições previstas no parágrafo anterior: (Incluído pela Lei n. 7.209, de 11 de julho de 1984)

a) não foi pedida ou foi negada a extradição; (Incluído pela Lei n. 7.209, de 11 de julho de 1984)

b) houve requisição do Ministro da Justiça. (Incluído pela Lei n. 7.209, de 11 de julho de 1984)

Pena cumprida no estrangeiro (Redação dada pela Lei n. 7.209, de 1984)

Art. 8º A pena cumprida no estrangeiro atenua a pena imposta no Brasil pelo mesmo crime, quando diversas, ou nela é computada, quando idênticas. (Redação dada pela Lei n. 7.209, de 11 de julho de 1984)

Eficácia de sentença estrangeira (Redação dada pela Lei n. 7.209, de 1984)

Art. 9º A sentença estrangeira, quando a aplicação da lei brasileira produz na espécie as mesmas consequências, pode ser homologada no Brasil para: (Redação dada pela Lei n. 7.209, de 11 de julho de 1984)

I – obrigar o condenado à reparação do dano, a restituições e a outros efeitos civis; (Incluído pela Lei n. 7.209, de 11 de julho de 1984)

II – sujeitá-lo a medida de segurança. (Incluído pela Lei n. 7.209, de 11 de julho de 1984)

Parágrafo único. A homologação depende: (Incluído pela Lei n. 7.209, de 11 de julho de 1984)

a) para os efeitos previstos no inciso I, de pedido da parte interessada; (Incluído pela Lei n. 7.209, de 11 de julho de 1984)

b) para os outros efeitos, da existência de tratado de extradição com o país de cuja autoridade judiciária emanou a sentença, ou, na falta de tratado, de requisição do Ministro da Justiça. (Incluído pela Lei n. 7.209, de 11 de julho de 1984)

Contagem de prazo (Redação dada pela Lei n. 7.209, de 1984)

Art. 10. O dia do começo inclui-se no cômputo do prazo. Contam-se os dias, os meses e os anos pelo calendário comum. (Redação dada pela Lei n. 7.209, de 11 de julho de 1984)

Frações não computáveis da pena (Redação dada pela Lei n. 7.209, de 1984)

Art. 11. Desprezam-se, nas penas privativas de liberdade e nas restritivas de direitos, as frações de dia, e, na pena de multa, as frações de cruzeiro. (Redação dada pela Lei n. 7.209, de 11 de julho de 1984)

Legislação especial (Incluída pela Lei n. 7.209, de 1984)

Art. 12. As regras gerais deste Código aplicam-se aos fatos incriminados por lei especial, se esta não dispuser de modo diverso. (Redação dada pela Lei n. 7.209, de 11 de julho de 1984)

Súmulas do STJ na matéria

Súmula 501

Direito Penal – Aplicação da Lei Penal

Enunciado:

É cabível a aplicação retroativa da Lei n. 11.343/2006, desde que o resultado da incidência das suas disposições, na íntegra, seja mais favorável ao réu do que o advindo da aplicação da Lei n. 6.368/1976, sendo vedada a combinação de leis.

STJ: recursos repetitivos

Tema Repetitivo 157

Tese Firmada

Incide o princípio da insignificância aos crimes tributários federais e de descaminho quando o débito tributário verificado não ultrapassar o limite de R$ 20.000,00 (vinte mil reais), a teor do disposto no art. 20 da Lei n. 10.522/2002, com as atualizações efetivadas pelas Portarias 75 e 130, ambas do Ministério da Fazenda.

Tema Repetitivo 191

Tese Firmada

É cabível a aplicação retroativa da Lei n. 11.343/2006, desde que o resultado da incidência das suas disposições, na íntegra, seja mais favorável ao réu do que o advindo da utilização da Lei n. 6.368/1976, sendo vedada a combinação de leis.

Tema Repetitivo 596

Tese Firmada

É típica a conduta de possuir arma de fogo de uso permitido com numeração, marca ou qualquer outro sinal de identificação raspado, suprimido ou adulterado, praticada após 23 de outubro de 2005, pois, em relação a esse delito, a *abolitio criminis* temporária cessou nessa data, termo final da prorrogação dos prazos previstos na redação original dos arts. 30 e 32 da Lei n. 10.826/2003.

Tema Repetitivo 600

Tese Firmada

O tráfico ilícito de drogas na sua forma privilegiada (art. 33, § 4°, Lei n. 11.343/2006) não é crime equiparado a hediondo.

Tema Repetitivo 646

Tese Firmada

É típica a conduta de atribuir-se falsa identidade perante autoridade policial, ainda que em situação de alegada autodefesa (art. 307, CP).

Tema Repetitivo 1060

Tese Firmada

A desobediência à ordem legal de parada, emanada por agentes públicos em contexto de policiamento ostensivo, para a prevenção e repressão de crimes, constitui conduta penalmente típica, prevista no art. 330 do Código Penal Brasileiro.

Tema Repetitivo 1084

Tese Firmada

É reconhecida a retroatividade do patamar estabelecido no art. 112, inciso V da Lei n. 13.964/2019, àqueles apenados que, embora tenham cometido crime hediondo ou equiparado sem resultado morte, não sejam reincidentes em delito de natureza semelhante.

Tema Repetitivo 1110

Tese Firmada

1) Em razão da *novatio legis in mellius* engendrada pela Lei n. 13.654/2018, o emprego de arma branca, embora não configure mais causa de aumento do crime de roubo, poderá ser utilizado como fundamento para a majoração da pena-base, quando as circunstâncias do caso concreto assim justificarem.

2) O julgador deve fundamentar o novo apenamento ou justificar a não realização do incremento na basilar, nos termos do que dispõe o art. 387, incisos II e III do CPP.

3) Não cabe a esta Corte Superior a transposição valorativa da circunstância para a primeira fase da dosimetria ou mesmo compelir que o Tribunal de origem assim o faça, em razão da discricionariedade do julgador ao aplicar a *novatio legis in mellius*.

Súmulas do STF na matéria

Súmula Vinculante 24

Não se tipifica crime material contra a ordem tributária, previsto no art. 1º, incisos I a IV, da Lei n. 8.137/1990, antes do lançamento definitivo do tributo.

Súmula 711

A lei penal mais grave aplica-se ao crime continuado ou ao crime permanente, se a sua vigência é anterior à cessação da continuidade ou da permanência.

Súmula 720

O art. 309 do Código de Trânsito Brasileiro, que reclama decorra do fato perigo de dano, derrogou o art. 32 da Lei das Contravenções Penais no tocante à direção sem habilitação em vias terrestres.

Teses de Repercussão Geral

Tese 0113

O art. 25 da Lei de Contravenções Penais (Decreto-Lei n. 3.688/1941) não foi recepcionado pela Constituição de 1988, por violar os princípios da dignidade da pessoa humana (art. 1º, III, CF) e da isonomia (art. 5º, *caput*, I, CF).

Tese 1169

Tendo em vista a legalidade e a taxatividade da norma penal (art. 5º, XXXIX, CF), a alteração promovida pela Lei n. 13.964/2019 no art. 112 da LEP não autoriza a incidência do percentual de 60% (inciso VII) aos condenados reincidentes não específicos para o fim de progressão de regime. Diante da omissão legislativa, impõe-se a analogia in *bonam partem*, para aplicação, inclusive retroativa, do inciso V do art. 112 da LEP (lapso temporal de 40%) ao condenado por crime hediondo ou equiparado sem resultado morte reincidente não específico.

Tese 1178

A multa mínima prevista no art. 33 da Lei n. 11.343/2006 é opção legislativa legítima para a quantificação da pena, não cabendo ao Poder Judiciário alterá-la com fundamento nos princípios da proporcionalidade, da isonomia e da individualização da pena.

Tese 1246

O art. 268 do Código Penal veicula norma penal em branco que pode ser complementada por atos normativos infralegais editados pelos entes federados (União, Estados, Distrito Federal e Municípios), respeitadas as respectivas esferas de atuação, sem que isso implique ofensa à competência privativa da União para legislar sobre direito penal (art. 22, I, CF).

2.1 Elementos fundamentais do tipo penal

2.1.1 O fenômeno social como desencadeador da construção legislativa do tipo

O Direito Penal (DP), como qualquer conteúdo normativo, alimenta-se de novas dimensões das relações humanas e seus conflitos e, em certa medida, busca ser uma resposta a eles. Essa afirmação, contudo, precisa ser mais bem qualificada para retirar-lhe um pretenso caráter de "naturalidade" (criar um tipo penal é, sempre, uma opção **política**[72], e não um produto autônomo oriundo da dogmática penal[73]), bem como para entender que o "Direito Penal" tende a ser, mesmo em sociedades com democracias consolidadas – e, ainda mais, em democracias em processo histórico de consolidação – instrumentalizado politicamente como uma resposta imediata[74] e, não raras vezes, exclusiva, para aquelas novas relações e seus potenciais conflitos.

Nessas situações que alegadamente mereceriam a incidência do sistema punitivo – ou sua exasperação em alguns casos – encontram-se temas numa gama extremamente variada, como a expansão penal nas violências de gênero[75], nas

---

72 A ver, entre outros: FERREIRA, Marília Pinheiro; DA SILVA, Vitória Soares Brito; LAVOR, Isabelle Lucena. A utilização do direito penal simbólico pela classe política e suas consequências para a sociedade brasileira. In: CONEXÃO UNIFAMETRO, 2019. Também: HABER, Carolina Dzimidas. **A Relação entre o Direito e a Política no Processo Legislativo Penal**. 160 f. Tese (Doutorado em Filosofia e Teoria Geral do Direito) – Departamento de Filosofia do Direito da Universidade de São Paulo, São Paulo, 2011.

73 Para uma visão sobre a expansão do sistema penal, em especial do DP, ver, entre outros, RODRIGUES, Fillipe Azevedo. **Análise econômica da expansão do direito penal**. Belo Horizonte: Del Rey, 2014.

74 Para o caso específico do Brasil, ver CAMPOS, Marcelo da Silveira; AZEVEDO, Rodrigo Ghiringhelli de. A ambiguidade das escolhas: política criminal no Brasil de 1989 a 2016. **Revista de Sociologia e Política**, v. 28, 2020.

75 Entre outros, MORON, Eduardo Daniel Lazarte; MATTOSINHO, Francisco Antonio Nieri. A Lei N.º 13.104/2015 (Feminicídio): Simbolismo Penal ou uma Questão de Direitos Humanos? **Revista de Direitos Humanos em Perspectiva**, v. 1, n. 1, p. 228-251, 2015. Também: LIMA, José Wilson Ferreira. Análise de critérios para a elaboração da política criminal pelo Parlamento Brasileiro. **Revista de Criminologias e Políticas Criminais**, v. 4, n. 2, p. 1-20, 2018.

relações tributárias, na seara ambiental, na corrupção (pública ou privada)[76] e na tecnologia.[77]

Neste ponto, é necessário destacar que, embora se fale em "Sistema Penal" (SP) como um bloco único de conceitos e práticas institucionais, o que se tem, na verdade, é um conjunto de subsistemas punitivos, cada qual com suas especificidades políticas e fundamentos teóricos com consequentes aplicações práticas. E, mesmo dentro desses subsistemas, não se pode dizer que exista coesão conceitual e de práticas.

Observado por esse viés que aqui se determina como de operacionalidade real, a racionalidade do SP é apenas um *slogan*, e não um dado concreto da vida. E mecanismos como a dogmática penal, que serviriam para dotar esse sistema de alguma racionalidade (situação que é inerente ao amplo desequilíbrio social), dificilmente cumprem esse papel em sociedades de grande desequilíbrio cultural, mesmo quando se busca essa unidade a partir da única via sustentável no âmbito democrático: a matriz constitucional e convencional.

Assim, aglutinar esses subsistemas a partir de um fio condutor construtivo só é possível por meio da ênfase de seu núcleo comum, tratado no primeiro capítulo deste livro, compreendendo que a proteção de direitos fundamentais é seu objetivo primário e, ao mesmo tempo, os limites negativos de seu funcionamento.

Apontam-se, em complemento, duas deturpações básicas da forma de enfrentamento dos conflitos sociais com o emprego do SP, e que variam de acordo com o funcionamento específico dos subsistemas:

1] A **produção do tipo** como resposta superficial às novas relações e novos conflitos sociais, posto que desacompanhadas das necessárias políticas públicas que seriam prévias e nucleares para enfrentamento profundo da realidade

---

76 GEBIN, Marcus. **Corrupção, pânico moral e populismo penal**: estudo qualitativo dos projetos de lei propostos no Senado Federal e na Câmara dos Deputados. 124 f. Dissertação (Mestrado em Direito) – Escola de Direito de São Paulo, Fundação Getulio Vargas, São Paulo, 2014. Disponível em: <http://bibliotecadigital.fgv.br/dspace/handle/10438/11823>. Acesso em: 11 out. 2023.

77 Entre tantos temas que ligam o sistema penal ao desenvolvimento tecnológico, ver-se, por exemplo, MINAHIM, Maria Auxiliadora. **O direito penal na regulação da vida e da morte ante a biotecnologia**. 263 f. Tese (Doutorado em Direito) – Universidade Federal do Paraná, Curitiba, 2005.

social, nisso consistindo seu caráter "simbólico"[78], grandemente atrelada a um comportamento que se pode denominar *populismo penal*.[79]

2] O emprego **prioritário e exclusivo** do SP como forma de enfrentamento do conflito social, acentuando seu papel protagonista e, portanto, transformando-o em instrumento de intervenção máxima (*prima ratio*).

Disfuncionalidade extremada do SP a partir dos contornos assumidos pelo DP é aquilo que se pode denominar *Direito Penal de Emergência*[80], cujos fundamentos são similares aos analisado no livro *Processo Penal de Emergência*[81], que apresenta aspectos da sua inevitável consequência, segundo Moccia:[82]

> a Justiça, porém, segundo os esquemas recorrentes de uma cultura emergencialista acaba por assumir uma fisionomia particular, bem diferente daquela delineada por um estado social de direito; essa cultura emergencialista determina preocupantes tentativas de mistura de papéis, de antecipação de pena, de acertos com a mass media, com o resultado de realizar processos sumários, sem ritos e extrainstitucionais.

O inchaço do sistema normativo penal-material impacta definitivamente todos os demais segmentos que compõem o SP em sua totalidade, pois exige, num efeito cascata, cada vez mais estruturas policiais e judiciais que, se fossem trabalhar a "pleno emprego", jamais conseguiriam responder às demandas que lhes cabem e, portanto, progressivamente, perderiam sua legitimidade social.

Sem arcar com os custos políticos da descriminalização normativa, é a justiça penal negociada que atua como mecanismo que procura equilibrar operacionalmente segmentos do sistema penal, dando-lhe a aparência de

---

78 Ver, na vasta literatura a respeito, dentre outros, DE OLIVEIRA TOLEDO, Kelvia; DE ASSIS, Claudio Abel Franco. O simbolismo penal e a deslegitimação do poder punitivo na sociedade de risco: consequências e imprecisões. **Revista de Criminologias e Políticas Criminais**, v. 1, n. 1, p. 238-266, 2015.

79 Tema de recorrentes reflexões doutrinárias. Ver-se, por exemplo, CIVITARESE, Jamil Kehdi Pereira; MARTINS, Armando Nogueira de Gama Lamela. Populismo penal, agenda e opinião pública: uma análise formal do comportamento legislativo em crimes de alta repercussão. In: CONGRESSO INTERNACIONAL DE TEORIA DAS INSTITUIÇÕES: 30 ANOS DA CONSTITUIÇÃO. **Anais...**, 5., Rio de Janeiro. UFRJ, 2017. Disponível em: <https//www.even3.com.br/anais/vciti/116559-POPULISMO-PENAL-AGENDA-E-OPINIAO-PUBLICA—UMA-ANALISE-FORMAL--DO-COMPORTAMENTO-LEGISLATIVO-EM-CRIMES-DE-ALTA-REPE>. Acesso em: 13 out. 2023. Também: GAZOTO, Luís Wanderley. **Justificativas do congresso nacional brasileiro ao rigor penal legislativo**: o estabelecimento do populismo penal no Brasil contemporâneo. 377 f. Tese (Doutorado em Sociologia). Brasília, DF: UnB, 2010.

80 A esse respeito, ver, entre outros, BECHARA, Ana Elisa Liberatore Silva. Discursos de emergência e política criminal: o futuro do direito penal brasileiro. **Revista da Faculdade de Direito**, Universidade de São Paulo, v. 103, p. 411-436, 2008.

81 CHOUKR, Fauzi Hassan. **Processo Penal de Emergência**. Rio de Janeiro: Lumen Juris, 2002.

82 Op. cit., p. 48.

funcionamento pleno, mas com respostas jurídicas que poderiam facilmente ser alcançadas por outras formas de responsabilização.

De qualquer maneira, limitar politicamente o emprego do SP torna-se cada vez mais difícil e, uma vez assumido politicamente que a situação social é de ser criminalizada, percorrer o caminho inverso (a descriminalização normativa) é praticamente impossível pelo custo político que isso envolve.

A resposta histórica que tem sido construída na maior parte dos países ocidentais para tal situação é uma só: a expansão da justiça negociada penal que cumpriria o papel de esvaziamento de determinados segmentos de atividade do SP.

Seus efeitos diretos desestabilizadores da racionalidade e legitimidade do SP são notórios:

a] estímulo ao contínuo emprego do SP material como meio de resolução de conflitos sociais;

b] rebaixamento dos fundamentos do devido processo legal na prática;

c] potencial incremento de poderes a agências policiais, sejam os próprios ligados ao "poder de polícia", seja a expansão de atividades estritamente processuais, causando a administrativização da atividade persecutória.

O círculo se fecha, pois, tomando-se a expansão material do SP como ponto de partida, expandindo-se os órgãos de sua atuação e culminando com a incrementação de mecanismos processuais que servem para, exatamente, fazer com que esse sistema funcione apenas de maneira parcial a fim de que se possa encontrar uma decisão estatal sobre aquele conflito.

Na relação entre direito material e direito processual penal, esses mecanismos atuam, tendentemente, à diminuição qualitativa da proteção dos cânones do devido processo legal e, em particular, dos padrões da construção da cognição processual, culminando no esvaziamento concreto da verificação da culpabilidade e da legalidade estrita na imposição e no cumprimento das sanções penais.

2.1.2 Tipo penal e norma penal: convergências e distanciamentos

Humberto ÁVILA, citado por BRODT, ensina que as normas não são textos, nem o conjunto deles, mas os **sentidos construídos** com base na interpretação sistemática de textos normativos. Daí afirmar-se que os dispositivos se constituem no objeto da interpretação; e as normas no seu resultado. "O importante é que não existe correspondência entre norma e dispositivo, no sentido de que sempre que houver um dispositivo haverá uma norma, ou sempre que houver uma norma deverá haver um dispositivo que lhe sirva de suporte"[83]. E completa: "Como toda norma jurídica, a norma penal é uma proposição prescritiva que também não se confunde com a lei ou seu enunciado"[84].

Por seu turno, BRANDÃO afirma que

> É da lógica compreensiva da lei que nasce a norma. A norma é o imperativo, é o comando de conduta que determina o dever de atuar ou de omitir um determinado comportamento. Binding afirma que a norma se origina quando o tipo penal, que corresponde ao enunciado legal da conduta ameaçada com a pena, é logicamente convertido em um comando.[85]

Daí conclui que "A norma reside em um plano supralegal, pois determina uma conduta positiva ou negativa que compreende o comportamento esperado pelo direito".[86]

CONCEITO DE NORMA PENAL

Norma penal, para os fins da presente obra, corresponde à cognição realizada sobre uma conduta humana tendo como referência legal o tipo penal. E essa cognição, para fins do SP no Estado de Direito, é a que se dá no transcurso do devido processo legal, cujo resultado concluirá para relação íntegra entre conduta e tipo, impondo-se, nesse caso, a sanção legalmente determinada; ou concluirá pela ausência dessa relação íntegra, mantendo-se o estado de inocência, sem a imposição de qualquer restrição à liberdade.

Fora do SP, a cognição sobre a conduta humana referida a partir de um tipo penal também pode existir; numa sociedade plural e complexa, é inevitável que assim aconteça. O resultado dessa cognição, se não afeta o funcionamento do SP de maneira imediata e direta, impacta sua legitimação e pode provocar, pelas pressões legítimas num ambiente democrático, a expansão da criação de tipos penais.

---

83 ÁVILA, Humberto. **Teoria dos princípios**. São Paulo: Malheiros, 2007. p. 30, citado por BRODT, Luís Augusto Sanzo et al. Hermenêutica da norma penal incriminadora. **Revista Eletrônica de Direito Penal e Política Criminal**, v. 3, n. 1/2, p. 23-38, 2015. p. 24. Disponível em: <https://seer.ufrgs.br/index.php/redppc/article/view/59576/35344>. Acesso em: 30 nov. 2023.

84 BRODT, Luís Augusto Sanzo et al. Hermenêutica da norma penal incriminadora. **Revista Eletrônica de Direito Penal e Política Criminal**, v. 3, n. 1/2, p. 23-38, 2015. p. 24. Disponível em: <https://seer.ufrgs.br/index.php/redppc/article/view/59576/35344>. Acesso em: 30 nov. 2023.

85 BRANDÃO, Cláudio. Bem jurídico e norma penal: a função da antinormatividade na teoria do crime/Legal Good and Criminal Norm: the Function of the Antinormativity on the Crime Theory. **Delictae Revista de Estudos Interdisciplinares sobre o Delito**, v. 3, n. 4, p. 7-45, 2018. p. 22.

86 BRANDÃO, Cláudio. Bem jurídico e norma penal: a função da antinormatividade na teoria do crime: Legal Good and Criminal Norm: the Function of the Antinormativity on the Crime Theory. **Delictae Revista de Estudos Interdisciplinares sobre o Delito**, v. 3, n. 4, p. 7-45, 2018. p. 23.

2.1.3 A desconstrução da tipicidade pela justiça negociada penal

Sendo o tipo construído pelo Poder Legislativo e a norma fruto da cognição no devido processo legal, deve-se colocar em xeque essa estrutura montada a partir de premissas iluministas quando confrontada com mecanismos negociais penais.

A oportunista adoção e aparente irrefreável expansão de mecanismos negociais penais a partir do marco socioeconômico estadunidense[87] gerou uma gama de tipos de decisões penais que, com mais ou menos vigor e velocidade (a depender da amplitude de aceitação da hegemonia sociocultural sobre o país que absorveu esses mecanismos), torna-se uma forma de atuação, senão **a forma** de atuação do SP, impactando decisivamente todos os estratos sociais que nela intervêm.

Para fins da presente obra, cumpre destacar que essa via desmantela toda a estrutura política e jurídica que legitima o SP, desde a desconstrução do próprio tipo (com imposição de sanções à margem da legalidade estrita) até o desfazimento cognitivo próprio do devido processo legal que se traduziria na norma penal.

Esse é o preço a ser pago quando se opta por saídas utilitaristas – desde o ponto de vista do proferimento de uma decisão estatal – e de conservadorismo político, na medida em que não se enfrenta o aspecto de fundo, que é a manutenção da própria existência do tipo penal, este o verdadeiro alavancador de todo o funcionamento do SP, como adiante se verá.

2.2 Tipo penal e sua construção legislativa

2.2.1 Reserva de legislação

A reserva de legislação, ou o princípio da legalidade estrita[88], é uma das conquistas civilizatórias referentes aos funcionamento do SP e se encontra encartada contemporaneamente em textos internacionais e na maior parte das Constituições contemporâneas, entre elas a brasileira.

---

87 Por todos, ver FISHER, George. **Plea Bargaining's Triumph**: a History of Plea Bargaining in America. Redwood City, CA: Stanford University Press, 2003.

88 Legalidade estrita porque vincula a formação da lei ao processo legislativo adequado para cada matéria. Assim, é correto afirmar que o DP está atrelado ao princípio da legalidade. Contudo, é necessário que essa lei seja a constitucionalmente prevista para a incriminação.

Essa "reserva de legislação" corresponde ao denominado *princípio da legalidade penal*[89], localizada de maneira direta na Constituição Federal (CF) de 1988, art. 5º, inciso XXXIX: "não há crime sem lei anterior que o defina, nem pena sem prévia cominação legal". Como afirmado com precisão pela doutrina, "Deste princípio se inferem três garantias básicas de direito material: criminal (tipicidade), penal (sanções) e penitenciária (execução penal) e uma processual: jurisdição".[90]

Inicia-se com a abordagem do tema com base na ótica do direito interno a fim de ser abordada a construção da norma penal que se pode se apresentar basicamente, nas seguintes divisões:[91]

1] Normas penais gerais, que não impõem a criminalização de conduta.
2] Normas penais incriminadoras.

As primeiras estão normalmente estão previstas na Parte Geral do Código Penal (CP), projetando-se para todo o SP como normas gerais de funcionamento. Podem ser compreendidas como normas-conceito por delimitarem o entendimento de determinada "categoria" penal, como a legítima defesa.

Já as normas incriminadoras apresentam, na sua construção, dois conteúdos essenciais:

1] Prescrição da conduta que se quer punir.
2] Cominação da pena.

No Direito brasileiro, a toda norma incriminadora se segue a cominação da sanção específica, conjunto que, na sua totalidade, está acobertado pela legalidade penal ou pela reserva de lei. Desse modo, a legislação brasileira afasta-se de modelos de imposição de sanções tal como previsto, por exemplo, no Estatuto de Roma, que inclui uma lista de condutas e, em separado, uma lista de penas, cabendo ao julgador, no caso concreto, amoldar a pena à conduta praticada. Da mesma maneira, nosso sistema não admite cominações penais sem limitação, máxima e mínima.[92]

---

89 Por todos, ver GIACOMOLLI, Nereu José et al. O princípio da legalidade como limite do ius puniendi e proteção dos direitos fundamentais. **Revista de Estudos Criminais**, v. 6, n. 23, p. 153-177, 2006.

90 GIACOMOLLI, Nereu José; SILVA, Pablo Rodrigo Alflen da. Panorama do princípio da legalidade no direito penal Alemão vigente. **Revista Direito GV**, v. 6, p. 565-582, 2010, *passim*.

91 Como de há muito afirmado pela doutrina: "A expressão lei penal compreende, portanto, não apenas os tipos de delito descritos nas normas incriminadoras, como também as normas contidas na parte geral, pertencentes ao direito penal material (tentativa, participação, culpabilidade, exclusão de culpa e antijuridicidade etc.). Excluem-se [...] as normas de caráter processual existentes no CP". FRAGOSO, Heleno Cláudio. **Lições de Direito Penal**: Parte Geral. 17. ed. rev. por Fernando Fragoso. Rio de Janeiro: Forense, 2006. p. 120.

92 Para as discussões sobre a possibilidade de imposição **aquém** do mínimo legal, remete-se à leitura do capítulo desta obra sobre as penas em espécie.

Duas situações serão particularmente destacadas no presente capítulo, em apartado: a incompletude da parte incriminadora, que se faz dependente de outras edições normativas para perfazer a tipificação – trata-se da norma penal em branco; e na parte sancionatória, ligando-a à forma de interpretação da norma penal, está a discussão da possibilidade de impor-se uma pena **aquém** do mínimo legal.

2.2.2 A atuação do Parlamento

No nosso sistema normativo, o tipo penal é fruto de atividade exclusiva do Congresso Nacional (CF, art. art. 22, I), seja na forma de lei ordinária ou lei complementar[93], as quais "servem para disciplinar certos âmbitos do comportamento julgados exponenciais e merecedores de maior estabilidade em face da possibilidade de revogação"[94] e, portanto, estão previstas no rol constitucional exaustivo de regulação por esse processo legislativo.

Assim, são limites formais à construção do tipo penal:

a] que nasçam de medidas provisórias, situação definitivamente aclarada pela EC n. 32/2001, que dá nova redação à CF no art. 62, inciso I;
b] que nasçam de atividade legislativa dos estados, municípios ou do Distrito Federal[95];
c] que nasçam exclusivamente de atividades administrativas ou das denominadas *soft law*.

No entanto, para além de limitar-se o tema da construção do tipo ao direito interno, a adesão brasileira ao cenário da internacionalização protetiva de direitos humanos trouxe uma nova dimensão à construção legislativa do tipo penal, exigindo um olhar mais aprofundando às suas consequências.

---

93 Exemplo de norma penal incriminadora prevista em Lei Complementar é o art. 25 da Lei n. 64/1990, a "Lei das Inelegibilidades".

94 FERRAZ JÚNIOR, Tércio Sampaio. **Introdução ao Estudo do Direito**. 4. ed. São Paulo: Atlas, 2003. p. 234.

95 No momento em que a presente edição deste Livro foi escrita, tramitava no Congresso Nacional o PLC (Projeto de Lei Complementar) n. 215/2019, de autoria do então deputado Lucas Redecker (PSDB-RS), visando permitir aos Estados legislar sobre: crimes contra a vida; crimes contra a pessoa; crimes contra o patrimônio; crimes contra a liberdade sexual; crimes contra a administração pública estadual; crimes contra a Administração Pública municipal; tráfico ilícito de substâncias entorpecentes; e comércio, posse, transporte e utilização de arma de fogo e respectiva munição. BRASIL. Câmara dos Deputados. **Projeto de Lei Complementar 215/2019**. 11 set. 2019. Disponível em: <https://www.camara.leg.br/proposicoesWeb/fichadetramitacao?idProposicao=2219957>. Acesso em: 13 out. 2023.

2.2.3 A relação entre fontes normativas: impactos da internacionalização

A forma de concepção contemporânea do princípio da legalidade estrita não pode ser a mesma quando comparada aos postulados iluministas no SP, o que se deve, em larga medida, ao relacionamento entre os sistemas jurídicos internos e o internacional, sendo aquele alimentado pelos compromissos internacionais assumidos.

Aspecto de especial sensibilidade é a revisão histórica do conceito de *soberania*, fundamental que é para o tema específico aqui tratado. As relações atuais entre direito interno e internacional exigem que o conceito de soberania passe a ser, de um lado, limitador a certas normas internas, como aquelas que preveem a extinção de punibilidade, a exemplo da possibilidade de anistia a condutas criminalizadas maciçamente violadoras de direitos humanos (visto que não pode haver soberania para violar direitos humanos ou fundamentais) e, ao mesmo tempo, impositiva de criação de condutas a serem criminalizadas.

O relacionamento de **fontes normativas**, entre as nacionais e as internacionais impacta, especialmente, a produção de tipos internos que decorram de compromissos internacionais assumidos na esfera protetiva dos direitos humanos. Tal produção dá-se em dois níveis principais:

1] na adequação da legislação interna já existente ao estândares internacionais advindos dos compromissos assumidos na proteção de direitos humanos; e,
2] em uma nova produção normativa que proteja, no direito interno, os campos abrangidos pela legislação internacional – neste ponto, em especial, encontra-se um dos princípios essenciais de relacionamento das normas internacionais: o princípio da complementariedade.

Assim, a **internacionalização do DP** projeta-se para aspectos que vão além das discussões históricas sobre a incidência da lei penal no espaço, tema que será discutido em outro tópico do presente Capítulo.

2.2.3.1 As formas de relacionamento dos tipos penais internos com compromissos internacionais assumidos

A conformação normativa do DP interno aos compromissos internacionais carece de uma reflexão mais consistente para que sejam analisados seus diferentes aspectos com suas consequentes diferenças. Isso porque os fundamentos para a conformação podem gerar:

a] a necessária criação de tipos penais adequados aos compromissos assumidos – aqui surgindo a incidência do chamado *princípio da complementariedade*;

b] a adequação de tipos penais aos compromissos assumidos – aqui incidindo a ocorrência da denominada *margem nacional de apreciação do legislador interno aos compromissos internacionais*.

Fiquemos, por ora, com a primeira hipótese.

2.2.3.2 A tipificação penal e o princípio da complementariedade[96]

Tema que, historicamente, raras vezes preocupa a dogmática nacional diante do perfil político da América Latina e, em especial, da América do Sul, onde o cenário da regionalização normativa ou do comunitarismo nunca teve a mesma dimensão de outros cenários geopolíticos como a Europa, a ideia de complementariedade passou a ser objeto de alguma reflexão quando da assinatura, pelo Brasil, do Estatuto de Roma com sua consequente internalização no ordenamento brasileiro, até mesmo por força de emenda constitucional.

Nada obstante o princípio da complementariedade[97] dizer respeito à atuação da jurisdição internacional[98] (no caso, o TPI[99]) diante das condições explicitadas pelo Estatuto de Roma, que impõem uma nova visão de soberania[100] e, até mesmo, de modo mais amplo, as funções do Direito Internacional Público[101] e, não raras vezes, considerado como uma "pedra angular" daquela estrutura[102], sua construção nos trabalhos da Conferência de Roma parece ter sido precocemente

---

96 Para uma ampla visão, ver EL ZEIDY, Mohamed. The Principle of Complementarity in International Criminal Law: Origin, Development and Practice. In: ___. **The Principle of Complementarity in International Criminal Law**. Leiden, NE: Brill Nijhoff, 2008. Ver, também, ADIGUN, Muyiwa. The Principle of Complementarity: a Reflection on Its Meaning, Origin and Types in International Criminal Law. **African Journal of International and Comparative Law**, v. 29, n. 1, p. 82-94, 2021.

97 Para uma visão que busca sopesar as várias dimensões do princípio, ver CARTER, Linda E. The Future of the International Criminal Court: Complementarity as a Strength or a Weakness. **Wash. U. Global Stud. L. Rev.**, v. 12, p. 451, 2013.

98 Sobre essa relação ver STIGEN, Jo. **The Relationship Between the International Criminal Court and National Jurisdictions**: the Principle of Complementarity. Leiden, NE: Brill, 2008.

99 Ver SCHABAS, William A. et al. The International Criminal Court and Complementarity: Five Years on. **Criminal Law Forum**, Springer Nature BV, v. 19, n. 1, p. 1-3, 2008. p. 1.

100 Ver BENZING, Markus. The Complementarity Regime of the International Criminal Court: International Criminal Justice between State Sovereignty and the Fight Against Impunity. **Max Planck Yearbook of United Nations Law Online**, v. 7, n. 1, p. 591-632, 2003.

101 Consultar, entre outros, GIOIA, Federica. State Sovereignty, Jurisdiction, and 'Modern' International Law: the Principle of Complementarity in the International Criminal Court. **Leiden Journal of International Law**, v. 19, n. 4, p. 1095-1123, 2006.

102 NOUEN, Sarah M. H. Fine-tuning complementarity. In: BROWN, S. Bartram. **Research Handbook on International Criminal Law**. Cheltenham, UK: Edward Elgar Publishing, 2011.

Tipo penal | 49 |

elogiada diante do surgimento de inúmeras questões operacionais que seriam identificadas nos primeiros anos de funcionamento do TPI.[103]

De maneira geral, o princípio da complementariedade serve como um mecanismo de "conformação" dos direitos internos ao mecanismo supranacional de persecução e, por isso, há um aspecto de DP material que subjaz à ideia processual: a necessária existência de tipos penais no direito interno correspondentes àqueles previstos no Estatuto de Roma.[104]

Assim, é certo que, no campo **processual**, a atuação do TPI está condicionada à atuação disfuncional da persecução penal no país de origem do conflito[105]. E essa disfuncionalidade pode ocorrer por: (a) inexistência de uma estrutura judicial de atuação ou (b) uma atuação meramente cênica da jurisdição interna com vistas, essencialmente, a produzir um resultado artificial[106] que resulte na impunidade dos envolvidos[107] como, de modo mais minudente, também expõe Ramos.[108] destacando-se, entre os mecanismos de impunidade frequentemente empregados, a concessão de autoanistias.[109] Todavia, para que a jurisdição internacional seja um "complemento", é necessária previsão, no direito interno, de tipos penais correspondentes aos previstos em textos internacionais[110], particularmente no Estatuto de Roma, pelos quais um nacional brasileiro possa ser julgado naquela Corte.

---

103 A ver a crítica, entre outros, em NOUEN, Sarah M. H. Fine-Tuning Complementarity. In: BROWN, S. Bartram. **Research Handbook on International Criminal Law**. Cheltenham, UK: Edward Elgar Publishing, 2011.

104 Como foi com muita rapidez percebido no cenário internacional. A ver em KLEFFNER, Jann K. The Impact of Complementarity on National Implementation of Substantive International Criminal Law. **Journal of International Criminal Justice**, v. 1, n. 1, p. 86-113, 2003.

105 A ver em situações concretas as análises de STAHN, Carsten; EL ZEIDY, Mohamed M. (Ed.). **The International Criminal Court and Complementarity**: from Theory to Practice. Cambridge, UK: Cambridge University Press, 2011.

106 Ver, entre várias análises, NEWTON, Michael A. Comparative Complementarity: Domestic Juridiction Consistent with the Rome Statute of the International Criminal Court. **Military Law Review**, v. 167, p. 20, 2001.

107 SAMPAIO, Fábio Anderson Ribeiro; DE MOURA FÉ, Valmir Messias; PARANHOS FILHO, Antonio Conceição. O princípio da complementariedade como forma de responsabilidade subsidiária do Tribunal Penal Internacional. **Cadernos de Direito**, v. 21, n. 40, p. 131-143, 2022.

108 RAMOS, A. C. **Curso de direitos humanos**. São Paulo: Saraiva Educação, 2020. p. 135 e ss.

109 DELMAS-MARTY, Mireille. La responsabilité pénale en échec (prescription, amnistie, immunités). In: CASSESE, Antonio; DELMAS-MARTY, Mireille (Éds.). **Juridictions nationales et crimes internationaux**. Paris: PUF, 2002. p. 637. Ainda, DISSENHA, Rui Carlo. Anistias Como Prática do Direito Internacional Criminal e a Complementaridade do Tribunal Penal Internacional. **Revista Brasileira de Direito Internacional-RBDI**, v. 1, n. 1, jan./jun. 2005. Sobre complementaridade e soberania, PIOVESAN, Flávia. Princípio da Complementaridade e Soberania. **Revista CEJ**, Brasília, n. 11, p. 71-74, 2000.

110 Assim visualizado prontamente, por exemplo, no direito alemão: KAUL, Hans-Peter. Germany: Methods and Techniques Used to Deal with Constitutional, Sovereignty and Criminal Law Issues. In: LEE, Thomas C. C. **States' Responses to Issues Arising from the ICC Statute**. Leiden, NE: Brill Nijhoff, 2005. p. 65-81.

Princípio da complementariedade

O princípio da complementariedade é um dos pilares do Tribunal Penal Internacional (TPI). Ele estabelece que o organismo só pode atuar se os Estados-membros da ONU (Organização das Nações Unidas) não tiverem a capacidade ou a vontade de investigar ou julgar crimes de direito internacional cometidos em seus territórios. Em outras palavras, o TPI atua como uma instituição complementar aos sistemas nacionais de justiça e só pode agir quando os Estados não cumprem suas obrigações. Esse princípio visa garantir a subsidiariedade da jurisdição internacional e preservar a primazia da justiça nacional.

Caso não existam – como é o caso brasileiro, que se verá na sequência –, a jurisdição nacional nunca atuará diante da necessária observância do princípio da legalidade estrita como abordado neste capítulo.

De maneira geral[111], são esparsas as adaptações da legislação brasileira aos compromissos internacionais assumidos. Como exemplo recorde-se que o Brasil inseriu-se no sistema interamericano de combate à corrupção que se concretizou com a Convenção Interamericana Contra a Corrupção, adotada em Caracas, Venezuela, em 29 de março de 1996, que entrou em vigor em 3 de junho de 1997, conforme o art. XXV daquele texto[112], sendo que, quando da ratificação, o Brasil opôs reserva ao art. XI, 1, c[113]. Cumpre cifrar que o Brasil assinou a Convenção no dia de sua adoção e, no direito interno brasileiro, a Ratificação se deu pelo Decreto Legislativo n. 152, de 25 de junho de 2002, e, posteriormente, o Decreto Presidencial n. 4.410, de 7 de outubro de 2002, promoveu sua consolidação no ordenamento pátrio. Com a ratificação, o Brasil passou a integrar, com direito de voto, as reuniões dos Estados-parte que visam estabelecer mecanismos de acompanhamento e implementação desse instrumento[114].

---

111 As considerações que se seguem foram mais desenvolvidas em CHOUKR, Fauzi Hassan. Corrupção: as vias da internacionalização e o cenário brasileiro. **Revista Jurídica do Ministério Público de Mato Grosso**, v. 4, p. 15-30, 2008.

112 Que apresenta a seguinte redação: "Esta Convenção entrará em vigor no trigésimo dia a partir da data em que haja sido depositado o segundo instrumento de ratificação. Para cada Estado que ratificar a Convenção ou a ela aderir depois de haver sido depositado o segundo instrumento de ratificação, a Convenção entrará em vigor no trigésimo dia a partir da data em que esse Estado haja depositado seu instrumento de ratificação ou de adesão".

113 Com a seguinte redação: "A fim de impulsionar o desenvolvimento e a harmonização das legislações nacionais e a consecução dos objetivos desta Convenção, os Estados Partes julgam conveniente considerar a tipificação das seguintes condutas em suas legislações e a tanto se comprometem: [...] c. toda ação ou omissão realizada por qualquer pessoa que, por si mesma ou por interposta pessoa, ou aluando como intermediária, procure a adoção, por parte da autoridade pública, de uma decisão em virtude da qual obtenha ilicitamente, para si ou para outrem, qualquer benefício ou proveito, haja ou não prejuízo para o patrimônio do Estado".

114 Mais informações podem ser obtidas no seguinte endereço eletrônico do Ministério da Justiça: <http://www.mj.gov.br/sal/conv_3reuniao.htm>.

Também merece ser noticiado que o Brasil aderiu à Convenção sobre o Combate da Corrupção de Funcionários Públicos Estrangeiros em Transações Comerciais Internacionais[115], que exortou, em seu art. 1,

> a cada Parte tomar todas as medidas necessárias ao estabelecimento de que, segundo suas leis, é delito criminal qualquer pessoa intencionalmente oferecer, prometer ou dar qualquer vantagem pecuniária indevida ou de outra natureza, seja diretamente ou por intermediários, a um funcionário público estrangeiro, para esse funcionário ou para terceiros, causando a ação ou a omissão do funcionário no desempenho de suas funções oficiais, com a finalidade de realizar ou dificultar transações ou obter outra vantagem ilícita na condução de negócios internacionais.

Sob essa inspiração, o CP brasileiro foi alterado pela **Lei n. 10.467, de 11 de junho de 2002**, acrescendo àquele diploma legal, no Título XI, o Capítulo II-A. Resta, contudo, um amplo campo de adaptação e modernização do SP.

Verificados os tipos internos que sejam compatíveis com aqueles contidos no Estatuto de Roma, constata-se o profundo descompasso entre essas esferas, deixando, por consequência, o princípio da complementariedade praticamente ignorado porquanto, inexistindo as necessárias normas de direito interno, os nacionais brasileiros seriam, automaticamente, submetidos à jurisdição daquele Tribunal.

A reforma do CP em tramitação no Congresso Nacional constitui-se numa singular oportunidade para construir um arcabouço normativo que possa adequar a legislação brasileira a todo cenário apontado. Talvez seja uma de suas virtudes não destacada de maneira devida dado o clima de feroz crítica da comunidade às opções jurídicas e sociais do Projeto[116] em que há inserção de um largo título com a rubrica "Dos crimes contra os direitos humanos" (Título XVI) e outro denominado "Dos Crimes de Guerra" (Título XVII).

Cumpre destacar que nem mesmo o Código Penal Militar (CPM) cumpriria o papel de criminalizar, internamente, as condutas previstas no Estatuto de Roma[117], dada, de um lado, sua insuficiência de previsão de condutas e, de outro, a inexistência de completa aderência dos tipos previstos naquele Código aos crimes constantes no TPI.

---

115 No direito interno brasileiro, a norma internacional se fez valer pelo Decreto n. 3.678, de 30 de novembro de 2000, que promulgou a Convenção sobre o Combate da Corrupção de Funcionários Públicos Estrangeiros em Transações Comerciais, concluída em Paris, em 17 de dezembro de 1997.

116 Para uma breve noção da dimensão das críticas ao PLS, veja-se REVISTA LIBERDADES – Edição Especial – "Reforma do Código Penal", 2012. Disponível em: <http://www.ibccrim.org.br/upload/noticias/pdf/revista_especial.pdf>, com significativas abordagens críticas.

117 Ver, por exemplo, ARAÚJO, James Frade. A complementariedade do Estatuto de Roma em relação ao código de guerra do Brasil. **Revista Ciência & Polícia**, v. 4, n. 2, p. 28-47, 2016.

2.2.3.3 O tipo penal e a margem nacional de apreciação

A margem de apreciação nacional é o conceito que se refere ao espaço de liberdade que os Estados têm para interpretar e aplicar as normas internacionais de direitos humanos, levando em conta suas tradições culturais, políticas e sociais específicas[118]. Aqui é destacada sua função de conformação legislativa mais que seus aspectos decisórios em casos concretos ou de práticas administrativas.

Em outras palavras, a margem de apreciação permite que os Estados tenham certa flexibilidade na aplicação das normas internacionais de direitos humanos, desde que respeitem os princípios gerais e os objetivos desses tratados.

Esse conceito é importante porque reconhece a diversidade cultural e política existente entre os Estados e permite a adaptação das normas internacionais a contextos locais específicos. No entanto, a margem de apreciação também pode ser uma fonte de incerteza e ambiguidade, especialmente se for usada como desculpa para justificar a violação de direitos humanos.

A margem de apreciação nacional é relevante para a definição de tipos penais, uma vez que permite que os Estados tenham certa flexibilidade na interpretação e aplicação das normas internacionais de direitos humanos, incluindo as relacionadas aos crimes e às penas. No entanto, a margem de apreciação também tem limites, pois os Estados devem respeitar os princípios gerais e os objetivos desses tratados. Além disso, é importante que as definições de tipos penais sejam claras e precisas, de modo a garantir que as penas sejam aplicadas de maneira justa e equitativa.

2.2.4 O papel do *soft law* no sistema penal

Soft law é um termo usado para descrever normas não vinculantes, tais como recomendações, resoluções, diretrizes e outras formas de orientação que não têm força de lei. Essas normas são criadas por várias fontes, incluindo organizações internacionais, grupos de especialistas e órgãos governamentais. No caso brasileiro, há destacada importância para as normas oriundas do Conselho Nacional de Justiçam (CNJ) e, em alguma medida, do Conselho Nacional do Ministério Público (CNMP).

No âmbito do DP, o soft law pode ser usado para orientar a aplicação da lei penal, especialmente em relação a questões complexas ou controversas. Por exemplo, as recomendações da ONU sobre o uso da prisão preventiva de ofício

---

118 Para uma ampla visão sobre o assunto ver, principalmente, DELMAS-MARTY, Mireille; IZOR-CHE, Marie-Laure. Marge nationale d'appréciation et internationalization du droit: Réflexions sur lavali di té formelle d'um droit commun pluraliste. **Revue Internationale de Droit Comparé**, v. 52. n. 4. p. 753-780. out./dez., 2000; CORRÊA, Paloma Morais. Corte Interamericana de Direitos Humanos: opinião consultiva 4/84 – a margem de apreciação chega à América. **Revista de Direito Internacional**, Brasília, v. 10, n. 2, p. 262-279, 2013.

e a diretriz da União Europeia sobre a perseguição dos crimes internacionais são casos de *soft law* no âmbito do DP internacional.

No entanto, o Supremo Tribunal Federal (STF) tem uma compreensão distinta da natureza das normas oriundas do CNJ. Em 2018, por exemplo, o egrégio tribunal decidiu, no julgamento da Ação Direta de Inconstitucionalidade (ADI) n. 5.017, que as resoluções do CNJ têm força normativa e podem estabelecer normas gerais e abstratas para o funcionamento do Poder Judiciário, desde que não violem a CF ou as leis em vigor.

Para o campo do DP, lastreado na legalidade estrita, essa compreensão ofende as bases do Estado de direito. E não são poucas as regulações do CNJ no campo penal, em particular da execução penal. Durante a pandemia, algumas tiveram maior repercussão em medidas administrativas para a administração penitenciária[119] além de orientações técnicas que criaram um direito a cumprimento ficto de atividades educacionais ou laborais[120]. Estas últimas, embora não integrantes do quadro normativo das "resoluções", também acabaram por ser interpretadas de modo cogente pelo Superior Tribunal de Justiça – STJ (consolidado no Tema 1.120).

Ainda no campo da remição com repercussão no *quantum* de pena em cumprimento e reflexos em direitos de progressão de regime, por exemplo, merece destaque a Resolução n. 391/2021 do Conselho Nacional de Justiça (CNJ), que estabeleceu procedimentos e diretrizes a serem observados pelo Poder Judiciário para o reconhecimento do direito à remição de pena por meio de práticas sociais educativas em unidades de privação de liberdade (Recomendação n. 44/2013, art. 2º).

Todavia, é no campo da execução das medidas de segurança que há a mais abrangente interferência de uma resolução do CNJ na área penal. Com efeito, a Resolução n. 487 do Conselho Nacional de Justiça tem por finalidade dar

---

119 Entre elas, a Resolução CNJ n. 62/2020, que estabelece medidas para a prevenção da disseminação da covid-19 nos estabelecimentos prisionais e de cumprimento de medidas socioeducativas. A resolução prevê, entre outras medidas, a adoção de protocolos de triagem de pessoas presas e de servidores, a garantia de acesso a produtos de higiene e limpeza, o controle de visitas e a promoção de medidas de isolamento e quarentena. E, também, a Resolução CNJ n. 62/2021, que altera a resolução anterior (CNJ n. 62/2020) e estabelece novas medidas para as demandas da resolução anterior, trazendo medidas mais específicas e detalhadas, como a obrigatoriedade do uso de máscaras por todas as pessoas que ingressarem nos estabelecimentos prisionais, a realização de testagem periódica para covid-19 e a adoção de medidas para garantir a ventilação adequada dos espaços.

120 BRASIL. Conselho Nacional de Justiça. **Orientações técnicasSobre políticas de cidadania e garantia de direitos às pessoas privadas de Liberdade e egressas do sistema prisional durante o período de pandemia da Covid-19**. maio 2020. Disponível em: <https://www.cnj.jus.br/wp--content/uploads/2020/07/OrientacaoTecnica_PoliticasdeCidadania.pdf>. Acesso em: 14 nov. 2023.

cumprimento, no âmbito do Poder Judiciário, à política antimanicomial criada pela Lei n. 10.216/2001.

2.2.5 A incompletude do ordenamento e a analogia de integração

Analogia integrativa é uma técnica interpretativa utilizada no DP que consiste em utilizar a analogia para preencher uma lacuna existente na lei. Ela é utilizada quando há uma situação não prevista expressamente na legislação, mas que é semelhante a outra já prevista e que pode ser utilizada como modelo para solucionar o caso em questão.

No DP, a analogia integrativa é uma técnica interpretativa que deve ser utilizada com cautela, já que a lei penal é considerada uma norma restritiva de direitos e, por isso, deve ser interpretada de modo estrito, sem ampliações indevidas. De acordo com o princípio da legalidade, o juiz não pode criar uma norma penal, nem mesmo por meio da analogia, mas deve aplicar a lei existente ao caso concreto.

Como adverte PRADO[121], "o argumento analógico ou simplesmente analogia jurídica não se confunde, como evidenciado, com a interpretação – extensiva ou analógica – já que é um instrumento ou mecanismo de aplicação integrativa (autointegração) de lacunas e não interpretativo".

Porém, seu limite deve ser destacado: a analogia integrativa para criminalizar condutas não pode ser admitida por ferir o princípio da legalidade estrita. Servirá, pois, para integrar o sistema em situações que prevejam causas de exculpação ou que, de outra sede, possam atuar em favor da pessoa incriminada.

2.3 A estrutura do tipo penal

2.3.1 Decomposição da estrutura do tipo penal

TIPO COMO DESCRIÇÃO OBJETIVA DA CONDUTA

A objetividade da descrição da conduta se verifica com o tipo, manifestação da reserva legal, e é uma atividade do parlamento; a subjetividade concreta do tipo se constrói com a cognição no transcurso do devido processo legal.

---

121 PRADO, Luiz Régis. Argumento analógico em matéria penal. **Revista dos Tribunais**, v. 734, p. 541-546, 1996. p. 543.

2.3.1.1 Tipo como objetividade de descrição da conduta

A discussão sobre a existência de elementos no tipo que não sejam a descrição objetiva da conduta representa uma das mais vastas áreas da dogmática penal na teoria do crime. O objetivo da presente obra não é fazer um recenseamento e uma revisão da amplíssima literatura sobre o assunto, que se mostrariam improdutivos para os fins a que este trabalho se destina.

Neste tópico, compreende-se o tipo na descrição "objetiva" da conduta que, em determinado momento, será atribuível a alguém (uma pessoa física ou jurídica).

A dimensão subjetiva do tipo, que depende daquela primeira e com ela se interconecta para criar a ideia de "complexidade" do tipo (cara ao finalismo de Welzel), constrói-se no **devido processo legal** e perfaz o que neste livro se denomina *norma penal*. É naquele espaço que, mediante a devida cognição, é alcançada a confirmação da ocorrência do elemento subjetivo ínsito na descrição legislativa: o dolo ou a culpa.

Larguíssima parte da discussão desse assunto – especificamente pensada, aqui, a dogmática brasileira – passa à margem da afirmação de ser a constatação do dolo ou da culpa uma decorrência da integralidade do devido processo legal. Na maioria dos trabalhos acadêmicos na literatura brasileira, há uma rica e fiel descrição e reprodução de marcos teóricos trazidos, em grande medida da Europa continental, particularmente italiana e alemã, com críticas e contribuições igualmente férteis, com as quais se depuram os espaços próprios do dolo ou da culpa, alimentando-as com discussões científicas contemporâneas, como as da neurociência.

Nada obstante, a afirmação da construção do dolo ou da culpa como categorias teóricas se projeta timidamente para a manifestação viva, resumindo-se o mundo concreto da aplicação da dogmática jurídica a cânones tradicionais que são reiterados sem que haja uma substancial congruência entre a "evolução" da dogmática e seu reflexo no mundo da vida.

A crítica à afirmação anterior tende a desqualificá-la sob o argumento de que não se pode restringir a evolução teórica à sua aceitação prática, o que é uma respeitável afirmação, pois, de fato, a doutrina não pode ser refém da aceitação por tribunais. Contudo, a realização de uma teoria como manifestação de uma "pesquisa pura" igualmente não se sustenta no marco de uma ciência social aplicada, cujo caráter exploratório e especulativo é muito menos relevante do que seu papel de transformação social. Ou, na expressão definitiva dada por ROXIN, "de que serve, porém, a solução de um problema jurídico, que apesar de sua linda clareza e uniformidade é político-criminalmente errada?".[122]

---

122 ROXIN, Claus. **Política Criminal e Sistema Jurídico Penal**. Tradução de Luís Greco. Rio de Janeiro: Renovar, 2002. p. 7.

2.3.1.2 Tipos da parte geral

Os tipos penais da parte geral do CP brasileiro estabelecem os princípios gerais que se aplicam a todos os crimes previstos na legislação brasileira. Essas normas estabelecem os conceitos básicos do DP, como a definição de crime, culpabilidade, dolo, culpa, tentativa, participação, entre outros.

2.3.1.3 Tipos da parte especial

Os tipos penais incriminadores são aqueles que estabelecem a conduta proibida e a sanção penal correspondente para determinado comportamento considerado criminoso. Sua colocação topográfica marcante é a Parte Especial do CP, bem como leis extravagantes criadas para tal fim.

Na tarefa legislativa de incriminar uma conduta, o tipo incriminador aparece de maneira multifacetada, podendo ser analisado de inúmeras maneiras, destacando-se:

a] o elemento subjetivo a ser demonstrado na construção da norma penal: como regra, o denominado *dolo*; como exceção, a culpa;
b] o modo de praticar a conduta incriminada;
c] o agente que desencadeia a conduta (autor) e a quem se destina (vítima);
d] a possibilidade de que entidades – pessoas não físicas – possam praticar condutas criminosas.

2.3.1.4 Tipos penais "mistos"

À existência de tipos que dispõem de aspectos de direito material penal e regulam, igualmente, tópicos processuais, dá-se o nome de *tipos mistos*, cuja importância no presente tópico diz respeito à sua retroatividade, notadamente quando adotam mecanismos processuais pelos quais se alcança a extinção da punibilidade de forma menos gravosa que a submissão ao processo penal regular. Em particular, é uma situação comum no âmbito da negociação penal.

Exemplo mais atual desse fenômeno, quando a primeira edição desta obra é escrita, são as disposições ligadas ao denominado *acordo de não persecução penal* (ANPP), cuja discussão sobre a retroatividade de sua incidência aos casos já em curso, uma vez que o resultado potencial é a extinção da punibilidade de maneira menos gravosa à pessoa imputada, repete discussões semelhantes anteriores quando observados outros mecanismos típicos.

2.3.2 O tipo penal incompleto: a norma penal em branco

O termo *norma penal em branco* se refere à lei penal que prevê uma sanção, mas não especifica os elementos constitutivos do crime[123]. Em outras palavras, a norma penal em branco é uma lei que define o tipo de crime, mas não determina de modo claro e preciso o que é proibido ou o comportamento considerado ilegal. Essas leis são consideradas inconstitucionais em muitos países, pois violam o princípio da legalidade penal, que exige que as leis sejam claras, precisas e estabeleçam as condições necessárias para a aplicação da pena.

2.3.2.1 Espécies de norma penal em branco

A divisão leva em conta a origem da norma que complementa o tipo penal.

2.3.2.1.1 Homogênea

A norma penal em branco é considerada homogênea quando a norma que complementa a definição do tipo penal é da mesma espécie da norma penal, ou seja, quando é também uma lei penal.

Um exemplo de norma penal em branco homogênea é o art. 33, *caput*, da Lei n. 11.343/2006 (Lei de Drogas), que assim define o crime de tráfico de drogas:

> Art. 33 [...] importar, exportar, remeter, preparar, produzir, fabricar, adquirir, vender, expor à venda, oferecer, ter em depósito, transportar, trazer consigo, guardar, prescrever, ministrar, entregar a consumo ou fornecer drogas.

Nesse caso, a norma penal em branco homogênea é preenchida por outras normas da mesma lei, que estabelecem quais substâncias e em que quantidades são consideradas drogas.

2.3.2.1.2 Heterogênea

A norma penal em branco heterogênea é um conceito utilizado no DP para se referir a uma norma que prevê um tipo penal que depende de uma norma de outra espécie, ou seja, não necessariamente penal, para ter seu conteúdo definido.

Ao contrário do caso anteriormente descrito, que requer uma complementação por meio de uma norma penal, a hipótese em tela requer uma complementação por meio de uma norma de outra área do direito, de natureza administrativa, tributária, ambiental, entre outras.

---

123 Ver FALAVIGNO, Chiavelli Facenda. A deslegalização no direito penal brasileiro: discussões dogmáticas. **Revista Inclusiones**, n. 8, p. 70-82, 2021. Edição especial.

Um exemplo de norma penal em branco heterogênea reside no art. 273, parágrafo 1º-B, do CP, que define o crime de falsificação, corrupção, adulteração ou alteração de produto destinado a fins terapêuticos ou medicinais. Nesse caso, a norma penal em branco é preenchida por normas da Agência Nacional de Vigilância Sanitária (Anvisa), que definem quais são os produtos destinados a fins terapêuticos ou medicinais e os requisitos que devem ser observados para sua comercialização e seu controle.

A *norma penal em branco heterogênea* é assim chamada porque a norma que complementa o tipo penal é de uma espécie diferente da norma penal, ou seja, não é uma lei penal. Em alguns casos, a complementação pode ser feita por normas de diferentes áreas do direito, o que torna a norma penal em branco ainda mais heterogênea.

2.3.3 Tipos penais temporários

A lei penal temporária estabelece uma penalidade para determinada conduta, mas que tem um prazo de vigência limitado no tempo. Essas leis são criadas para responder a situações específicas consideradas excepcionais, em casos de emergência ou de crise, como em tempos de guerra ou em catástrofes naturais.

A transitoriedade desse tipo coloca em evidência o tema da sua aplicação após o prazo legalmente considerado para sua vigência, a dizer, a denominada *ultratividade*, princípio que estabelece que a lei penal temporária continua em vigor mesmo depois de ter expirado seu prazo de vigência. Isso significa que a lei continuará a ser aplicada às condutas ocorridas durante o período em que ela esteve em vigor, mesmo após o término do prazo estabelecido.

Em outras palavras, se uma pessoa cometeu um crime durante o período de vigência da lei penal temporária e essa lei já expirou, ainda assim o indivíduo pode ser julgado e condenado com base nessa lei, pois ela ainda é considerada válida para as condutas cometidas durante sua vigência, para garantir a segurança jurídica.

No entanto, é importante notar que as leis penais temporárias podem ser controversas, pois podem ser vistas como uma restrição aos direitos individuais e à proteção legal dos cidadãos[124], visto que podem ser usadas de maneira abusiva por governos autoritários ou antidemocráticos para reprimir oposição política ou grupos minoritários.

---

124 Nesse sentido, entre outros, MORGADO, Helena Zani. Considerações sobre a inconstitucionalidade das leis temporárias no Direito Penal brasileiro. **Revista da Faculdade de Direito da UFMG**, n. 68, p. 339-374, 2016.

2.4 Tipo penal, linguagem e interpretação

2.4.1 A formação semântica do tipo penal

João MESTIERI explica que

> a técnica moderna de enunciar as figuras de delito obedientes ao princípio da tipicidade determinou que se adotasse, invariavelmente, uma linguagem descritiva na qual a preocupação maior deve ser a de precisar o conteúdo e os limites do injusto criminoso. Daí, a leitura de um tipo penal revelar ao investigador apenas o aspecto negativo do fato social, o qual o sistema procura evitar que ocorra no mundo fático. É o imperativo da técnica. Por outro lado, é óbvio que o reverso da medalha apresente o sentido social da criação da proibição enunciada pelo tipo penal.[125]

A ambição dessa linguagem é procurar confinar os limites da insegurança ao que pode ou não ser praticado como conduta humana. Uma ambição a Ícaro, portanto, visto que inalcançável por qualquer ângulo que se queira abordá-la[126]. Nada obstante, (re)surge aqui a importância da dogmática jurídica para diminuir as incertezas inerentes à linguagem – mesmo a linguagem técnica.

Com efeito, "a dogmática jurídico-penal cumpre uma das mais importantes funções que se encomenda à atividade jurídica em geral em um Estado de Direito: a de garantir os direitos fundamentais do indivíduo frente ao poder arbitrário do Estado, que, não obstante apresente alguns limites, necessita de controle e de segurança quanto a estes. A dogmática jurídico-penal se apresenta assim como uma consequência do princípio de intervenção legalizada do poder punitivo estatal e, igualmente, como uma conquista irreversível do pensamento democrático",[127] sendo que apenas ela "torna possível, por conseguinte, ao assinalar limites e definir conceitos, uma aplicação segura calculável do DP, subtraindo-lhe a irracionalidade, arbitrariedade e a improvisação. Quanto menos desenvolvida esteja a dogmática, mais imprevisíveis serão as decisões dos Tribunais, mais

---

125 Como citado em BRODT, Luís Augusto Sanzo et al. Hermenêutica da norma penal incriminadora. **Revista Eletrônica de Direito Penal e Política Criminal**, v. 3, n. 1/2, p. 23-38, 2015. Disponível em: <https://seer.ufrgs.br/index.php/redppc/article/view/59576/35344>. Acesso em: 30 nov. 2023. p. 25.

126 Por todos, ver DE ANDRADE, Vera Regina Pereira. **A ilusão de segurança jurídica**: do controle da violência à violência do controle penal. Porto Alegre: Livraria do Advogado, 2021.

127 MUÑOZ CONDE, Introdución al Derecho Penal, Barcelona, 1975, citado por SILVA SÁNCHEZ, Jesús Maria. **Aproximación al Derecho Penal Contemporáneo**. Barcelona: JM Bosch, 1992. p. 43.

dependerão do azar e de fatores incontroláveis a condenação e a absolvição"[128], e "quanto mais se abandonem à casuística a legislação e a ciência, tanto mais insegura será a Administração da Justiça. Apenas o conhecimento sistemático garante um pleno domínio sobre a matéria"[129].

Para o marco teórico desta obra, a incerteza típica oriunda do fenômeno linguagem-interpretação, ínsita às relações humanas, tende a ser minimizado pela construção de sentidos dada pela dogmática penal (*vide* maiores comentários também no Capítulo 1).

Com essa "certeza", busca-se completar a afirmação de

> A efetiva realização deste princípio requer não só que os delitos e as penas estejam previstos em uma lei anterior (aspecto formal do princípio da legalidade), como também que tal lei determine com suficiente precisão os contornos e limites dos fatos puníveis e de suas penas: "mandato de determinação" da lei penal (aspecto material do princípio da legalidade).[130]

Todavia, não apenas pela dogmática penal conforme tradicionalmente apontado. Ao papel da dogmática soma-se a construção participativa no devido processo legal parar dar concretude de sentidos e sua legitimação na atuação viva do SP. Assim o é porque a construção definida com segurança pela dogmática serve como um *a priori* de sentidos que norteia etapas da construção da norma, justificando e legitimando parte significativa desse itinerário.

Contudo, a construção da **norma penal**, como já discutido em ponto anterior do texto, é substancializada no transcurso do devido processo em que a ideia nuclear de participação se faz presente. A essa participação, que apenas do ponto de vista didático se pode identificar com o contraditório – mas que é maior que este – é reservado o papel de cocriar o sentido do texto incriminador (tipo penal "objetivo", numa linguagem mais usual na teoria penal geral).

Excluir o papel participativo dessa construção é, do ponto de vista de sistemas processuais, adotar o denominado *modelo inquisitivo* como parâmetro, distanciando-se, assim, das bases constitucionais e convencionais. Mais ainda, a exclusão do papel cocriador impõe um determinismo cultural a significados abstratos, alijando importantes dimensões da construção normativa.

---

128 GIMBERNAT ORDEIG, Enrique. **Estudios**. 3. ed., p. 158, citado por SILVA SÁNCHEZ, Jesús Maria.. **Aproximación al Derecho Penal Contemporáneo**. Barcelona: JM Bosch, 1992. p. 44.

129 VON LISZT. "Rechtsgut und Habdlungsbegrieff in Bindingschen Handbuche", 1886, citado por SILVA SÁNCHEZ; Jesús Maria. **Aproximación al Derecho Penal Contemporáneo**. Barcelona: JM Bosch, 1992. p. 44.

130 MIR PUIG, Santiago. **Direito Penal**: fundamentos e teoria do delito. São Paulo: Revista dos Tribunais, 2007. p. 126.

2.4.2 A interpretação do tipo penal

Como garantia histórica ao arbítrio e como portador de uma das maiores expressões de tutela de direitos humanos e fundamentais, a interpretação do tipo penal segue o binômio "restritividade-expansão" quando, respectivamente, tiver como consequência o agravamento ou a melhoria da situação jurídica quando da prática de determinado comportamento.

Nesse sentido, a restritividade se impõe, inclusive, pela força constitucional ou convencional para não piorar determinações jurídicas que anteriormente eram mais benéficas ou para incriminar condutas então não previstas quando da sua prática efetiva; da mesma maneira, e em sentido inverso, a interpretação expandirá os efeitos benéficos nessas mesmas situações, por exemplo.

2.4.2.1 Impossibilidade de expansão

A expansão, pela via interpretativa, do tipo penal legislado é vedada no Estado de direito, como consequência lógica de toda a estrutura até aqui exposta. Dentro do mesmo marco, a **incerteza** gerada pela interpretação serve igualmente como impossibilidade de adotar-se a conclusão expansiva da conduta subsumida ao tipo legislado.

2.4.2.2 Efeitos retroativos da interpretação

A retroatividade da interpretação somente ocorre em benefício da pessoa submetida ao poder punitivo estatal. É o que se depreende da estrutura aqui exposta com o eventual exercício jurisdicional da revisão criminal, que, no marco estrito das suas possibilidades, viabiliza a readequação da punição – e mesmo da própria conceituação técnica da conduta – já em curso ou mesmo finalizada, via hermenêutica evolutiva que supera entendimentos de determinada época.

Se, historicamente[131], as críticas a essa possibilidade existiam pelo perfil do que se entendia por "jurisprudência", num cenário em que a palavra *precedente* carecia do mesmo significado e projeção de que hoje dipõe, realmente seria temerário afirmar-se a retroatividade interpretativa que culminasse em determinada decisão, mesmo que, obedecido o antigo procedimento de uniformização de jurisprudência, houvesse uma certa homogeneidade interpretativa.

No momento atual, ainda que se fale em precariedade de decisões proferidas em "temas de repercussão geral", o mesmo não se pode dizer de enunciados de

---

131 Por todos, ver SAGUINÉ, Odone. Irretroatividade e retroatividade das alterações da jurisprudência penal. **Revista Brasileira de Ciências Criminais**, São Paulo, n. 31, Revista dos Tribunais, 2000.

súmulas vinculantes[132], que guardam uma carga determinativa concreta, retroagindo, portanto, a situações que foram tratadas de forma mais gravosa.

2.4.2.3 **Expansionismo da tipicidade por via de controle de constitucionalidade**

A expansão do SP por atividade judicial, em particular a do controle de constitucionalidade, é um fenômeno observável a partir do alargamento do poder judicial no trato, em especial, de temas ligados à proteção de direitos humanos ou fundamentais e deságua naquilo que se torna cada vez mais uma preocupação genuína nos estados democráticos: o ativismo judicial.

No caso brasileiro, no momento em que a primeira edição deste livro é escrita, o caso concreto paradigmático nesse assunto foi a criminalização judicial da homofobia[133].

Por um lado, a criminalização da homofobia por decisão judicial pode ser um desenvolvimento importante na luta contra a discriminação e a violência baseadas na orientação sexual. Uma decisão judicial que criminaliza a homofobia pode ter como objetivo proteger os direitos humanos dos indivíduos LGBTQIA+ e garantir que as vítimas de discriminação e violência baseadas na orientação sexual tenham acesso à justiça e à proteção. Por outro, significa uma inadmissível quebra do princípio da legalidade estrita, com a qual não se pode comungar.

Especificamente no campo da teoria geral do DP – e para além das críticas metajurídicas que possam ser feitas ao ativismo judicial –, essa expansão tem a função de acompanhar a análise teórica que aponta a falta de critérios hermenêuticos claros sobre a teoria do crime e, em particular, no campo da norma penal[134] como um dos ângulos possíveis de incremento da crítica à decisão judicial em questão.

---

132 A respeito ver ABBOUD, Georges. Súmula vinculante versus precedentes: notas para evitar alguns enganos. **Revista de Processo**, 2008; MAUÉS, Antonio Moreira. Súmula vinculante e proteção dos direitos fundamentais. **Revista Brasileira de Direitos Fundamentais & Justiça**, v. 3, n. 8, p. 81-96, 2009.

133 Ver sobre o tema, entre outros, OLIVEIRA, Patricia Vieira. Uma análise à decisão do STF que equiparou as condutas homofóbicas e transfóbicas ao crime de racismo e sua possível violação aos princípios da separação dos poderes e legalidade. In: CONGRESSO BRASILEIRO DE PROCESSO COLETIVO E CIDADANIA. **Anais**..., 2021. p. 158-191.

134 Como apontado por JUNIOR, Airto Chaves. O esvaziamento dos critérios teórico-dogmáticos da intervenção mínima em matéria penal no Brasil: duas reflexões acerca do abandono do conteúdo material do crime pelos tribunais superiores. **Católica Law Review**, v. 3, n. 3, p. 11-41, 2019.

2.5 Tipo penal no tempo

2.5.1 A relação entre o tipo penal e o tempo da sua incidência

A conduta somente poderá ser considerada como típica se, previamente à sua realização, houver uma norma penal que a incrimina. Isso corresponde ao aforisma latino *nullum crimen, nulla poena sine previa legge*, ou "não há crime sem lei anterior que assim o defina".

Dessa afirmação basilar para o DP com base nas premissas iluministas decorrem subsequentes afirmações igualmente essenciais para o SP num ambiente democrático e aderente ao Estado de Direito que serão apresentadas na sequência.

2.5.2 A fixação do momento da vigência da norma penal

No Brasil, por exemplo, a regra geral é que a lei penal entre em vigor no prazo de 45 dias a contar da data de sua publicação oficial, com algumas exceções: se a lei penal estabelecer pena mais gravosa ou ampliar a definição do crime, ela só poderá entrar em vigor depois de decorrido um prazo de 45 dias a partir da sua publicação oficial e, ainda assim, somente para os crimes cometidos após esse prazo.

Em casos de lei penal mais benéfica, a nova lei se aplica imediatamente aos fatos anteriores. Já no caso de lei penal mais gravosa, não se aplica retroativamente, mas apenas a fatos ocorridos depois de sua entrada em vigor.

2.5.3 *Vacatio legis* e norma penal

Vacatio legis é o período que decorre entre a publicação de uma lei e a data em que ela entra em vigor. Durante esse período, a nova lei não produz efeitos jurídicos, ou seja, não pode ser aplicada em casos concretos. Esse período é importante para que as pessoas e instituições afetadas pela nova legislação possam se adaptar e se preparar para as mudanças que a nova lei irá trazer.

No Brasil, a regra geral para a *vacatio legis* de uma lei penal é de 45 dias, conforme previsto no art. 1º da Lei de Introdução às Normas do Direito Brasileiro. No entanto, há algumas exceções, como no caso de lei penal que estabeleça pena mais gravosa ou amplie a definição do crime. Nessas situações, a nova lei só pode entrar em vigor 45 dias após sua publicação oficial e, mesmo assim, somente para os crimes cometidos após esse prazo.

2.5.3.1 A revogação de uma norma penal no período de *vacatio legis*

Um exemplo significativo de revogação de uma norma penal ainda no período de *vacatio legis* – nesse caso, sucessivamente prorrogada – é o CP brasileiro de 1969, criado pelo Decreto-Lei n. 1.004, de 21 de outubro do mesmo ano[135] – que, duramente criticado, foi substancialmente reformado pela Lei n. 6.016, de 31 de dezembro de 1973 e definitivamente revogado em 1978.[136]

O CP brasileiro de 1969 foi o resultado de um processo de reforma do CP de 1940, que havia sido editado no governo de Getúlio Vargas. A elaboração do novo CP contou com a participação de uma comissão de juristas, presidida por Nelson Hungria, que teve como objetivo atualizar a legislação penal brasileira, adaptando-a às mudanças sociais e culturais ocorridas nas décadas de 1950 e 1960.[137]

Conforme apontado por renomado penalista, esse texto foi "Projetado em 1962 pelo saudoso Ministro Nélson Hungria – revisto por comissão composta do próprio autor do anteprojeto e dos Professores Anibal Bruno e Heleno Fragoso, passando pela revisão final do Professor Benjamim Morais – chega ao seu têrmo através do Decreto-Lei n. 1.004, de 21 de outubro de 1969, autografado pelos Ministros Militares no exercício da Presidência da República"[138]. E, como conclusão: "Substancialmente é o código atual, modificado. Em outras palavras: o novo diploma traz a mesma fisionomia, alterada por intervenções que lhe deram maior rigor técnico e lógico"[139].

> **EFEITOS JURÍDICOS DA NORMA PENAL NO PERÍODO DE VACATIO LEGIS**
>
> A lei durante a *vacatio legis* ainda não está em vigor e não produz qualquer efeito, não podendo ser aplicada ao réu ainda que seja uma lei penal benéfica.

Sobre esse diploma legal e seu fracasso até ser definitivamente revogado sem ter vencido o período de *vacatio legis*, não há uma consolidada reflexão sobre seus eventuais efeitos benéficos em relação às normas do Código de 1940,

---

135 BRASIL. Decreto-Lei n. 1.004, de 21 de outubro de 1969. **Diário Oficial da União**, Poder Executivo, Brasília, DF, 21 jan. 1969. Disponível em: <https://www2.camara.leg.br/legin/fed/declei/1960-1969/decreto-lei-1004-21-outubro-1969-351762-publicacaooriginal-1-pe.html>. Acesso em: 13 out. 2023.

136 Pela Lei n. 6.578, de 11 de outubro de 1978.

137 BARBOSA, Licínio Leal. O sistema penal brasileiro. **Revista da Faculdade de Direito da UFG**, v. 7, n. 1-2, p. 15-22, 1983.

138 PIRES, Ariosvaldo de Campos. Aspectos do código penal brasileiro de 1969. 11 ed. rev. **Revista da Faculdade de Direito [da] Universidade Federal Minas Gerais**, v. 8, p. 139, out. 1968. Disponível em: <https://revista.direito.ufmg.br/index.php/revista/article/view/399>. Acesso em: 30 nov. 2023. p. 139.

139 *Idem, ibidem.*

permanecendo em aberto seu estudo histórico sobre esse tema que poderia, em muito, ter influenciado discussões da teoria do delito no campo da vigência das normas penais mais benéficas ainda não em vigor. Assume-se, então, a afirmação de que normas penais em período de espera (*vacatio*) para entrarem em vigor não apresentam qualquer efeito no plano jurídico.

2.5.4 **A revogação do tipo penal**

2.5.4.1 **A revogação legislativa**

A retirada formal do ordenamento do tipo penal se dá por sua revogação legislativa, a dizer, por um ato do Parlamento mediante o adequado processo legislativo, o que implica afirmar que leis penais só podem ser revogadas por outras leis de igual ou superior hierarquia jurídica.

A revogação de um tipo penal pode dar lugar a um outro tipo penal que foque a mesma situação social anteriormente disciplinada, adequando a redação típica às novas nuances que a realidade impõe.

As diferenças entre o tipo revogado e o tipo que o sucede terão reflexos jurídicos que podem ser a descriminalização total ou parcial, nesta última havendo a necessidade de análise do que pode permanecer em vigor para as persecuções em curso.

Alerta-se, na doutrina[140], para a situação na qual existiria um alegado "princípio da continuidade normativo-típica", que "significa a manutenção do caráter proibido da conduta, contudo, com o deslocamento do conteúdo criminoso para outro tipo penal. A vontade do legislador é que a referida conduta permaneça criminalizada, por isso, não configura a *abolitio criminis*"[141]. Descontada a discordância em tratar-se essa situação como um "princípio", a ideia de deslocamento substancial do fenômeno social criminalmente regulado de um tipo penal para outro é, certamente, correta, com as implicações já destacadas.

2.5.4.2 **A perda de eficácia do tipo penal por controle de constitucionalidade ou convencionalidade**

A submissão formal e material de todas as normas ao controle de constitucionalidade ou convencionalidade é uma decorrência lógica da submissão de qualquer

---

140 Especificamente em CUNHA, ROGÉRIO SANCHES. **Manual de Direito Penal Parte Geral (arts. 1 ao 120)**. 8. ed. rev., ampl. e atual. Salvador: JusPODIVM, 2020. p. 142.

141 BITENCOURT, Cezar Roberto. Princípio da continuidade normativo-típica e suas limitações. **Consultor Jurídico**, 10 mar. 2022. Disponível em <https://www.conjur.com.br/2022-mar-10/cezar-bitencourt-irretroatividade-lei-penal-grave>. Acesso em: 18 mar. 2023.

manifestação do ordenamento às bases constitucionais e, também, dos sistemas protetivos de direitos humanos aos quais estão vinculados.

`2.5.4.2.1` O controle convencional-constitucional difuso

Nesse modo de controle, a desconformidade constitucional ou convencional não "revoga" a norma, atribuição própria do Parlamento, mas lhe retira a eficácia para o caso concreto, gerando um situação de potencial conflito de decisões em relação a outros casos nos quais não houve esse reconhecimento.[142]

No campo penal, isso foi particularmente notório na declaração de inconstitucionalidade difusa quanto à progressão de regime nos crimes hediondos, tendo o Supremo Tribunal Federal (STF) reconhecido a inconstitucionalidade do parágrafo 1º do art. 2º da Lei n. 8.072/1990 no âmbito do Habeas Corpus n. 82.959/SP[143], mas tendo o Senado deixado de retirar a eficácia do mundo jurídico nos termos do art. 52, X, da CF/1988[144], gerando posteriormente a Súmula Vinculante n. 26[145] e a resposta legislativa com a edição da Lei n. 11.464/2007.

`2.5.4.2.2` Controle concentrado

No controle concentrado, "As decisões proferidas em ação direta de inconstitucionalidade possuem eficácia ex tunc, erga omnes e efeito vinculante para todo o Poder Judiciário e para todos os órgãos da Administração Pública, direta e indireta – não abrangendo o Poder Legislativo"[146].

Não havendo aqui a revogação formal, a decisão retira, igualmente, os efeitos da norma desconforme, gerando a impossibilidade de sua aplicação para a construção de uma **norma** penal.

---

142 Para a análise detalhada dos resultados desse modelo jurídico, ver, por todos, LUNARDI, Soraya Regina Gasparetto; DIMOULIS, D. Efeito transcendente e concentração do controle difuso na jurisprudência (autocriativa) do STF. In: Marcelo Novelino. (Org.). **Leituras complementares de constitucional**. Controle de constitucionalidade. Salvador: Juspodivm, 2010, v. 1, p. 295-316.

143 BRASIL. Supremo Tribunal Federal. **HC n. 82.959**. Relator: Min. Marco Aurélio. Data de julgamento: 23 fev. 2006. Data de publicação: DJ, 1º set. 2006.

144 Sobre a crítica ao papel do Senado nesse regramento, ver, sobretudo, MENDES, Gilmar Ferreira. O papel do Senado Federal no controle de constitucionalidade: um caso clássico de mutação constitucional. **Direito Público**, v. 1, n. 4, 2004.

145 Para efeito de progressão de regime no cumprimento de pena por crime hediondo, ou equiparado, o juízo da execução observará a inconstitucionalidade do art. 2º do Lei n. 8.072, de 25 de julho de 1990, sem prejuízo de avaliar se o condenado preenche, ou não, os requisitos objetivos e subjetivos do benefício, podendo determinar, para tal fim, de modo fundamentado, a realização de exame criminológico.

146 MENDES, Gilmar. O Controle de Constitucionalidade no Brasil. **Repositório STF**. 2008. p. 218.

2.5.5 A irretroatividade prejudicial à pessoa incriminada

A irretroatividade da lei penal é um princípio fundamental do DP que estabelece que tal legislação não pode retroagir para prejudicar o réu. Isso significa que uma pessoa não pode ser punida por um ato que não era considerado crime quando foi cometido, mesmo que uma nova lei penal tenha sido promulgada que criminalize tal comportamento.

Esse princípio é uma garantia constitucional presente em vários países e tem como objetivo proteger o cidadão de mudanças arbitrárias e retroativas na legislação penal. Isso também se aplica a mudanças na interpretação da lei pelos tribunais.

No entanto, é importante observar que a lei penal pode retroagir para beneficiar o réu, ou seja, se uma nova lei penal for promulgada que reduza a pena para determinado crime, um réu que já foi condenado pode se beneficiar dessa mudança.

2.5.6 A ultra-atividade da lei mais benéfica

A ultra-atividade da lei penal mais benéfica é um princípio do DP que estabelece que a lei mais benéfica ao réu deve ser aplicada mesmo após sua revogação. Isso significa que, se uma lei penal mais benéfica é revogada ou alterada, o réu pode continuar a se beneficiar das disposições dessa lei se ela for mais favorável do que a nova lei penal.

Esse princípio é uma garantia constitucional presente em vários países e tem como objetivo proteger o cidadão de mudanças arbitrárias na legislação penal. Ele é uma extensão do princípio da retroatividade da lei penal mais benéfica, que estabelece que a lei mais favorável deve ser aplicada retroativamente aos casos em que ainda não houve trânsito em julgado.

A aplicação do princípio da ultra-atividade da lei penal mais benéfica é importante porque muitas vezes as leis penais mais benéficas são criadas como uma forma de corrigir injustiças ou de garantir a efetividade do princípio da presunção de inocência. Se essas leis fossem simplesmente revogadas, isso poderia prejudicar as garantias e os direitos dos réus que já foram condenados ou estão sendo processados.

2.6 Tipo penal e sua incidência no espaço

A discussão a ser tratada nesse contexto diz respeito ao tipo penal aplicável para sustentar a persecução e a concretização da norma penal. Historicamente, esse conceito visa a aspectos tangíveis, o que causa um impacto diferenciado no tratamento de crimes cometidos por meios informáticos, a cibercriminalidade.[147]

2.6.1 Territorialidade como regra geral

A regra geral, quanto à aplicação da lei penal do espaço, em relação aos crimes em geral, é a da territorialidade de acordo com o art. 5º do CP que determina que estão, como regra, sujeitos à submissão da lei penal brasileira os crimes cometidos no território nacional, cuja conceituação é estendida para

> Art. 5º. As embarcações e aeronaves brasileiras, de natureza pública ou a serviço do governo brasileiro onde quer que se encontrem, bem como as aeronaves e as embarcações brasileiras, mercantes ou de propriedade privada, que se achem, respectivamente, no espaço aéreo correspondente ou em alto-mar.

2.6.2 Extraterritorialidade e suas manifestações

As exceções vêm apontadas no art. 7º do CP, sob a rubrica de *extraterritorialidade*, como demonstrado a seguir.

2.6.2.1 Hipóteses

Nesse quadro normativo geral, algumas conclusões podem ser desde já tiradas:

1] As hipóteses previstas no inciso I, do art. 7º, são de **extraterritorialidade incondicionada**, isto é, aplica-se a lei brasileira sem qualquer condicionante, ainda que o agente tenha sido julgado no estrangeiro (art. 7º, § 1º), com

---

147 Ver, numa primeira abordagem, D'AVILA, Fabio Roberto; DOS SANTOS, Daniel Leonhardt. Direito penal e criminalidade informática: breves aproximações dogmáticas. Criminal Law and Cybercrimes: Brief Dogmatic Approaches. **Duc In Altum-Cadernos de Direito**, v. 8, n. 15, 2016; MARTINS, Danilo Gustavo Vieira. A Aplicação do Direito Penal na Zona Econômica Exclusiva Brasileira: Aspectos Políticos, Geográficos e Econômicos. **Revista de Ciências Jurídicas e Empresariais**, v. 17, n. 1, p. 69-78, 2016; FORTES, Vinícius Borges; BOFF, Salete Oro. An analysis of Cybercrimes from a Global Perspective on Penal Law/Uma análise dos crimes informáticos a partir de uma perspectiva global do direito penal. **Revista Brasileira de Direito**, v. 13, n. 1, p. 7-24, 2017.

fundamento nos princípios de defesa (art. 7º, I, "a", "b" e "c")[148] e da universalidade (art. 7º, I, "d")[149].

Portanto, para o caso do **crime de genocídio**, (I, "d"), **podemos afirmar que o Brasil adota o princípio da jurisdição extraterritorial incondicionada**, que, porém, não se confunde com a **jurisdição universal pura**, pois exige que o agente seja brasileiro ou estrangeiro domiciliado no país[150].

2] As hipóteses estatuídas no inciso II, do art. 7º, são de **extraterritorialidade condicionada**, porque a lei brasileira é aplicada quando satisfeitos certos requisitos, com base nos princípios da universalidade (art. 7º, II, "a"), da personalidade (art. 7º, II, "b")[151], da representação, ou bandeira (art. 7º, II, "c")[152] e da defesa (art. 7º, § 3º)[153].

Vale dizer: para a hipótese de crimes que o Brasil obrigou-se a reprimir por tratado ou convenção (inciso II, "a"), **a jurisdição extraterritorial poderá ser exercida mediante o preenchimento das condições descritas no parágrafo 2º**, ainda quando o agente não seja brasileiro, nem esteja domiciliado no país, **desde que entre em território nacional**.

---

148 De acordo com esse princípio, a nacionalidade e a natureza do bem jurídico ofendido pela ação delituosa desenvolvida no estrangeiro justificam a aplicação da lei brasileira. V. COSTA JÚNIOR, Paulo José da. **Curso de direito penal**: parte geral. 2. ed. São Paulo: Saraiva, 1992. v. 1. p. 37.

149 O chamado *princípio da universalidade* justifica a aplicação da lei penal a todos os homens, onde quer que se encontrem. Mas, como veremos a seguir, o Brasil não adota o princípio da jurisdição universal pura, ou *stricto sensu*. V. BITTENCOURT, Cezar Roberto. **Manual de direito penal**... p. 151.

150 COSTA JÚNIOR, Paulo José da. **Curso de direito penal**... op. cit. p. 38.

151 O princípio da personalidade, ou da nacionalidade, considera que a lei do país acompanha o nacional onde quer que ele se encontre. No CP brasileiro, o princípio da personalidade pode apresentar-se de duas formas: **personalidade ativa**, em que se considera a nacionalidade do autor do delito (art. 7º, II, "b"), e **personalidade passiva**, em que importa somente se a vítima do ato ilícito é nacional (art. 7º, § 3º). Em nosso caso, a aplicação desse princípio, diz a doutrina, constitui uma necessidade, porque o Brasil não concede extradição de brasileiro, salvo o naturalizado, em caso de crime comum, praticado antes da naturalização, ou de comprovado envolvimento em tráfico ilícito de entorpecentes e drogas afins, na forma da lei (art. 5º, LI, da CF). De outra sorte, a aplicação do princípio tem certo sentido de proteção ao nacional, evitando que seja processado e julgado em ambiente estrangeiro, que lhe pode ser hostil e injusto (LOPES, Jair Leonardo. **Curso de direito penal**... *op* cit., p. 61-62). A impossibilidade de extradição passiva de brasileiro não significa, porém, impunidade daquele que transgredir a lei penal fora do território nacional, porque **"nenhum crime pode ficar impune"**. V. REZEK, Francisco. **Direito internacional público**: curso elementar. 3. ed. São Paulo: Saraiva, 1993. p. 206; SOUZA, Artur de Brito Gueiros. **As novas tendências do direito extradicional**. Rio de Janeiro: Renovar, 2013. p. 124-125.

152 De acordo com esse princípio, o Brasil substitui o Estado estrangeiro, para processar e julgar crime que aquele não processou e julgou, embora cometido dentro de seu território, em aeronave ou embarcações brasileiras, mercantes ou de propriedade privada.

153 V. RONCOLATTO, Eduardo Lameirão. **Os limites da jurisdição brasileira**: a extraterritorialidade e seus princípios informativos. 180 f. Dissertação (Mestrado em Direito Internacional) – Faculdade de Direito da Universidade de São Paulo, 1997. p. 96.

Desvincula-se, para os autores de delitos previstos nos tratados ou convenções (exceção feita ao crime de genocídio), o critério da nacionalidade, mas exige-se o preenchimento de condições objetivas outras: entrada no território nacional, ser o crime punível no país em que foi praticado, ser crime para o qual a lei brasileira admita a extradição[154], e não haja **bis in idem**.

Cumpre ainda considerar que o Brasil ratificou os seguintes tratados e convenções: a) a Convenção para a Prevenção e a Repressão do Crime de Genocídio, pelo Decreto n. 30.822, de 1952. Para sua regulamentação, foi editada a Lei n. 2.889, de 1º de outubro de 1956[155]; b) as Convenções de Genebra sobre Direito Internacional Humanitário de 1949, em 29 de junho de 1957, as quais, contudo, ainda não foram regulamentadas pelo direito interno; c) a Convenção Interamericana para Prevenir e Punir a Tortura, pelo Decreto n. 98.286, de 9 de novembro de 1989. Para regulamentação do crime de tortura foi editada a Lei n. 9.455, de 7 de abril de 1997; e d) a Convenção contra a Tortura e outros Tratamentos Desumanos ou Penas Cruéis, Desumanas ou Degradantes, pelo Decreto n. 40, de 15 de fevereiro de 1991.

A lei que regulamenta o crime de **genocídio** não faz quaisquer referências sobre competência ou jurisdição. Já em relação à **tortura**, a legislação que a regulamentou contém disposição expressa, no sentido de ser ela aplicável ainda

---

154 A CF disciplina a extradição no art. 5º, incisos LI e LII. Já tratamos do inciso LI anteriormente. O inciso LII veda a extradição de estrangeiro por crime político ou de opinião. Além dos tratados bilaterais eventualmente firmados pelo Brasil, o processo de extradição acha-se regulado pela Lei n. 6.815/1980 (Estatuto do Estrangeiro), com as alterações posteriores, que estabelece os princípios informativos, as condições, limitações e procedimento para a sua concessão. É órgão competente, com exclusividade, para decidir sobre extradição, o STF, nos termos do disposto no art. 102 da CF/1988. É certo que a jurisprudência do egrégio tribunal, em caso de crime sujeito a extradição, tem negado o pedido quando: (a) houver dúvida se o Estado requerente submeterá o indivíduo à tortura, ou a penas cruéis, desumanas ou degradantes; (b) o extraditando não obteve ou obterá as garantias mínimas inerentes ao devido processo legal (Extradição 524. Governo do Paraguai. Relator: Min. Celso de Mello, extraditando Gustavo Adolfo Stroeener, filho do ex-presidente daquele país, Alfredo Stroessner, publicado no Diário da Justiça de 8 mar. 1991); (c) o indivíduo reclamado tenha sido ou venha a ser julgado por juízo ou tribunal de exceção; (d) estiver extinta a punibilidade; (e) se o fato não for considerado crime em ambos os Estados envolvidos no processo; (f) se o Estado requerente não assumir o compromisso de comutar, em pena temporária, a eventual pena de prisão perpétua. Essa última exigência, é certo, tem sido atualmente amenizada (Extradição 426, Governo dos Estados Unidos da América. Relator: Min. Rafael Meyer, extraditando Russel Wayne Weisse, **Revista Trimestral de Jurisprudência**, 115/969). V. SOUZA, Artur de Brito Gueiros. **As novas tendências...** op. cit., p. 94; RAMOS, André de Carvalho, **Tribunal penal internacional...** op. cit., p. 272-274.

155 O Brasil não ratificou a Convenção sobre a Imprescritibilidade dos Crimes de Guerra e dos Crimes de Lesa Humanidade (Resolução n. 2.391, de 26 de novembro de 1968), da Assembleia Geral da ONU. Tampouco a Lei n. 2.889/1956 faz qualquer menção ao assunto. Diante disso, aplicam-se no Brasil, para esse crime, as regras normais de prescrição, previstas no CP. O crime, porém, está catalogado dentre os hediondos, por força do disposto no art. 1º, parágrafo único, da Lei n. 8.072/1990. V. CANÊDO, Carlos. **O genocídio...** op. cit., p.168.

que o crime não tenha sido cometido em território nacional, desde que **a vítima seja brasileira ou que o agente se encontre em território brasileiro**[156].

Portanto, o crime de **tortura**, quanto à jurisdição, difere do crime de **genocídio**, pois não se vincula à nacionalidade **do agente**, mas sim **da vítima**, ambos exigindo que o agente se encontre em território nacional.

Este é o quadro em relação às leis nacionais. Não se está aqui questionando a autoexecutoriedade das normas decorrentes de tratados ou convenções ratificadas pelo país, como dos tratados de direito humanitário. Há uma corrente doutrinária[157] que sustenta essa autoexecutoriedade, inclusive em relação à aplicação do princípio da jurisdição universal nos casos dos crimes de genocídio, tortura e crimes contra a humanidade, em face da noção de que tais normas decorrem do *ius cogens*, ou mesmo em face do disposto no art. 5º, parágrafo 2º, da Constituição Federal. Mas esse aspecto será analisado adiante, quando do item 5º do questionário.

`2.6.3` Proteção universal dos direitos humanos

De acordo com a doutrina, a exigência prevista no art. 7º, inciso I, alínea "d", para a aplicação da lei brasileira afasta a ideia de jurisdição universal *stricto sensu*, que se refere ao processo iniciado "sem considerar o lugar em que se cometeu o delito ou contra quem se cometeu, e sem considerar o lugar em que se encontre na atualidade"[158], mas demonstra um "passo intermediário entre uma jurisdição baseada estritamente na territorialidade e uma jurisdição propriamente

---

156 Diz o art. 2º da Lei n. 9.455/1997: "O disposto nesta Lei aplica-se ainda quando o crime não tenha sido cometido em território nacional, sendo a vítima brasileira ou encontrando-se o agente em local sob jurisdição brasileira".

157 V. RAMOS, André de Carvalho. O Estatuto do Tribunal Penal Internacional e a Constituição Brasileira. In: CHOUKR, Fauzi Hassan; AMBOS, Kai (Org.). **Tribunal Penal Internacional**. São Paulo: RT, 2000, p. 263-264, trazendo inúmeras citações bibliográficas. Anota o autor que o entendimento mencionado não tem prevalecido na jurisprudência do Supremo Tribunal Federal; e propõe a adoção de terceira corrente, que significa "a aceitação da compatibilidade das normas constitucionais com a normatividade internacional de proteção aos direitos humanos como presunção absoluta, em face dos princípios da Constituição de 1988". V., ainda, resposta à quinta pergunta.

158 IDH – Conselho Internacional de Estudos Humanos. **Casos difíciles**: someter a la justicia extranjera a los que violan los derechos humanos. San José, Costa Rica: 1999. p. 17. A jurisdição universal pode ser considerada como sendo "un sistema de justicia internacional que otorga a los tribunales de cualquier país jurisdicción sobre los crímenes de lesa humanidad, el genocidio y los crímenes de guerra con independencia de dónde y cuándo se cometieron, y con independencia también de na nacionalidad de las víctimas o de los perpetradores. Permite que ciertos delitos sean enjuiciados ante los tribunales de cualquier país incluso cuando el acusado, la víctima o el delito carecen de vínculo con dicho país" (**Casos difíciles...** op. cit., p. 15, grifo nosso). V., ainda, PRADO, Luiz Regis. **Curso de direito penal...** op. cit., p. 109; FRAGOSO, Heleno Cláudio. **Lições de direito penal**: parte geral. 15. ed. Rio de Janeiro: Forense, 1995. p. 112.

universal"[159]. A hipótese também vem sendo chamada de "jurisdição universal mitigada"[160].

A regra contida no art. 7º, parágrafo 1º, do CP[161] é abrandada pelo disposto no art. 8º, no sentido de que "a pena cumprida no estrangeiro atenua a pena imposta no Brasil pelo mesmo crime, quando diversas, ou nela é computada, quando idênticas".

Podemos entender que o princípio da jurisdição universal mitigada – aquele previsto no art. 7º, inciso I, alínea "a", do CP, para o crime de **genocídio**, e no art. 2º da Lei de **tortura**, prevaleçam, em razão de seu alcance maior, na medida em que são restringidos apenas pelos critérios da nacionalidade do agente ou da vítima, ou do domicílio ou entrada do agente no território nacional.

Os demais crimes os quais o país se obriga a reprimir por tratados ou convenções exigem um **concurso de condições**, que restringem ainda mais o princípio da jurisdição universal mitigada, embora não se leve em conta a nacionalidade do agente. Aqui poderíamos enquadrar os **crimes de guerra** e os demais crimes contra a humanidade.

> Como se resolve no direito interno a situação criada quando, no caso desses crimes, o fato já tenha sido julgado ou esteja sendo julgado em outro país?

O respeito à coisa julgada material[162] constitui garantia constitucional, prevista no art. 5º, inciso XXXVI, da CF em vigor[163], e decorre do princípio da legalidade.

Assim, o acusado que vier a ser processado no Brasil, pela segunda vez em relação ao mesmo fato, poderá invocar a exceção da coisa julgada, conforme disposto no art. 95 do Código de Processo Penal. Está, pois, consagrado o princípio do *ne bis in idem*, como regra.

No caso de crimes de **tortura** e outros decorrentes de tratado (exceção feita ao crime de genocídio), o agente poderá ser processado no Brasil, mesmo que já tenha sido processado em outro país, **desde que reunidas as condições previstas nos diversos incisos do parágrafo 2º, do art. 7º, do CP**, exceto se, nesse outro país tiver sido absolvido, perdoado, extinta a punibilidade ou se não tiver cumprido pena[164].

---

159 *Casos difíceis: submeter à Justiça estrangeira... op. cit.*, p. 17.

160 CANÊDO, Carlos. **O Genocídio como Crime Internacional**. Belo Horizonte: Del Rey Ed., 1999. p. 211.

161 Essa norma é de constitucionalidade duvidosa, tendo em vista o disposto no art. 5º, inciso XXXVI, da CF em vigor, que garante o direito de não ser julgado duas vezes pelo mesmo fato (*ne bis in idem*).

162 Isto é, aquela que, "com a preclusão dos prazos para interposição de recurso, ou recursos, torna imutável e indiscutível o conteúdo de sentença definitiva, mediante a qual o órgão jurisdicional decide o *meritum causae*" (TUCCI, Rogério Lauria. **Direitos e garantias fundamentais no processo penal brasileiro**. São Paulo: Saraiva, 1993. p. 322-323).

163 Que dispõe: "a lei não prejudicará o direito adquirido, o ato jurídico perfeito e a coisa julgada".

164 V., a propósito, o disposto no art. 7º, inciso II, do Código Penal.

Tipo penal | 73

Assim, nas hipóteses acimas mencionadas, o *bis in idem* impede não só o reexame da decisão absolutória, como também a possibilidade de ser instaurado novo processo contra o mesmo acusado, pelo mesmo fato, ainda que surjam provas esmagadoras que lhe comprometam a responsabilidade. De outra sorte, é o *bis in idem* tolerado se, processado no estrangeiro, foi o agente condenado, podendo ser aqui julgado de novo[165].

No caso de crime de genocídio, disciplinado no art. 7º, inciso I, do CP, aplica-se a ressalva expressamente prevista no parágrafo 1º daquele artigo, combinada com a disposição contida no art. 8º. Assim, de acordo com a lei penal, a pena cumprida no estrangeiro atenua aquela imposta no Brasil, pelo mesmo crime, quando diversas; e é computada naquela imposta no Brasil, quando idênticas[166]. Tal dispositivo, como já dissemos, é de questionada constitucionalidade, pois prevê a possibilidade de *bis in idem*, tendo o agente sido absolvido no exterior.

De qualquer forma, trata-se de questionamento apenas teórico, pois não há, nos registros do STF, qualquer decisão sobre a aplicação desse princípio em se tratando de crimes internacionais (tortura, genocídio, crimes de guerra etc.).

O princípio do *ne bis in idem* aplica-se, também, em caso de extradição. Assim, o pedido será indeferido, de acordo com o art. 74 do Estatuto do Estrangeiro, se o extraditando estiver sendo processado ou já tiver sido processado no Brasil pelo fato motivador do pedido.

---

165 Isso se explica porque a decisão condenatória é coberta, apenas, pela chamada *coisa julgada formal* (preclusão máxima), ou "coisa julgada de autoridade relativa", o que possibilita a revisão do julgamento. V. TUCCI, Rogério Lauria. **Direitos e garantias...** op. cit., p. 327.

166 V. Damásio Evangelista de Jesus, **Código penal...** op. cit., p. 26.

Capítulo 3

Conduta

Base Legal no Código Penal

Art. 29. Quem, de qualquer modo, concorre para o crime incide nas penas a este cominadas, na medida de sua culpabilidade. (Redação dada pela Lei n. 7.209, de 11 julho de 1984)

§ 1º Se a participação for de menor importância, a pena pode ser diminuída de um sexto a um terço. (Redação dada pela Lei n. 7.209, de 11 julho de 1984)

§ 2º Se algum dos concorrentes quis participar de crime menos grave, ser--lhe-á aplicada a pena deste; essa pena será aumentada até metade, na hipótese de ter sido previsível o resultado mais grave. (Redação dada pela Lei n. 7.209, de 11 julho de 1984)

Circunstâncias incomunicáveis

Art. 30. Não se comunicam as circunstâncias e as condições de caráter pessoal, salvo quando elementares do crime. (Redação dada pela Lei n. 7.209, de 11 julho de 1984)

Casos de impunibilidade

Art. 31. O ajuste, a determinação ou instigação e o auxílio, salvo disposição expressa em contrário, não são puníveis, se o crime não chega, pelo menos, a ser tentado. (Redação dada pela Lei n. 7.209, de 11 julho de 1984)

Súmulas da STF na matéria

Súmula 145

Não há crime, quando a preparação do flagrante pela polícia torna impossível a sua consumação.

STJ – Recursos Repetitivos

Tema Repetitivo 1205

Tese Firmada

A restituição imediata e integral do bem furtado não constitui, por si só, motivo suficiente para a incidência do princípio da insignificância.

Súmulas do STF na matéria

Súmula 711

A lei penal mais grave aplica-se ao crime continuado ou ao crime permanente, se a sua vigência é anterior à cessação da continuidade ou da permanência.

Súmula 723

Não se admite a suspensão condicional do processo por crime continuado, se a soma da pena mínima da infração mais grave com o aumento mínimo de um sexto for superior a um ano.

3.1 Conceituação de conduta: manifestação objetiva

Aponte-se, inicialmente, que neste momento da obra a conduta será apresentada em sua forma objetiva, bem como serão apresentados seus modelos de atribuição. O elemento subjetivo na prática da conduta e seus resultados exteriores são temas a serem apreciados de maneira individualizada em outros tópicos específicos para tais abordagens, dada a proposta metodológica empregada.

A conduta é a exteriorização de um comportamento[1] que, para os fundamentos iluministas do Direito Penal (DP), seria exclusivamente um comportamento humano, sendo que dessa premissa deriva toda a estrutura teórica que viria a orientar temas nodais para o Sistema Penal (SP), como a culpabilidade.

Ao afirmar-se que conduta é um comportamento exteriorizado, tem-se como implicações diretas que:

I] No Estado de Direito, representações mentais (cogito, em latim, palavra muitas vezes presente na dogmática penal) não comportam tipificação legítima. Em outros termos, não pode haver tipificação pelo que se **pensa, mas, apenas, pelo que se faz**.

II] Na extensão da afirmação anterior, representações mentais igualmente não comportam, portanto, punição de qualquer forma.

III] Comportamentos, uma vez vinculados a modificações concretas do mundo da vida, implicam o questionamento acerca da legitimação penal, no Estado de direito, de tipificações de condutas "de perigo" sem que a elas se atrele qualquer modificação direta no plano exterior.

a] **Condutas não humanas relevantes para o Sistema Penal: a atividade empresarial**

Tomando-se como base a obra de Beccaria[2] que orienta a concepção do SP nas bases em que veio a se desenvolver, não tardou mais que um século para que as discussões da expansão desse comportamento para atividades não humanas de cariz empresarial tivessem início.

---

1 Esse comportamento, quando relevante para o sistema penal, modificará o mundo da vida. O modo de compreender essa modificação com suas nuances e variações de compreensão serão analisadas em capítulo próprio destinado a focar naquilo que amplamente se denomina resultado.

2 Dos Delitos e das Penas (em italiano, "Dei delitti e delle pene" ['dei de'litti e 'delle 'pe ne]), publicado em 1764.

Conduta | 77

Assim o foi com a sedimentação da responsabilidade penal da pessoa jurídica em países anglo-saxões, notadamente, em primeiro plano, a Inglaterra[3], com o que se inaugurou uma cisão que reverbera na dogmática penal desde então e que pode ser resumida, por aqueles que não admitem um comportamento corporativo com aspectos penais, no aforisma *societas delinquere non potest*.[4] A adoção dessa previsão legal na Europa continental foi bem mais tardia, atribuindo-se à Holanda o papel precursor.[5]

Nada obstante, o modelo econômico globalmente dominante nesta quadra da história não apenas incentiva essa expansão, mas, sobretudo, coloca o DP como um instrumento de controle social indispensável para uma economia de mercado[6] que apregoa, de um lado, a diminuição do papel do Estado mas que, de outro, dele se socorre em primeira mão com mecanismos regulatórios e punitivos típicos do SP, não se contentando com sanções civis ou administrativas que, rigorosamente falando, alcançariam os mesmos resultados.

b] Condutas não humanas relevantes para o Sistema Penal: artefatos tecnológicos

Todavia, comportamentos não humanos relevantes para o SP não se resumem, no atual momento, aos comportamentos empresariais. A fronteira contemporânea desse assunto é a ligação de comportamentos robotizados a uma pretensa responsabilização penal, confluindo o SP ao campo da tecnologia[7] numa

---

3   Ver BRANCO, Daniela Holler. Responsabilidade penal das corporações: lições dos sistemas jurídicos anglo-americanos. **Revista dos Tribunais**, v. 862, n. 2007, p. 463-484, 2007.

4   A bibliografia sobre o assunto é extensa. Entre outros, ver GIACOMOLLI, Felipe Mrack. A responsabilidade penal das pessoas jurídicas: análise crítica comparativa dos sistemas brasileiro e espanhol de imputação. **Revista General de Derecho Público Comparado**, n. 22, p. 19, 2017; BARBOSA, Julianna Nunes Targino. **A culpabilidade na responsabilidade penal da pessoa jurídica**. Dissertação (Mestrado em Direito) – Universidade de São Paulo, 2014; BUSATO, Paulo César. A responsabilidade criminal de pessoas jurídicas na história do Direito positivo brasileiro. **Revista de Informação Legislativa**, v. 55, n. 218, p. 85-98, 2018.

5   VERVAELE, J. A. E. La responsabilita penale della persona guiridica nei Paesi Bassi: Storia e sviluppi recenti. **Societas Puniri Potest: La responsabilita da Reato degli Enti Collettivi**, p. 135-178, 2003.

6   CARVALHO, Ricardo Gusmão. A Teoria do Risco na sociedade pós-industrial e a sua aplicação na responsabilização penal da pessoa jurídica. **Direito UNIFACS – Debate Virtual**, v. 104, n. 104, 2009.

7   Ver, dentre outros, TEIDER, Lucas Hinckel; DOS SANTOS, Gabriel Pivatto. Responsabilidade penal da inteligência artificial (?): a problemática relacionada ao elemento da conduta na clássica estrutura analítica do delito. **El derecho público y privado ante las nuevas tecnologías**, p. 186, 2020; E, por certo, com reflexos em todas as atividades humanas. A ver, por exemplo, JANUÁRIO, Túlio Felippe Xavier. Inteligência artificial e responsabilidade penal no setor da medicina. **Lex Medicinae: Revista Portuguesa de Direito da Saúde**, v. 17, n. 34, 2020.

discussão que teve início há vários anos[8], com reflexos já na criminologia[9], mas que na doutrina brasileira ainda caminha seus primeiros passos.

O **tempo da tecnologia** sempre estará à frente do **tempo do Direito**[10]; como consequência, as respostas, mesmo as teóricas, serão sempre tardias e olhando para o passado, empregando-se, seja no raciocínio jurídico abstrato, seja na técnica legislativa, concepções e técnicas redacionais "abertas", exatamente pelo descompasso temporal antes mencionado.

Contudo, no marco desta obra, o destinatário do SP é o ser humano, ainda que grupamentos finalístiscos como empresas possam ser responsabilizados penalmente, menos pela sua autonomia existencial e mais porque agrega exatamente condutas humanas voltadas a determinada prática.

Com os artefatos tecnológicos, a saída é a mesma. A punição recai sobre o ser humano que instrumentaliza a tecnologia, o que, rigorosamente falando, exigirá uma *expertise* aguda sobre o objeto criado, suas dimensões práticas de aplicação e domínio máximo sobre os possíveis resultados, mas nunca a punição da tecnologia *per se* recorrendo-se a um conceito dramatúrgico de um "deus *ex machina*" no sentido de alcançar-se uma solução mirabolante para algo que é, essencialmente, uma criação humana.

3.1.1 O comportamento humano qualificado pelo elemento anímico: a impossibilidade de punição de modo objetivo

O comportamento com o qual se identifica uma conduta penalmente relevante, a dizer, legislativamente atribuída de relevância em abstrato, não comporta, contudo, uma resposta do SP sem que a ela esteja vinculada a determinado **elemento anímico,** que, na construção clássica do DP, se traduz como dolo ou culpa. Em suma, não é possível atribuir-se relevância penal a uma conduta de maneira "objetiva".

Ao afastar-se de uma responsabilização objetificada, o SP impõe a construção de um modelo cognitivo sobre aquele comportamento que seja capaz de demonstrar que, além do ato mecanicamente considerado, houve o comportamento

---

8 Por exemplo, HALLEVY, Gabriel. The Criminal Liability of Artificial Intelligence Entities: from Science Fiction to Legal Social Control. **Akron Intellectual Property Journal**, v. 4, p. 171, 2010; HALLEVY, Gabriel. **Liability for crimes involving artificial intelligence systems**. New York, NY, USA: Springer International Publishing, 2015; HALLEVY, Gabriel. **When Robots Kill**: Artificial Intelligence under Criminal Law. Boston, PA: UPNE, 2013.

9 HAYWARD, Keith J.; MAAS, Matthijs M. Artificial Intelligence and Crime: a Primer for Criminologists. **Crime, Media, Culture**, v. 17, n. 2, p. 209-233, 2021.

10 A ver, entre outros, CAMPOS, Ricardo. **Metamorfoses do direito global:** sobre a interação entre direito, tempo e tecnologia. São Paulo: Contracorrente, 2022 (especialmente cap. VI).

norteado pelo elemento anímico que se atribui, pelo tipo penal, como necessário para desencadear aquilo que, ao final, será uma possível imposição de pena.

A construção da cognição em concreto – que nesta obra já foi denominada *norma penal* – se dá pelo devido processo legal, que só pode admitir, no Estado de direito, a feição acusatória, ainda que na sua estrutura comumente reconhecida como tal, a saber, com a previsão expressa da separação de funções entre acusador e julgador e dotando a pessoa submetida à persecução como detentora de direitos que a protejam do arbítrio persecutório.

3.1.2 Condutas penalmente neutras

Tema que igualmente frequenta há pouco a literatura brasileira[11], a conduta penalmente neutra pode ser delimitada como

> comportamentos que, de uma perspectiva causal, possibilitam ou favorecem a realização de um fato ilícito por um terceiro autorresponsável. Essas condutas, por seu caráter socialmente ubíquo, disponível e inerente às relações sociais, apresentam margens tênues e pouco definidas quanto à sua punibilidade.[12]

A qualificação desses comportamentos como "neutros", e sua irrelevância para o SP, apenas se verificará se eles puderem ser realizados de maneira legalmente generalizada – e não socialmente aceitas como um desvio padronizado de comportamento[13] – pois, em sendo legalmente possível de ser praticada – ainda que por um grupo determinado de profissionais, por exemplo – punir tais comportamentos seria expandir a atuação do SP para atuações humanas de modo demasiadamente amplo. No limite, isso enfraqueceria a própria razão de ser do tipo penal como limite de conduta relevante.[14]

---

11 Ver, dentre outros, RASSI, João Daniel. **Imputação das ações neutras e o dever de solidariedade no direito brasileiro**. LiberArs: São Paulo, 2012. p. 15-16; LOBATO, José Danilo Tavares. **Teoria Geral da Participação Criminal e Ações Neutras**. Curitiba: Juruá, 2010; GRECO, Luís. **Cumplicidade através de ações neutras**: a imputação objetiva na participação. Rio de Janeiro: Renovar, 2004.

12 BRENER, Paula Rocha Gouvêa. **Ações neutras e limites da intervenção punível**: sentido delitivo e desvalor do comportamento típico do cúmplice. Dissertação (Mestrado em Estudo de Direito Penal Contemporâneo) – Universidade Federal de Minas Gerais, Faculdade de Direito, Belo Horizonte, 2021. p. 23.

13 Pois, caso contrário, haveria a convalidação, pelo sistema penal, de práticas criminosas apenas porque socialmente aceitas em determinados contextos, como, por exemplo, admitir-se como irrelevante a venda de remédios controlados futuramente empregados em determinada prática criminosa, por ser "normal" essa violação de dever profissional.

14 Certo, aqui há a premissa da existência do Estado de direito como cenário para todo comportamento social. Em Estados autoritários ou totalitários, com a difusão da prática criminosa como uma verdadeira "política pública" – em alguns casos, de extermínio em massa –, condutas triviais comprovadamente de suporte às práticas criminosas de política de Estado podem ser passíveis de responsabilização criminal.

3.2 Espécies de conduta

3.2.1 Agir comissivo

O agir pelo cometimento é a forma predominante dos modelos de atribuição de conduta, visto que abrange o modo mais natural do comportamento. Dessa forma, torna-se comum que as previsões de crime contidas na Parte Especial do CP ou em legislações extravagantes abarquem em larga maioria previsões de cometimento que se denomina, muitas vezes, de um "agir positivo".

Nesse ponto, o SP, quanto às previsões típicas de comportamento, passa a exigir uma conduta praticada por uma pessoa (normalmente pessoa natural; excepcionalmente, uma pessoa coletiva, um ente, uma empresa) de maneira positiva (um agir de "cometimento"), e é sobre esse agir que se desenvolve a cognição do devido processo legal para alcançar a construção da **norma penal** no caso concreto.

Contudo, se a justificação de se atribuir relevância a uma conduta "positiva" pode ser construída de forma direta no campo da **política criminal**, da dogmática penal material e, no caso concreto, como resultado do devido processo legal, o mesmo não se pode afirmar com tanta naturalidade daquilo que se convencionou denominar *omissão penal relevante*, como se verá na sequência.

3.2.2 Agir omissivo

O "agir por omissão" ou "agir negativo" implica, em primeiro plano, a quebra de um dever de praticar a conduta legalmente determinada cabível à pessoa física ou jurídica. Só é omisso quem tem o dever legal de agir.

3.2.2.1 Espécies de omissão: a omissão "própria"

É a que surge de determinação expressa do legislador que assim o estabelece no próprio tipo, sendo exemplo clássico o da omissão de socorro previsto no art. 135 do CP. Esse tipo de omissão recai de forma generalizada sobre qualquer pessoa, na exata medida em que tipicamente prevista. E nisso se distinguirá de outra forma de omissa, dita "imprópria", destinada a um grupo específico de pessoas a quem a lei destinará a posição específica de garantidor de determinada situação da vida.

Conduta | 81

3.2.2.2 Espécies de omissão: a omissão "imprópria" e a figura do "garantidor"

A omissão dita "imprópria" não está prevista diretamente no tipo, mas é construída a partir de um raciocínio inverso ao agir "positivo". Omite-se aquele que impede a prática da conduta típica e, pela sua inação, o comportamento humano alcança aquilo que o tipo penal proíbe.

A tomar-se tal afirmação como correta do ponto de vista dos valores sociais que impõem a criação do tipo pelo legislador, surge o primeiro ponto de reflexão, ligado à expansão do SP: a profusão de deveres de agir por normas oriundas de diversas fontes – inclusive aquelas de *soft law* – tende a expandir a incidência do SP para punir essas omissões desde que, certamente, tenha relevância penal.

Isso implica o reconhecimento, pela legislação, da posição de "garantidor" da integridade de certa situação do mundo[15], e dessa forma prevista no parágrafo 2º do art. 13 do CP, ao disciplinar que há "omissão penalmente relevante quando o omitente devia e podia agir para evitar o resultado", adicionando que "o dever de agir incumbe a quem: a) tenha por lei obrigação de cuidado, proteção ou vigilância; b) de outra forma, assumiu a responsabilidade de impedir o resultado; c) com seu comportamento anterior, criou o risco da ocorrência do resultado".

Ademais, esse tema ganha em densidade com a expansão do subsistema penal que criminaliza atividades econômico-empresariais[16] e, dentro desse subsistema, que largamente gira em torno do mecanismo de preservação de integridade de comportamentos empresariais, a dizer, o *compliance* – a figura dos responsáveis pela condução dessa atividade, na locução em inglês, *compliance officer*, que são

> os responsáveis por liderar e conduzir o sistema de gestão de compliance das organizações (*Compliance Management System* – CMS), entendendo este como o conjunto de princípios e tarefas com o objetivo de assegurar que a empresa – por meio de seu corpo diretivo, colaboradores e partes interessadas – tenha um comportamento de respeito às leis, bem como responsabilidade perante os riscos inerentes à sua atividade.[17]

---

15   Por todos, ver BOTTINI, Pierpaolo Cruz. **Crimes de omissão imprópria**. São Paulo: Marcial Pons, 2018.

16   A esse respeito, ver, dentre outros, SAAVEDRA, Giovani; PETER FILHO, Jovacy; CURY, Rogério Luis Adolfo. A definição do alcance da posição de garante do *compliance officer* como reforço a agenda anticorrupção no Brasil. **Delictae Revista de Estudos Interdisciplinares sobre o Delito**, v. 6, n. 11, 2021.

17   SAAVEDRA, op. cit., citando BACIGALUPO, Enrique. **"Compliance" y derecho penal**: prevención de la responsabilidad penal de directivos y de empresas. Buenos Aires: Hammurabi, 2012. p. 153.

Na dogmática penal mais elevada[18], um dos desdobramentos apontados para a punição omissiva é a correta identificação da ligação entre a omissão e a modificação material do mundo ou, em outras palavras, a verificação entre omissão e resultado.

Esse tema, de verdadeira importância para delimitar o SP ao Estado de Direito – pois, caso contrário, a expansão da omissão acarretaria a possibilidade de punições generalizadas por todo tecido social, algo comum em estruturas sociais autoritárias ou totalitárias –, tem seu limite concreto no devido processo legal onde se desenvolve a cognição necessária para tecer a ligação direta entre omissão e resultado. Assim, não apenas do ponto de vista conceitual, pela dogmática penal, é pelo devido processo que se impede o arbítrio da expansão da omissão como penalmente relevante.

Assim se posiciona Tavares[19], ao afirmar que

> a equiparação entre ação e omissões imprópria, só pode valer sob dois pressupostos: a) assente que o resultado, nas mesmas hipóteses, seria evitado, com probabilidade nos limites a certeza, pela realização da ação mandada; b) comporte uma contraprova de que esse mesmo resultado, igualmente com probabilidade nos limites da certeza, teria ocorrido da mesma forma caso o sujeito atuasse ou se omitisse. O primeiro decorre do princípio constitucional da presunção de inocência, pois é inadmissível que se afirme a imputação de um resultado a alguém sem que se demonstre, empiricamente, as bases de sustentação dessa imputação. O segundo é, ainda, uma resultante do já referido princípio da ampla defesa e do contraditório.

3.3 A conduta e seus protagonismos

3.3.1 Nota introdutória

O presente tópico visa analisar a atribuição de determinada conduta tipificada a certa pessoa física ou jurídica, bem como compreender o comportamento de outras pessoas que possam ter, por seu comportamento, de qualquer forma, algum grau de relevância para a realização do tipo penal.

Certamente há outras dimensões de análise que, embora digam respeito ao presente tópico, apenas por uma opção didática serão abordadas em outros

---

18 Por todos, ver TAVARES, Juarez. **Teoria dos crimes omissivos**: monografias jurídicas. São Paulo: Marcial Pons, 2018.

19 TAVARES, op. cit., p. 36.

momentos do livro. Exemplo disso são os reflexos do modelo de atribuição de conduta na dosimetria da pena, tema que historicamente se apresenta tratado conjuntamente na maior parte da literatura dominante. Exatamente por essa razão, a multiplicidade de condutas ou a sucessão destas serão tratadas no capítulo específico sobre a imposição de penas.

A apresentação exposta neste Capítulo alinha-se à superação de um conceito "unitário" desse protagonismo[20], expondo as possíveis formas de cometimento de condutas, ou se assim o desejar, as formas distintas de cocometimento destas a fim de ser identificado posteriormente, no plano de atribuição de penas, a reprimenda adequada a cada um desses comportamentos que, em seu conjunto, modificaram o mundo da vida de forma penalmente relevante.

Aponte-se, porque importante neste momento, que a Parte Geral do CP brasileiro não esquadrinha com o devido rigor a diferença entre autoria para com outras formas interventivas no comportamento tipificado. Daí porque os modelos doutrinários de atribuição têm, no SP brasileiro, uma relevância singular, da mesma forma que o "direito vivido", a dizer, o âmbito dos procedentes também haveria de ter um papel de orientador e delimitador desses conceitos.

3.3.2 Modelos de imputação de conduta

Importante recordar com Calixto[21], desde um primeiro momento, que

> Um sistema de imputação como solenidade de conduzimento da ação ao interior do tipo penal [sempre] suscitou acalorados debates e discussões. Das tantas causas, uma delas é o fato de a imputação já fazer por produzir ruídos no plano estrutural do princípio da (não) culpabilidade, de tal sorte que, em desfavor do imputado, deflagra-se uma dura e penosa caminhada procedimental pelas diversas instâncias do processo, com ritualidades de castigo prévio.

Essa afirmação é de singular relevância, porquanto descortina que o sistema de atribuição impacta, desde um primeiro momento, no desencadeamento de todo funcionamento do SP em relação a determinada pessoa, física ou jurídica, a quem se atribui determinado comportamento (ou "ação", na linguagem da doutrina penal tradicional) penalmente relevante.

Daí porque, quanto mais ampla a opção legislativa pelo modelo de atribuição, mais amplo será o poder interventivo do SP. Da mesma forma, maior será

---

20 Que, de certa forma, é aquele previsto no atual art. 29 do Código Penal e que não subsiste às atualizações dogmáticas – mesmo as anteriores à reforma de 1984 que, neste ponto, pouco interferiu na redação de 1940 – e às modificações substanciais de comportamentos sociais.

21 CALIXTO, Domingos Sávio. Do dolo como tecnologia de linguagem na economia da culpabilidade/ Intention as Technology of Language in the Economy of Culpability. **Revista Justiça e Sistema Criminal**, v. 1, n. 1, p. 123-156, 2009. p. 125.

a incidência de atuação do SP em um modelo lacunoso ou que deixe larga parte de margem doutrinária para construção da atribuição no caso concreto.

Se a isso for somado, como no caso brasileiro, um modelo de processo penal de matizes ainda fortemente inquisitórias, os resultados potenciais de expansão prática do sistema repressivo serão cada vez mais crescentes, sobretudo em situações de cognição sumária e não exauriente. Nesse cenário, alguns exemplos são bem ilustrativos.

Um deles, quando da imposição de medidas cautelares privativas da liberdade e quando da verificação da necessidade cautelar[22] após uma prisão em flagrante. E não será um mecanismo isolado, como a audiência de custódia – na hipótese aqui levantada –, que diminuirá o espaço de incidência repressiva institucionalizada, seja para a aplicação de medida cautelar privativa da liberdade, e, muito menos, seja para a pronta exclusão da atribuição do cometimento da conduta.

Outro, a imputação no âmbito da criminalidade econômica-empresarial, quando do oferecimento de denúncias denominadas *genéricas*. Genérica, nesse caso, não é apenas a redação da acusação, mas, sobretudo, o modelo de atribuição de condutas em que ela se baseia e que permite um alargamento que somente será redimensionado – quando o for – muito tempo após a sua apresentação, com altos custos sociais e pessoais.

3.3.2.1 Modelo unitário

Começando pelo CP brasileiro tem-se um modelo amplo em que a autoria não é legalmente distinguida de outros tipos de conduta relevantes. A dizer, não existe, na legislação brasileira, um critério *a priori* distintivo de autoria e outras formas a ela correlatas, como a participação e instigação.[23]

A adoção de tal critério apoia-se na

> facilitação da aplicação do direito. O tribunal, nos termos do art. 29 em conjunto
> com o art. 13 CP, deve apenas verificar se existe um liame causal entre uma ação
> e uma omissão e um resultado; nesse caso, já se terá um autor do delito. Para
> a tipicidade da ação ou omissão não importa se a contribuição que causou o
> resultado se deu imediata ou mediatamente, noutras palavras, se ela ocorreu
> sem ou com a intervenção de uma ulterior ação de um terceiro. As diferenças

---

22 Para o conceito de necessidade cautelar ver o nosso CHOUKR, Fauzi Hassan. **Iniciação ao Processo Penal**. 3. ed. Curitiba: Intersaberes, 2022 (especialmente Cap. 12, *passim*).

23 Vasta é a bibliografia a respeito da análise da legislação brasileira sobre o assunto. Por todos, ver BRANDÃO, C. **Curso de Direito penal**: parte geral. Rio de Janeiro: Forense, 2008.

entre as contribuições individuais são, no máximo, questões a serem enfrentadas na determinação judicial da pena.[24]

BUSATO, sem descurar da constatação da adoção do sistema "unitário", aduz que

> O Código Penal brasileiro, em obediência à adoção do conceito de causa, próprio da teoria da equivalência dos antecedentes, logicamente, caminhou para a adoção de uma teoria unitária do concurso eventual de pessoas, admitindo que todas as contribuições para uma prática delitiva geram responsabilidade por ela. Entretanto, igualmente se adiantou em reconhecer a pertinência de certas críticas à referida teoria, promovendo matizações à ideia de igualdade absoluta das contribuições para o crime e o fez mediante a adição de regras, obrigando a diferenciar certas participações.[25]

Isso significa que esse modelo de atribuição remete à construção da norma penal (no sentido dessa expressão empregado nesta obra), a distinção entre a relevância do comportamento praticado, gerando, com isso, potenciais diferenciações conceituais para mesmas situações fáticas e, por consequência, dosimetrias diferenciadas de penas.[26] Mais uma vez atentando-se ao modelo processual cultural e normativamente dominante no Brasil, aliado às questões estruturais discriminatórias que induzem a julgamento "pela vida", e não "pelo fato", um modelo "uno" gera potenciais distorções de aplicação de pena.

3.3.2.2 Teoria subjetiva

Propõe a distinção daqueles que praticam determinado comportamento penalmente relevante a partir do "elemento volitivo", a dizer, remetem para a construção da norma penal dentro do devido processo legal o que efetivamente é cada um desses comportamentos em termos de significação penal e, como decorrência, da pena.

---

24 GRECO, Luís; LEITE, A. A recepção das teorias do domínio do fato e do domínio da organização no direito penal econômico brasileiro. **Zeitschrift für Internationale Strafrechtsdogmatik**, v. 7, p. 8, 2015. p. 389.

25 BUSATO, Paulo César. A teoria do domínio do fato e o código penal brasileiro. **Revista Justiça e Sistema Criminal**, v. 9, n. 17, p. 175-208, 2017. p. 184.

26 Da mesma forma, BUSATO: "A questão a ser respondida é, antes, de *praxis* forense: diante de um caso de concurso eventual de pessoas, à luz do conjunto de normas do Código Penal brasileiro, deve o juiz distinguir entre as contribuições principais e acessórias? Nesse sentido, parece inafastável uma conclusão positiva. Desta resposta deriva outra pergunta: esta distinção deve operar-se levando em conta quais critérios diferenciadores? Isto é o que realmente importa acerca do concurso de pessoas". BUSATO, *op. loc. cit.*

3.2.3 Domínio do fato como modelo de atribuição

GRECO e LEITE, vozes das mais autorizadas para dialogar com a fonte doutrinária da concepção mais bem acabada do que se convenciona denominar *teoria do domínio do fato*[27], esclarecem o itinerário dessa construção teórica até chegar-se àquela erigida por ROXIN[28] para quem, a finalidade primária é:

> A teoria do domínio do fato, como toda teoria jurídica, direta ou indiretamente,
> o deve ser, é uma resposta a um problema concreto. O problema que a teoria se
> propõe a resolver, como já se insinuou, é o de distinguir entre autor e partícipe.
> Em geral, assim, não se trata de determinar se o agente será ou não punido, e
> sim se o será como autor, ou como mero partícipe.[29]

Alflen, ao mesmo tempo em que critica assertivamente o tratamento dado por larga parte da doutrina brasileira ao tema[30] – a começar pelo seu divulgador inicial, NILO BATISTA[31] – apresenta a estrutura proposta por Roxin, quem "desenvolve um modelo tripartido de domínio do fato, distinguindo entre as formas de domínio da ação, domínio funcional e domínio da vontade, os quais correspondem, respectivamente, à autoria direta, à coautoria e à autoria mediata"[32] e, assim, distingue-se em pontos essenciais da concepção de "domínio final do fato" proposta por WELZEL e que é cronologicamente anterior.

Em tal modelo, segundo Roxin, analisado ainda por ALFLEN,

---

27 GRECO, Luís; LEITE, Alaor. O que é e o que não é a teoria do domínio do fato sobre a distinção entre autor e partícipe no direito penal. In: GRECO, Luís et al. **Autoria como domínio do fato**. São Paulo: Marcial Pons, 2014.

28 Nesse sentido, merece destaque a seguinte afirmação: "Roxin propôs a construção de um sistema da autoria no direito penal levando adiante a ideia, até então meramente insinuada, como já foi dito, de que autor é quem atua com o domínio do fato. Essa ideia não deve ser entendida como uma natural continuação de argumentos lançados por teorias antigas ou como uma mera combinação, por exemplo, entre uma teoria objetivo-formal, para a qual autor é quem realiza o núcleo do tipo, e uma teoria subjetiva da autoria e da participação. A ideia de domínio do fato desenvolvida por Roxin é, nesse sentido, uma descoberta, uma inovação dogmática". op. cit., p. 24. Em igual sentido ver ALFLEN, Pablo Rodrigo. Teoria do domínio do fato na doutrina e na jurisprudência brasileira: considerações sobre a APn 470 do STF. **Revista Eletrônica de Direito Penal**, v. 2, n. 1, 2014 (em especial p. 138 e 139).

29 GRECO; LEITE, op. cit., p. 22.

30 E que, segundo esse autor, é causa da forma que se pode dizer incoerente como os tribunais brasileiros lidam com o tema: "os equívocos praticados pela jurisprudência brasileira, no que diz respeito ao emprego da teoria do domínio do fato para fins de delimitação da autoria, são evidentes, a ponto de não se poder afirmar se há uma concepção predominante, quais os critérios realmente adotados ou, inclusive, se a jurisprudência se dispôs, deliberadamente, a construir uma nova vertente (o que não parece ser o caso, devido à falta de uniformidade e coesão)". Op. cit., p. 148.

31 BATISTA, Nilo. **Concurso de agentes**. 2. ed.: Rio de Janeiro: Renovar, 2004 (1. ed., 1979).

32 ALFLEN, Pablo Rodrigo. Teoria do domínio do fato na doutrina e na jurisprudência brasileira: considerações sobre a APn 470 do STF. **Revista Eletrônica de Direito Penal**, v. 2, n. 1, 2014 (em especial p. 141).

o autor é a figura central ("Zentralgestalt"), a figura chave ("Schlüsselfigur") do acontecimento mediado pela conduta", o autor é sempre "a figura central de um acontecimento executório" ("Ausführungsgeschehen"), isto é, "a figura central da conduta executória" ("Ausführungshandlung") e que a "figura central do processo delitivo é quem domina o acontecimento dirigido à realização do delito.[33]

Assim, "tem o domínio do fato e é autor, quem aparece como a figura central, a figura chave na realização do delito, por meio de sua influência decisiva para o acontecimento". Para Roxin, portanto, "o domínio do fato é critério suficiente para determinar a autoria".[34]

Tomando-se a concepção de Roxin[35], são manifestações da imputação de uma conduta a determinada pessoa:

I] o domínio da ação (autoria imediata);
II] o domínio da vontade (autoria mediata);
III] o domínio funcional do fato (coautoria).

Ainda segundo o próprio autor, a autoria imediata se dá:[36]

a] mediante a realização pessoal do fato ("domínio da ação" – *Handlungsherrschaft*);
b] mediante a execução conjunta do fato ("domínio funcional do fato" – *Funktionale Tatherrschaft*)
c] por via da realização do fato através de outro ("domínio da vontade" – *Willensherrschaft*).

Por sua vez, o domínio da vontade, isto é, a realização do fato por meio de outro, apresenta-se, por exemplo:[37]

a] quando um "homem de trás" (*Hintermann*) se utiliza para o cometimento do fato, de alguém que está em erro ou que atua sob coação, ou mesmo de um inimputável;
b] quando dirige um "aparato de poder" (*mittelbaren Täterschaft kraft Willensherrschaft in organisatorischen Machtapparaten*) que garante o cumprimento de sua ordem independentemente da pessoa do executor individual, aspecto

---

33 Idem, ibidem.
34 ALFLEN, op. loc. cit.
35 ROXIN, Claus. **Autoría y Dominio del Hecho em Derecho Penal**. Traducción de Joaquín Cuello Contreras y José Luis Serrano González de Murillo. Madrid: Marcial Pons, 2000. p. 58.
36 ROXIN, Claus. **Sobre a mais Recente Discussão Acerca do Domínio da Organização (Organisationsherrschaft)**: Desenvolvimentos Atuais das Ciências Criminais na Alemanha. Brasília, DF: Gazeta Jurídica, 2013. p. 25.
37 ROXIN, Claus. **Sobre a Mais Recente Discussão Acerca do Domínio da Organização (Organisationsherrschaft)**: Desenvolvimentos Atuais das Ciências Criminais na Alemanha. Brasília, DF: Gazeta Jurídica, 2013. p. 26.

que ganharia notoriedade no direito brasileiro por conta do julgamento da AP 471, o denominado "Caso Mensalão".[38]

A questão que passa a ser fundamental para o Direito brasileiro é a possibilidade da aplicação dessa teoria (na vertente de Roxin, em particular), dada a adoção do denominado *sistema unitário*. ALFLEN, de maneira uma vez mais assertiva, aduz que

> Roxin não só rechaça categoricamente a adoção de um sistema unitário, como esclarece que desenvolveu sua teoria (do domínio do fato) sobre o pilar do sistema diferenciador; em segundo lugar, a concepção de domínio do fato (tanto finalista quanto funcionalista-normativista) está assentada no absoluto rechaço a premissas causais-naturalistas, as quais, diferentemente, são o pilar de sustentação do sistema unitário. Por conseguinte, não há como transpor a teoria do domínio do fato ao plano brasileiro, face à sua absoluta incompatibilidade com a ordem jurídica vigente e com a opção do legislador brasileiro por um sistema unitário funcional.[39]

Nada obstante a sólida base que sustenta a afirmação acima, é de ser considerado o quanto pontuado por LEITE e GRECO ao afirmarem que

> De fato, existem esforços na doutrina brasileira no sentido de interpretar o direito positivo brasileiro, já de lege lata, no sentido de um sistema diferenciador de autoria e participação. Não há, a nosso ver, nenhum empecilho intransponível a barrar esses esforços. Afinal, trata-se de uma interpretação construtiva limitadora da punibilidade, que, ademais, encontra apoio na vontade declarada do legislador que reformou a parte geral do CPB em 1984. Esses esforços anseiam, sobretudo, superar um sistema que, como consequência, torna um grito de "mate-o!" dirigido a um terceiro plenamente responsável uma ação de matar no sentido do delito de homicídio – o que, desde a perspectiva do princípio da legalidade, significa uma inaceitável dissolução dos tipos penais.[40]

O marco constitucional-convencional que orienta o funcionamento do SP inclina-se para o máximo esforço de confinar esse espaço de poder ao limite da

---

38 Para uma visão mais ampla ver, também, SCHROEDER, Friedrich-Christian. **Der Täter hinter dem Täter**: ein Beitrag zur Lehre von der mittelbaren Täterschaft. Berlin: Duncker & Humblot, 1965.

39 ALFLEN, Pablo Rodrigo. Teoria do domínio do fato na doutrina e na jurisprudência brasileira: Considerações sobre a APn 470 do STF. **Revista Eletrônica de Direito Penal**, v. 2, n. 1, 2014 (em especial p. 154).

40 GRECO, Luís; LEITE, A. A recepção das teorias do domínio do fato e do domínio da organização no direito penal econômico brasileiro. **Zeitschrift für Internationale Strafrechtsdogmatik**, v. 7, p. 8, 2015. p. 389.

Conduta | 89 |

legalidade estrita que, quando ausente por falência técnico-política do legislador, tem, na doutrina, uma fonte de delimitação que não pode ser desprezada.

Assim, nada obstante que, como recordado por ALFLEN, Roxin não tenha concebido sua teoria a partir ou para a teoria unitária, a estrutura normativa brasileira, que não é puramente unitária, viabiliza – e, diríamos, impele – que se construa o máximo possível de confinamento hermenêutico a conceitos que o legislador não delimitou.

`3.3.2.4` Imputação objetiva

A imputação objetiva é tema de estudo desde a primeira metade do século XX, particularmente nas obras de LARENZ[41] e HONIG[42], erigida com a finalidade primária de superar a teoria das condições de equivalência – *conditio sine qua non* – como modelo de atribuição.[43]

Nada obstante as variações desse modelo ao longo de décadas de discussão[44], a construção mais empregada é a proposta por ROXIN, a partir da centralização da ideia de *risco*[45]: em sua forma mais simplificada, diz o estudioso: um resultado causado pelo agente só deve ser imputado como sua obra e preenche o tipo objetivo unicamente quando o comportamento do autor cria um risco não permitido para o objeto da ação, quando o risco se realiza no resultado concreto, e este resultado se encontra dentro do alcance do tipo.

Segundo o próprio autor, situa-se fora do campo de atribuição o comportamento que **não** incrementa riscos ou, ainda, que seja um comportamento que guarde certa dose de risco, **não** há atribuição de comportamento quando esse risco é permitido (princípio da confiança), mas vai além desse princípio:

> Sempre que, em virtude de sua preponderante utilidade social, ações perigosas forem permitidas pelo legislador – em certos casos, sob a condição de que se respeitem determinados preceitos de segurança – e, mesmo assim, ocorra um resultado de dano, esta causação não deve ser imputada ao tipo objetivo.[46]

---

41 LARENZ, Karl. **Hegels Zurechnungslehre und der Begriff der objektiven Zurechnung**: ein Beitrag zur Rechtsphilosophie des kritischen Idealismus und zur Lehre von der "juristischen Kausalität". Leipzig: A. Deichertsche Verlagsbuchhandlung Dr. Werner Scholl, 1927.

42 HONIG, Richard. Kausalität und objektive Zurechnung. In: HEGLER, August von. (Hrsg.). **Festgabe für Reinhard von Frank**. Aalen: Scientia Verlag, 1930. Bd. I. p. 174–201.

43 Também, WELZEL, Hans. Kausalität und Handlung. **Zeitschrift für die gesamte Strafrechtswissenschaft**, v. 51, n. Jahresband, p. 703-720, 1931.

44 Para uma apreciação contemporânea ver LEU, Nicolas. **Kritik der objektiven Zurechnung**. Sui Generis Verlag, 2022.

45 ROXIN, Claus. A teoria da imputação objetiva. **Revista Brasileira de Ciências Criminais**, v. 38, p. 11-31, 2002.

46 Roxin, op. cit., p. 4.

E por essa proposta teórica que se reorganiza substancialmente a importância do **tipo objetivo**, redimensionando-se os elementos subjetivos que o integram (dolo e culpa).

Cumpre cifrar que tanto a imputação objetiva como a teoria do domínio do fato nos moldes construídos por Roxin são critérios limitadores de atribuição e não expansivos, como muitas vezes, de maneira açodada, se pode concluir.

Aliás, no que toca à imputação objetiva, o que se tem como consequência na visão doutrinária exposta é uma melhor concepção do crime culposo e uma maior limitação da certificação da ocorrência do crime doloso.

`3.3.2.5` Cegueira deliberada

Trata-se da construção de um modelo de atribuição que ganha espaço na responsabilidade penal em ambientes institucionalizados, onde existe um largo concatenamento de comportamentos dos quais resulta o cometimento de uma conduta típica.

Coube a LUCCHESI[47] aquela que talvez seja a mais dura crítica teórica brasileira à adoção da "teoria" da cegueira deliberada, fazendo-o, em primeiro plano, por meio da crítica à forma como o método comparativo foi usado e, depois, seu consequente desvirtuamento prático, particularmente na bem conhecida "Operação Lava-Jato".[48]

> A teoria da imputação objetiva confere ao tipo objetivo uma importância muito maior da que ele até então tinha, tanto na concepção causal como na final.
>
> ROXIN, Claus. **A teoria da imputação objetiva**. Revista Brasileira de Ciências Criminais, v. 38, p. 11-31, 2002. p. 5.

Com efeito, os antecedentes mais distantes dessa "teoria" podem ser localizados nos casos ingleses de 1861 (UK vs Sleep) e de 1875, no caso Bosley vs. Davies.[49]

---

47 LUCCHESI, G. B. **A Punição da Culpa a Título de Dolo**: o Problema da Chamada "Cegueira Deliberada". Tese (Doutorado em Direito) – Universidade Federal do Paraná, Curitiba, 2017.

48 SILVEIRA, Renato de Mello Jorge. A aplicação da teoria da cegueira deliberada nos julgamentos da Operação Lava-Jato. **Revista Brasileira de Ciências Criminais**, n. 122, p. 255-280, 2016.

49 Ver EDWARDS, J.; Ll J. The Criminal Degrees of Knowledge. **The Modern Law Review**, v. 17, n. 4, p. 294-314, 1954, em especial considerando que o primeiro caso mencionado "was the first occasion in which judicial approval was given to the notion that some lesser degree of knowledge than actual knowledge would suffice to establish mens rea" (p. 298). E agrega esse autor que "Time after time in subsequent cases it will be found that the knowledge or connivance of a servant is attributed to his employer, the governing principle being that the doctrine of vicarious liability applies only in cases where the employer has delegated control and responsibility for the premises to the servant" (p. 299).

3.3.3 Sujeito que age ou omite: a autoria

Por ora, tem-se que a pessoa autora, física ou jurídica, é aquela que pratica a conduta tipicamente relevante de maneira comissiva ou omissiva. Fontes doutrinárias dos mais variados matizes mencionam que essa prática diz respeito ao "núcleo" do comportamento tipificado e que comportamentos humanos que não realizam o verbo "nuclear" podem, de acordo com critérios tipificados, ser objeto de interesse do SP.

A prática de comportamentos "nucleares" como justificadora de interesse penal na condição de pessoa-autora se justifica por uma corrente denominada *objetiva* e que propõe um conceito "restrito" de autoria. A essa visão contrapõe-se a denominada *justificação extensiva de autoria*, que, essencialmente, iguala todos os intervenientes no cenário fático no comportamento e os distingue no plano do elemento anímico que norteia esse agir/omitir.

3.3.3.1 Autoria imediata

Na esteira das considerações teóricas expostas, a autoria imediata deve ser compreendida como aquela que desenvolve plenamente o núcleo do comportamento codificado no tipo penal.

3.3.3.2 Autoria mediata

Como aponta, dentre outros, Alflen,

> a autoria mediata é forma de contribuição causal em que se verifica um "autor atrás do autor", um indivíduo capaz que atua acima, exercendo controle mediato na produção do resultado lesivo ao bem jurídico tutelado, sem, contudo, praticar fisicamente atos executórios. Esse controle envolve a utilização de outro indivíduo como instrumento voltado à concretização de seus desideratos, tal como uma marionete sob seu comando.[50]

3.3.4 Formas adjuntas da prática de conduta

A participação é a figura do concurso de agentes em que o agente não pratica diretamente a conduta típica do crime, mas contribui de alguma forma para sua realização. A participação pode ocorrer de diversas maneiras e é punida de acordo com o grau de participação e a culpabilidade do agente.

Existem diversas teorias que buscam definir os limites e as características da participação, a seguir pontuadas.

---

50 ALFLEN, Pablo Rodrigo. **Teoria do Domínio do Fato**. São Paulo: Saraiva, 2014. p. 213-214.

3.3.4.1 Teoria da Acessoriedade Mínima

A Teoria da Acessoriedade Mínima estabelece que a participação deve ser necessária para a prática do crime, mas não exige um vínculo direto com a conduta típica. Nesse caso, o participante colabora de maneira acessória, auxiliando ou estimulando o autor do crime.

3.3.4.2 Teoria da Acessoriedade Limitada

A Teoria da Acessoriedade Limitada vai além da Teoria da Acessoriedade Mínima, exigindo que o participante tenha conhecimento prévio do crime e que sua colaboração seja relevante para sua realização. Essa teoria busca evitar a punição de pessoas que apenas tenham conhecimento do crime, mas não participem ativamente de sua execução.

3.3.4.3 Teoria da Acessoriedade Extrema

A Teoria da Acessoriedade Extrema exige que o participante tenha um vínculo direto com o autor do crime, colaborando de maneira ativa e indispensável para sua prática. Nesse caso, o participante se equipara ao autor e deve receber a mesma pena.

3.3.4.4 Teoria da Hiperacessoriedade

A Teoria da Hiperacessoriedade estabelece que qualquer colaboração, por mínima que seja, é suficiente para caracterizar a participação. Nessa visão, não é necessário um vínculo direto com o autor do crime, bastando que o participante tenha conhecimento e contribua de alguma forma para sua realização.

3.3.4.5 A participação em cadeia

A participação em cadeia ocorre quando várias pessoas se envolvem sucessivamente na prática do crime, cada uma contribuindo essencialmente para a participação do próximo. Nesse caso, todos os envolvidos podem ser considerados autores do crime.

3.3.4.6 A participação sucessiva

A participação sucessiva ocorre quando uma pessoa, após a prática do crime, auxilia ou colabora de alguma forma para a impunidade do autor. Nessa situação, o participante será considerado partícipe do crime.

3.3.4.7 A participação de menor importância

A participação de menor importância ocorre quando alguém contribui de maneira acessória para o crime, mas sua participação é considerada de pouca relevância. Nesse caso, a pena pode ser diminuída de um sexto a um terço, de acordo com o art. 29 do CP.

3.3.4.8 Cooperação dolosamente distinta

A cooperação dolosamente distinta ocorre quando duas ou mais pessoas colaboram para a prática do crime, mas cada uma tem um objetivo diferente. Nesse caso, cada participante será responsabilizado apenas pelo crime que tinha a intenção de cometer.

Como relembra Dotti[51] em artigo contando com larga exposição histórica na evolução legislativa do tema no Brasil – e ainda anterior à própria reforma de 1984 –, essa modalidade de participação projeta-se na individualização da pena e amolda-se ao "imperativo da proporcionalidade da punição".

Por outro lado, pode-se enxergar a participação por outro prisma. Assim, pode-se entendê-la por um viés moral que ocorre por meio de instigação ou induzimento. A instigação acontece quando o partícipe reforça uma ideia já existente na mente do autor, estimulando-o a cometer o crime, sem participar diretamente da sua execução. Por exemplo, quando alguém reforça o desejo de roubar de outra pessoa sem efetivamente participar do roubo.

Já o induzimento ocorre quando o partícipe faz surgir no agente a intenção de cometer o crime. Por exemplo, quando alguém induz outra pessoa a cometer um furto por motivos financeiros. O induzimento ocorre na fase de cogitação, enquanto a instigação pode ocorrer em qualquer fase do crime.

A participação material, por sua vez, ocorre por meio de auxílio ao autor do crime. O partícipe facilita a execução do delito, prestando assistência adequada ao autor principal, mas sem participar diretamente da ação típica. Por exemplo, quando alguém fornece uma arma para que o autor cometa um roubo.

O auxílio pode ser prestado durante os atos preparatórios ou durante a execução do crime. No entanto, se o crime já foi consumado, o auxílio só é considerado participação se tiver sido previamente acordado entre os agentes. Caso contrário, configura-se o crime de favorecimento real.

---

51 DOTTI, René Ariel. O concurso de pessoas. **Revista da Faculdade de Direito da UFG**, v. 5, n. 1-2, p. 73/93-73/93, 1981. p. 91.

3.3.5 Sujeito ativo e tipos penais

3.3.5.1 Tipos penais para sujeitos ativos gerais: crime comum

Crime comum é aquele que não exige nenhuma qualidade específica do sujeito ativo para sua prática. Em outras palavras, qualquer pessoa pode cometer um crime comum. Alguns exemplos de crimes comuns são homicídio, furto e estupro. Nesses casos, não há restrições quanto às características do autor do crime ou da vítima.

3.3.5.2 Tipos penais para sujeitos ativos específicos: crimes próprios e crimes de mão própria

Crime próprio é aquele que exige uma qualidade específica do sujeito ativo para sua prática. Isso significa que apenas um grupo determinado de pessoas que têm essa qualidade especial pode cometer esse tipo de crime. É importante destacar que, nos crimes próprios, é possível existir autoria mediata, coautoria e participação. Em outras palavras, outras pessoas podem estar envolvidas na prática do crime, desde que também disponham da qualidade exigida pelo tipo penal. Exemplos de crimes próprios são o peculato, que exige a qualidade de funcionário público, o autoaborto, que só pode ser praticado pela própria gestante, e o delito de entrega de filho menor a pessoa inidônea, que só pode ser praticado pelos genitores.

Por fim, temos o crime de mão própria, que é aquele que só pode ser praticado pela própria pessoa, por si mesma. Nesses casos, não é admitida a coautoria, uma vez que se trata de infrações personalíssimas, ou seja, não há a possibilidade de divisão de tarefas entre os envolvidos. No entanto, é importante ressaltar que a participação ainda é possível. Os participantes, mesmo não possuindo o domínio sobre o fato, podem contribuir para a infração penal de alguma forma, seja induzindo, instigando ou auxiliando materialmente o autor. Alguns exemplos de crimes de mão própria são o falso testemunho e a falsa perícia.

3.3.6 Sujeito que suporta a conduta: a vítima

Existem diversos conceitos jurídico-doutrinários de vítima. Segundo a Declaração dos Princípios Fundamentais de Justiça Relativos às Vítimas da Criminalidade e do Abuso de Poder da ONU, as vítimas são aquelas pessoas que sofreram um prejuízo de qualquer natureza em decorrência da prática de uma infração penal.

A vítima pode ser tanto direta, quem sofre diretamente os danos, quanto indireta, como a família imediata e terceiros que intervêm para proteger a vítima em risco.

De acordo com Benjamin Mendelsohn[52], fundador dos estudos da Vitimologia, os principais tipos são: vítima primária, que sofre diretamente os danos causados pela infração penal; vítima secundária ou sobrevitimização, que sofre com o tratamento dado pelos órgãos de controle social formal da criminalidade; e vítima terciária, que é isolada e abandonada pela própria comunidade.

No cenário contemporâneo de compreensão da posição da vítima no SP, tem-se a previsão de inúmeros direitos e garantias a ela previstos, destacando-se os fatores a seguir.

`3.3.6.1` Direito à informação[53]

A vítima tem o direito de ser informada sobre seus direitos, os locais onde pode obter informações, as medidas de assistência e apoio disponíveis, bem como sobre o andamento, os rumos e as etapas da investigação criminal e do processo penal. É importante que ela seja informada sobre os prazos para tramitação do inquérito, apresentação de denúncia e detalhes sobre todas as etapas seguintes. Além disso, deve ser informada sobre os meios para obter consulta jurídica ou assistência jurídica, como a Defensoria Pública e núcleos jurídicos de universidades federais.

As informações úteis às vítimas devem ser prestadas nas unidades policiais, nas sedes do Ministério Público, da Defensoria Pública e do Poder Judiciário.

`3.3.6.2` Direito à participação

A vítima tem o direito de participar de todas as etapas da persecução penal, influenciando efetivamente no resultado. Ela tem o direito de ser ouvida, de apresentar elementos de prova e de sugerir diligências. Além disso, tem o direito de ter restituídos os bens que tenham sido apreendidos pelas autoridades durante o processo.

`3.3.6.3` Direito de ser ouvida

A vítima tem o direito de ser ouvida perante as autoridades competentes para apresentar sua versão dos fatos e expressar suas preocupações e seus anseios diante do ocorrido. É importante ressaltar que a vítima não deve ser ouvida

---

52 MENDELSOHN, Benjamin. The Origin of the Doctrine of Victimology. **Exerpta Criminologica**, v. 3, p. 239-245, 1963.

53 Os tópicos a seguir compõem o quanto disciplinado no seguinte documento: CNMP – Conselho Nacional do Ministério Público. **Resolução n. 243/2021**. Disponível em: <https://www.cnmp.mp.br/portal/atos-e-normas/norma/8398>. Acesso em: 6 fev. 2024.

repetidas vezes sem necessidade, pois isso pode causar trauma e revitimização. Recomenda-se a concentração dos atos e a adoção de medidas protetivas durante as oitivas, especialmente nos casos que apurem crimes contra a dignidade sexual.

`3.3.6.4` Direito à consulta ou Assistência jurídica

A vítima tem o direito de receber assistência jurídica e esclarecimentos técnicos sobre o direito aplicável ao caso concreto. Além disso, tem o direito de tirar dúvidas sobre o trâmite das investigações e do processo. Essas informações podem ser prestadas pelo Ministério Público, Defensorias Públicas, clubes de serviço, Organizações Não Governamentais (ONGs), Ordem dos Advogados do Brasil (OAB), universidades e faculdades.

`3.3.6.5` Direito à proteção e ao sigilo

A participação da vítima na persecução penal deve ser acompanhada da garantia de sua segurança. O juiz deve tomar as providências necessárias para preservar a intimidade, vida privada, honra e imagem do ofendido, podendo, inclusive, determinar o segredo de justiça em relação aos dados, depoimentos e outras informações constantes dos autos. Essa postura protetiva e cautelosa deve ser exigida de todas as autoridades que atuarem na investigação e no processo.

`3.3.6.6` Direito a ser encaminhada a programa de proteção

O Programa de Proteção às Vítimas e Testemunhas Ameaçadas (Provita) é uma política de segurança pública e direitos humanos que visa contribuir para a segurança, a justiça e a garantia de direitos fundamentais para testemunhas e vítimas ameaçadas. Além da proteção, o Provita busca a reinserção social de pessoas em situação de risco, em novos espaços comunitários, de maneira sigilosa e com a participação da sociedade civil.

A inclusão, permanência e exclusão no programa dependem de decisões de um órgão colegiado, composto por instituições como OAB, Ministério Público, Magistratura, além da participação da sociedade civil por meio de entidades não governamentais que executam o programa de proteção.

`3.3.6.7` Direito a um tratamento profissional individualizado

A vítima tem direito a receber serviços de apoio e tratamento profissional individualizado. Equipes multidisciplinares, compostas por profissionais especializados nas áreas psicossocial, jurídica e de saúde, devem prestar orientação e encaminhamento adequado para a vítima. Além disso, essas equipes desenvolvem trabalhos de prevenção e outras medidas, fornecendo subsídios ao Poder Judiciário, Ministério Público e Defensoria Pública.

O Ministério Público deve diligenciar para que a vítima receba apoio e atendimento especializado, seja por meio de equipe própria, seja pelo encaminhamento às redes de apoio externas.

3.3.6.8 Direito à reparação de danos

A vítima tem o direito de buscar a reparação dos danos sofridos, sejam eles morais, sejam eles materiais. Isso pode ocorrer por diversas vias, em juízo civil ou criminal. A Defensoria Pública ou advogado constituído podem propor ação civil de reparação de danos. O Ministério Público, por sua vez, também pode solicitar a reparação de danos no curso da ação penal ou por meio de instrumentos como o Acordo de Não Persecução Penal.

A vítima pode manifestar seu interesse em ver o crime investigado e o autor processado, expressando o pedido de requerimento de indenização desde o momento da representação perante o Ministério Público.

Ulfrid NEUMANN esclarece que "recentemente, a introdução da relação autor-vítima-reparação no sistema de sanções penais nos conduz a um modelo de 'três vias', onde a reparação surge como uma terceira função d a pena conjuntamente com a retribuição e a prevenção".[54]

---

54 NEUMANN, Ulfrid; MARTÍN, Adán Nieto. **Crítica y justificación del derecho penal en el cambio de siglo**: el análisis crítico de la Escuela de Frankfurt. Ciudad Real, ES: Univ. de Castilla La Mancha, 2003. p. 202.

Capítulo 4
Resultado

Base Legal no Código Penal

Relação de causalidade (Redação dada pela Lei n. 7.209, de 1984)

Art. 13. O resultado, de que depende a existência do crime, somente é imputável a quem lhe deu causa. Considera-se causa a ação ou omissão sem a qual o resultado não teria ocorrido. (Redação dada pela Lei n. 7.209, de 11 de julho de 1984)

Superveniência de causa independente (Incluído pela Lei n. 7.209, de 1984)

§ 1º A superveniência de causa relativamente independente exclui a imputação quando, por si só, produziu o resultado; os fatos anteriores, entretanto, imputam-se a quem os praticou. (Incluído pela Lei n. 7.209, de 11 de julho de 1984)

Relevância da omissão (Incluído pela Lei n. 7.209, de 1984)

§ 2º A omissão é penalmente relevante quando o omitente devia e podia agir para evitar o resultado. O dever de agir incumbe a quem:(Incluído pela Lei n. 7.209, de 11 de julho de 1984)

a) tenha por lei obrigação de cuidado, proteção ou vigilância; (Incluído pela Lei n. 7.209, de 11 de julho de 1984)

b) de outra forma, assumiu a responsabilidade de impedir o resultado; (Incluído pela Lei n. 7.209, de 11 de julho de 1984)

c) com seu comportamento anterior, criou o risco da ocorrência do resultado. (Incluído pela Lei n. 7.209, de 11 de julho de 1984)

Art. 14. Diz-se o crime: (Redação dada pela Lei n. 7.209, de 11 de julho de 1984)

Crime consumado (Incluído pela Lei n. 7.209, de 1984)

I – consumado, quando nele se reúnem todos os elementos de sua definição legal; (Incluído pela Lei n. 7.209, de 11 de julho de 1984)

Tentativa (Incluído pela Lei n. 7.209, de 1984)

II – tentado, quando, iniciada a execução, não se consuma por circunstâncias alheias à vontade do agente. (Incluído pela Lei n. 7.209, de 11 de julho de 1984)

Pena de tentativa (Incluído pela Lei n. 7.209, de 1984)

Parágrafo único. Salvo disposição em contrário, pune-se a tentativa com a pena correspondente ao crime consumado, diminuída de um a dois terços. (Incluído pela Lei n. 7.209, de 11 de julho de 1984)

Desistência voluntária e arrependimento eficaz (Redação dada pela Lei n. 7.209, de 1984)

Art. 15. O agente que, voluntariamente, desiste de prosseguir na execução ou impede que o resultado se produza, só responde pelos atos já praticados. (Redação dada pela Lei n. 7.209, de 11 de julho de 1984)

Arrependimento posterior (Redação dada pela Lei n. 7.209, de 1984)

Art. 16. Nos crimes cometidos sem violência ou grave ameaça à pessoa, reparado o dano ou restituída a coisa, até o recebimento da denúncia ou da queixa, por ato voluntário do agente, a pena será reduzida de um a dois terços. (Redação dada pela Lei n. 7.209, de 11 de julho de 1984.)

Crime impossível (Redação dada pela Lei n. 7.209, de 1984)

Art. 17. Não se pune a tentativa quando, por ineficácia absoluta do meio ou por absoluta impropriedade do objeto, é impossível consumar-se o crime. (Redação dada pela Lei n. 7.209, de 11 de julho de 1984.)

Art. 18. Diz-se o crime: (Redação dada pela Lei n. 7.209, de 11 de julho de 1984.)

Crime doloso (Incluído pela Lei n. 7.209, de 1984)

I – doloso, quando o agente quis o resultado ou assumiu o risco de produzi-lo; (Incluído pela Lei n. 7.209, de 1984.)

Crime culposo (Incluído pela Lei n. 7.209, de 1984)

II – culposo, quando o agente deu causa ao resultado por imprudência, negligência ou imperícia. (Incluído pela Lei n. 7.209, de 11 de julho de 1984.)

Parágrafo único. Salvo os casos expressos em lei, ninguém pode ser punido por fato previsto como crime, senão quando o pratica dolosamente. (Incluído pela Lei n. 7.209, de 11 de julho de 1984.)

Agravação pelo resultado (Redação dada pela Lei n. 7.209, de 1984)

Art. 19. Pelo resultado que agrava especialmente a pena, só responde o agente que o houver causado ao menos culposamente. (Redação dada pela Lei n. 7.209, de 11 de julho de 1984.)

Erro sobre elementos do tipo (Redação dada pela Lei n. 7.209, de 1984)

Art. 20. O erro sobre elemento constitutivo do tipo legal de crime exclui o dolo, mas permite a punição por crime culposo, se previsto em lei. (Redação dada pela Lei n. 7.209, de 11 de julho de 1984.)

Descriminantes putativas (Incluído pela Lei n. 7.209, de 1984)

§ 1º É isento de pena quem, por erro plenamente justificado pelas circunstâncias, supõe situação de fato que, se existisse, tornaria a ação legítima. Não há isenção de pena quando o erro deriva de culpa e o fato é punível como crime culposo. (Redação dada pela Lei n. 7.209, de 11 de julho de 1984.)

Erro determinado por terceiro (Incluído pela Lei n. 7.209, de 1984)

§ 2º Responde pelo crime o terceiro que determina o erro. (Redação dada pela Lei n. 7.209, de 11 de julho de 1984.)

Erro sobre a pessoa (Incluído pela Lei n. 7.209, de 1984)

§ 3º O erro quanto à pessoa contra a qual o crime é praticado não isenta de pena. Não se consideram, neste caso, as condições ou qualidades da vítima, senão as da pessoa contra quem o agente queria praticar o crime. (Incluído pela Lei n. 7.209, de 11 de julho de 1984.)

Erro sobre a ilicitude do fato (Redação dada pela Lei n. 7.209, de 1984)

Art. 21. O desconhecimento da lei é inescusável. O erro sobre a ilicitude do fato, se inevitável, isenta de pena; se evitável, poderá diminuí-la de um sexto a um terço. (Redação dada pela Lei n. 7.209, de 11 de julho de 1984.)

Parágrafo único. Considera-se evitável o erro se o agente atua ou se omite sem a consciência da ilicitude do fato, quando lhe era possível, nas circunstâncias, ter ou atingir essa consciência. (Redação dada pela Lei n. 7.209, 11 de julho de 1984.)

Coação irresistível e obediência hierárquica (Redação dada pela Lei n. 7.209, de 1984)

Art. 22. Se o fato é cometido sob coação irresistível ou em estrita obediência a ordem, não manifestamente ilegal, de superior hierárquico, só é punível o autor da coação ou da ordem. (Redação dada pela Lei n. 7.209, de 11 de julho de 1984)

Exclusão de ilicitude (Redação dada pela Lei n. 7.209, de 1984)

Art. 23. Não há crime quando o agente pratica o fato: (Redação dada pela Lei n. 7.209, de 11 de julho de 1984)

I – em estado de necessidade; (Incluído pela Lei n. 7.209, de 11 de julho de 1984)

II – em legítima defesa; (Incluído pela Lei n. 7.209, de 11 de julho de 1984) (Vide ADPF 779)

III – em estrito cumprimento de dever legal ou no exercício regular de direito. (Incluído pela Lei n. 7.209, de 11 de julho de 1984)

Excesso punível (Incluído pela Lei n. 7.209, de 1984)

Parágrafo único. O agente, em qualquer das hipóteses deste artigo, responderá pelo excesso doloso ou culposo. (Incluído pela Lei n. 7.209, de 11 de julho de 1984)

Estado de necessidade

Art. 24. Considera-se em estado de necessidade quem pratica o fato para salvar de perigo atual, que não provocou por sua vontade, nem podia de outro modo evitar, direito próprio ou alheio, cujo sacrifício, nas circunstâncias, não era razoável exigir-se. (Redação dada pela Lei n. 7.209, de 11 de julho de 1984)

§ 1º Não pode alegar estado de necessidade quem tinha o dever legal de enfrentar o perigo. (Redação dada pela Lei n. 7.209, de 11 de julho de 1984)

§ 2º Embora seja razoável exigir-se o sacrifício do direito ameaçado, a pena poderá ser reduzida de um a dois terços. (Redação dada pela Lei n. 7.209, de 11 de julho de 1984)

Legítima defesa

Art. 25. Entende-se em legítima defesa quem, usando moderadamente dos meios necessários, repele injusta agressão, atual ou iminente, a direito seu ou de outrem. (Redação dada pela Lei n. 7.209, de 11 de julho de 1984) (Vide ADPF 779)

Parágrafo único. Observados os requisitos previstos no caput deste artigo, considera-se também em legítima defesa o agente de segurança pública que repele agressão ou risco de agressão a vítima mantida refém durante a prática de crimes. (Incluído pela Lei n. 13.964, de 24 de dezembro de 2019) (Vide ADPF 779)

Súmulas do STF e do STJ na matéria

Súmula 567

Direito Penal – Crime Impossível

Enunciado:

Sistema de vigilância realizado por monitoramento eletrônico ou por existência de segurança no interior de estabelecimento comercial, por si só, não torna impossível a configuração do crime de furto.

STJ Recurso Repetitivo

Tema Repetitivo 924

Tese Firmada

A existência de sistema de segurança ou de vigilância eletrônica não torna impossível, por si só, o crime de furto cometido no interior de estabelecimento comercia.

Tema Repetitivo 934

Tese Firmada

Consuma-se o crime de furto com a posse de fato da res furtiva, ainda que por breve espaço de tempo e seguida de perseguição ao agente, sendo prescindível a posse mansa e pacífica ou desvigiada.

4.1 O resultado do comportamento: abordagem geral

O resultado, de acordo com a teoria naturalística, é a modificação causada no mundo exterior pela conduta do agente, dentro de uma visão naturalística, como consequência da ação praticada. Por outro lado, a teoria jurídica ou normativa entende que todo crime tem um resultado jurídico, pois agride um bem jurídico tutelado pela lei penal. A lesão ou ameaça de lesão a um interesse penalmente relevante é considerada o resultado jurídico do crime. Portanto, a teoria jurídica abrange todos os crimes, independentemente da existência de um resultado naturalístico evidente.

O nexo de causalidade é o elo que liga a conduta do agente ao resultado produzido por essa conduta. A incidência do nexo causal ocorre nos crimes materiais, em que há a necessidade de um resultado naturalístico, e nos crimes comissivos praticados de maneira ativa. Já nos crimes formais e de mera conduta, o nexo de causalidade não está presente, pois não dependem da produção de um resultado naturalístico.

O Código Penal (CP) adotou a teoria *conditio sine qua non*[1], que considera todas as causas envolvidas equivalente, ou seja, tudo o que contribui para o resultado é considerado causa.

Existem duas espécies de causa: a causa dependente da conduta e a causa independente da conduta.

- **Causa dependente da conduta**: Nessa situação, o desdobramento causal é uma decorrência lógica, óbvia, previsível e normal da conduta. Se houver mais de uma causa, uma dependendo da outra, todas são consideradas causas e vinculam a conduta ao resultado.
- **Causa independente da conduta**: Nesse caso, o desdobramento da conduta é imprevisível, inusitado e inesperado. Pode ser absolutamente independente ou parcialmente independente.

A causa absolutamente independente não tem relação com a conduta e rompe o nexo de causalidade. A responsabilidade recairá apenas na forma do crime tentado, uma vez que sua conduta não produziu o resultado final.

Já a causa relativamente independente produz um resultado que se origina do contexto da conduta, e não necessariamente da causa em si. Teoricamente, não rompe o nexo de causalidade, pois, se não houvesse a conduta, a causa não

---

[1] "Art. 13. O resultado, de que depende a existência do crime, somente é imputável a quem lhe deu causa. Considera-se causa a ação ou omissão sem a qual o resultado não teria ocorrido".

existiria. No entanto, o art. 13, parágrafo 1º, do CP estabelece uma exceção para quando a causa relativamente independente for superveniente à conduta.

4.1.1 O comportamento e a modificação concreta do mundo da vida

Na construção histórica do sistema penal (SP), o comportamento humano se torna relevante quando produz modificações exteriores concretas no mundo da vida. O resultado no DP é o efeito que uma ação, omissão ou negligência tem no mundo real. É uma alteração do mundo exterior devido à conduta do agente.

No Estado de direito, a mera construção mental não é passível de intervenção penal. Essa fase se insere no itinerário criminoso (*iter criminis*) descrito por ZAFFARONI e PIERANGELI da seguinte forma:

> Desde que o desígnio criminoso aparece no foro íntimo da pessoa, como um produto da imaginação, até que se opere a consumação do delito, existe um processo, parte do qual não se exterioriza, necessariamente, de maneira a ser observado por algum espectador, excluído o próprio autor. A este processo dá-se o nome de iter criminis ou "caminho do crime", que significa o conjunto de etapas que se sucedem, cronologicamente, no desenvolvimento do delito.[2]

A primeira dessas etapas, a "cogitação" já foi subdividida em três: idealização, deliberação e resolução[3], sendo certo não haver a possibilidade de punição pela intenção não concretizada no mundo da vida.

Nas bases da construção do Direito Penal (DP) contemporâneo, ou pós-iluminista, à idealização da prática criminosa se segue a consecução dos primeiros atos, ou atos preparatórios, que, desde que não atinjam o bem jurídico tutelado, não comportariam punição.

Contudo, na crescente ampliação do SP para enfrentar situações sociais particularmente graves como a do terrorismo, essa regra perde sua rigidez para que seja justificada a punição desses eventos no marco teórico denominado *direito penal do inimigo*, ampla e corretamente criticada em seus fundamentos por inúmeras manifestações doutrinárias[4] na medida em que, entre outras

---

2   ZAFFARONI, E. R.; PIERANGELI, J. H. **Da Tentativa**: Doutrina e Jurisprudência. 6. ed. rev., ampl. e atual. São Paulo: Revista dos Tribunais, 2000. p. 13.

3   CUNHA, Sanches Rogério. **Manual de Direito Penal Brasileiro**: parte geral – volume único. 3. ed. rev., ampl. e atual. Bahia: Juspodivm, 2015. p. 80.

4   Por exemplo, no direito português em MORAIS, Pedro Jacob. **Em torno do Direito Penal do Inimigo**: uma análise crítica a partir de Günther Jakobs. Coimbra: GESTLEGAL, 2020.

consequências sistêmicas, "Uma punição indiscriminada de tais atos estaria próxima, de novo, de uma ilegítima punibilidade de meras intenções".[5]

4.1.2 O comportamento que cria riscos: os crimes de perigo abstrato

Esse comportamento se diferencia por não requerer a comprovação de um resultado naturalístico, descrevendo apenas o comportamento considerado relevante para fins penais[6]. Nos últimos anos, verifica-se um aumento significativo na tipificação de crimes abstratos, o que pode ser atribuído a uma série de fatores no cenário amplo da sociedade de risco.[7]

A expansão do SP[8] para lidar com o aumento de conflitos sociais de quaisquer natureza tem implicações socioeconômicas significativas, com o aumento do número de prisões e a superlotação dos presídios que podem levar a um aumento da violência e da criminalidade dentro das próprias instituições penais. Além disso, os altos custos associados à manutenção do SP podem sobrecarregar o orçamento público, impactando negativamente outros setores, como saúde e educação.

A crítica à existência desses tipos penais perpassa vários argumentos, como a violação ao princípio da lesividade, segundo o qual toda conduta criminosa deve afetar um bem jurídico, seja por meio de lesão, seja por meio de um perigo concreto vindo a afetar, igualmente, a presunção de inocência dado o potencial de imprecisão e amplitude.

A imprecisão refere-se a tipos que carecem de clareza, dificultando que se entenda quais condutas são proibidas. O excesso de amplitude, por outro lado, ocorre quando um tipo criminaliza uma ampla gama de condutas que podem não necessariamente representar um risco ou perigo significativo.

Apesar disso, não parece adequado declarar inconstitucionais os crimes de perigo abstrato, uma vez que a própria Constituição descreve um deles – o crime de tráfico de drogas – e prevê sua equiparação como crime hediondo. Embora a Carta Magna não descreva claramente o que constitui o tráfico de drogas, fica

---

5 FIGUEIREDO DIAS, Jorge de. **Direito Penal**: Parte Geral – Tomo I, Questões Fundamentais, a Doutrina Geral do Crime. 3. ed. Coimbra: GESTLEGAL, 2019. p. 800.

6 Para uma tentativa de sistematização, ver REIS, Marco Antonio Santos. Uma contribuição à dogmática dos delitos de perigo abstrato. **RFD – Revista da Faculdade de Direito da UERJ**, n. 18, 2010.

7 A propósito ver RUTTE, Israel; KOZICKI, Katya; RIOS, Rodrigo Sánchez. **Sociedade de risco, recrudescimento da criminalidade e o crime de perigo abstrato**. 149 f. Dissertação (Mestrado em Direito) – Pontifícia Universidade Católica do Paraná, Curitiba, 2013. Disponível em: <http://www.biblioteca.pucpr.br/tede/tde_busca/arquivo.php?codArquivo=2855>. Acesso em: 20 nov. 2019.

8 A ver, entre outros, CARINHATO, Pedro Henrique et al. Os crimes de perigo abstrato e a expansão do direito penal. **Argumenta Journal Law**, n. 20, p. 63-80, 2014.

evidente que criminaliza o comércio de substâncias entorpecentes, independentemente de seu impacto concreto na saúde dos usuários.

Por outro lado, mesmo que sejam considerados constitucionais, os crimes de perigo abstrato devem ser interpretados de maneira sistemática, levando em consideração a finalidade do DP. Portanto, embora o tipo penal descreva apenas a mera conduta, cabe ao intérprete – especialmente ao juiz – verificar se tal conduta não é inócua e se tem potencial para colocar em perigo o bem jurídico protegido pela norma penal. Em outras palavras, não basta a mera ação descrita na lei; é necessário avaliar a periculosidade da conduta e sua capacidade – mesmo que em abstrato – de representar um risco para os bens jurídicos.

Essa abordagem parece ser a única interpretação coerente com o texto constitucional, que admite os crimes de perigo abstrato, e com a consagração do princípio de exclusiva proteção de bens jurídicos, senão haveria um DP voltado exclusivamente ao autor, que pune condutas concretamente praticada pela pessoa imputada, conforme aponta destacada doutrina[9].

É importante destacar a diferença entre os crimes de perigo real e os crimes de perigo abstrato. Os crimes de perigo real/concreto exigem a comprovação efetiva de um risco de lesão ao bem jurídico tutelado. O agente assume o risco conscientemente, sabendo que sua conduta pode resultar em danos ao bem jurídico protegido. Por outro lado, nos crimes de perigo abstrato, não é necessário comprovar a efetiva lesão ou risco de lesão ao bem jurídico. Esses tipos penais descrevem apenas a conduta em si, sem indicar um resultado específico como elemento do injusto.

Essa distinção é importante para entender a aplicação dos crimes de perigo abstrato e seu impacto na proteção dos bens jurídicos. Enquanto nos crimes de perigo real/concreto há a necessidade de comprovação do risco de lesão ao bem jurídico, nos crimes de perigo abstrato presume-se a existência desse risco, o que os torna conhecidos como *crimes de perigo presumido*.

---

9   BOTTINI, Pierpaolo. Crimes de perigo abstrato não são de mera conduta. **Consultor Jurídico**, 29 maio 2012. Disponível em: <https://www.conjur.com.br/2012-mai-29/direito-defesa-crimes-perigo-abstrato-nao-sao-mera-conduta/#:~:text=Essa%20parece%20ser%20a%20%C3%BAnica,exclusiva%20prote%C3%A7%C3%A3o%20de%20bens%20jur%C3%ADdicos.>. Acesso em: 6 fev. 2024.

4.2 Espécies

4.2.1 O resultado perfeito

4.2.1.1 Crimes materiais

Esses crimes são conhecidos como *crimes de resultado*, pois exigem uma alteração no mundo exterior para que se consumem. Em outras palavras, é necessário que ocorra um resultado externo à ação do agente para que o crime seja considerado consumado.

Um exemplo clássico de crime material é o homicídio. Para que esse crime seja consumado, é necessário que ocorra o resultado morte da vítima, uma alteração específica do mundo exterior prevista no tipo penal. Além do homicídio, outros crimes, como infanticídio, aborto, lesão corporal se enquadram nessa categoria.

No crime material, a conduta e o resultado são mencionados no tipo penal, sendo a produção desse resultado essencial para a consumação do crime. Sem o resultado, o crime não se consuma, configurando-se apenas uma tentativa. Portanto, o crime material só é consumado com a produção do resultado naturalístico, como a morte no caso do homicídio.

No caso dos crimes tributários materiais, a consumação ocorre apenas após a constituição definitiva do crédito tributário. Isso significa que o crime só estará efetivamente consumado quando o procedimento administrativo-tributário for concluído e o crédito tributário for definitivamente lançado. Essa interpretação encontra respaldo na Súmula Vinculante n. 24 do Supremo Tribunal Federal (STF), de 11 de dezembro de 2009.

De acordo com a referida Súmula Vinculante, "não se tipifica crime material contra a ordem tributária, previsto no artigo 1º, incisos I a IV, da Lei 8.137/1990, antes do lançamento definitivo do tributo". Portanto, a existência do elemento resultado, que é imprescindível para a consumação do crime material, só pode ser analisada após a constituição definitiva do crédito tributário.

4.2.1.2 Crimes formais

Também conhecidos como *crimes de consumação antecipada* ou *de resultado cortado*. Diferentemente dos crimes materiais, os crimes formais não dependem de um resultado naturalístico para que sejam considerados consumados. Em outras palavras, a conduta em si é suficiente para configurar o crime, independentemente da ocorrência de um dano efetivo ou do alcance do resultado previsto em lei. Dessa forma, a consumação do crime formal ocorre no momento em que o agente pratica a conduta proibida pela norma penal.

Embora a norma possa prever um resultado, o crime formal é configurado mesmo que esse resultado não ocorra. Em outras palavras, a consumação do crime se dá com a mera prática da conduta descrita no tipo penal, independentemente da ocorrência ou não do resultado previsto. Um exemplo clássico de crime formal é o sequestro, em que a obtenção de vantagem é prevista, mas não é necessária para a consumação do crime. O simples ato do sequestro em si, com a intenção de obter vantagem, já configura o crime.

Nos crimes formais, é importante observar que, apesar de não ser necessário o resultado, existe a possibilidade de sua ocorrência. Essa é uma das características que diferenciam o crime formal do crime de mera conduta. Expressões como "com o fim de...", "com a finalidade de..." ou "com o intuito de..." são frequentes na redação dos tipos penais que descrevem crimes formais.

Uma questão controversa em relação aos crimes formais diz respeito ao momento consumativo. Enquanto nos crimes materiais o momento consumativo coincide com a produção do resultado naturalístico, nos crimes formais a consumação se dá no momento em que o agente pratica a conduta descrita na norma penal, mesmo que o resultado não se concretize.

A jurisprudência brasileira tem adotado entendimento pacífico de que nos crimes formais não é necessário aguardar o resultado naturalístico para que o crime seja considerado consumado. A mera prática do verbo descrito na norma penal é suficiente para configurar a consumação do crime. Essa posição é respaldada pelo STF, que já se manifestou nesse sentido em diversos julgados.

As implicações legais dos crimes formais são diversas e afetam tanto a persecução penal quanto a prescrição do crime. Em relação à persecução penal, é importante destacar que a prática do ato delituoso já é suficiente para que as autoridades competentes iniciem as investigações e ação penal. Dessa forma, não é necessário aguardar a conclusão de procedimentos administrativos ou a ocorrência do resultado naturalístico para que o Ministério Público ou a autoridade policial atuem.

Quanto à prescrição penal, o momento consumativo dos crimes formais é relevante para a contagem do prazo prescricional. O termo inicial do prazo prescricional é a data da consumação do crime formal, ou seja, o momento em que o agente pratica a conduta proibida pela norma penal. A prescrição do crime só é interrompida com o recebimento da denúncia pelo juiz, conforme previsto no CP.

4.2.1.3 Crimes de mera conduta

Crimes de mera conduta são aqueles em que a tipificação penal se limita à descrição da conduta em si, sem a necessidade de um resultado naturalístico para sua consumação, ou seja, a mera prática da conduta já configura o crime, independentemente de qualquer consequência externa.

Diferentemente dos crimes materiais, que exigem a ocorrência de um resultado externo específico, como a morte em um homicídio, ou a subtração da posse em um furto, os crimes de mera conduta não estão relacionados a um resultado concreto. A conduta em si é considerada ofensiva e suficiente para caracterizar o delito.

É importante destacar a diferença entre os crimes de mera conduta e os crimes formais. Embora ambos não exijam um resultado naturalístico para sua consumação, nos crimes formais há a previsão de um resultado possível, embora não essencial para a configuração do delito.

Nos crimes formais, a norma penal pode mencionar um resultado que, caso ocorra, agravará a pena ou caracterizará uma forma qualificada do crime. No entanto, a consumação do delito ocorre independentemente da ocorrência desse resultado mencionado na lei.

Por exemplo, o crime de sequestro previsto no art. 159 do CP é considerado um crime formal. Embora a lei mencione o recebimento de qualquer vantagem como condição ou preço do resgate, a consumação do crime ocorre com o sequestro em si, independentemente de a vantagem ser obtida ou não.

Uma característica fundamental dos crimes de mera conduta é a ausência de um resultado naturalístico, ou seja, não há a necessidade de causar um dano ou alteração concreta no mundo exterior para a consumação do delito. A conduta em si é considerada ilícita e suficiente para a configuração do crime.

Essa peculiaridade dos crimes de mera conduta pode gerar debates jurídicos acerca da sua natureza e dos limites de sua tipificação. Alguns doutrinadores argumentam que a ausência de um resultado naturalístico dificulta a caracterização desses crimes como delitos, uma vez que não há uma lesão ou alteração externa evidente.

No entanto, a legislação brasileira reconhece e tipifica esses crimes, considerando que a conduta em si já é suficiente para a caracterização do ilícito penal.

Uma peculiaridade dos crimes de mera conduta é que eles não admitem a tentativa, ou seja, ou o agente pratica o fato e comete o delito, ou não pratica o fato e o mesmo é considerado atípico.

Isso ocorre porque a consumação do crime de mera conduta não depende da ocorrência de um resultado naturalístico. Assim, não é possível realizar uma tentativa de um crime que não exige um resultado externo para sua consumação.

Dessa forma, nos crimes de mera conduta, o agente é responsabilizado somente quando pratica a conduta descrita na norma penal, não havendo a possibilidade de uma punição por uma tentativa de prática da conduta.

4.2.2 O resultado imperfeito: tentativa

A tentativa, conforme prevista no art. 14, inciso II, do CP, ocorre quando, iniciada uma conduta criminosa, o delito não se consuma por circunstâncias alheias à vontade do agente, ou seja, trata-se de uma conduta em que o agente dá início à execução do crime, porém não consegue concretizá-lo devido a fatores externos.

Segundo a doutrina, a tentativa é uma hipótese de adequação tipicamente subordinada, por meio de uma norma de extensão da tipicidade penal, ou seja, se a conduta não se adequar a todos os elementos constitutivos do tipo (subordinação imediata), ela deve ser punida mesmo que o crime não se concretize, desde que a execução tenha sido iniciada.

Para caracterizar a tentativa, a doutrina estabelece a necessidade de alguns elementos, tais como o início da conduta, a não consumação do crime por circunstâncias alheias à vontade do agente, o dolo de consumação e a possibilidade de resultado.

Seguindo essa linha de pensamento, Paulo Cesar BUSATO destaca que não existe um tipo penal específico para a tentativa[10], uma vez que não há uma tentativa em si, mas sempre uma tentativa de algo. Isso exige a conjugação do tipo da parte especial com um elemento da parte geral, caracterizando a chamada *tipicidade indireta*.

Existem algumas situações em que a tentativa não é aplicável, ou seja, não cabe a punição por essa modalidade de crime. São elas:

a] **Crimes culposos:** Nesses casos, não há a intenção de cometer o crime, sendo praticados devido à imprudência, negligência ou imperícia. Portanto, não é possível haver tentativa quando não há dolo.

b] **Crimes habituais:** Nesse tipo de crime, é necessária uma conduta reiterada para que ele se consume, ou seja, exige-se a habitualidade. Portanto, a tentativa não se aplica, pois se trata de uma conduta única.

c] **Crimes omissivos próprios:** A tentativa também não é aplicável nos casos em que o crime se consuma no momento exato da omissão, ou seja, quando o agente deixa de agir em determinada situação.

d] **Crimes unissubsistentes:** Esses crimes não podem ser fracionados no "iter criminis", ou seja, não é possível dividir a conduta em etapas. Portanto, não cabe a tentativa.

---

10 BUSATO, Paulo César. **Direito Penal Parte Geral**. 5. ed. Barueri: Gen, 2020. v. 1. p. 510.

e] **Crimes preterdolosos**: Nessa modalidade de crime, há dolo no antecedente e culpa no consequente. Por exemplo, no caso de tortura seguida de morte, se houver culpa no resultado mais grave, não se trata de tentativa, mas sim de crime consumado.

f] **Contravenções penais**: Embora seja possível a tentativa nas contravenções penais, ela não é punida da mesma forma que nos crimes, pois as contravenções são consideradas crimes anões.

g] **Crimes de atentado**: Nesses casos, a tentativa é punida da mesma forma que o crime consumado, pois o legislador se contenta com a exteriorização da vontade, ou seja, a intenção de cometer o crime.

4.2.2.1 Modalidades da imperfeição

4.2.2.1.1 A autodeficiência do comportamento: o crime impossível

A teoria do crime impossível está prevista no CP brasileiro, mais precisamente no parágrafo único do art. 17. De acordo com esse dispositivo, "não se pune a tentativa quando, por ineficácia absoluta do meio ou por absoluta impropriedade do objeto, é impossível consumar-se o crime".

Essa fundamentação legal estabelece que, mesmo que uma pessoa tenha a intenção de cometer um crime e inicie uma conduta para tanto, se a consumação do delito for impossível devido à ineficácia do meio utilizado ou à impropriedade do objeto visado, essa conduta não será punida como tentativa.

Ao analisar a teoria do crime impossível, é importante fazer uma distinção entre a impropriedade absoluta e a impropriedade relativa. A impropriedade absoluta ocorre quando o objeto visado não é capaz de ser lesado, como no caso de uma pessoa tentar matar um cadáver. Já a impropriedade relativa ocorre quando o objeto poderia ser lesado, mas a conduta do agente é inadequada para atingir esse resultado, como no caso de alguém tentar envenenar outra pessoa, mas a substância utilizada não tem potencialidade lesiva.

A teoria do crime impossível divide opiniões na doutrina penal, havendo diferentes posicionamentos sobre sua aplicação e seu alcance. Entre as principais abordagens, destacam-se:

a] **Teoria Objetiva**: De acordo com essa corrente, somente a impropriedade absoluta do objeto é suficiente para afastar a punição da tentativa. Para os defensores dessa teoria, a ineficácia absoluta do meio não é suficiente para afastar a punibilidade.

b] **Teoria Subjetiva**: Já os defensores dessa corrente entendem que tanto a impropriedade absoluta do objeto quanto a ineficácia absoluta do meio são capazes de afastar a punição da tentativa. Para eles, o foco está na intenção do agente em cometer o crime, independentemente da efetividade dos meios utilizados.

c] **Teoria Mista**: Essa corrente busca uma conciliação entre os elementos objetivos e subjetivos da teoria do crime impossível. Para os adeptos dessa teoria, tanto a impropriedade absoluta do objeto quanto a ineficácia absoluta do meio são relevantes para afastar a punição da tentativa.

4.2.3 O resultado não desejado

4.2.3.1 A interrupção do resultado

4.2.3.1.1 Por comportamento próprio: a desistência voluntária

O art. 15 do CP regula a matéria, nos seguintes termos: "O agente que, voluntariamente, desiste de prosseguir na execução ou impede que o resultado se produza, só responde pelos atos já praticados."

Conforme consolidada doutrina, no caso da desistência voluntária,

> Na desistência voluntária, o agente, embora tenha iniciado a execução, não a leva adiante, desistindo da realização típica. Exemplos são o do sujeito que ingressa na casa da vítima e desiste da subtração que pretendia efetuar, do que efetua apenas um disparo ou um golpe e, dispondo ainda de munição e tendo a vítima a sua mercê, voluntariamente não efetua novos disparos ou não desfere novos golpes etc. Para que ocorra a hipótese prevista no dispositivo, a desistência deve ser voluntária, ou seja, que o agente não tenha sido coagido, moral ou materialmente, à interrupção do iter criminis. Não há desistência voluntária e sim tentativa punível se, por exemplo, a vítima se desvencilha da situação; se o agente desiste pelo risco de ser surpreendido em flagrante diante do funcionamento do sistema de alarme; se fica atemorizado porque pessoas se aproximam, pelos gritos da vítima, por sua reação, pela intervenção de terceiros etc.[11]

---

11 MIRABETE, Julio Fabbrini; FABBRINI, Renato N. **Manual de Direito Penal**: parte geral – arts. 1º a 120 do CP – volume 1. 34. ed. São Paulo: Atlas, 2019. p. 152.

4.2.3.1.2 Por comportamento próprio: o arrependimento eficaz

Já no que toca ao arrependimento eficaz,

> O arrependimento eficaz ocorre em momento distinto da desistência voluntária, visto que naquele o processo de execução já foi esgotado, devendo o agente impedir o resultado. JESCHECK menciona que tal fato ocorre na tentativa acabada (que para nós corresponde à tentativa perfeita) e requer que o autor impeça voluntariamente a consumação do fato. Segundo SILVA FRANCO, no arrependimento eficaz não há mais margem alguma de ação, porque o processo de execução está encerrado, e o agente atua então para evitar a produção do resultado.[12]

4.2.3.1.3 Por comportamento próprio: o arrependimento posterior

O tema do arrependimento posterior é tratado no art. 16 do Código Penal, *in verbis*:

> Art. 16 – Nos crimes cometidos sem violência ou grave ameaça à pessoa, reparado o dano ou restituída a coisa, até o recebimento da denúncia ou da queixa, por ato voluntário do agente, a pena será reduzida de um a dois terços. (Redação dada pela Lei nº 7.209, de 11.7.1984)

A doutrina repete as bases conceituais de maneira razoavelmente homogênea. Por todos, veja-se CIRINO, para quem

> O legislador afirma que a medida teria sido instituída menos em favor do agente do crime do que da vítima , mas a exigência de voluntariedade indica criação de privilégio ao autor, definível como simile anã do arrependimento eficaz, abrangível pela teoria da graça, como recompensa ao autor pelo mérito de arrependimento posterior concretizado em reparação do dano ou restituição da coisa, ou, alternativamente, como espécie de "ponte de juncos" para o regresso parcial do autor à legalidade, reduzindo a reprovação.[13]

BUSATO complementa para afirmar que

> Observa-se que a reparação do dano à vítima deve ser completa, excetuando qualquer hipótese de ressarcimento apenas parcial; deve ser pessoal, pois não

---

12 PACELLI, Eugênio. **Manual de Direito Penal**. 5. ed. São Paulo: Atlas, 2019. p. 309-310.

13 SANTOS, Juarez Cirino dos. **Direito Penal**: Parte Geral. Tirant Brasil, 2018. p. 424. Disponível em: <https://biblioteca.tirant.com/cloudLibrary/ebook/info/9788594772060>. Acesso em: 6 fev. 2024.

pode ser realizada por terceiro em benefício do autor; e deve ser voluntária, o que significa não ter sido objeto, por exemplo, de uma ação indenizatória.[14]

No que toca à aplicação da pena, a observação de TASSE se faz pertinente, ao aduzir que

Como o crime se consumou e a ação da pessoa foi posterior ao resultado, não ocorre a impunidade, mas a redução da pena, fixando obrigatória causa de especial diminuição da pena, variável entre 1/3 a 2/3, de sorte que não tem o magistrado a opção entre aplicar ou não o arrependimento posterior, caso o agente atue preenchendo seus requisitos, mas apenas de estabelecer, com base nas características específicas do caso o percentual de diminuição dentro das margens legais.[15]

Quadro 1 Comparação dos institutos apresentados nesta seção

Excludente	Definição	Requisitos	Efeito
Desistência voluntária	Desistência no prosseguimento da execução do crime por vontade do agente.	Agente desiste voluntariamente de prosseguir na execução do crime.	Responde apenas pelos atos já praticados.
Arrependimento eficaz	Interferência do agente após ter praticado todos os atos para atingir o resultado, impedindo a consumação do crime.	Agente interfere de forma eficaz para evitar a consumação do crime após ter praticado todos os atos para atingir o resultado.	Responde apenas pelos atos já praticados.
Arrependimento posterior	Reparação do dano causado ou restituição da coisa subtraída por ato voluntário do agente até o recebimento da denúncia ou queixa.	Reparação do dano ou restituição da coisa subtraída por ato voluntário do agente até o recebimento da denúncia ou queixa.	Redução da pena 1/3 a 2/3.

4.3 O momento do resultado e a classificação dos crimes

A conduta produz suas consequências de modo variado se observada a ofensa ao bem jurídico. A discussão contemporânea do tema incorpora abordagens

---

14 BUSATO, Paulo César. **Direito Penal**: Parte Geral. 6. ed. Tirant Brasil, 2022. p. 482. Disponível em: <https://biblioteca.tirant.com/cloudLibrary/ebook/info/9786559083572>. Acesso em:

15 EL TASSE, Adel. **Manual de Direito Penal**: Parte Geral. Tirant Brasil, 2018. p. 162. Disponível em: <https://biblioteca.tirant.com/cloudLibrary/ebook/info/9788594771919>. Acesso em: 6 fev. 2024.

como a cibercriminalidade[16] e a lavagem de dinheiro[17] ou mesmo o estelionato previdenciário.[18] Essa variação gera distintas classificações que se apresentam descritas a seguir.

4.3.1 Crimes instantâneos

Crime instantâneo – na verdade, efeitos instantâneos da conduta – é aquele que se consuma em um único momento[19] ou, como já foi afirmado doutrinariamente, se a realização do resultado (seja naturalístico, seja normativo) é, em última análise, a consumação do tipo penal, pode-se chegar à conclusão de que o delito instantâneo é aquele cuja consumação coincide temporalmente com seu exaurimento.[20]

Ainda no contexto da permanência, aponta Junqueira[21] que "Os crimes instantâneos podem, ainda, ser classificados como de efeitos permanentes e de efeitos não permanentes. Há crimes que, embora se consumem em fração de segundos, tem efeitos perenes e não controláveis pela vontade do agente, como o homicídio".

4.3.2 Crimes permanentes

A figura do chamado *crime permanente* tem reflexos práticos significativos, como a aplicação da lei à situação concreta, marcos prescricionais e relevância processual na medida em que a permanência protrai no tempo o denominado *estado de flagrância*, autorizando, enquanto perdure esse estado, que se dê voz em prisão em flagrante se proceda, ordinariamente, à lavratura do auto de prisão sob esse título.

Se a construção dogmática sobre o tema é antiga, abordagens contemporâneas enriquecem sua análise, como a conjugação com os julgados da Corte

---

16 Entre outros, ver ALVES, Felipe Otávio Moraes. Cibercrime como Crime Permanente. 2019. INTERNATIONAL CONFERENCE ON FORENSIC COMPUTER SCIENCE AND CYBER LAW. 11th, São Paulo, Brazil, Nov. 4th-5th, 2019. Disponível em: <http://dx.doi.org/10.5769/C2019004>. Acesso em: 16 out. 2023.

17 Ver na vasta literatura, dentre outros, PEREZ, Stephanie Carolyn. Lavagem de dinheiro: crime instantâneo ou permanente? **Revista do Instituto Brasileiro de Direito Penal Econômico**, v. 2, p. 202, 2018.

18 DE OLIVEIRA, Rodrigo Szuecs; DOS SANTOS, Tamara Pinto; MAYRINK, Renata Pereira. A construção jurisprudencial da natureza binária do crime de estelionato previdenciário. **Meritum: Revista de Direito da Universidade FUMEC**, 2015.

19 Entre outros, ver HUNGRIA, Nélson. **Comentários ao Código Penal**. v. I, tomo I, p. 128, citado por DE PAULA MACHADO, Fábio Guedes. A (re)normativização do Direito penal frente aos direitos difusos. **Revista Curso de Direito Universidade Federal de Uberlândia**, v. 34, p. 139-166, 2006.

20 DE PAULA MACHADO, Fábio Guedes. A (re) normativização do Direito penal frente aos direitos difusos. **Revista Curso de Direito Universidade Federal de Uberlândia**, v. 34, p. 139-166, 2006.

21 JUNQUEIRA, Gustavo; DINIZ, Octaviano. **Direito penal**. São Paulo: Revista dos Tribunais, 2010. p. 129.

Interamericana de Direitos Humanos[22], sobretudo para discutir a punição dos crimes praticados durante o estado de exceção entre 1964 e 1985.

Na lição tradicional doutrinária, GOMES[23] aponta que o crime permanente

> apresenta uma característica particular: a consumação no crime permanente prolonga-se no tempo desde o instante em que se reúnem os seus elementos (sic) até que cesse o comportamento do agente. Traduzida essa clássica lição em termos constitucionais, que permite assumir a teoria do bem jurídico como esteira de toda a teoria do delito, dir-se-ia: no crime permanente a lesão ou o perigo concreto de lesão (leia-se: a concreta ofensa) ao bem jurídico tutelado se protrai no tempo e, desse modo, durante um certo período o bem jurídico fica subordinado a uma atual e constante afetação, sem solução de continuidade. O bem jurídico permanece o tempo todo submetido à ofensa, ou seja, ao raio de incidência da conduta perigosa (é o caso do sequestro, que pode durar dias, meses ou anos – o bem jurídico liberdade individual fica o tempo todo afetado).

Observando a permanência por outro ângulo, REALE JR.[24] afirma que "O que perdura no tempo é o comportamento, mantendo viva a situação lesiva, pela omissão de ação que a faça cessar. O tipo penal incrimina, nos crimes permanentes, não só a conduta inicial, mas, também, a conduta sucessiva de manutenção da situação lesiva".

---

22 Ver, entre outros, DO NASCIMENTO SILVA, Luciano; LEITE, Tiago Medeiros. O crime permanente a partir das concepções do ordenamento jurídico brasileiro e da Corte Interamericana dos Direitos Humanos. **Dat@ venia**, v. 6, n. 8, p. 100-113, 2014.

23 GOMES, Luiz Flávio. Estelionato previdenciário: crime instantâneo ou permanente? Crime único, continuado ou concurso formal? **Jus Navigandi**, Teresina, ano 10, n. 1188, 2 out. 2006.

24 REALE JR., Miguel. **Instituições de direito penal**: parte geral. Rio de Janeiro: Forense, 2002. p. 344.

Capítulo 5

Elemento anímico: elemento subjetivo do tipo

🔢 Introdução

O tipo penal, já analisado em suas características objetivas, precisa também ser enfocado no aspecto subjetivo, a dizer, quanto ao elemento anímico determinado pelo legislador para sua caracterização. Isso porque é inconcebível, no Estado de direito, que haja o desenvolvimento do SP sem o pré-requisito de um elemento subjetivo na prática da conduta dada a impossibilidade de uma responsabilização objetiva.

Nessa subjetividade, cada vez mais questionada pela ciência, reside, para o SP, e em particular para o devido processo legal, o núcleo essencial da censura da reprovabilidade (imposição da pena) devidamente motivada e baseada em provas construídas sobre essa dialética imputação-refutação. Assim é que a "prova do dolo"[1] caracteriza um aspecto fundamental da cognição no devido processo legal e a "intensidade" do dolo se faz presente na dosimetria da pena.

Como regra, essa subjetividade está calcada na ideia de uma **intenção** da prática da conduta atribuível e com resultado direcionado pelo tipo objetivo. A falta dessa intenção é objeto de análise pelo SP apenas em situações excepcionalmente previstas pelo legislador.

No primeiro caso, fala-se comumente em **dolo**; na segunda, em **culpa**. Ambas estão assentadas em um ideal de liberdade pessoal – o **livre-arbítrio** – e numa situação de igualdade social, sendo que **assimetrias sociais não importam na construção do tipo objetivo e na alocação da forma de subjetividade a esse tipo**.

Ambas as ficções são essenciais para a manutenção de uma integridade e coerência do Sistema Penal (SP). O questionamento de cada uma delas e sua potencial capacidade de desconstrução não apenas deslegitima(ria) politicamente o sistema como induz(iria) à conclusão de sua impossibilidade de existência formal. Nada obstante, não se admite política, social e juridicamente uma forma de abandonar essa estrutura, ainda que permeada de fragilidades conceituais.

Uma maneira de tentar passar ao largo desse hipotético determinismo sistêmico que o leva a justificar sua existência apenas pela ausência de um aparato para substituí-lo (que existe, mas implica custos políticos e sociais não toleráveis), GRECO descreve uma parte da literatura a qual propõe que se entenda a ideia de "vontade" da prática da conduta penalmente relevante por "não [é] mais uma entidade interna à psique de alguém, mas uma atribuição, isto é, uma forma de

---

1   A ver, por exemplo, em FRANCK JUNIOR, Wilson. **A problemática do dolo (eventual) no direito penal contemporâneo**. 127 f. Dissertação (Mestrado em Ciências Criminais) – Programa de Pós-Graduação em Ciências Criminais, Faculdade de Direito, PUCRS. Porto Alegre, 2014. Também COSTA, Pedro Jorge. **Dolo penal e sua prova**. São Paulo: Atlas, 2015.

interpretar um comportamento, com ampla independência da situação psíquica do autor"[2].

Nessa visão desloca-se, portanto, a discussão para o desenvolvimento do devido processo legal e seu ponto culminante, a decisão do órgão julgador sobre o tema. Nesse devido processo legal, a produção probatória não perquirirá traços de subjetividade, mas fontes de prova a demonstrar o padrão comportamental e dele extrair a ocorrência dessa vontade. Essa visão, que se poderia denominar de *juridicamente determinista*, leva a resultados de rompimento com as premissas de um devido processo legal condizente com o Estado de direito na medida em que, em dado e incontornável momento, esses padrões comportamentais descritos a partir dos meios de prova deverão ser cotejados com um comportamento socialmente aceito. Em assim sendo, o espaço da pluralidade, diversidade e alteridade desaparece em meio à "aceitação social da maioria".

Ao final, segundo GRECO, no trabalho mencionado, "para que se possa falar em dolo, tem o autor de agir com conhecimento tal que lhe confira o domínio sobre aquilo que está realizando", afirmação que surge depois de sedimentar a ideia de que **dolo é conhecimento**[3] qualificado pelo fato "de que a ocorrência do resultado é algo provável".[4]

5.2 Dolo

Os objetivos descritivos da presente obra, após a observação crítica já exposta, e que foi feita no sentido de alertar a pessoa interessada de que o que se exporá apresenta alicerces de notória fragilidade, fazem com que, na sequência, sejam trabalhadas as linhas conceituais predominantes, o que não significa a adesão do autor a elas, mas apenas o compromisso de apresentá-las numa primeira leitura do tema.

Assim, toma-se a primeira premissa, que é a do livre-arbítrio, consistindo na capacidade que os seres humanos têm de fazer escolhas conscientes e deliberadas, independentemente de qualquer influência externa. É a ideia de que somos os autores de nossas próprias ações e que temos o poder de decidir sobre praticá-las ou não e, por elas, seremos responsáveis ou responsabilizáveis.

---

2   GRECO, Luis. Dolo sem vontade. In: SILVA DIAS, Augusto et al. **Liber Amicorum de José de Sousa e Brito em comemoração do 70º aniversário**. Coimbra: Almedina, 2009. p. 885-905. p. 890.

3   Ver, também, VIANA, Eduardo. **Dolo como compromisso cognitivo**. São Paulo: Marcial Pons Editora do Brasil, 2017.

4   GRECO, op. loc. cit.

5.2.1 Definição de dolo

Representando uma parte significativa das manifestações doutrinárias, tem-se com Bitencourt[5] que

> O dolo, enfim, elemento essencial da ação final, compõe o tipo subjetivo. Pela sua definição, constata-se que o dolo é constituído por dois elementos: um cognitivo, que é o conhecimento ou consciência do fato constitutivo da ação típica; e um volitivo, que é a vontade de realizá-la. O primeiro elemento, o conhecimento (representação), é pressuposto do segundo, a vontade, que não pode existir sem aquele.

5.2.2 Elementos do dolo

Até que se chegue ao presente momento, a concepção de dolo esteve em debate numa sucessão e intersecção de teorias, das quais a causal pode ser ao menos cronologicamente apontada em primeiro lugar.[6]

- **Causalismo "clássico" e dolo**: Cronologicamente apresentado, o causalismo é compreendido como sustentado pelo movimento cientificista do final do século XIX, que se caracterizou por ser uma tendência intelectual ou concepção filosófica de origem positivista que afirma a superioridade da ciência sobre todas as outras formas de compreensão humana da realidade (religião, filosofia, metafísica etc.) como a única capaz de demonstrar práticas e alcançar um rigor cognitivo autêntico. Assim, defende a utilização do método científico, aplicado às ciências naturais, em todas as áreas do conhecimento (filosofia, humanidades, artes etc.).

A adoção desse pensamento acaba se tornando reducionista na medida em que busca atribuir um valor preponderante ao papel da ciência no desenvolvimento da cultura em particular e da sociedade em geral, que passam a ser vistas a partir de critérios mensuráveis e empiricamente demonstráveis.

No campo jurídico, coube a Franz Von Lizst bem como a Ernest Beling o desenvolvimento da sistematização do Direito Penal (DP) a partir dessas premissas, com a exploração de um liame direto comportamento-causalidade-resultado. Aqui o dolo aparece na sua formulação inicial como **representação**, e o elemento psicológico é o liame entre conduta e resultado. A ligação com as bases cientificistas se dá porquanto Liszt, autor da conjectura causal da ação, quis lhe dar

---

5   BITENCOURT, Cezar Roberto. **Tratado de Direito Penal**: Parte Geral – Vol. 1. 29. ed. São Paulo: Saraiva Jur; Edição do Kindle, 2023. p. 537.

6   Ver, entre outros, DE OLIVEIRA ZONTA, Fernando; KISS, Vanessa Morais. Elementos subjetivos nos sistemas causalista, finalista e funcionalista. **Revista Saber Digital**, v. 14, n. 1, p. 8-26, 2021.

cientificidade. Assim, sendo aintenção subjetiva, inata à consciência de quem a possui e que pratica o comportamento, não há como demonstrar quais são os pensamentos da pessoa imputada, mas apenas seu comportamento exterior.

É genericamente reconhecido que o causalismo "clássico" não consegue explicar os chamados *crimes omissivos*, assim como os crimes de mera conduta ou formais ("sem resultado").

- **Causalismo neoclássico (neokantismo) e o dolo:** O neokantianismo (também apresentado como *neocrítica*) é uma corrente filosófica que se desenvolveu principalmente na Alemanha do final do século XIX até o início da Primeira Guerra Mundial e buscava um retorno ao pensamento de Immanuel Kant refutando o domínio do idealismo de Hegel e de todos os tipos de metafísica, bem como refutava o positivismo e as visões realistas da ciência como preponderantes.

O neokantismo visa, portanto, reviver a atividade filosófica como uma reflexão crítica sobre as condições que tornam a atividade cognitiva analisável, algo que se dá principalmente pelo método científico, mas inclui também outras áreas do conhecimento, da moralidade à estética.

Em comparação ao causalismo clássico, o causalismo neokântico incorpora elementos valorativos na verificação do fenômeno criminoso, e esboça uma normatização da culpabilidade. Para o dolo, essa concepção integrará, em primeiras linhas, a ideia de previsibilidade e de comportamento diverso exigível.

Dentre os neokantistas, o principal nome foi o de Edmund Mezger, radicado inicialmente em Marburg e, depois, em Munique, sendo aquela um dos berços dessa escola. Mezger teve forte participação política no nazismo, participando da NS – Akademie für Deutsches Recht (Academia Nacional Socialista para o Direito Alemão), tendo escrito *Der strafrechtliche Schutz von Staat, Partei und Volk* (*A proteção penal do Estado, do Partido e do Povo*) e construído as bases jurídicas para definir como atividades ilícitas "todas as ações contra a ideologia nacional-socialista alemã" e outros textos que serviram de base para o holocausto.

Essa inserção de "valores" – no caso específico do autor-referência mencionado os valores do nacional-socialismo – é destacada por Juarez Cirino dos SANTOS ao sintetizar que:

> O modelo neoclássico de fato punível é o produto da desintegração do modelo clássico de fato punível e de sua reorganização sistemática conforme novas concepções: a) a ação deixa de ser naturalista para assumir significado valorativo, redefinida como comportamento humano voluntário; b) a tipicidade perde a natureza descritiva e livre de valor para admitir elementos normativos (documento, motivo torpe, etc.) e subjetivos (a intenção de apropriação, no

Elemento anímico: elemento subjetivo do tipo | 123 |

furto, por exemplo); c) a antijuridicidade troca o significado formal de infração da norma jurídica pelo significado material de danosidade social, admitindo graduação do injusto conforme a gravidade do interesse lesionado; d) a culpabilidade psicológica incorpora o significado normativo, com reprovação do autor pela formação de vontade contrária ao dever: se o comportamento proibido pode ser reprovado, então pode ser atribuído à culpabilidade do auto.[7]

- **O finalismo:** Identificado com a obra de Hans WELZEL[8], o finalismo importa na superação dos causalismo clássico e neokantico, inserindo na ação humana a finalidade do seu agir.[9]

Conforme destacado por COLEN[10],

> Welzel inicia a doutrina finalista da ação desnudando uma questão fulcral, a saber, a ação não pode ser compreendida a partir da causalidade. Isto porque o ser humano necessariamente busca a consecução dos seus fins a partir do domínio dos fatores causais que são dirigidos pela sua finalidade. Afirma o referido autor que o homem é dotado da capacidade de antever as consequências advindas de suas condutas e, por consequência, é capaz de guiar-se para atingir o fim mentalmente determinado e elegido por ele.

No campo da alocação do dolo, merece menção a concepção finalista sedimentada no pensamento de Welzel descrita por BRANDÃO[11]:

A direção final da ação debruça-se em duas fases. A primeira fase ocorre na esfera do pensamento e abarca três elementos: o primeiro é o fim que o agente almeja; o segundo são os meios que o mesmo deve adotar para a consecução dos fins; e o terceiro são as consequências secundárias coligidas ao emprego dos próprios meios.

Todas as condutas pressupõem um fim. Este, uma vez alcançado, pode ser coerente com a planificação inicialmente elaborada da conduta (dolo) ou ser

---

7 SANTOS, Juarez Cirino dos. **Direito Penal**: Parte Geral. 4 ed. Curitiba: ICPC; Conceito Editorial, 2010. p. 77.

8 Veja-se a estruturação de seu pensamento em WELZEL, Hans. **Der allgemeine Teil des deutschen Strafrechts in seinen Grundzügen**. Berlin, DE: Walter de Gruyter GmbH & Co KG, 2020. Para a tradução em espanhol, ver WELZEL, Hans. **El Nuevo Sistema del Derecho Penal**: uma introducción a la doctrina de la acción finalista. Barcelona: Ariel, 1964. p. 25.

9 WELZEL, Hans. **El Nuevo Sistema del Derecho Penal**: uma introducción a la doctrina de la acción finalista. Barcelona: Ariel, 1964. p. 25.

10 COLEN, Guilherme Coelho. A teoria finalista da ação e as bases do Código Penal. **Revista da Faculdade Mineira de Direito**, v. 21, n. 41, p. 152-165, 2018. Disponível em: <https://periodicos. pucminas.br/index.php/Direito/article/view/18860/13888>. Acesso em: 30 nov. 2023. p. 154.

11 BRANDÃO, Cláudio. Teorias da conduta no direito penal. **Revista de Informação Legislativa**, Brasília, ano 37, n. 148, p. 89-95, out./dez. 2000. Disponível em: <https://www2.senado.leg.br/bdsf/bitstream/handle/id/631/r148-05.pdf?sequence=4&isAllowed=y>. Acesso em: 30 nov. 2023. p. 92.

um fim incoerente com aquela planificação (culpa), sem, contudo, desnaturar a ocorrência de uma finalidade na realização da ação.

Conforme aponta VAN WEEZEL,

> Essa evolução é mais bem compreendida se levarmos em conta que o ponto de partida da discussão é a tradicional concepção finalista de fraude, ainda predominante na literatura e na jurisprudência. Segundo ele, age maliciosamente quem conhece os elementos do fato típico e quer sua realização. Ou seja, a fraude exibiria um elemento intelectual ou cognitivo e um elemento volitivo. O elemento intelectual é o "conhecimento" dos aspectos ou anotações do fato que têm relevância do ponto de vista do tipo penal, enquanto o elemento volitivo concorre quando é possível afirmar que o autor quis ou pelo menos aceitou a realização do tipo penal.[12]

E prossegue o mesmo autor para afirmar que

> Essa dupla concepção de dolo apresenta uma série de vantagens didáticas e aplicadas. Na didática, permite organizar as diferentes questões em um esquema plástico e intuitivamente bem-sucedido. Assim, em relação ao elemento cognitivo ou intelectual, são analisados os problemas de ignorância ou representação errônea, enquanto que, ao estudar o elemento volitivo, é feita uma distinção entre as várias classes ou intensidades de comprometimento da vontade, desde a perseguição até a simples aceitação. No plano da aplicação da lei, este regime fornece uma estrutura definida para ligar os elementos probatórios.[13]

---

12 VAN WEEZEL, Alex. Intención, azar e indiferencia. El dolo no intencional en la dogmática penal chilena del siglo XXI. **Ius et Praxis**, v. 27, n. 1, p. 190-209, 2021. No original: "esta evolución se comprende mejor si se tiene en cuenta que el punto de partida de la discusión es la concepción finalista tradicional del dolo, aún predominante en la literatura y en la jurisprudencia. Conforme a ella, obra dolosamente quien conoce los elementos del hecho típico y quiere su realización. Es decir, el dolo exhibiría un elemento intelectual o cognitivo y un elemento volitivo. El elemento intelectual es el 'conocimiento' de los aspectos o notas del hecho que poseen relevancia desde el punto de vista del tipo penal, mientras que el elemento volitivo concurre cuando es posible afirmar que el autor ha querido o al menos aceptado la realización del tipo penal" (p. 192).

13 VAN WEEZEL, Alex. Intención, azar e indiferencia. El dolo no intencional en la dogmática penal chilena del siglo XXI. **Ius et Praxis**, v. 27, n. 1, p. 190-209, 2021. No original: "Esta concepción dual del dolo presenta una serie de ventajas didácticas y aplicativas. En lo didáctico, permite disponer las diferentes cuestiones en un esquema plástico e intuitivamente acertado. Así, en relación el elemento cognitivo o intelectual se analizan los problemas de desconocimiento o errónea representación, mientras que al estudiar el elemento volitivo se distingue entre las diversas clases o intensidades de compromiso de la voluntad, desde el perseguir hasta el simple aceptar. En el plano de la aplicación del derecho, este esquema proporciona una estructura definida en la cual engarzar los elementos probatorios" (p. 193).

Assim, o agir finalisticamente determinado faz com que o **dolo passe a integrar o tipo:**[14]

- **Funcionalismo e dolo:** Como aponta GRECO[15], os méritos do finalismo não são capazes de esgotar as discussões dogmáticas que cercam temas como o "início da execução na tentativa, ou da escusabilidade do erro de proibição, ou da concretização do dever de cuidado, no delito negligente" surgindo na segunda metade do século XX[16] a construção teórica do(s) **funcionalismo(s)**, que, malgrado a multiplicidade de compreensões e dimensões dessa concepção[17],

> Os defensores deste movimento estão de acordo – apesar das muitas diferenças quanto ao resto – em que a construção do sistema jurídico penal não deve vincular-se a dados ontológicos (ação, causalidade, estruturas lógico-reais, entre outros), mas sim orientar-se exclusivamente pelos fins do direito penal.

Anote-se sobre as principais visões funcionalistas que

> O pensamento de Roxin é funcionalista porque busca – no sentido acima explicado – a acomodação do direito penal a determinados fins e princípios político e penalmente estabelecidos na Constituição do Estado de Direito (DEMETRIO CRESPO, 2008). O pensamento de Jakobs é funcionalista porque define o direito

---

14 No dizer de GRECO: "O tipo torna-se a descrição de uma ação proibida – deixa de ser um tipo de injusto, tipificação de antijuridicidade, para tornar-se um tipo indiciário, no qual se enxerga a matéria de proibição (Verbotsmaterie). Como só se podem proibir ações finais, o dolo integra o tipo". GRECO, Luís. Introdução à dogmática funcionalista do delito: em comemoração aos trinta anos de Política criminal e sistema jurídico-penal de Roxin. **Revista Brasileira de Ciências Criminais,** v. 32, p. 120-163, 2000.

15 GRECO, Luís. Introdução à dogmática funcionalista do delito: em comemoração aos trinta anos de Política criminal e sistema jurídico-penal de Roxin. **Revista Brasileira de Ciências Criminais,** v. 32, p. 120-163, 2000.

16 Ver, entre outros, DE POLI, Camilin Marcie. Funcionalismo Penal em Claus Roxin. **Revista de Direito da FAE,** v. 1, n. 1, p. 27-42, 2019.

17 Na literatura brasileira, projetam-se, sobretudo, as concepções de ROXIN e JAKOBS. A primeira pode ser identificada com a obra ROXIN, Claus. **Kriminalpolitik und Strafrechtssystem.** Walter de Gruyter, 1973 (em português ROXIN, Claus. **Política criminal e Sistema jurídico-penal.** Traduzido por Luís Greco. Rio de Janeiro: Renovar, 2002); para JAKOBS, ver JAKOBS, Günther. **Imputação Objetiva no Direito Penal.** Tradução André Luis Callegari. São Paulo: Revista dos Tribunais, 2000. Ver, a respeito, SCALCON, Raquel Lima. Apontamentos críticos acerca do funcionalismo penal de Claus Roxin. In: CONGRESSO INTERNACIONAL DE CIÊNCIAS CRIMINAIS. 2011.

como um dispositivo que consiste em garantir a identidade normativa e, com ela, a própria constituição da sociedade.[18]

A concepção funcionalista reflete no dolo, porquanto funcionalmente falando, "quanto mais exigir para o dolo, mais acrescenta na liberdade dos cidadãos, às custas da proteção de bens jurídicos; e quanto menos exigências formular para que haja dolo, mais protege bens jurídicos, e mais limita a liberdade dos cidadãos."[19] Contudo, não se chega a romper com a visão de que o dolo integra o tipo.

Nada obstante, na compreensão que dolo tem um elemento volitivo e um cognitivo, aponta GRECO[20] que há concepções funcionais que

dissecam o dolo, situando cada elemento num determinado estrato do sistema: SCHMIDHÄUSER, por ex., quer posicionar o momento volitivo do dolo no tipo, enquanto o momento cognitivo iria para a culpabilidade. O inverso parece defender SCHÜNEMANN, para quem o tipo compreenderia o elemento cognoscitivo do dolo, a culpabilidade o volitivo (que em seu sistema parece abranger mais que a vontade, sendo chamado de "componente emocional".

5.2.3 Modalidades de dolo

5.2.3.1 Dolo direto

5.2.3.1.1 Dolo eventual

Diversas teorias têm sido propostas para diferenciar o dolo eventual da culpa consciente.[21] Entre elas, destacam-se a teoria da indiferença, a teoria da representação e a teoria objetiva do risco. Cada uma delas busca estabelecer critérios

---

18   CRESPO, Eduardo Demetrio. Crítica al funcionalismo normativista. **Revista de Derecho Penal y Criminología**, n. 3, p. 13, 2010. Disponível em: <https://periodicos.ufersa.edu.br/rejur/article/download/8776/10073/49244>. Acesso em: 1º dez. 2023. p. 2. No original: "El pensamiento de Roxin es funcionalista porque busca – en el sentido antes expuesto – la acomodación del Derecho penal a ciertos fines y principios político-criminalmente asentados en la Constitución propia del Estado de Derecho (Demetrio Crespo, 2008). El pensamiento de Jakobs es funcionalista porque define el derecho como una prestación consistente en garantizar la identidad normativa y con ella la constitución misma de la sociedad".

19   GRECO, op. loc. cit.

20   GRECO, Luís. Introdução à dogmática funcionalista do delito: em comemoração aos trinta anos de Política criminal e sistema jurídico-penal de Roxin. **Revista Brasileira de Ciências Criminais**, v. 32, p. 120-163, 2000. p. 145.

21   A ver, por exemplo, em FRANCK JUNIOR, Wilson. **A problemática do dolo (eventual) no direito penal contemporâneo.** 127 f. Dissertação (Mestrado em Ciências Criminais) – Programa de Pós-Graduação em Ciências Criminais, Faculdade de Direito, PUCRS. Porto Alegre, 2014. Também, SALVATORI, Laura Ayub. As teorias diferenciadoras do dolo eventual e da culpa consciente. **Revista Brasileira de Ciências Criminais**, São Paulo, v. 28, n. 166, p. 19-61, 2020.

que revelem os contornos dessa sutileza e, ao mesmo tempo, têm implicações práticas fundamentais para a definição do tipo penal e da competência para o julgamento.

A teoria da indiferença, defendida por Engisch e parte dos autores brasileiros, afirma que o dolo eventual ocorre quando o agente é indiferente em relação à lesão ao bem jurídico, enquanto a culpa consciente caracteriza-se pela consideração do resultado como inaceitável. De acordo com essa teoria, o condutor de um veículo age com dolo eventual quando demonstra indiferença quanto à possibilidade de causar a morte de pedestres ou outros motoristas. No entanto, essa teoria é criticada por reducionismo, uma vez que nem sempre a indiferença é o único elemento presente. Em muitos casos, o agente deseja sinceramente que o resultado lesivo não ocorra, mas prevê a possibilidade e continua seu comportamento, assumindo o risco.

A teoria da representação, proposta por Schröder e Schmidhäuser, considera que o dolo eventual ocorre quando o agente percebe o risco de sua conduta. Nesse sentido, se o condutor de um veículo ultrapassa os limites de velocidade e percebe que está criando um risco que pode resultar em lesões ou mortes, caracteriza-se o dolo eventual, independentemente de sua vontade em relação ao resultado. A mera percepção da possibilidade de lesão é suficiente para configurar o dolo eventual. No entanto, essa teoria também é criticada por sua abrangência, uma vez que estende demais o conceito. Mesmo que o condutor tenha certeza de que nada acontecerá devido à sua habilidade ou aos cuidados tomados para evitar o resultado lesivo, a simples percepção da criação do risco já seria suficiente para configurar o dolo eventual.

A teoria objetiva do risco, proposta por Roxin, busca estabelecer critérios mais precisos para a diferenciação entre dolo eventual e culpa consciente. De acordo com essa teoria, o dolo eventual não está presente quando há apenas uma representação de possibilidade, sem aceitação ou vontade de resultado. O autor utiliza o exemplo de um artista de circo que atira facas em sua assistente. Mesmo sabendo da possibilidade de acertá-la, o artista confia em sua perícia no manejo dos instrumentos. Caso ocorra uma tragédia e uma das facas cause lesões ou a morte da assistente, não se configura o dolo eventual, mas sim a culpa consciente, uma vez que não há aceitação ou vontade de resultado, apenas uma representação de possibilidade insuficiente para caracterizar o dolo.

5.2.3.1.2 Dolo de perigo

O dolo de perigo ocorre quando o agente tem a intenção de expor um bem jurídico a um perigo de lesão, mesmo que não deseje efetivamente causar a lesão. Nessa modalidade, o agente se contenta em expor o bem a um risco.

5.2.4 Implicações da neurociência no conceito de dolo

Algumas palavras introdutórias sobre neurociência são essenciais[22] – essa área empreende, *"sinteticamente, o estudo científico do sistema nervoso"* (grifo do original)[23] e se constitui como (mais uma) das "tentativas, mais ou menos bem sucedidas, de melhor compreender (ou de condicionar) as raízes físicas do comportamento animal e humano (bem como a tentativa de explicar estas com recurso a determinismos de vária ordem)".[24]

A primeira base fundamental da neurociência é a compreensão de que todos os processos mentais, como percepção, emoção, memória e pensamento, são resultados de atividade cerebral. O cérebro é o órgão responsável por processar informações e gerar as experiências subjetivas que chamamos de *mente*.

Outro aspecto fundamental da neurociência é a compreensão de que o desenvolvimento do cérebro é influenciado tanto pelos genes quanto pela experiência. Os genes estabelecem um "plano básico" para a formação das conexões neurais, mas a experiência vivida pelo indivíduo tem um papel crucial na modificação dessas conexões ao longo do tempo.

Ademais, a neurociência evidencia a plasticidade cerebral, que se refere à capacidade do cérebro de mudar sua estrutura e função em resposta a estímulos do ambiente. Isso significa que o cérebro não é uma entidade fixa e imutável, mas sim um órgão dinâmico que pode se adaptar e aprender ao longo da vida.

Em caráter sumário e introdutório, igualmente destaca-se que a neurociência destaca a compreensão que fatores sociais e ambientais influenciam o desenvolvimento de doenças mentais e que existe relação entre emoções, cognição e raciocínio.

Por fim, a neurociência tem mostrado que o cérebro processa informações tanto no nível consciente quanto no inconsciente. Enquanto algumas atividades mentais são conscientes e acessíveis à nossa percepção, outras ocorrem de modo automático e inconsciente.

---

22 Ver, entre outros, ABOITIZ, Francisco; GARCÍA, Ricardo R; BOSMAN, Conrado; BRUNETTI, Enzo. Cortical Memory Mechanisms and Language Origins. **Brain and Language**, v. 98, n. 1, p. 40-56, 2006; ABRAHAM, Wickliffe C. Metaplasticity: Tuning Synapses and Networks for Plasticity. **Nature Reviews Neuroscience**, v. 9, p. 387-387, 2008; ANDERSON, John R.; FINCHAM, Jon M.; QIN, Yulin; STOCCO, Andrea. A Central Circuit of the Mind. **Trends in Cognitive Sciences**, v. 12, n. 4, p. 136-143, 2008; BARKER, F. G. 2nd. Phineas Among the Phrenologists: the American Crowbar Case and Nineteenth-Century Theories of Cerebral Localization. **Journal of Neurosurgery**, v. 82, n. 4, p. 672-682, 1995; BOLHUIS, J. J.; GAHR, M. Neural Mechanisms of Birdsong Memory. **Nature Reviews Neuroscience**, v. 7, n. 5, p. 347-357, 2006.

23 PATRÍCIO, Miguel. Nota sobre as implicações da Neurociência no Direito Penal. **PNAS**, v. 110, n. 15, p. 6223-6228, 2013. p. 1103.

24 PATRÍCIO, Miguel. Nota sobre as implicações da Neurociência no Direito Penal. **PNAS**, v. 110, n. 15, p. 6223-6228, 2013. p. 1103.

Expostas essas constatações trazidas pela neurociência, têm-se sua projeção para o DP, em especial para o tema aqui tratado, o dolo, baseado no livre-arbítrio e, portanto, numa escala de liberdade.

Relação ainda em construção[25] e sujeita a modificações na velocidade em que a ciência se atualiza, parece precoce descartar a evolução discursiva da dogmática penal aniquilando-a perante afirmações científicas contemporâneas. Aqui, acompanha-se a referência feita por RIBEIRO[26] ao recordar Hassemer quando afirmava que

> o Direito Penal não se afeta pela Neurociência porque o tipo de verdade que interessa o Direito penal e que se alcança mediante um processo não é a verdade científico (positivista), porém uma verdade formal, fruto de um procedimento regrado cujo objetivo é a resolução consensual do conflito e não a busca da verdade. O direito penal constrói seus próprios conceitos de forma independente (sistema autopoiético) do que consideramos hoje como conhecimento científico, de modo que a liberdade que sustenta o juízo de culpabilidade e a própria culpabilidade não é um conceito de caráter empírico, mas normativo e acrescentando que, para a compreensão da conduta humana, não é suficiente a explicação neuronal do sujeito, pois os critérios que baseiam a atribuição de estados mentais, necessários para a atribuição de ação às pessoas, têm natureza normativa.

5.3 Culpa

A culpa, ao contrário do dolo, é uma exceção para a configuração de crime. Ela ocorre quando alguém pratica um ato ilícito sem a intenção de produzir o resultado, mas agindo de forma negligente, imprudente ou imperita.

De acordo com o CP brasileiro, no art. 18, parágrafo único, é estabelecido que, salvo os casos expressos em lei, ninguém pode ser punido por fato previsto como crime, senão quando o pratica dolosamente. Isso significa que a responsabilização por crime culposo só é possível quando prevista expressamente na lei.

A culpa pode se manifestar por comportamentos normalmente assim descritos:

---

25 JIMÉNEZ, Tomás Hernando Hernández. Dogmática penal y neurociencias. **Estudios de derecho**, v. 76, n. 168, p. 95-121, 2019.

26 RIBEIRO, Adriane Santos. Culpabilidade e neurociência: uma análise da crise do paradigma científico moderno. **Revista do CEPEJ**, n. 16, 2015. p. 38-39. Disponível em: <https://periodicos.ufba.br/index.php/CEPEJ/article/view/22329/14398>. Acesso em: 1º dez. 2023.

- **Negligência**: A negligência é caracterizada pela falta de cuidado ou atenção necessários em uma determinada situação. É quando alguém deixa de agir de forma adequada, omitindo-se de cumprir os deveres que as circunstâncias exigem. A negligência implica uma inação, indolência ou inércia por parte do indivíduo, resultando em danos a terceiros.
- **Imprudência**: A imprudência, por sua vez, refere-se a um comportamento precipitado, impensado ou temerário. É quando alguém age sem precaução adequada, assumindo riscos desnecessários ou agindo de maneira irresponsável. Diferentemente da negligência, a imprudência envolve uma ação positiva por parte do indivíduo, que age de modo imprudente, sem considerar as consequências potenciais de suas ações.
- **Imperícia**: A imperícia, por sua vez, está relacionada à falta de habilidade ou conhecimento técnico necessário para realizar determinada atividade. É quando alguém não tem a competência ou experiência adequada para desempenhar uma função específica de forma satisfatória. A imperícia pode ser demonstrada pela falta de qualificações ou pelo não cumprimento dos padrões profissionais exigidos.

5.3.1 Modalidades de culpa

5.3.1.1 Culpa consciente

Uma das modalidades de culpa reconhecidas pela doutrina e jurisprudência é a culpa consciente. Nesse caso, o agente tem consciência de que sua conduta pode resultar em um resultado ilícito, mas assume o risco de produzi-lo. É como se ele tivesse a certeza de que algo ruim pode acontecer, mas mesmo assim prossegue com a ação.

JANUÁRIO[27] expõe as correntes diferenciadoras entre culpa consciente e dolo eventual, destacando-se, entre elas,

> A chamada "teoria da indiferença" fora desenvolvida por Engisch, e busca realizar a diferenciação entre o dolo eventual e a culpa consciente através de um elemento interno do agente. Segundo o autor, quando o agente recebe com indiferença as consequências acessórias negativas de seu atuar, há que se apreciar o dolo eventual, ao contrário de quando as considere indesejáveis. (Engisch, citado por Roxin, 1997, p. 432)

---

27 JANUÁRIO, Túlio Felippe Xavier. Dos limites entre o dolo eventual e a culpa consciente: uma análise dos crimes de trânsito a partir da teoria da ação significativa. **Revista de Estudos Jurídicos da UNESP**, v. 19, n. 30, 2015. p. 5. Disponível em: <https://dialnet.unirioja.es/descarga/articulo/5847423.pdf>. Acesso em: 1º dez. 2023.

Ainda na exposição do mesmo autor,[28] a concepção de Roxin inserida nas teorias volitivas conclui a diferença entre as categorias como

> que quem inclui em seus cálculos a possibilidade de realização de um tipo, sem que este o dissuada de agir, terá decidido contrariamente ao bem jurídico protegido por este tipo. Por outro lado, quando não há esta decisão, mas sim, um descuido, haverá culpa, ainda que consciente. (Roxin, 1997, p. 425)

Um exemplo de culpa consciente é quando alguém dirige embriagado, sabendo dos riscos e da possibilidade de causar um acidente. Mesmo ciente das consequências negativas, o motorista decide assumir o risco e continuar com a conduta irresponsável.

5.3.1.2 Culpa inconsciente

Outra modalidade de culpa é a culpa inconsciente, que ocorre quando o agente não tem consciência do risco que sua conduta pode representar. Nesse caso, ele age de modo negligente, imprudente ou imperito, mas sem a intenção de produzir um resultado ilícito. A falta de conhecimento ou habilidade para realizar determinada ação é um elemento característico da culpa inconsciente.

Um exemplo de culpa inconsciente é quando um médico, sem conhecimento adequado sobre um procedimento cirúrgico, realiza uma operação de maneira incorreta, causando danos ao paciente. Nesse caso, o médico não tinha consciência de que sua falta de habilidade poderia resultar em um resultado negativo.

---

28 JANUÁRIO, Túlio Felippe Xavier. Dos limites entre o dolo eventual e a culpa consciente: uma análise dos crimes de trânsito a partir da teoria da ação significativa. **Revista de Estudos Jurídicos da UNESP**, v. 19, n. 30, 2015. p. 6. Disponível em: <https://dialnet.unirioja.es/descarga/articulo/5847423.pdf>. Acesso em: 1º dez. 2023.

Capítulo 6

Responsabilização

Base Legal no Código Penal

Inimputáveis

Art. 26. É isento de pena o agente que, por doença mental ou desenvolvimento mental incompleto ou retardado, era, ao tempo da ação ou da omissão, inteiramente incapaz de entender o caráter ilícito do fato ou de determinar-se de acordo com esse entendimento. (Redação dada pela Lei n. 7.209, de 11 de julho de 1984.)

Redução de pena

Parágrafo único. A pena pode ser reduzida de um a dois terços, se o agente, em virtude de perturbação de saúde mental ou por desenvolvimento mental incompleto ou retardado não era inteiramente capaz de entender o caráter ilícito do fato ou de determinar-se de acordo com esse entendimento. (Redação dada pela Lei n. 7.209, de 11 de julho de 1984.)

Menores de dezoito anos

Art. 27. Os menores de 18 (dezoito) anos são penalmente inimputáveis, ficando sujeitos às normas estabelecidas na legislação especial. (Redação dada pela Lei n. 7.209, de 11 de julho de 1984.)

Emoção e paixão

Art. 28. Não excluem a imputabilidade penal: (Redação dada pela Lei n. 7.209, de 11 de julho de 1984.)

I – a emoção ou a paixão; (Redação dada pela Lei n. 7.209, de 11 de julho de 1984)

Embriaguez

II – a embriaguez, voluntária ou culposa, pelo álcool ou substância de efeitos análogos. (Redação dada pela Lei n. 7.209, de 11 de julho de 1984.)

§ 1º É isento de pena o agente que, por embriaguez completa, proveniente de caso fortuito ou força maior, era, ao tempo da ação ou da omissão, inteiramente incapaz de entender o caráter ilícito do fato ou de determinar-se de acordo com esse entendimento. (Redação dada pela Lei n. 7.209, de 11 de julho de 1984)

§ 2º A pena pode ser reduzida de um a dois terços, se o agente, por embriaguez, proveniente de caso fortuito ou força maior, não possuía, ao tempo da ação ou da omissão, a plena capacidade de entender o caráter ilícito do fato ou de determinar-se de acordo com esse entendimento. (Redação dada pela Lei n. 7.209, de 11 de julho de 1984)

Espécies de medidas de segurança

Art. 96. As medidas de segurança são: (Redação dada pela Lei n. 7.209, de 11 de julho de 1984.)

I – Internação em hospital de custódia e tratamento psiquiátrico ou, à falta, em outro estabelecimento adequado; (Redação dada pela Lei n. 7.209, de 11 de julho de 1984)

II – sujeição a tratamento ambulatorial. (Redação dada pela Lei n. 7.209, de 11 de julho de 1984)

Parágrafo único. Extinta a punibilidade, não se impõe medida de segurança nem subsiste a que tenha sido imposta. (Redação dada pela Lei n. 7.209, de 11 de julho de 1984)

Imposição da medida de segurança para inimputável

Art. 97. Se o agente for inimputável, o juiz determinará sua internação (art. 26). Se, todavia, o fato previsto como crime for punível com detenção, poderá o juiz submetê-lo a tratamento ambulatorial. (Redação dada pela Lei n. 7.209, de 11 de julho de 1984)

Prazo

§ 1º A internação, ou tratamento ambulatorial, será por tempo indeterminado, perdurando enquanto não for averiguada, mediante perícia médica, a cessação de periculosidade. O prazo mínimo deverá ser de 1 (um) a 3 (três) anos. (Redação dada pela Lei n. 7.209, de 11 de julho de 1984)

Perícia médica

§ 2º A perícia médica realizar-se-á ao termo do prazo mínimo fixado e deverá ser repetida de ano em ano, ou a qualquer tempo, se o determinar o juiz da execução. (Redação dada pela Lei n. 7.209, de 11 de julho de 1984)

Desinternação ou liberação condicional

§ 3º A desinternação, ou a liberação, será sempre condicional devendo ser restabelecida a situação anterior se o agente, antes do decurso de 1 (um) ano, pratica fato indicativo de persistência de sua periculosidade. (Redação dada pela Lei n. 7.209, de 11 de julho de 1984)

§ 4º Em qualquer fase do tratamento ambulatorial, poderá o juiz determinar a internação do agente, se essa providência for necessária para fins curativos. (Redação dada pela Lei n. 7.209, de 11 de julho de 1984)

Substituição da pena por medida de segurança para o semi-imputável

Art. 98. Na hipótese do parágrafo único do art. 26 deste Código e necessitando o condenado de especial tratamento curativo, a pena privativa de liberdade pode ser substituída pela internação, ou tratamento ambulatorial, pelo prazo mínimo de 1 (um) a 3 (três) anos, nos termos do artigo anterior e respectivos parágrafos 1º a 4º. (Redação dada pela Lei n. 7.209, de 11 de julho de 1984)

Responsabilização | 137

Direitos do internado

Art. 99. O internado será recolhido a estabelecimento dotado de características hospitalares e será submetido a tratamento. (Redação dada pela Lei n. 7.209, de 11 de julho de 1984)

Súmulas STF e STJ na matéria

Súmula 527

Direito Penal – Medida de Segurança

Enunciado:

O tempo de duração da medida de segurança não deve ultrapassar o limite máximo da pena abstratamente cominada ao delito praticado.

6.1 A atribuição de responsabilização: uma explicação prévia

Responsabilizar compreende a existência de uma série de pressupostos. Para o Direito Penal (DP) pós-iluminista, essencialmente, a liberdade (e sua manifestação, o "livre-arbítrio") estaria no centro desse conceito que, antes de ser responsabilização, seria atribuição de culpa. Fundava-se, dessa forma, o império conceitual da culpabilidade como núcleo estruturante do DP e, por consequência, de legitimação funcional de todo SP.

As transformações ínsitas do SP animadas pela sua guinada a um direito securitário – um Direito "de segurança", essencialmente – conjugadas ao diálogo crescente com outros campos de saber, particularmente a neurociência, alteram significativamente a visão que se poderia chamar de "clássica" que a culpabilidade traduz para, segundo determinadas concepções, substituí-la pela de responsabilização.[1] Isso porque a abordagem neurocientífica trouxe uma nova perspectiva para a compreensão do livre-arbítrio. Por meio de experimentos famosos, como os realizados por Benjamin Libet, foi possível observar que os processos de tomada de decisão parecem ser realizados antes mesmo de termos consciência deles. Isso levanta questionamentos sobre a autonomia do ser humano e a noção de responsabilidade.

Libet, em seus experimentos, registrou a atividade elétrica cerebral relacionada ao movimento muscular voluntário da mão e à consciência desse ato. Ele

---

1 A ver, sobretudo, GÜNTHER, Klaus. O desafio naturalístico de um direito penal fundado na culpabilidade. **Revista Direito GV**, v. 13, p. 1052-1077, 2017.

observou que a atividade cerebral ocorre cerca de 500 a 550ms antes do movimento e que a consciência da intenção de agir só ocorre cerca de 350 a 400ms após essa atividade cerebral. Isso sugere que o cérebro já está tomando decisões antes mesmo de termos consciência delas.

Diante desses experimentos e descobertas da neurociência, a noção de liberdade se torna um desafio complexo de ser tratado. Envolve diferentes planos lógicos, cognitivos, emocionais e linguísticos, o que pode gerar confusões paralisantes.

É nesse marco que a presente obra caminha, não podendo, contudo, descurar das análises dominantes, sobretudo diante da finalidade que se propõe, que é a de servir a uma primeira leitura do DP.

6.1.1 O princípio da culpabilidade

No contexto de um campo marcado por presunções de conhecimento, estas, por sua vez, condicionadas por ingerências políticas (no sentido amplo da palavra) que orientam o conteúdo de afirmações (muitas vezes assimiladas a "conceitos" ou transformadas em "princípios"), o emprego do vocábulo *culpabilidade*, quer como "conceito", quer como "princípio", é um dos mais suscetíveis a esse cenário de incertezas.

Nada obstante, sua posição nuclear no SP a partir da sua funcionalidade no DP parece ser impossível de ser substituída sob risco de levar-se à paralisia absoluta de um mecanismo de controle cuja última aparência que pode dar é a de fragilidade.

Assim, dentro de uma visão consolidada do tema, tem-se que o princípio da culpabilidade, ou, no aforismo latino, *"nullum crimen sine culpa"* (não há crime sem culpa), é um requisito fundamental para a responsabilização penal, adquirindo "uma composição eminentemente normativa, ao ser formada pela consciência de ilicitude (agora separada do dolo); imputabilidade; e exigibilidade de conduta conforme o direito. Por isso, os finalistas são conhecidos pela criação da teoria normativa pura da culpabilidade".[2]

A culpabilidade teria três alcances fundamentais, segundo determinada concepção doutrinária:[3]

- **Elemento integrante do conceito analítico de crime:** A mera ocorrência de um fato típico e ilícito não é suficiente para acarretar a responsabilidade penal do agente. A culpabilidade é considerada o terceiro elemento

---

2 FLORÊNCIO FILHO, Marco Aurélio. A teoria do erro de proibição em Cláudio Brandão. **Delictae Revista de Estudos Interdisciplinares sobre o Delito**, v. 5, n. 8, p. 68-113, 2020. p. 81. Disponível em: <https://www.delictae.com.br/index.php/revista/article/view/121/83>. Acesso em: 1º dez. 2023.

3 GRECO, Rogério, op. cit.

integrante do conceito de crime. Sem culpabilidade, não há crime, punição ou responsabilidade.

- **Princípio medidor da pena**: A culpabilidade exerce um papel semelhante à proporcionalidade. O indivíduo que cometer um fato típico e ilícito merecerá ser punido de acordo com sua culpabilidade, como previsto no Código Penal (CP). A pena não pode exceder o limite necessário para a reprovação do delito praticado.
- **Impedidora da responsabilidade penal objetiva**: Esse é o aspecto mais relevante da culpabilidade, conforme a máxima *nullum crimen sine culpa*. A culpabilidade é o elemento que impede a responsabilidade penal objetiva, ou seja, a punição sem a comprovação da culpa do agente.

A compreensão da culpabilidade apresenta-se em uma sucessão de teorias, dentre as quais podem ser destacadas:

- **Teoria Psicológica**: Também conhecida como *causalismo naturalista*, essa teoria considerava a culpabilidade como o vínculo subjetivo entre o agente e o fato ilícito, ou seja, o dolo ou a culpa. Nessa teoria, a culpabilidade confundia-se com a parte subjetiva do crime, enquanto a tipicidade e a ilicitude faziam parte da parte objetiva.
- **Teoria Psicológico-Normativa**: Essa teoria, identificada com o movimento neokantista e também chamada de *causalismo valorativo*, acrescentou novos elementos à culpabilidade. A imputabilidade foi elevada à condição de elemento e foi adicionado o elemento normativo da exigibilidade de conduta diversa. A culpabilidade passou a ser considerada a "reprovabilidade" do agente. Nessa teoria, o dolo e a culpa ainda eram considerados elementos psicológicos da culpabilidade.
- **Teoria Normativa Pura**: Reconhecendo o predomínio das ideias trazidas pela teoria finalista de Welzel, essa teoria adotou o deslocamento do dolo e da culpa para o tipo penal, adotando assim a teoria normativa pura da culpabilidade. Nessa teoria, a culpabilidade passou a ser composta exclusivamente por elementos normativos, como a imputabilidade, a potencial consciência da ilicitude e a exigibilidade de conduta diversa. Cabe ao magistrado, com base nesses elementos, realizar o julgamento de reprovação pessoal do agente.

6.2 A responsabilização integral

6.2.1 Definição da responsabilização e sua relação com a imposição da pena

6.2.1.1 A intranscendência da responsabilização

Com explícito assento constitucional, o denominado *princípio da intranscendência* é assim enunciado na CF/1988:

> Art. 5º Todos são iguais perante a lei, sem distinção de qualquer natureza, garantindo-se aos brasileiros e aos estrangeiros residentes no País a inviolabilidade do direito à vida, à liberdade, à igualdade, à segurança e à propriedade, nos termos seguintes:
>
> [...]
>
> XLV – Nenhuma pena passará da pessoa do condenado, podendo a obrigação de reparar o dano e a decretação do perdimento de bens ser, nos termos da lei, estendidas aos sucessores e contra eles executadas, até o limite do valor do patrimônio transferido;

É reiteradamente lembrada a concisa observa doutrinária de que "a pena é uma medida de caráter estritamente pessoal, em virtude de consistir numa ingerência ressocializadora sobre o apenado"[4], anotação tão precisa quanto violada na prática se tomados os efeitos terceirizados da pena em relação a familiares, por exemplo,[5] a demandar um esforço cultural de superação antes que qualquer inovação legislativa.[6]

Todavia, do ponto de vista da imposição de uma sanção no curso de um processo penal, a determinação da pessoa, física ou jurídica, deveria acontecer com

---

4   ZAFFARONI, Eugenio Raúl; PIERANGELI, José Henrique. **Manual de Direito Penal Brasileiro.** 6. ed. São Paulo: Revista dos Tribunais, 2006. p. 154.

5   A ver, entre outros. DE OLIVEIRA, Sara Mariana Fonseca Nunes. O desrespeito ao princípio da intrascendêcia da pena: seu impacto sobre o núcleo familiar. **Revista Transgressões**, v. 2, n. 1, p. 155-167, 2014. Ainda, FARIAS FILHO, Marcio José. A antinomia jurídica real entre o direito à maternidade digna no cárcere e o princípio da intranscendência da pena em face da situação concreta do estabelecimento Penal Irmã Irma Zorzi. **Revista Estudo & Debate**, v. 29, n. 2, 2022.

6   DE LACERDA, Marina Santana; FÉLIX, Nayara Pereira; LOBO, Marina Rúbia Mendonça. O Princípio da Pessoalidade e suas Garantias Constitucionais e Penais. **Revista Fragmentos de Cultura – Revista Interdisciplinar de Ciências Humanas**, v. 23, n. 2, p. 207-217, 2013.

inquestionável segurança. Não é assim necessariamente, contudo, quando se pensa, por exemplo, na responsabilidade penal da pessoa jurídica.[7]

Na esteira do reconhecimento doutrinário consolidado de ser conferida à pessoa jurídica todos os direitos e garantias constitucionais inerentes ao devido processo legal, o Superior Tribunal de Justiça (STJ)[8] reverberou essa posição ao decidir que

> 4. O princípio da intranscendência da pena, previsto no art. 5º, XLV, da CR/1988, tem aplicação às pessoas jurídicas. Afinal, se o direito penal brasileiro optou por permitir a responsabilização criminal dos entes coletivos, mesmo com suas peculiaridades decorrentes da ausência de um corpo biológico, não pode negar-lhes a aplicação de garantias fundamentais utilizando-se dessas mesmas peculiaridades como argumento.

> 5. Extinta legalmente a pessoa jurídica ré – sem nenhum indício de fraude, como expressamente afirmou o acórdão recorrido –, aplica-se analogicamente o art. 107, I, do CP, com a consequente extinção de sua punibilidade.

6.2.2 Situações que interferem na responsabilização

6.2.2.1 As causas de exculpação

6.2.2.1.1 A legítima defesa

Nos termos do art. 25 do CP: "Entende-se em legítima defesa quem, usando moderadamente dos meios necessários, repele injusta agressão, atual ou iminente, a direito seu ou de outrem". Isso significa que a legítima defesa pode ser utilizada tanto para proteger a si mesmo quanto para proteger terceiros.

Acompanhe-se, inicialmente, que "o instituto da legítima defesa é composto por dois elementos: a situação de legítima defesa (ou situação de defesa, ou

---

7   OLDONI, Fabiano. Responsabilidade penal da pessoa jurídica: uma abordagem a partir da Teoria do Delito e da Teoria do Garantismo. **Revista Eletrônica Direito e Política**, v. 2, n. 3, p. 374-387, 2007.

8   BRASIL. Superior Tribunal de Justiça. **Recurso Especial n. 1.977.172–PR (2021/0379224-3)**. Relator: Min. Ribeiro Dantas. Data de julgamento: 24 abr. 2022.

situação justificante) e a ação de legítima defesa (ou ação defensiva, ou ação justificada ou ação de defesa)"[9] e se dá onde se fazem presentes:[10]

- **Agressão:** A agressão é qualquer ação humana de violência real ou ameaçada dirigida contra bens jurídicos do agredido ou de terceiro.
- **Injusta:** A agressão deve ser injusta, ou seja, não provocada ou motivada pelo agente da legítima defesa. A defesa só é legítima quando há uma agressão injusta por parte do agressor.
- **Atual ou iminente:** A agressão deve ser atual, ou seja, estar ocorrendo no momento da defesa, ou iminente, ou seja, prestes a ocorrer. Isso significa que a pessoa que está sendo agredida não precisa esperar o primeiro ataque para iniciar sua defesa, podendo agir preventivamente caso haja uma ameaça clara e inequívoca.
- **Meios moderados:** Como apontam SOUZA e JAPIASSÚ, "Com relação ao uso moderado, o mesmo é aferido pela intensidade da agressão e pelo emprego dos meios disponíveis. Será imoderado o uso que extravasar o que fosse razoável para repelir a agressão"[11], e complementa SANTOS, ao aduzir que

> A moderação no emprego de meios necessários é delimitada pela extensão da agressão: enquanto persistir a agressão é moderado o uso dos meios necessários; após cessada a agressão, a continuidade do uso de meios definidos como necessários torna-se imoderada, configurando excesso de legítima defesa – que pode admitir exculpação, se determinado por medo, susto ou perturbação.[12]

- **Necessidade:** Trata-se de uma das mais sensíveis questões fáticas, visto que a verificação do emprego dos meios necessário não é

> fácil de ser feita com espírito calmo e refletido, pode ficar comprometida no caso concreto, quando o ânimo daquele que se defende encontra-se totalmente envolvido com a situação. Por isso se diz, de forma uníssona, que a necessidade

---

9   Ver, entre outros textos, DE AGUIAR, Tiago Antunes. Requisitos da ação de legítima defesa: necessidade e moderação em face de agressão injusta mediante o uso de faca ou arma similar. **Delictae Revista de Estudos Interdisciplinares sobre o Delito**, v. 6, n. 10, 2021. p. 155. Disponível em: <https://delictae.com.br/index.php/revista/article/view/151/114>. Acesso em: 1º dez. 2023.

10   Ver SIQUEIRA, Leonardo. A ação de legítima defesa no direito penal. **Duc In Altum – Cadernos de Direito**, v. 3, n. 4, 2011.

11   SOUZA, Artur de Brito Gueiros; JAPIASSÚ, Carlos Eduardo Adriano. **Direito Penal**: Parte Geral. Tirant Brasil, 2022. p. 285. Disponível em: https://biblioteca.tirant.com/cloudLibrary/ebook/info/9786559084470,

12   SANTOS, JUAREZ CIRINO DOS. **Direito Penal**: Parte Geral. Tirant Brasil, 2018. p. 139. Disponível em: <https://biblioteca.tirant.com/cloudLibrary/ebook/info/9788594772060>. Acesso em: 7 fev. 2024.

dos meios (bem como a moderação) não pode ser aferida segundo um critério milimétrico, mas sim tendo em vista o calor dos acontecimentos.[13]

- **Direito próprio ou de terceiros**: A legítima defesa deve ser exercida para proteger direitos próprios ou de terceiros, ou seja, bens jurídicos que podem ser protegidos pela lei. O bem jurídico pode ser a integridade física, a vida ou outros direitos fundamentais.

Elemento subjetivo da legítima defesa

No que diz respeito ao elemento subjetivo da legítima defesa, existem duas correntes doutrinárias. A primeira corrente defende que basta que a pessoa tenha conhecimento da situação que justifica a legítima defesa para que ela seja caracterizada. Já a segunda corrente entende que, além do conhecimento da situação, é necessário que haja a vontade de se defender, conhecida como *"animus defendi"*.

Excesso na legítima defesa

O excesso na legítima defesa ocorre quando há uma intensificação desnecessária da conduta inicialmente legítima. Isso pode ocorrer tanto pelo uso de meios desnecessários quanto pela falta de moderação. De acordo com o parágrafo único do art. 23 do CP, o agente pode responder pelo excesso de maneira dolosa ou culposa.

No excesso doloso, o agente tem plena consciência de que está intensificando desnecessariamente sua conduta inicialmente legítima. Já no excesso culposo, o excesso é inconsciente ou involuntário, resultado de uma má apreciação da realidade. Nesses casos, deve-se analisar se o erro cometido foi evitável ou inevitável. Caso seja considerado evitável, o agente será punido a título de culpa. Caso seja considerado inevitável, exclui-se a culpa e o dolo.

Legítima defesa própria ou de terceiros

A legítima defesa pode ser classificada quanto à titularidade do interesse protegido, sendo dividida em legítima defesa própria e legítima defesa de terceiros. A legítima defesa própria ocorre quando a agressão injusta se volta contra o direito do agente. Já a legítima defesa de terceiros ocorre quando a agressão injusta ocorre contra o direito de outra pessoa.

Legítima defesa protetiva

Além disso, é importante destacar que, observados os requisitos previstos no *caput* do art. 25 do CP, considera-se também legítima defesa o agente de segurança pública que repele agressão ou risco de agressão a vítima mantida refém durante a prática de crimes. Esta é conhecida como *legítima defesa protetiva*.

---

13 ESTEFAM, André. **Direito penal**: parte geral (arts. 1º a 120). 7. ed. São Paulo: Saraiva Educação, 2018. p. 318.

Legítima defesa sucessiva

A legítima defesa sucessiva ocorre quando o agente, inicialmente acobertado pela legítima defesa, excede na utilização dos meios disponíveis, tornando-se o agressor. Nesse caso, o outro indivíduo que estava sendo agredido tem o direito de repelir esse excesso, que agora se caracteriza como uma nova agressão injusta.

Legítima defesa recíproca

Conforme aponta sólida doutrina, trata-se da

> hipotética presença de duas legítimas defesas reais, o que é inadmissível. É a chamada legítima defesa da legítima defesa e é inadmissível, pois, quem pratica a agressão injusta, não pode se defender legitimamente da reação lícita ao seu ato. Assim, não existe, por uma questão de lógica jurídica, a possibilidade de legítima defesa real contra legítima defesa real. Um dos dois contendores (ou ambos, no caso de um duelo) estará praticando uma injusta agressão.[14]

A legítima defesa pressupõe uma agressão injusta, e se ambos os indivíduos se agridem mutuamente, não há uma agressão prévia e injusta que justifique a defesa mútua.

A principal diferença entre a legítima defesa recíproca e a legítima defesa sucessiva reside na ordem temporal e na natureza das agressões. Na legítima defesa recíproca, ambos os indivíduos se agridem mutuamente, enquanto na legítima defesa sucessiva, ocorre uma sequência de agressões, em que o agente inicialmente agredido se torna o agressor após exceder os limites da legítima defesa.

Legítima defesa putativa

A legítima defesa putativa ocorre quando um indivíduo, em determinada situação fática, acredita erroneamente estar em uma realidade adversa àquela que realmente está ocorrendo. Ele tem uma visão fantasiosa do que poderia lhe acontecer e age antecipadamente para se proteger de uma agressão injusta ou de um perigo iminente a um bem jurídico.

A inconstitucionalidade do fundamento da honra para sustentar a ocorrência da legítima defesa

A tese da legítima defesa da honra era frequentemente invocada em casos de feminicídio ou agressões contra mulheres, alegando que o acusado estava justificado em seu comportamento violento por ter sido provocado pela suposta ofensa à sua honra. No entanto, o plenário do Supremo Tribunal Federal (STF), seguindo o voto do relator, Ministro Dias Toffoli, considerou que essa tese contraria os

---

14 SOUZA, Artur de Brito Gueiros; JAPIASSÚ, Carlos Eduardo Adriano. **Direito Penal**: Parte Geral. Tirant Brasil, 2022. p. 287. Disponível em: <https://biblioteca.tirant.com/cloudLibrary/ebook/info/9786559084470>.

princípios constitucionais da dignidade da pessoa humana, da proteção à vida e da igualdade de gênero.[15]

A inconstitucionalidade da tese da legítima defesa da honra em casos de feminicídio representa um marco importante na proteção às vítimas de violência de gênero. Essa decisão reafirma o compromisso do Estado brasileiro em combater a cultura de violência contra a mulher e garantir a igualdade de direitos.

6.2.2.1.2 O estado de necessidade

No CP brasileiro, o estado de necessidade está previsto no art. 23, inciso I, e no art. 24. O art. 24 define o estado de necessidade como a prática de um fato para salvar de perigo atual, que não foi provocado pelo agente, e cujo sacrifício do direito, nas circunstâncias, não era razoavelmente exigível. O artigo também prevê a possibilidade de redução da pena nos casos em que seja razoável exigir o sacrifício do direito ameaçado.

O estado de necessidade ocorre quando alguém pratica uma conduta para evitar ou se defender de um perigo atual, que não foi provocado por sua vontade. Esse perigo pode ser causado por comportamentos humanos, animais ou pela própria natureza, e não deve ter um destinatário específico. O perigo deve ser real, ou seja, a situação de risco deve efetivamente existir.

A conduta realizada pelo agente deve ser inevitável, ou seja, não havia outra forma de evitar o perigo a não ser pelo cometimento do ato lesivo. É importante destacar que, quando uma terceira pessoa sofre a lesão, o estado de necessidade pode ser defensivo ou agressivo.

A inexigibilidade do sacrifício se refere à análise da proporcionalidade entre o bem protegido e o bem sacrificado. Existem duas teorias que abordam esse requisito de modo diferente: a teoria diferenciadora e a teoria unitária.

Conforme pontua relevante trabalho doutrinário contemporâneo, na **teoria diferenciadora**, o estado de necessidade será justificado quando o bem jurídico sacrificado for de valor menor ou igual ao bem jurídico salvo, excluindo a ilicitude da conduta do agente. Já na **teoria unitária**, o estado de necessidade é válido para situações em que o agente sacrifique bens jurídicos de menor ou igual valor para salvar outro bem, ocorrendo apenas a redução da pena. A teoria unitária não admite a exclusão da culpabilidade do agente. É importante ressaltar que o CP adota a teoria unitária do estado de necessidade, em que o sacrifício de interesses inferiores ou iguais resulta na justificação da conduta praticada.[16]

---

15 A ver, entre outros, RAMOS, Margarita Danielle. Reflexões sobre o processo histórico-discursivo do uso da legítima defesa da honra no Brasil e a construção das mulheres. **Revista Estudos Feministas**, v. 20, p. 53-73, 2012.

16 CUNHA, Rogério Sanches. **Manual de Direito Penal**: Parte Geral – arts. 1º ao 120. 8. ed. Salvador: Juspodivm, 2020. p. 329-331.

Esse balanceamento discutido nas posições mencionadas parece ter pouca repercussão no direito positivo brasileiro, como apontam SOUZA e JAPIASSÚ[17] já que

> a lei penal e a maior parte da doutrina não fazem essa distinção. Dessa feita, pela análise do art. 24, não se pode inferir a adoção da teoria diferenciadora, mas, somente, da teoria unitária, isto é, o sacrifício de bens de igual hierarquia será considerado, entre nós, como estado de necessidade justificante.

E complementam para afirmar que

> Dessa maneira, para o direito brasileiro, haverá estado de necessidade justifi-cante não só diante do sacrifício de bem de menor valor, mas, inclusive, quando ocorrer o sacrifício de bens de igual valor. Isso se deve ao fato de que o citado art. 24, ao prever a razoabilidade do sacrifício, assinala que não é razoável al-guém sacrificar sua vida ou seu patrimônio para salvar a vida ou o patrimônio alheio. Com relação ao sacrifício de bem de maior valor do que aquele protegido (ex.: vida contra patrimônio), não há, igualmente, previsão legal de estado de necessidade justificante.[18]

`6.2.2.1.3` O estrito cumprimento do dever legal

O estrito cumprimento do dever legal é uma excludente de ilicitude prevista no CP brasileiro. Nesse contexto, quando um agente público age em cumprimento de uma obrigação imposta por lei, nos exatos limites dessa obrigação, sua con-duta é considerada lícita, mesmo que se enquadre nos elementos do fato típico.

Apesar de o CP não trazer uma definição específica para o estrito cumprimento do dever legal, a doutrina o conceitua como a realização de um fato típico em cumprimento de uma obrigação imposta por lei, nos exatos limites dessa obri-gação. Dessa forma, o agente está agindo dentro das suas atribuições legais, não podendo ser punido pelo crime cometido.

`6.2.2.1.4` Causas supralegais

Embora não estejam previstas expressamente na legislação, essas causas têm o poder de afastar a tipicidade e a ilicitude de determinadas condutas, desde que preenchidos certos requisitos.

---

17 SOUZA, Artur de Brito Gueiros; JAPIASSÚ, Carlos Eduardo Adriano. **Direito Penal**: Parte Geral. Tirant Brasil, 2022. p. 280. Disponível em: <https://biblioteca.tirant.com/cloudLibrary/ebook/info/9786559084470>. Acesso em: 7 fev. 2024.

18 SOUZA, Artur de Brito Gueiros; JAPIASSÚ, Carlos Eduardo Adriano. **Direito Penal**: Parte Geral. Tirant Brasil, 2022. p. 280. Disponível em: <https://biblioteca.tirant.com/cloudLibrary/ebook/info/9786559084470>. Acesso em: 7 fev. 2024.

O CP brasileiro elenca algumas causas legais de exclusão da ilicitude penal no art. 23. São elas: estado de necessidade, legítima defesa e estrito cumprimento do dever legal ou exercício regular de direito. Essas causas são reconhecidas pela legislação como válidas para afastar a ilicitude de determinadas condutas.

No entanto, o consentimento do ofendido, embora não esteja expressamente previsto no referido artigo, é reconhecido como uma causa supralegal de exclusão da ilicitude penal. Isso significa que, mesmo que uma conduta seja típica e ilícita, o consentimento do ofendido pode afastar a punibilidade do agente.

O consentimento do ofendido é um instituto jurídico penal que trata da possibilidade de exclusão da ilicitude na conduta delitiva. Embora não esteja previsto de maneira expressa na legislação, o consentimento do ofendido tem respaldo doutrinário e jurisprudencial.

Para que o consentimento seja válido como causa supralegal de exclusão da ilicitude, é necessário que alguns requisitos sejam preenchidos. Primeiramente, o consentimento deve ser dado de modo livre e consciente pelo ofendido, ou seja, ele deve ter plena capacidade para consentir. Além disso, o bem jurídico objeto da conduta deve ser disponível e o consentimento deve ser manifestado antes ou durante a prática do ato ilícito.

No entanto, é importante ressaltar que nem todos os bens jurídicos são disponíveis e passíveis de serem objeto de consentimento. Bens de interesse coletivo ou cuja conservação seja essencial para a sociedade não podem ser livremente disponibilizados pelo seu titular. Por exemplo, o consentimento para a prática de um homicídio não seria válido, uma vez que o bem tutelado, a vida, é indisponível.

6.3 A responsabilização em crise

6.3.1 O erro de proibição

O erro de proibição ocorre quando a pessoa responsabilizável comete um ato acreditando que sua conduta é permitida pelo direito, mas, na verdade, é proibida, ou seja, a pessoa responsabilizável tem a consciência do que está fazendo, mas desconhece sua ilegalidade.

Aponta FLORÊNCIO FILHO que

> O autor, quando incide em erro de proibição, tem a consciência atual e a vontade de realizar os elementos contidos no tipo, logo o dolo resta-se perfeito. O sujeito, entretanto, não tem o conhecimento sobre a reprovação de sua conduta ou faz uma má interpretação sobre a reprovabilidade de seu comportamento, afastando, assim, a culpabilidade, por falta de consciência de antijuridicidade,

que, como se sabe, para os finalistas, é elemento autônomo dentro do juízo de culpabilidade.[19]

E assim completa sua afirmação:

> A consciência de antijuridicidade não se identifica com o conhecimento do tipo legal, mas sim com a reprovabilidade da conduta, vista através do espelho do tipo, isto é da norma penal. Essa noção da consciência de antijuridicidade é extraída do seu conceito material.[20]

A doutrina apresenta diferentes perspectivas em relação ao erro de proibição. Alguns estudiosos defendem a distinção entre elementos normativos do tipo e elementos normativos da ilicitude. Os primeiros se referem a circunstâncias que constituem o crime, e os segundos dizem respeito à ilicitude característica de toda infração penal.

Outros estudiosos consideram equivocada essa distinção, argumentando que se os elementos normativos integram o tipo, o erro incidente sobre eles deve ser tratado como erro de tipo.

De acordo com o art. 21 do CP, o desconhecimento da lei é considerado inescusável. No entanto, o erro sobre a ilicitude do fato pode isentar o agente de pena se for considerado inevitável. Por outro lado, se o erro for evitável, a pena pode ser diminuída de um sexto a um terço.

Existem diferentes tipos de erro de proibição, sendo os mais comuns o erro de proibição direto e o erro de proibição indireto.

No erro de proibição direto, o agente comete o ato acreditando erroneamente que sua conduta é permitida pelo direito. Isso ocorre quando o agente desconhece a existência da norma proibitiva, não conhece completamente seu conteúdo ou interpreta erroneamente seu alcance.

No erro de proibição indireto, o agente sabe que sua conduta é tipicamente criminosa, mas supõe que existe uma norma permissiva que justifica sua ação. Essa suposição pode se basear na crença de que há uma causa excludente da ilicitude ou de que a conduta está dentro dos limites de uma descriminante.

A consequência do erro de proibição depende de ele ser considerado escusável ou inescusável.

O erro de proibição escusável ocorre quando o agente atua ou se omite sem ter a consciência da ilicitude do fato, em uma situação em que não era possível exigir que ele tivesse essa consciência. Nesse caso, a culpabilidade é excluída, e o agente é isento de pena.

---

19 FLORÊNCIO FILHO, Marco Aurélio. A teoria do erro de proibição em Cláudio Brandão. **Delictae Revista de Estudos Interdisciplinares sobre o Delito**, v. 5, n. 8, p. 68-113, 2020. p. 76.
20 *Op. loc. cit.*

Já o erro de proibição inescusável ocorre quando o agente atua ou se omite sem ter a consciência da ilicitude do fato, mas era possível, nas circunstâncias, ter ou atingir essa consciência. Nesse caso, a culpabilidade não é totalmente excluída, mas a pena pode ser diminuída de um sexto a um terço.

6.3.2 O erro de tipo

O erro de tipo ocorre quando um indivíduo comete um crime por acreditar erroneamente em determinada situação de fato que, se fosse verdadeira, tornaria a ação legítima. Em outras palavras, o agente age equivocadamente devido a uma falsa percepção da realidade.

6.3.2.1 Tipos de erro de tipo

Existem diferentes formas de erro de tipo, as quais serão expostas descritivamente na sequência.

6.3.2.1.1 Erro de tipo essencial incriminador

O erro de tipo essencial incriminador acontece quando o agente comete os elementos do tipo penal devido a uma falsa percepção da realidade. Nesse caso, o dolo é excluído, mas pode haver punição por culpa se prevista em lei. Existem duas subdivisões do erro de tipo essencial incriminador: evitável e inevitável.

No caso do erro de tipo essencial evitável, o agente poderia ter evitado o erro se tivesse tomado os devidos cuidados. Se o resultado ocorrer por imprudência ou negligência do agente, ele poderá ser responsabilizado por um crime culposo. Por exemplo, um caçador que dispara sua arma sem verificar corretamente se o alvo é um animal ou uma pessoa.

Já o erro de tipo essencial inevitável ocorre quando o agente age ou se omite sem ter consciência da ilicitude do fato, em uma situação em que não seria razoável esperar que ele tivesse essa consciência. Nesse caso, o erro é escusável e exclui tanto o dolo quanto a culpa do agente. Por exemplo, um caçador que, em uma selva densa durante a noite, dispara em direção a uma figura que supõe ser um animal selvagem, mas acaba atingindo outro caçador que estava passando pelo local.

6.3.2.1.2 Erro de tipo sobre o objeto

O erro de tipo sobre o objeto ocorre quando o agente comete um erro acidental em relação ao objeto da sua conduta. Isso significa que o agente acredita que está agindo sobre determinado objeto, mas, na realidade, sua conduta incide sobre outro. Nesse caso, o erro é irrelevante para a imputação do crime cometido e o agente será responsabilizado como se não houvesse o erro. Por exemplo, se alguém furta um quadro pensando que é uma obra de arte valiosa, mas na verdade é apenas uma réplica de pouco valor.

`6.3.2.1.3` Erro de tipo sobre a pessoa

No erro de tipo sobre a pessoa, há um equívoco na representação da pessoa a ser atingida pela ação do agente. Isso significa que o agente atinge outra pessoa, pensando que está atingindo a pessoa que pretendia ofender. Nesse caso, as condições ou qualidades da vítima que o agente pretendia ofender são irrelevantes, levando em consideração apenas as condições ou qualidades da pessoa contra quem o agente queria praticar o crime. Por exemplo, se alguém tenta atacar seu tio, mas acaba atingindo seu pai gêmeo por engano.

`6.3.2.1.4` Erro de tipo na execução (*aberratio ictus*)

O erro de tipo na execução, também conhecido como *aberratio ictus*, ocorre quando o agente, por acidente ou erro no uso dos meios de execução, atinge uma pessoa diferente daquela que pretendia ofender. Nesse caso, o agente será responsabilizado como se tivesse praticado o crime contra a pessoa que pretendia ofender. Se a pessoa pretendida também for atingida, aplicam-se as regras do concurso formal de crimes.

O CP brasileiro, em seu art. 73, estabelece que, quando ocorre o erro na execução, o agente responde como se tivesse praticado o crime contra a pessoa visada, levando em conta o disposto no art. 20, parágrafo 3º. No caso de também ser atingida a pessoa que o agente pretendia ofender, aplica-se a regra do art. 70 do Código.

Essa disposição legal cria uma ficção jurídica que ignora a realidade dos fatos, tratando o resultado obtido como se fosse o pretendido. Por exemplo, se o agente A desejava matar B, mas acidentalmente mata C, ele responderá como se tivesse atingido B, mesmo que a intenção inicial fosse outra. Isso ocorre mesmo que B não tenha sido atingido.

Existem diferentes teorias que buscam explicar a *aberratio ictus* e suas consequências jurídicas. Uma delas é a teoria da equivalência, que considera que o resultado obtido é equivalente ao pretendido, mesmo que seja uma pessoa diferente. Essa teoria é minoritária e tem sido questionada por sua falta de proporcionalidade e justiça. A legislação brasileira adota a teoria da equivalência.

Por outro lado, a teoria da concretização, que é majoritária, defende que o dolo do agente deve se concretizar no objeto específico visado. Assim, se o agente atinge uma pessoa diferente da pretendida, ele responderá por tentativa de homicídio em relação à pessoa visada e por homicídio culposo em relação à pessoa atingida.

6.3.2.1.5 Erro de tipo acidental diverso do pretendido (*aberratio delicti*)

O erro de tipo acidental diverso do pretendido, também conhecido como *aberratio criminis/aberratio delicti*, ocorre quando o agente, por acidente ou erro na execução, acaba cometendo um crime diferente do que pretendia. Nesse caso, o agente responde pelo resultado ocorrido, mas na modalidade culposa. Por exemplo, se alguém lança uma pedra para danificar o carro de um amigo, mas acaba atingindo um terceiro que passava pela rua.[21]

A *aberratio delicti* apresenta algumas características distintivas, que são importantes para sua compreensão:

- **Erro de fato acidental**: Trata-se de um erro de fato acidental e não essencial, ou seja, o erro não faz parte da essência do crime, mas ocorre durante sua execução.
- **Afeta a prática do crime**: A *aberratio delicti* implica a prática de um crime. Portanto, a pessoa responsável deve ser punida de acordo com o crime efetivamente cometido, e não com o crime que ele pretendia cometer.
- **Atenuação da culpa**: A *aberratio delicti* não elimina a culpa do agente, mas a atenua, uma vez que não existe uma intenção plena de cometer o resultado obtido.
- **Aplica-se apenas em crimes de resultado**: A *aberratio delicti* opera somente em crimes de resultado, ou seja, aqueles em que o resultado é parte integrante do tipo penal.

6.3.2.1.6 Erro de tipo acidental por dolo geral (*aberratio causae*)

Diferentemente dos outros tipos de erro de tipo, o erro de tipo acidental por dolo geral, também conhecido como *aberratio causae*, ocorre quando o agente, ao acreditar que já havia consumado o crime, realiza uma segunda conduta que efetivamente concretiza o crime, sem o conhecimento da pessoa que pratica a conduta típica.

Nesse caso, a pessoa responsável responde pelo crime na forma dolosa, como se não houvesse o erro. Por exemplo, se alguém atira em uma pessoa, pensando que ela já está morta, e depois joga o corpo em um rio, mas a vítima morre por afogamento.

---

21 Entre outros, ver PACELLI, Eugênio. **Manual de Direito Penal**. 5. ed. São Paulo: Atlas, 2019. p. 318-320.

Nessa situação, mesmo que o agente não tenha obtido o resultado desejado da forma como planejou, ele ainda será responsabilizado pelo homicídio doloso consumado, e não pela tentativa de homicídio doloso em concurso com homicídio culposo.

Outra forma de *aberratio causae* consiste no erro sobre o nexo causal em sentido estrito, quando a pessoa responsável realiza uma conduta que provoca o resultado desejado, porém, o nexo causal entre a conduta e o resultado é diverso do que ele pretendia.

A *aberratio causae* pressupõe consequências jurídicas específicas, que variam de acordo com cada categoria de erro. Vamos analisar essas consequências para cada uma das situações mencionadas anteriormente.

No caso do erro sobre o nexo causal em sentido estrito, mesmo que o agente tenha o dolo de matar a vítima por afogamento, como o resultado ocorreu de maneira diversa, a morte por traumatismo craniano não pode ser considerada para qualificar o crime. Logo, o agente será responsabilizado por homicídio doloso simples.

Já no caso do dolo geral, o agente responderá por homicídio simples, pois sua intenção não era provocar a morte por afogamento. Além disso, quanto ao crime de ocultação de cadáver, este se classificará como crime impossível, uma vez que não existia um cadáver no momento da conduta.

Quadro 2 Comparações entre *Aberratio Delicti* e *Aberratio Ictus*

Aspecto	Aberratio Delicti	Aberratio Ictus
Definição	Refere-se ao erro na execução do crime.	Refere-se ao erro no resultado do crime.
Tipo de erro	Ocorre quando o agente comete um crime diferente do que pretendia cometer.	Ocorre quando o agente atinge um alvo diferente do pretendido com o seu ato(Quadro 2 – conclusão)
Elemento afetado	Afetado o tipo ou natureza do crime cometido.	Afeta a produção do resultado do crime.
Exemplo comum	O agente pretende roubar uma casa, mas, por engano, entra na casa errada. O erro está na escolha do alvo.	O agente atira em uma pessoa com a intenção de matá-la, mas a bala acerta outra pessoa. O erro está no resultado do ato.
Consequências legais	Geralmente, o erro afeta a qualificação do crime, mas o agente é responsabilizado pelo crime que realmente cometeu.	O erro afeta a avaliação da culpabilidade do agente e pode influenciar a pena imposta, mas o agente é responsabilizado pelo resultado do ato.

6.4 O comprometimento cognitivo e a resposta penal

6.4.1 Imputabilidade *versus* inimputabilidade

A imputabilidade refere-se à capacidade de uma pessoa ser responsabilizada criminalmente por suas ações. Para que alguém seja considerado imputável, é necessário que essa pessoa tenha plena capacidade mental para compreender a natureza ilícita do ato praticado e se determinar de acordo com esse entendimento.

A concepção dominante na doutrina e nas legislações é que a imputabilidade está relacionada à capacidade de entender e querer. O agente deve ter condições físicas, psicológicas, morais e mentais para compreender que está realizando um ato ilícito e ter total controle sobre sua vontade. Aqueles que não detêm esses atributos são considerados inimputáveis.

O CP brasileiro prevê algumas situações em que a imputabilidade do agente é excluída. São elas: doença mental ou desenvolvimento mental incompleto ou retardado, menoridade, embriaguez completa proveniente de caso fortuito ou força maior, e dependência de substância entorpecente, conforme os arts. 26 a 28 do CP e o art. 45 da Lei n. 11.343/2006.

É importante ressaltar que a imputabilidade penal não se confunde com a capacidade civil. Uma pessoa emancipada, ou seja, apta a responder por suas obrigações no âmbito civil, não necessariamente será imputável penalmente. A emancipação civil não tem relevância para efeitos de imputabilidade penal.

6.4.2 Os comprometimentos cognitivos clínicos

O art. 26 do Código Penal trata da inimputabilidade em razão de doença mental ou desenvolvimento mental incompleto ou retardado. Segundo esse dispositivo:

> Art. 26. É isento de pena o agente que, por doença mental ou desenvolvimento mental incompleto ou retardado, era, ao tempo da ação ou da omissão, inteiramente incapaz de entender o caráter ilícito do fato ou de determinar-se de acordo com esse entendimento.

> Parágrafo único – A pena pode ser reduzida de um terço a dois terços, se o agente, em virtude de perturbação da saúde mental ou por desenvolvimento mental incompleto ou retardado, não era inteiramente capaz de entender o caráter ilícito do fato ou de determinar-se de acordo com esse entendimento.

Essa hipótese de inimputabilidade se baseia em critérios biopsicológicos. Quando o agente, devido a uma alteração na saúde mental ou a uma deficiência no desenvolvimento mental, não tem capacidade de compreender o caráter ilícito do fato ou de se determinar conforme essa compreensão, ele é considerado inteiramente incapaz no momento da ação.

Doenças mentais graves, como esquizofrenia, psicose maníaco-depressiva e epilepsia grave, são exemplos de condições que podem levar à inimputabilidade. O reconhecimento da inimputabilidade deve ser atestado por meio de prova pericial que demonstre a impossibilidade de a pessoa compreender a ilicitude da conduta ou de se determinar conforme sua compreensão.

Nesses casos, o agente é isento de pena, mas podem ser aplicadas medidas de segurança, previstas nos arts. 96 a 99 do CP. Quando isso ocorre, temos a chamada *absolvição imprópria*, pois, mesmo reconhecendo a inimputabilidade do agente, são impostas medidas de segurança.

As medidas de segurança podem ser de dois tipos: tratamento ambulatorial, quando o crime é punível com detenção ou internação em hospital de custódia e tratamento psiquiátrico, quando o crime é mais grave e punível com reclusão.

A lei não estabelece um prazo máximo para o cumprimento das medidas de segurança, o que pode gerar insegurança para o indivíduo submetido a esses tratamentos. No entanto, o STF tem aplicado, por analogia, o art. 75 do CP, que estabelece o prazo máximo de 40 anos para o cumprimento de penas privativas de liberdade. Já o STJ editou a Súmula n. 527, em 2015, estabelecendo que o prazo máximo para o cumprimento das medidas de segurança é a pena máxima cominada ao crime imputado.

Além disso, o art. 97, parágrafo 1º, do CP estabelece um prazo mínimo de um a três anos para a aplicação da medida de segurança. Após esse prazo, é realizada uma perícia médica para averiguar a cessação da periculosidade. A perícia deve ser repetida anualmente ou a qualquer momento determinado pelo juiz da execução. A desinternação ou liberação do agente é sempre condicional, e a situação anterior será restabelecida se o agente praticar um ato indicativo de persistência de sua periculosidade antes de completar um ano após a liberação.

Em casos de tratamento ambulatorial, o juiz pode determinar a internação do agente, se necessário para fins curativos, em qualquer fase do tratamento.

O parágrafo único do art. 26 do CP reconhece a situação do sujeito que, por doença mental ou desenvolvimento mental incompleto ou retardado, não era completamente capaz de entender a ilicitude da conduta e de se determinar. Aqui, a pessoa ainda tem certa capacidade mental, embora insuficiente para ser considerada inteiramente imputável.

Nesses casos, a pena pode ser reduzida de um a dois terços ou podem ser aplicadas medidas de segurança, caso o agente necessite de tratamento curativo. O art. 98 do CP trata dessa possibilidade.[22]

É importante destacar que, nos casos de semi-imputabilidade, não é possível aplicar tanto a pena reduzida quanto a medida de segurança, devido ao sistema vicariante. O juiz deve escolher apenas uma das punições, sendo a medida de segurança aplicada em substituição à PPL.

6.4.3 Os comprometimentos cognitivos comportamentais

6.4.3.1 *Actio libera in causa* e a resposta penal: a pena

A teoria da *actio libera in causa* trata de situações em que, mesmo sendo considerado inimputável, o agente é responsabilizado pelo fato, permitindo uma imputação extraordinária de responsabilidade quando existem elementos que demonstrem um momento anterior de autodomínio que influenciou o resultado posterior.

Um exemplo clássico dessa teoria é a embriaguez preordenada, na qual uma pessoa se embriaga com o objetivo específico de cometer um delito. Nesse caso, a pessoa é livre na causa antecedente, ou seja, quando decide se embriagar para cometer o crime.

A teoria da *actio libera in causa* considera a liberdade na causa como um elemento fundamental para a responsabilização do agente, mesmo que ele seja inimputável durante a prática do delito. É importante ressaltar que a teoria não se aplica apenas à embriaguez preordenada, mas também a outras situações em que o agente se coloca em estado de inconsciência de modo livre e consciente, com o objetivo de cometer um crime.

Há controvérsias na doutrina penal quanto à aplicação da teoria da *actio libera in causa* nos casos de embriaguez voluntária e culposa, nos quais o agente se embriaga sem a intenção de cometer crimes.[23]

De acordo com o CP, no art. 28, inciso II, a embriaguez voluntária ou culposa por álcool ou substâncias de efeitos análogos não exclui a imputabilidade penal.

---

22 Art. 98. "Na hipótese do parágrafo único do art. 26 desse Código e necessitando o condenado de especial tratamento curativo, a pena privativa de liberdade pode ser substituída pela internação, ou tratamento ambulatorial, pelo prazo mínimo de um a três anos, nos termos do artigo anterior e respectivos §§ 1º a 4º".

23 Ver nesse contexto BUSATO, Paulo César. Valoração crítica da *actio libera in causa* a partir de um conceito significativo de ação/Critical Valuation of Actio Libera in Causa from the Significant Action Concept. **Revista Justiça e Sistema Criminal**, v. 1, n. 2, p. 149-172, 2009.

Isso significa que a teoria da *"actio libera in causa"* pode ser aplicada não apenas à embriaguez preordenada, mas também à embriaguez voluntária ou culposa.

Alguns doutrinadores criticam essa aplicação da teoria da *actio libera in causa*, argumentando que o legislador criou uma "responsabilidade penal objetiva" ao permitir sua aplicação na embriaguez voluntária ou culposa, ou seja, embriaguez sem a intenção de cometer crimes.

6.5 Causas de inimputabilidade

6.5.1 Menoridade penal

A inimputabilidade etária refere-se ao princípio no Direito Penal (DP) que estabelece que pessoas abaixo de certa idade não podem ser responsabilizados criminalmente por suas ações na mesma medida que adultos.

De acordo com a CF/1988 – art. 228[24] –, bem como com os arts. 27 do CP e 104 do Estatuto da Criança e do Adolescente (ECA), os menores de 18 anos são penalmente inimputáveis, mas sujeitos às normas da legislação especial, sob a presunção embasada na noção de que a maioria dos jovens nessa faixa etária ainda não atingiu o amadurecimento intelectual e emocional necessário para serem responsabilizados penalmente.

Esses dispositivos legais deixam claro que menores de 18 anos não podem ser responsabilizados criminalmente, sendo submetidos a normas especiais. Portanto, não é possível imputar a eles um crime ou contravenção penal. Eles estão sujeitos a medidas protetivas e socioeducativas. É importante ressaltar que há uma distinção de tratamento entre crianças (menores de 12 anos) e adolescentes (com 12 anos completos e menores de 18 anos) que cometem atos infracionais. Enquanto as crianças são tratadas como crianças mesmo após completarem 12 anos, estando sujeitas a medidas unicamente protetivas, os adolescentes são tratados como adolescentes.

No entanto, isso não significa que os menores não sejam responsáveis pelos atos infracionais que cometem. Eles são, sim, responsabilizados por meio da imposição de medidas socioeducativas, que têm como objetivo promover a ressocialização e a reintegração do adolescente à sociedade.

---

24 Alguns doutrinadores argumentam que o art. 228 da CF é uma cláusula pétrea, pois a inimputabilidade penal dos menores de 18 anos é uma garantia individual que impede sua persecução penal. Eles defendem que o rol exemplificativo do art. 60, § 4º da CF não deve ser interpretado como taxativo, mas sim como exemplificativo. Portanto, é possível estender essas garantias a todos os direitos e garantias individuais previstos na Constituição.

No Brasil, ao longo dos anos, ocorreram várias mudanças nas leis penais relacionadas a crianças e adolescentes, desde as Ordenações Afonsinas até o ECA de 1990.

No desenvolvimento das ideias sobre a responsabilização pelo critério etário, a doutrina da situação irregular doutrina tratava as crianças e os adolescentes como meros objetos, sujeitos a medidas de proteção impostas pelo Estado e inspirou o primeiro Código de Menores do Brasil em 1927, conhecido como *Código Mello Mattos*, que adotou o critério biopsicológico e considerava menores de 14 anos como inimputáveis.

A doutrina da situação irregular tratava tanto os menores que cometiam atos infracionais quanto aqueles que eram pobres como objetos de direito, sendo aplicadas medidas de proteção previstas na legislação. Uma das medidas mais emblemáticas dessa doutrina era a internação desses indivíduos para proteção da sociedade. Essa doutrina foi superada com a adoção da doutrina da proteção integral.

Com a adoção da doutrina da proteção integral, as crianças e os adolescentes passaram a ser considerados sujeitos de direitos e merecedores de tratamento prioritário e específico devido ao seu estado de desenvolvimento. Essa doutrina prestigia a criança e o adolescente como sujeitos de direitos e estabelece a sua proteção em todas as situações. Está embasada na CF/1988, que estabelece a absoluta prioridade na proteção dos direitos da criança e do adolescente.

O ECA, instituído pela Lei n. 8.069, de 13 de julho de 1990, foi criado para materializar a doutrina da proteção integral. Esse estatuto tipifica o conceito de proteção ampla e estabelece a divisão de responsabilidades para garantir os direitos da criança e do adolescente. Nele, foram descentralizadas as políticas de atendimento, criados os Conselhos Tutelares e estabelecidas medidas protetivas e socioeducativas.

O sistema de proteção integral foi adotado pela CF e pelo ECA para garantir os direitos desses indivíduos em desenvolvimento. Essa mudança de paradigma trouxe uma verdadeira revolução cultural e comportamental em relação ao tratamento dado à criança e ao adolescente na sociedade.

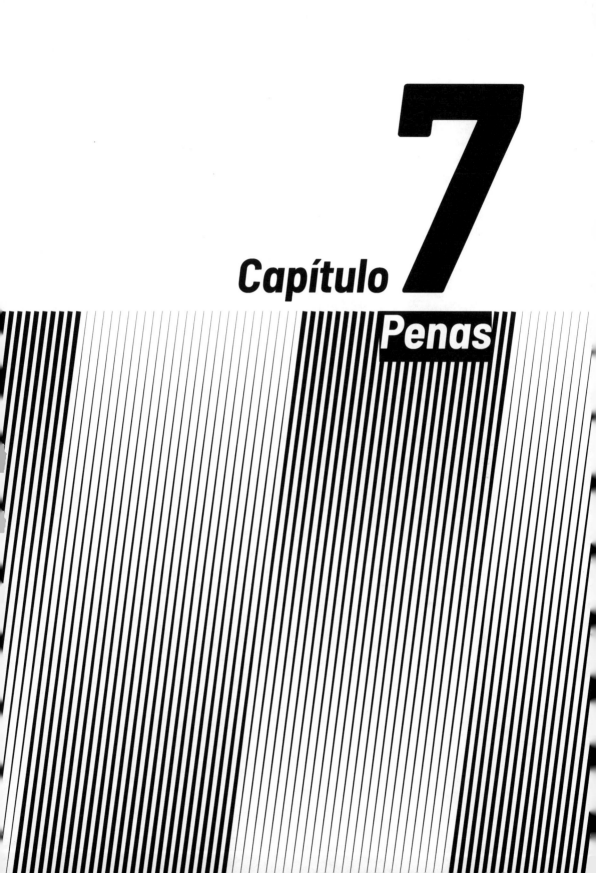

Capítulo 7
Penas

Base Legal no Código Penal

Art. 32. As penas são: (Redação dada pela Lei n. 7.209, de 11 de julho de 1984)

I – privativas de liberdade;

II – restritivas de direitos;

III – de multa.

Seção I – Das Penas Privativas de Liberdade

Reclusão e detenção

Art. 33. A pena de reclusão deve ser cumprida em regime fechado, semiaberto ou aberto. A de detenção, em regime semiaberto, ou aberto, salvo necessidade de transferência a regime fechado. (Redação dada pela Lei n. 7.209, de 11 de julho de 1984)

§ 1º Considera-se: (Redação dada pela Lei n. 7.209, de 11 de julho de 1984)

a) regime fechado a execução da pena em estabelecimento de segurança máxima ou média;

b) regime semiaberto a execução da pena em colônia agrícola, industrial ou estabelecimento similar;

c) regime aberto a execução da pena em casa de albergado ou estabelecimento adequado.

§ 2º As penas privativas de liberdade deverão ser executadas em forma progressiva, segundo o mérito do condenado, observados os seguintes critérios e ressalvadas as hipóteses de transferência a regime mais rigoroso: (Redação dada pela Lei n. 7.209, de 11 de julho de 1984)

a) o condenado a pena superior a 8 (oito) anos deverá começar a cumpri-la em regime fechado;

b) o condenado não reincidente, cuja pena seja superior a 4 (quatro) anos e não exceda a 8 (oito), poderá, desde o princípio, cumpri-la em regime semiaberto;

c) o condenado não reincidente, cuja pena seja igual ou inferior a 4 (quatro) anos, poderá, desde o início, cumpri-la em regime aberto.

§ 3º A determinação do regime inicial de cumprimento da pena far-se-á com observância dos critérios previstos no art. 59 deste Código. (Redação dada pela Lei n. 7.209, de 11 de julho de 1984)

§ 4º O condenado por crime contra a administração pública terá a progressão de regime do cumprimento da pena condicionada à reparação do dano que causou, ou à devolução do produto do ilícito praticado, com os acréscimos legais. (Incluído pela Lei n. 10.763, de 12 de novembro de 2003)

Regras do regime fechado

Art. 34. O condenado será submetido, no início do cumprimento da pena, a exame criminológico de classificação para individualização da execução. (Redação dada pela Lei n. 7.209, de 11 de julho de 1984)

§ 1º O condenado fica sujeito a trabalho no período diurno e a isolamento durante o repouso noturno. (Redação dada pela Lei n. 7.209, de 11 de julho de 1984)

§ 2º O trabalho será em comum dentro do estabelecimento, na conformidade das aptidões ou ocupações anteriores do condenado, desde que compatíveis com a execução da pena. (Redação dada pela Lei n. 7.209, de 11 de julho de 1984)

§ 3º O trabalho externo é admissível, no regime fechado, em serviços ou obras públicas. (Redação dada pela Lei n. 7.209, de 11 de julho de 1984)

Regras do regime semiaberto

Art. 35. Aplica-se a norma do art. 34 deste Código, caput, ao condenado que inicie o cumprimento da pena em regime semiaberto. (Redação dada pela Lei n. 7.209, de 11 de julho de 1984)

§ 1º O condenado fica sujeito a trabalho em comum durante o período diurno, em colônia agrícola, industrial ou estabelecimento similar. (Redação dada pela Lei n. 7.209, de 11 de julho de 1984)

§ 2º O trabalho externo é admissível, bem como a frequência a cursos supletivos profissionalizantes, de instrução de segundo grau ou superior. (Redação dada pela Lei n. 7.209, de 11 de julho de 1984)

Regras do regime aberto

Art. 36. O regime aberto baseia-se na autodisciplina e senso de responsabilidade do condenado. (Redação dada pela Lei n. 7.209, de 11 de julho de 1984)

§ 1º O condenado deverá, fora do estabelecimento e sem vigilância, trabalhar, frequentar curso ou exercer outra atividade autorizada, permanecendo recolhido durante o período noturno e nos dias de folga. (Redação dada pela Lei n. 7.209, de 11 de julho de 1984)

§ 2º O condenado será transferido do regime aberto, se praticar fato definido como crime doloso, se frustrar os fins da execução ou se, podendo, não pagar a multa cumulativamente aplicada. (Redação dada pela Lei n. 7.209, de 11 de julho de 1984)

Regime especial

Art. 37. As mulheres cumprem pena em estabelecimento próprio, observando-se os deveres e direitos inerentes à sua condição pessoal, bem como, no que couber, o disposto neste Capítulo. (Redação dada pela Lei n. 7.209, de 11 de julho de 1984)

Direitos do preso

Art. 38. O preso conserva todos os direitos não atingidos pela perda da liberdade, impondo-se a todas as autoridades o respeito à sua integridade física e moral. (Redação dada pela Lei n. 7.209, de 11 de julho de 1984)

Trabalho do preso

Art. 39. O trabalho do preso será sempre remunerado, sendo-lhe garantidos os benefícios da Previdência Social. (Redação dada pela Lei n. 7.209, de 11 de julho de 1984)

Legislação especial

Art. 40. A legislação especial regulará a matéria prevista nos arts. 38 e 39 deste Código, bem como especificará os deveres e direitos do preso, os critérios para revogação e transferência dos regimes e estabelecerá as infrações disciplinares e correspondentes sanções. (Redação dada pela Lei n. 7.209, de 11 de julho de 1984)

Superveniência de doença mental

Art. 41. O condenado a quem sobrevém doença mental deve ser recolhido a hospital de custódia e tratamento psiquiátrico ou, à falta, a outro estabelecimento adequado. (Redação dada pela Lei n. 7.209, de 11 de julho de 1984)

Detração

Art. 42. Computam-se, na pena privativa de liberdade e na medida de segurança, o tempo de prisão provisória, no Brasil ou no estrangeiro, o de prisão administrativa e o de internação em qualquer dos estabelecimentos referidos no artigo anterior. (Redação dada pela Lei n. 7.209, de 11 de julho de 1984)

Seção II – Das Penas Restritivas de Direitos

Penas restritivas de direitos

Art. 43. As penas restritivas de direitos são: (Redação dada pela Lei n. 9.714, de 25 de novembro de 1998)

I – prestação pecuniária; (Incluído pela Lei n. 9.714, de 25 de novembro de 1998)

II – perda de bens e valores; (Incluído pela Lei n. 9.714, de 25 de novembro de 1998)

III – limitação de fim de semana. (Incluído pela Lei n. 7.209, de 11 de julho de 1984)

IV – prestação de serviço à comunidade ou a entidades públicas; (Incluído pela Lei n. 9.714, de 25 de novembro de 1998)

V – interdição temporária de direitos; (Incluído pela Lei n. 9.714, de 25 de novembro de 1998)

VI – limitação de fim de semana. (Incluído pela Lei n. 9.714, de 25 de novembro de 1998)

Art. 44. As penas restritivas de direitos são autônomas e substituem as privativas de liberdade, quando: (Redação dada pela Lei n. 9.714, de 25 de novembro de 1998)

I – aplicada pena privativa de liberdade não superior a quatro anos e o crime não for cometido com violência ou grave ameaça à pessoa ou, qualquer que seja a pena aplicada, se o crime for culposo; (Redação dada pela Lei n. 9.714, de 25 de novembro de 1998)

II – o réu não for reincidente em crime doloso; (Redação dada pela Lei n. 9.714, de 25 de novembro de 1998)

III – a culpabilidade, os antecedentes, a conduta social e a personalidade do condenado, bem como os motivos e as circunstâncias indicarem que essa substituição seja suficiente. (Redação dada pela Lei n. 9.714, de 25 de novembro de 1998)

§ 1º (VETADO) (Incluído pela Lei n. 9.714, de 25 de novembro de 1998)

§ 2º Na condenação igual ou inferior a um ano, a substituição pode ser feita por multa ou por uma pena restritiva de direitos; se superior a um ano, a pena privativa de liberdade pode ser substituída por uma pena restritiva de direitos e multa ou por duas restritivas de direitos. (Incluído pela Lei n. 9.714, de 25 de novembro de 1998)

§ 3º Se o condenado for reincidente, o juiz poderá aplicar a substituição, desde que, em face de condenação anterior, a medida seja socialmente recomendável e a reincidência não se tenha operado em virtude da prática do mesmo crime. (Incluído pela Lei n. 9.714, de 25 de novembro de 1998)

§ 4º A pena restritiva de direitos converte-se em privativa de liberdade quando ocorrer o descumprimento injustificado da restrição imposta. No cálculo da pena privativa de liberdade a executar será deduzido o tempo cumprido da pena restritiva de direitos, respeitado o saldo mínimo de trinta dias de detenção ou reclusão. (Incluído pela Lei n. 9.714, de 25 de novembro de 1998)

§ 5º Sobrevindo condenação a pena privativa de liberdade, por outro crime, o juiz da execução penal decidirá sobre a conversão, podendo deixar de aplicá-la se for possível ao condenado cumprir a pena substitutiva anterior. (Incluído pela Lei n. 9.714, de 25 de novembro de 1998)

Conversão das penas restritivas de direitos

Art. 45. Na aplicação da substituição prevista no artigo anterior, proceder-se-á na forma deste e dos arts. 46, 47 e 48. (Redação dada pela Lei n. 9.714, de 25 de novembro de 1998)

§ 1º A prestação pecuniária consiste no pagamento em dinheiro à vítima, a seus dependentes ou a entidade pública ou privada com destinação social, de importância fixada pelo juiz, não inferior a 1 (um) salário mínimo nem superior a 360 (trezentos e sessenta) salários mínimos. O valor pago será deduzido do montante de eventual condenação em ação de reparação civil, se coincidentes os beneficiários. (Incluído pela Lei n. 9.714, de 25 de novembro de 1998)

§ 2º No caso do parágrafo anterior, se houver aceitação do beneficiário, a prestação pecuniária pode consistir em prestação de outra natureza. (Incluído pela Lei n. 9.714, de 25 de novembro de 1998)

§ 3º A perda de bens e valores pertencentes aos condenados dar-se-á, ressalvada a legislação especial, em favor do Fundo Penitenciário Nacional, e seu valor terá como teto – o que for maior – o montante do prejuízo causado ou do provento obtido pelo agente ou por terceiro, em consequência da prática do crime. (Incluído pela Lei n. 9.714, de 25 de novembro de 1998)

§ 4º (VETADO) (Incluído pela Lei n. 9.714, de 25 de novembro de 1998)

Prestação de serviços à comunidade ou a entidades públicas

Art. 46. A prestação de serviços à comunidade ou a entidades públicas é aplicável às condenações superiores a seis meses de privação da liberdade. (Redação dada pela Lei n. 9.714, de 25 de novembro de 1998)

§ 1º A prestação de serviços à comunidade ou a entidades públicas consiste na atribuição de tarefas gratuitas ao condenado. (Incluído pela Lei n. 9.714, de 25 de novembro de 1998)

§ 2º A prestação de serviço à comunidade dar-se-á em entidades assistenciais, hospitais, escolas, orfanatos e outros estabelecimentos congêneres, em programas comunitários ou estatais. (Incluído pela Lei n. 9.714, de 25 de novembro de 1998)

§ 3º As tarefas a que se refere o § 1º serão atribuídas conforme as aptidões do condenado, devendo ser cumpridas à razão de uma hora de tarefa por dia de condenação, fixadas de modo a não prejudicar a jornada normal de trabalho. (Incluído pela Lei n. 9.714, de 25 de novembro de 1998)

§ 4º Se a pena substituída for superior a um ano, é facultado ao condenado cumprir a pena substitutiva em menor tempo (art. 55), nunca inferior à metade da pena privativa de liberdade fixada. (Incluído pela Lei n. 9.714, de 25 de novembro de 1998)

Interdição temporária de direitos (Redação dada pela Lei n. 7.209, de 1984)

Art. 47. As penas de interdição temporária de direitos são: (Redação dada pela Lei n. 7.209, de 11 de julho de 1984)

I – proibição do exercício de cargo, função ou atividade pública, bem como de mandato eletivo; (Redação dada pela Lei n. 7.209, de 11 de julho de 1984)

II – proibição do exercício de profissão, atividade ou ofício que dependam de habilitação especial, de licença ou autorização do poder público;(Redação dada pela Lei n. 7.209, de 11 de julho de 1984)

III – suspensão de autorização ou de habilitação para dirigir veículo. (Redação dada pela Lei n. 7.209, de 11 de julho de 1984)

IV – proibição de frequentar determinados lugares. (Incluído pela Lei n. 9.714, de 25 de novembro de 1998)

V – proibição de inscrever-se em concurso, avaliação ou exame públicos. (Incluído pela Lei n. 12.550, de 15 de dezembro de 2011)

Limitação de fim de semana

Art. 48. A limitação de fim de semana consiste na obrigação de permanecer, aos sábados e domingos, por 5 (cinco) horas diárias, em casa de albergado ou outro estabelecimento adequado. (Redação dada pela Lei n. 7.209, de 11 de julho de 1984)

Parágrafo único. Durante a permanência poderão ser ministrados ao condenado cursos e palestras ou atribuídas atividades educativas. (Redação dada pela Lei n. 7.209, de 11 de julho de 1984)

Seção III – Da Pena de Multa

Multa

Art. 49. A pena de multa consiste no pagamento ao fundo penitenciário da quantia fixada na sentença e calculada em dias-multa. Será, no mínimo, de 10 (dez) e, no máximo, de 360 (trezentos e sessenta) dias-multa. (Redação dada pela Lei n. 7.209, de 11 de julho de 1984)

§ 1º O valor do dia-multa será fixado pelo juiz não podendo ser inferior a um trigésimo do maior salário mínimo mensal vigente ao tempo do fato, nem superior a 5 (cinco) vezes esse salário. (Redação dada pela Lei n. 7.209, de 11 de julho de 1984)

§ 2º O valor da multa será atualizado, quando da execução, pelos índices de correção monetária. (Redação dada pela Lei n. 7.209, de 11 de julho de 1984)

Pagamento da multa

Art. 50. A multa deve ser paga dentro de 10 (dez) dias depois de transitada em julgado a sentença. A requerimento do condenado e conforme as circunstâncias, o juiz pode permitir que o pagamento se realize em parcelas mensais. (Redação dada pela Lei n. 7.209, de 11 de julho de 1984)

§ 1º A cobrança da multa pode efetuar-se mediante desconto no vencimento ou salário do condenado quando: (Incluído pela Lei n. 7.209, de 11 de julho de 1984)

a) aplicada isoladamente; (Incluído pela Lei n. 7.209, de 11 de julho de 1984)

b) aplicada cumulativamente com pena restritiva de direitos; (Incluído pela Lei n. 7.209, de 11 de julho de 1984)

c) concedida a suspensão condicional da pena. (Incluído pela Lei n. 7.209, de 11 de julho de 1984)

§ 2º O desconto não deve incidir sobre os recursos indispensáveis ao sustento do condenado e de sua família. (Incluído pela Lei n. 7.209, de 11 de julho de 1984)

Conversão da multa e revogação (Redação dada pela Lei n. 7.209, de 1984)

Art. 51. Transitada em julgado a sentença condenatória, a multa será executada perante o juiz da execução penal e será considerada dívida de valor, aplicáveis as normas relativas à dívida ativa da Fazenda Pública, inclusive no que concerne às causas interruptivas e suspensivas da prescrição. (Redação dada pela Lei n. 13.964, de 24 de dezembro de 2019) (Vide ADI 7032)

§ 1º (Revogado pela Lei n. 9.268, de 1º de abril de 1996)

§ 2º (Revogado pela Lei n. 9.268, de 1º de abril de 1996)

Suspensão da execução da multa

Art. 52. É suspensa a execução da pena de multa, se sobrevém ao condenado doença mental. (Redação dada pela Lei n. 7.209, de 11 de julho de 1984)

Capítulo II – Da Cominação das Penas

Penas privativas de liberdade

Art. 53. As penas privativas de liberdade têm seus limites estabelecidos na sanção correspondente a cada tipo legal de crime. (Redação dada pela Lei n. 7.209, de 11 de julho de 1984)

Penas restritivas de direitos

Art. 54. As penas restritivas de direitos são aplicáveis, independentemente de cominação na parte especial, em substituição à pena privativa de liberdade, fixada em quantidade inferior a 1 (um) ano, ou nos crimes culposos. (Redação dada pela Lei n. 7.209, de 11 de julho de 1984)

Art. 55. As penas restritivas de direitos referidas nos incisos III, IV, V e VI do art. 43 terão a mesma duração da pena privativa de liberdade substituída, ressalvado o disposto no § 4º do art. 46. (Redação dada pela Lei n. 9.714, de 25 de novembro de 1998)

Art. 56. As penas de interdição, previstas nos incisos I e II do art. 47 deste Código, aplicam-se para todo o crime cometido no exercício de profissão, atividade, ofício, cargo ou função, sempre que houver violação dos deveres que lhes são inerentes. (Redação dada pela Lei n. 7.209, de 11 de julho de 1984)

Art. 57. A pena de interdição, prevista no inciso III do art. 47 deste Código, aplica-se aos crimes culposos de trânsito. (Redação dada pela Lei n. 7.209, de 11 de julho de 1984)

Pena de multa

Art. 58. A multa, prevista em cada tipo legal de crime, tem os limites fixados no art. 49 e seus parágrafos deste Código. (Redação dada pela Lei n. 7.209, de 11 de julho de 1984)

Parágrafo único. A multa prevista no parágrafo único do art. 44 e no § 2º do art. 60 deste Código aplica-se independentemente de cominação na parte especial. (Redação dada pela Lei n. 7.209, de 11 de julho de 1984)

Capítulo III – Da Aplicação da Pena

Fixação da pena

Art. 59. O juiz, atendendo à culpabilidade, aos antecedentes, à conduta social, à personalidade do agente, aos motivos, às circunstâncias e consequências do crime, bem como ao comportamento da vítima, estabelecerá, conforme seja necessário e suficiente para reprovação e prevenção do crime: (Redação dada pela Lei n. 7.209, de 11 de julho de 1984)

I – as penas aplicáveis dentre as cominadas; (Redação dada pela Lei n. 7.209, de 11 de julho de 1984)

II – a quantidade de pena aplicável, dentro dos limites previstos; (Redação dada pela Lei n. 7.209, de 11 de julho de 1984)

III – o regime inicial de cumprimento da pena privativa de liberdade;(Redação dada pela Lei n. 7.209, de 11 de julho de 1984)

IV – a substituição da pena privativa da liberdade aplicada, por outra espécie de pena, se cabível. (Redação dada pela Lei n. 7.209, de 11 de julho de 1984)

Critérios especiais da pena de multa

Art. 60. Na fixação da pena de multa o juiz deve atender, principalmente, à situação econômica do réu. (Redação dada pela Lei n. 7.209, de 11 de julho de 1984)

§ 1º A multa pode ser aumentada até o triplo, se o juiz considerar que, em virtude da situação econômica do réu, é ineficaz, embora aplicada no máximo. (Redação dada pela Lei n. 7.209, de 11 de julho de 1984)

Multa substitutiva

§ 2º A pena privativa de liberdade aplicada, não superior a 6 (seis) meses, pode ser substituída pela de multa, observados os critérios dos incisos II e III do art. 44 deste Código. (Redação dada pela Lei n. 7.209, de 11 de julho de 1984)

Circunstâncias agravantes

Art. 61. São circunstâncias que sempre agravam a pena, quando não constituem ou qualificam o crime:(Redação dada pela Lei n. 7.209, de 11 de julho de 1984)

I – a reincidência; (Redação dada pela Lei n. 7.209, de 11 de julho de 1984)

II – ter o agente cometido o crime: (Redação dada pela Lei n. 7.209, de 11 de julho de 1984)

a) por motivo fútil ou torpe;

b) para facilitar ou assegurar a execução, a ocultação, a impunidade ou vantagem de outro crime;

c) à traição, de emboscada, ou mediante dissimulação, ou outro recurso que dificultou ou tornou impossível a defesa do ofendido;

d) com emprego de veneno, fogo, explosivo, tortura ou outro meio insidioso ou cruel, ou de que podia resultar perigo comum;

e) contra ascendente, descendente, irmão ou cônjuge;

f) com abuso de autoridade ou prevalecendo-se de relações domésticas, de coabitação ou de hospitalidade, ou com violência contra a mulher na forma da lei específica; (Redação dada pela Lei n. 11.340, de 7 de agosto de 2006)

g) com abuso de poder ou violação de dever inerente a cargo, ofício, ministério ou profissão;

h) contra criança, maior de 60 (sessenta) anos, enfermo ou mulher grávida; (Redação dada pela Lei n. 10.741, de 1º outubro de 2003)

i) quando o ofendido estava sob a imediata proteção da autoridade;

j) em ocasião de incêndio, naufrágio, inundação ou qualquer calamidade pública, ou de desgraça particular do ofendido;

l) em estado de embriaguez preordenada.

Agravantes no caso de concurso de pessoas

Art. 62. A pena será ainda agravada em relação ao agente que: (Redação dada pela Lei n. 7.209, de 11 de julho de 1984)

I – promove, ou organiza a cooperação no crime ou dirige a atividade dos demais agentes; (Redação dada pela Lei n. 7.209, de 11 de julho de 1984)

II – coage ou induz outrem à execução material do crime; (Redação dada pela Lei n. 7.209, de 11 de julho de 1984)

III – instiga ou determina a cometer o crime alguém sujeito à sua autoridade ou não-punível em virtude de condição ou qualidade pessoal; (Redação dada pela Lei n. 7.209, de 11 de julho de 1984)

IV – executa o crime, ou nele participa, mediante paga ou promessa de recompensa. (Redação dada pela Lei n. 7.209, de 11 de julho de 1984)

Reincidência

Art. 63. Verifica-se a reincidência quando o agente comete novo crime, depois de transitar em julgado a sentença que, no País ou no estrangeiro, o tenha condenado por crime anterior. (Redação dada pela Lei n. 7.209, de 11 de julho de 1984)

Art. 64. Para efeito de reincidência: (Redação dada pela Lei n. 7.209, de 11 de julho de 1984)

I – não prevalece a condenação anterior, se entre a data do cumprimento ou extinção da pena e a infração posterior tiver decorrido período de tempo superior a 5 (cinco) anos, computado o período de prova da suspensão ou do livramento condicional, se não ocorrer revogação; (Redação dada pela Lei n. 7.209, de 11 de julho de 1984)

II – não se consideram os crimes militares próprios e políticos. (Redação dada pela Lei n. 7.209, de 11 de julho de 1984)

Circunstâncias atenuantes

Art. 65. São circunstâncias que sempre atenuam a pena: (Redação dada pela Lei n. 7.209, de 11 de julho de 1984)

I – ser o agente menor de 21 (vinte e um), na data do fato, ou maior de 70 (setenta) anos, na data da sentença; (Redação dada pela Lei n. 7.209, de 11 de julho de 1984)

II – o desconhecimento da lei; (Redação dada pela Lei n. 7.209, de 11 de julho de 1984)

III – ter o agente: (Redação dada pela Lei n. 7.209, de 11 de julho de 1984)

a) cometido o crime por motivo de relevante valor social ou moral;

b) procurado, por sua espontânea vontade e com eficiência, logo após o crime, evitar-lhe ou minorar-lhe as consequências, ou ter, antes do julgamento, reparado o dano;

c) cometido o crime sob coação a que podia resistir, ou em cumprimento de ordem de autoridade superior, ou sob a influência de violenta emoção, provocada por ato injusto da vítima;

d) confessado espontaneamente, perante a autoridade, a autoria do crime;

e) cometido o crime sob a influência de multidão em tumulto, se não o provocou.

Art. 66. A pena poderá ser ainda atenuada em razão de circunstância relevante, anterior ou posterior ao crime, embora não prevista expressamente em lei. (Redação dada pela Lei n. 7.209, de 11 de julho de 1984)

Concurso de circunstâncias agravantes e atenuantes

Art. 67. No concurso de agravantes e atenuantes, a pena deve aproximar-se do limite indicado pelas circunstâncias preponderantes, entendendo-se como tais as que resultam dos motivos determinantes do crime, da personalidade do agente e da reincidência. (Redação dada pela Lei n. 7.209, de 11 de julho de 1984)

Cálculo da pena

Art. 68. A pena-base será fixada atendendo-se ao critério do art. 59 deste Código; em seguida serão consideradas as circunstâncias atenuantes e agravantes; por último, as causas de diminuição e de aumento. (Redação dada pela Lei n. 7.209, de 11 de julho de 1984)

Parágrafo único. No concurso de causas de aumento ou de diminuição previstas na parte especial, pode o juiz limitar-se a um só aumento ou a uma só diminuição, prevalecendo, todavia, a causa que mais aumente ou diminua. (Redação dada pela Lei n. 7.209, de 11 de julho de 1984)

Concurso material

Art. 69. Quando o agente, mediante mais de uma ação ou omissão, pratica dois ou mais crimes, idênticos ou não, aplicam-se cumulativamente as penas privativas de liberdade em que haja incorrido. No caso de aplicação cumulativa de penas de reclusão e de detenção, executa-se primeiro aquela. (Redação dada pela Lei n. 7.209, de 11 de julho de 1984)

§ 1º Na hipótese deste artigo, quando ao agente tiver sido aplicada pena privativa de liberdade, não suspensa, por um dos crimes, para os demais será incabível a substituição de que trata o art. 44 deste Código. (Redação dada pela Lei n. 7.209, de 11 de julho de 1984)

§ 2º Quando forem aplicadas penas restritivas de direitos, o condenado cumprirá simultaneamente as que forem compatíveis entre si e sucessivamente as demais. (Redação dada pela Lei n. 7.209, de 11 de julho de 1984)

Concurso formal

Art. 70. Quando o agente, mediante uma só ação ou omissão, pratica dois ou mais crimes, idênticos ou não, aplica-se-lhe a mais grave das penas cabíveis ou, se iguais, somente uma delas, mas aumentada, em qualquer caso, de um sexto até metade. As penas aplicam-se, entretanto, cumulativamente, se a ação ou omissão é dolosa e os crimes concorrentes resultam de desígnios autônomos, consoante o disposto no artigo anterior. (Redação dada pela Lei n. 7.209, de 11 de julho de 1984)

Parágrafo único. Não poderá a pena exceder a que seria cabível pela regra do art. 69 deste Código. (Redação dada pela Lei n. 7.209, de 11 de julho de 1984)

Crime continuado

Art. 71. Quando o agente, mediante mais de uma ação ou omissão, pratica dois ou mais crimes da mesma espécie e, pelas condições de tempo, lugar, maneira de execução e outras semelhantes, devem os subsequentes ser havidos como continuação do primeiro, aplica-se-lhe a pena de um só dos crimes, se idênticas, ou a mais grave, se diversas, aumentada, em qualquer caso, de um sexto a dois terços. (Redação dada pela Lei n. 7.209, de 11 de julho de 1984)

Parágrafo único. Nos crimes dolosos, contra vítimas diferentes, cometidos com violência ou grave ameaça à pessoa, poderá o juiz, considerando a culpabilidade, os antecedentes, a conduta social e a personalidade do agente, bem como os motivos e as circunstâncias, aumentar a pena de um só dos crimes, se idênticas, ou a mais grave, se diversas, até o triplo, observadas as regras do parágrafo único do art. 70 e do art. 75 deste Código. (Redação dada pela Lei n. 7.209, de 11 de julho de 1984)

Multas no concurso de crimes

Art. 72. No concurso de crimes, as penas de multa são aplicadas distinta e integralmente. (Redação dada pela Lei n. 7.209, de 11 de julho de 1984)

Erro na execução

Art. 73. Quando, por acidente ou erro no uso dos meios de execução, o agente, ao invés de atingir a pessoa que pretendia ofender, atinge pessoa diversa, responde como se tivesse praticado o crime contra aquela, atendendo-se ao disposto no § 3º do art. 20 deste Código. No caso de ser também atingida a pessoa que o agente pretendia ofender, aplica-se a regra do art. 70 deste Código. (Redação dada pela Lei n. 7.209, de 11 de julho de 1984)

Resultado diverso do pretendido

Art. 74. Fora dos casos do artigo anterior, quando, por acidente ou erro na execução do crime, sobrevém resultado diverso do pretendido, o agente responde por culpa, se o fato é previsto como crime culposo; se ocorre também o resultado pretendido, aplica-se a regra do art. 70 deste Código. (Redação dada pela Lei n. 7.209, de 11 de julho de 1984)

Limite das penas

Art. 75. O tempo de cumprimento das penas privativas de liberdade não pode ser superior a 40 (quarenta) anos. (Redação dada pela Lei n. 13.964, de 24 de dezembro de 2019)

§ 1º Quando o agente for condenado a penas privativas de liberdade cuja soma seja superior a 40 (quarenta) anos, devem elas ser unificadas para atender ao limite máximo deste artigo. (Redação dada pela Lei n. 13.964, de 24 de dezembro de 2019)

§ 2º Sobrevindo condenação por fato posterior ao início do cumprimento da pena, far-se-á nova unificação, desprezando-se, para esse fim, o período de pena já cumprido. (Redação dada pela Lei n. 7.209, de 11 de julho de 1984)

Concurso de infrações

Art. 76. No concurso de infrações, executar-se-á primeiramente a pena mais grave. (Redação dada pela Lei n. 7.209, de 11 de julho de 1984.)

Capítulo IV – Da Suspensão Condicional da Pena

Requisitos da suspensão da pena

Art. 77. A execução da pena privativa de liberdade, não superior a 2 (dois) anos, poderá ser suspensa, por 2 (dois) a 4 (quatro) anos, desde que: (Redação dada pela Lei n. 7.209, de 11 de julho de 1984.)

I – o condenado não seja reincidente em crime doloso; (Redação dada pela Lei n. 7.209, de 11 de julho de 1984.)

II – a culpabilidade, os antecedentes, a conduta social e personalidade do agente, bem como os motivos e as circunstâncias autorizem a concessão do benefício; (Redação dada pela Lei n. 7.209, de 11 de julho de 1984.)

III – Não seja indicada ou cabível a substituição prevista no art. 44 deste Código. (Redação dada pela Lei n. 7.209, de 11 de julho de 1984.)

§ 1º A condenação anterior a pena de multa não impede a concessão do benefício. (Redação dada pela Lei n. 7.209, de 11 de julho de 1984.)

§ 2º A execução da pena privativa de liberdade, não superior a quatro anos, poderá ser suspensa, por quatro a seis anos, desde que o condenado seja maior de setenta anos de idade, ou razões de saúde justifiquem a suspensão. (Redação dada pela Lei n. 9.714, de 15 de novembro de 1998)

Art. 78. Durante o prazo da suspensão, o condenado ficará sujeito à observação e ao cumprimento das condições estabelecidas pelo juiz. (Redação dada pela Lei n. 7.209, de 11 de julho de 1984)

§ 1º No primeiro ano do prazo, deverá o condenado prestar serviços à comunidade (art. 46) ou submeter-se à limitação de fim de semana (art. 48). (Redação dada pela Lei n. 7.209, de 11 de julho de 1984)

§ 2º Se o condenado houver reparado o dano, salvo impossibilidade de fazê-lo, e se as circunstâncias do art. 59 deste Código lhe forem inteiramente favoráveis, o juiz poderá substituir a exigência do parágrafo anterior pelas seguintes condições, aplicadas cumulativamente: (Redação dada pela Lei n. 9.268, de 1º de abril de 1996)

a) proibição de frequentar determinados lugares; (Redação dada pela Lei n. 7.209, de 11 de julho de 1984)

b) proibição de ausentar-se da comarca onde reside, sem autorização do juiz; (Redação dada pela Lei n. 7.209, de 11 de julho de 1984)

c) comparecimento pessoal e obrigatório a juízo, mensalmente, para informar e justificar suas atividades. (Redação dada pela Lei n. 7.209, de 11 de julho de 1984)

Art. 79. A sentença poderá especificar outras condições a que fica subordinada a suspensão, desde que adequadas ao fato e à situação pessoal do condenado. (Redação dada pela Lei n. 7.209, de 11 de julho de 1984)

Art. 80. A suspensão não se estende às penas restritivas de direitos nem à multa. (Redação dada pela Lei n. 7.209, de 11 de julho de 1984)

Revogação obrigatória

Art. 81. A suspensão será revogada se, no curso do prazo, o beneficiário: (Redação dada pela Lei n. 7.209, de 11 de julho de 1984)

I – é condenado, em sentença irrecorrível, por crime doloso; (Redação dada pela Lei n. 7.209, de 11 de julho de 1984)

II – frustra, embora solvente, a execução de pena de multa ou não efetua, sem motivo justificado, a reparação do dano; (Redação dada pela Lei n. 7.209, de 11 de julho de 1984)

III – descumpre a condição do § 1º do art. 78 deste Código. (Redação dada pela Lei n. 7.209, de 11 de julho de 1984)

Revogação facultativa

§ 1º A suspensão poderá ser revogada se o condenado descumpre qualquer outra condição imposta ou é irrecorrivelmente condenado, por crime culposo ou por contravenção, a pena privativa de liberdade ou restritiva de direitos. (Redação dada pela Lei n. 7.209, de 11 de julho de 1984)

Prorrogação do período de prova

§ 2º Se o beneficiário está sendo processado por outro crime ou contravenção, considera-se prorrogado o prazo da suspensão até o julgamento definitivo. (Redação dada pela Lei n. 7.209, de 11 de julho de 1984)

§ 3º Quando facultativa a revogação, o juiz pode, ao invés de decretá-la, prorrogar o período de prova até o máximo, se este não foi o fixado. (Redação dada pela Lei n. 7.209, de 11 de julho de 1984)

Cumprimento das condições

Art. 82. Expirado o prazo sem que tenha havido revogação, considera-se extinta a pena privativa de liberdade. (Redação dada pela Lei n. 7.209, de 11 de julho de 1984)

Capítulo V – Do Livramento Condicional

Requisitos do livramento condicional

Art. 83. O juiz poderá conceder livramento condicional ao condenado a pena privativa de liberdade igual ou superior a 2 (dois) anos, desde que: (Redação dada pela Lei n. 7.209, de 11 de julho de 1984)

I – cumprida mais de um terço da pena se o condenado não for reincidente em crime doloso e tiver bons antecedentes; (Redação dada pela Lei n. 7.209, de 11 de julho de 1984)

II – cumprida mais da metade se o condenado for reincidente em crime doloso; (Redação dada pela Lei n. 7.209, de 11 de julho de 1984)

III – comprovado: (Redação dada pela Lei n. 13.964, de 24 de dezembro de 2019)

a) bom comportamento durante a execução da pena; (Incluído pela Lei n. 13.964, de 24 de dezembro de 2019)

b) não cometimento de falta grave nos últimos 12 (doze) meses; (Incluído pela Lei n. 13.964, de 24 de dezembro de 2019)

c) bom desempenho no trabalho que lhe foi atribuído; e (Incluído pela Lei n. 13.964, de 24 de dezembro de 2019)

d) aptidão para prover a própria subsistência mediante trabalho honesto; (Incluído pela Lei n. 13.964, de 24 de dezembro de 2019)

IV – tenha reparado, salvo efetiva impossibilidade de fazê-lo, o dano causado pela infração; (Redação dada pela Lei n. 7.209, de 11 de julho de 1984)

V – cumpridos mais de dois terços da pena, nos casos de condenação por crime hediondo, prática de tortura, tráfico ilícito de entorpecentes e drogas afins, tráfico de pessoas e terrorismo, se o apenado não for reincidente específico em crimes dessa natureza. (Incluído pela Lei n. 13.344, de 6 de outubro de 2016) (Vigência)

Parágrafo único. Para o condenado por crime doloso, cometido com violência ou grave ameaça à pessoa, a concessão do livramento ficará também subordinada à constatação de condições pessoais que façam presumir que o liberado não voltará a delinquir. (Redação dada pela Lei n. 7.209, de 11 de julho de 1984)

Soma de penas

Art. 84. As penas que correspondem a infrações diversas devem somar-se para efeito do livramento. (Redação dada pela Lei n. 7.209, de 11 de julho de 1984)

Especificações das condições

Art. 85. A sentença especificará as condições a que fica subordinado o livramento. (Redação dada pela Lei n. 7.209, de 11 de julho de 1984)

Revogação do livramento

Art. 86. Revoga-se o livramento, se o liberado vem a ser condenado a pena privativa de liberdade, em sentença irrecorrível: (Redação dada pela Lei n. 7.209, de 11 de julho de 1984)

I – por crime cometido durante a vigência do benefício; (Redação dada pela Lei n. 7.209, de 11 de julho de 1984)

II – por crime anterior, observado o disposto no art. 84 deste Código. (Redação dada pela Lei n. 7.209, de 11 de julho de 1984)

Revogação facultativa

Art. 87. O juiz poderá, também, revogar o livramento, se o liberado deixar de cumprir qualquer das obrigações constantes da sentença, ou for irrecorrivelmente condenado, por crime ou contravenção, a pena que não seja privativa de liberdade. (Redação dada pela Lei n. 7.209, de 11 de julho de 1984)

Efeitos da revogação

Art. 88. Revogado o livramento, não poderá ser novamente concedido, e, salvo quando a revogação resulta de condenação por outro crime anterior àquele benefício, não se desconta na pena o tempo em que esteve solto o condenado. (Redação dada pela Lei n. 7.209, de 11 de julho de 1984)

Extinção

Art. 89. O juiz não poderá declarar extinta a pena, enquanto não passar em julgado a sentença em processo a que responde o liberado, por crime cometido na vigência do livramento. (Redação dada pela Lei n. 7.209, de 11 de julho de 1984)

Art. 90. Se até o seu término o livramento não é revogado, considera-se extinta a pena privativa de liberdade. (Redação dada pela Lei n. 7.209, de 11 de julho de 1984)

Capítulo VI – Dos Efeitos da Condenação

Efeitos genéricos e específicos

Art. 91. São efeitos da condenação: (Redação dada pela Lei n. 7.209, de 11 de julho de 1984)

I – tornar certa a obrigação de indenizar o dano causado pelo crime; (Redação dada pela Lei n. 7.209, de 11 de julho de 1984)

II – a perda em favor da União, ressalvado o direito do lesado ou de terceiro de boa-fé: (Redação dada pela Lei n. 7.209, de 11 de julho de 1984)

a) dos instrumentos do crime, desde que consistam em coisas cujo fabrico, alienação, uso, porte ou detenção constitua fato ilícito;

b) do produto do crime ou de qualquer bem ou valor que constitua proveito auferido pelo agente com a prática do fato criminoso.

§ 1º Poderá ser decretada a perda de bens ou valores equivalentes ao produto ou proveito do crime quando estes não forem encontrados ou quando se localizarem no exterior. (Incluído pela Lei n. 12.694, de 8 de abril de 2012)

§ 2º Na hipótese do § 1º, as medidas assecuratórias previstas na legislação processual poderão abranger bens ou valores equivalentes do investigado ou acusado para posterior decretação de perda. (Incluído pela Lei n. 12.694, de 8 de abril de 2012)

Art. 91-A. Na hipótese de condenação por infrações às quais a lei comine pena máxima superior a 6 (seis) anos de reclusão, poderá ser decretada a perda, como produto ou proveito do crime, dos bens correspondentes à diferença entre o valor do patrimônio do condenado e aquele que seja compatível com o seu rendimento lícito. (Incluído pela Lei n. 13.964, de 24 de dezembro de 2019)

§ 1º Para efeito da perda prevista no caput deste artigo, entende-se por patrimônio do condenado todos os bens: (Incluído pela Lei n. 13.964, de 24 de dezembro de 2019)

I – de sua titularidade, ou em relação aos quais ele tenha o domínio e o benefício direto ou indireto, na data da infração penal ou recebidos posteriormente; e (Incluído pela Lei n. 13.964, de dezembro de 2019)

II – transferidos a terceiros a título gratuito ou mediante contraprestação irrisória, a partir do início da atividade criminal. (Incluído pela Lei n. 13.964, de 24 de dezembro de 2019)

§ 2º O condenado poderá demonstrar a inexistência da incompatibilidade ou a procedência lícita do patrimônio. (Incluído pela Lei n. 13.964, de 24 de dezembro de 2019)

§ 3º A perda prevista neste artigo deverá ser requerida expressamente pelo Ministério Público, por ocasião do oferecimento da denúncia, com indicação da diferença apurada. (Incluído pela Lei n. 13.964, de 24 de dezembro de 2019)

§ 4º Na sentença condenatória, o juiz deve declarar o valor da diferença apurada e especificar os bens cuja perda for decretada. (Incluído pela Lei n. 13.964, de 24 de dezembro de 2019)

§ 5º Os instrumentos utilizados para a prática de crimes por organizações criminosas e milícias deverão ser declarados perdidos em favor da União ou do Estado, dependendo da Justiça onde tramita a ação penal, ainda que não ponham em perigo a segurança das pessoas, a moral ou a ordem pública, nem ofereçam sério risco de ser utilizados para o cometimento de novos crimes. (Incluído pela Lei n. 13.964, de 24 de dezembro de 2019)

Art. 92. São também efeitos da condenação: (Redação dada pela Lei n. 7.209, de 11 de julho de 1984)

I – a perda de cargo, função pública ou mandato eletivo: (Redação dada pela Lei n. 9.268, de 1º de abril de 1996)

a) quando aplicada pena privativa de liberdade por tempo igual ou superior a um ano, nos crimes praticados com abuso de poder ou violação de dever para com a Administração Pública; (Incluído pela Lei n. 9.268, de 1º de abril de 1996)

b) quando for aplicada pena privativa de liberdade por tempo superior a 4 (quatro) anos nos demais casos. (Incluído pela Lei n. 9.268, de 1º de abril de 1996)

II – a incapacidade para o exercício do poder familiar, da tutela ou da curatela nos crimes dolosos sujeitos à pena de reclusão cometidos contra outrem igualmente titular do mesmo poder familiar, contra filho, filha ou outro descendente ou contra tutelado ou curatelado; (Redação dada pela Lei n. 13.715, de 24 de setembro de 2018)

III – a inabilitação para dirigir veículo, quando utilizado como meio para a prática de crime doloso. (Redação dada pela Lei n. 7.209, de 11 de julho de 1984)

Parágrafo único. Os efeitos de que trata este artigo não são automáticos, devendo ser motivadamente declarados na sentença. (Redação dada pela Lei n. 7.209, de 11 de julho de 1984)

Capítulo VII – Da Reabilitação

Reabilitação

Art. 93. A reabilitação alcança quaisquer penas aplicadas em sentença definitiva, assegurando ao condenado o sigilo dos registros sobre o seu processo e condenação. (Redação dada pela Lei n. 7.209, de 11 de julho de 1984)

Parágrafo único. A reabilitação poderá, também, atingir os efeitos da condenação, previstos no art. 92 deste Código, vedada reintegração na situação anterior, nos casos dos incisos I e II do mesmo artigo. (Redação dada pela Lei n. 7.209, de 11 de julho de 1984)

Art. 94. A reabilitação poderá ser requerida, decorridos 2 (dois) anos do dia em que for extinta, de qualquer modo, a pena ou terminar sua execução, computando-se o período de prova da suspensão e o do livramento condicional, se não sobrevier revogação, desde que o condenado: (Redação dada pela Lei n. 7.209, de 11 de julho de 1984)

I – tenha tido domicílio no País no prazo acima referido; (Redação dada pela Lei n. 7.209, de 11 de julho de 1984)

II – tenha dado, durante esse tempo, demonstração efetiva e constante de bom comportamento público e privado; (Redação dada pela Lei n. 7.209, de 11 de julho de 1984)

III – tenha ressarcido o dano causado pelo crime ou demonstre a absoluta impossibilidade de o fazer, até o dia do pedido, ou exiba documento que comprove a renúncia da vítima ou novação da dívida. (Redação dada pela Lei n. 7.209, de 11 de julho de 1984)

Parágrafo único. Negada a reabilitação, poderá ser requerida, a qualquer tempo, desde que o pedido seja instruído com novos elementos comprobatórios dos requisitos necessários. (Redação dada pela Lei n. 7.209, de 11 de julho de 1984)

Art. 95. A reabilitação será revogada, de ofício ou a requerimento do Ministério Público, se o reabilitado for condenado, como reincidente, por decisão definitiva, a pena que não seja de multa. (Redação dada pela Lei n. 7.209, de 11 de julho de 1984)

Súmulas do STJ na matéria

Súmula 171

Direito Penal – Aplicação da Pena

Enunciado:

Cominadas cumulativamente, em lei especial, penas privativa de liberdade e pecuniária, é defeso a substituição da prisão por multa.

Súmula 231

Direito Penal – Aplicação da Pena

Enunciado:

A incidência da circunstância atenuante não pode conduzir à redução da pena abaixo do mínimo legal.

Súmula 241

Direito Penal – Aplicação da Pena

Enunciado:

A reincidência penal não pode ser considerada como circunstância agravante e, simultaneamente, como circunstância judicial.

Súmula 269

Direito Penal – Aplicação da Pena

Enunciado:

É admissível a adoção do regime prisional semiaberto aos reincidentes condenados a pena igual ou inferior a quatro anos se favoráveis as circunstâncias judiciais.

Súmula 440

Direito Penal – Aplicação da Pena

Enunciado:

Fixada a pena-base no mínimo legal, é vedado o estabelecimento de regime prisional mais gravoso do que o cabível em razão da sanção imposta, com base apenas na gravidade abstrata do delito.

Súmula 442

Direito Penal – Aplicação da Pena

Enunciado:

É inadmissível aplicar, no furto qualificado, pelo concurso de agentes, a majorante do roubo

Súmula 443

Direito Penal – Aplicação da Pena

Enunciado:

O aumento na terceira fase de aplicação da pena no crime de roubo circunstanciado exige fundamentação concreta, não sendo suficiente para a sua exasperação a mera indicação do número de majorantes.

Súmula 444

Direito Penal – Aplicação da Pena

Enunciado:

É vedada a utilização de inquéritos policiais e ações penais em curso para agravar a pena-base.

Súmula 545

Direito Penal – Aplicação da Pena

Enunciado:

Quando a confissão for utilizada para a formação do convencimento do julgador, o réu fará jus à atenuante prevista no art. 65, inciso III, alínea "d", do Código Penal.

Súmula 587

Direito Penal – Aplicação da Pena

Enunciado:

Para a incidência da majorante prevista no art. 40, inciso V, da Lei n. 11.343/2006, é desnecessária a efetiva transposição de fronteiras entre estados da Federação, sendo suficiente a demonstração inequívoca da intenção de realizar o tráfico interestadual.

Súmula 607

Direito Penal – Aplicação da Pena

Enunciado:

A majorante do tráfico transnacional de drogas (art. 40, I, da Lei n. 11.343/2006) configura-se com a prova da destinação internacional das drogas, ainda que não consumada a transposição de fronteiras.

Súmula 630

Direito Penal – Aplicação da Pena

Enunciado:

A incidência da atenuante da confissão espontânea no crime de tráfico ilícito de entorpecentes exige o reconhecimento da traficância pelo acusado, não bastando a mera admissão da posse ou propriedade para uso próprio.

Súmula 631

Direito Penal – Efeitos da Condenação

Enunciado:

O indulto extingue os efeitos primários da condenação (pretensão executória), mas não atinge os efeitos secundários, penais ou extrapenais.

Súmula 636

Direito Penal – Aplicação da Pena

Enunciado:

A folha de antecedentes criminais é documento suficiente a comprovar os maus antecedentes e a reincidência.

Súmula 659

Direito Penal – Aplicação da Pena

Enunciado:

A fração de aumento em razão da prática de crime continuado deve ser fixada de acordo com o número de delitos cometidos, aplicando-se 1/6 pela prática de duas infrações, 1/5 para três, 1/4 para quatro, 1/3 para cinco, 1/2 para seis e 2/3 para sete ou mais infrações.

STJ – Recursos Repetitivos

Tema Repetitivo 20

Tese Firmada

É inadmissível a fixação de pena substitutiva (art. 44, CP) como condição especial ao regime aberto.

Tema Repetitivo 561

Tese Firmada

Afigura-se absolutamente "possível o reconhecimento do privilégio previsto no § 2º do art. 155 do Código Penal nos casos de furto qualificado (CP, art. 155, § 4º)", máxime se presente qualificadora de ordem objetiva, a primariedade do réu e, também, o pequeno valor da res furtiva.

Tema Repetitivo 917

Tese Firmada

É possível a remição de parte do tempo de execução da pena quando o condenado, em regime fechado ou semiaberto, desempenha atividade laborativa extramuros.

Tema Repetitivo 931

Tese Firmada

O inadimplemento da pena de multa, após cumprida a pena privativa de liberdade ou restritiva de direitos, não obsta a extinção da punibilidade, ante a alegada hipossuficiência do condenado, salvo se diversamente entender o juiz competente, em decisão suficientemente motivada, que indique concretamente a possibilidade de pagamento da sanção pecuniária.

O Tema 931/STJ passou por três procedimentos de Revisão:

1) Afetação e reafirmação da jurisprudência na sessão eletrônica iniciada em 14/10/2020 e finalizada em 20/10/2020, a Terceira Seção revisou o seu posicionamento "a fim de acolher a tese segundo a qual, na hipótese de condenação concomitante a pena privativa de liberdade e multa, o inadimplemento da sanção pecuniária obsta o reconhecimento da extinção da punibilidade" (REsp 1.785.383/SP e 1.785.861/SP, DJe, 2 dez. 2020).

2) Afetação (Revisão de Tese) na sessão eletrônica iniciada em 25/8/2021 e finalizada em 31/8/2021, a Terceira Seção revisou o seu entendimento anterior fixando a atual tese de que "na hipótese de condenação concomitante a pena privativa de liberdade e multa, o inadimplemento da sanção pecuniária, pelo condenado que comprovar impossibilidade de fazê-lo, não obsta o reconhecimento da extinção da punibilidade" (REsp 1.785.383/SP e 1.785.861/SP, DJe, 30 nov. 2021).

3) Nova afetação (Nova Revisão de Tese) na sessão eletrônica iniciada em 11/10/2023 e finalizada em 17/10/2023, nos Recursos Especiais n. 2.090.454/SP e 2.024.901/SP (acórdão publicado no DJe, 30 out. 2023), propondo revisar a tese atual, quanto à alegada necessidade de demonstração da hipossuficiência do apenado para que, a despeito do inadimplemento da pena de multa, possa-se proceder ao reconhecimento da extinção de sua punibilidade.

Tema Repetitivo 993

Tese Firmada

A inexistência de estabelecimento penal adequado ao regime prisional determinado para o cumprimento da pena não autoriza a concessão imediata do benefício da prisão domiciliar, porquanto, nos termos da Súmula Vinculante n° 56, é imprescindível que a adoção de tal medida seja precedida das providências estabelecidas no julgamento do RE n. 641.320/RS, quais sejam:

I – saída antecipada de outro sentenciado no regime com falta de vagas, abrindo-se, assim, vagas para os reeducandos que acabaram de progredir;

II – a liberdade eletronicamente monitorada ao sentenciado que sai antecipadamente ou é posto em prisão domiciliar por falta de vagas; e

III – cumprimento de penas restritivas de direitos e/ou estudo aos sentenciados em regime aberto.

Tema Repetitivo 1077

Tese Firmada

Condenações criminais transitadas em julgado, não consideradas para caracterizar a reincidência, somente podem ser valoradas, na primeira fase da dosimetria, a título de antecedentes criminais, não se admitindo sua utilização para desabonar a personalidade ou a conduta social do agente

Tema Repetitivo 1084

Tese Firmada

É reconhecida a retroatividade do patamar estabelecido no art. 112, V, da Lei n. 13.964/2019, àqueles apenados que, embora tenham cometido crime hediondo ou equiparado sem resultado morte, não sejam reincidentes em delito de natureza semelhante.

Tema Repetitivo 1106

Tese Firmada

Sobrevindo condenação por pena privativa de liberdade no curso da execução de pena restritiva de direitos, as penas serão objeto de unificação, com a reconversão da pena alternativa em privativa de liberdade, ressalvada a possibilidade de cumprimento simultâneo aos apenados em regime aberto e vedada a unificação automática nos casos em que a condenação substituída por pena alternativa é superveniente

Tema Repetitivo 1120

Tese Firmada

Nada obstante a interpretação restritiva que deve ser conferida ao art. 126, parágrafo 4º, da LEP, os princípios da individualização da pena, da dignidade da pessoa humana, da isonomia e da fraternidade, ao lado da teoria da derrotabilidade da norma e da situação excepcionalíssima da pandemia de covid-19, impõem o cômputo do período de restrições sanitárias como de efetivo estudo ou trabalho em favor dos presos que já estavam trabalhando ou estudando e se viram impossibilitados de continuar seus afazeres unicamente em razão do estado pandêmico.

Tema Repetitivo 1139

Tese Firmada

É vedada a utilização de inquéritos e/ou ações penais em curso para impedir a aplicação do art. 33, parágrafo 4º da Lei n. 11.343/2006.

Tema Repetitivo

Tese Firmada

1) O período de recolhimento obrigatório noturno e nos dias de folga, por comprometer o *status libertatis* do acusado, deve ser reconhecido como período a ser detraído da pena privativa de liberdade e da medida de segurança, em homenagem aos princípios da proporcionalidade e do *non bis in idem*.

2) O monitoramento eletrônico associado, atribuição do Estado, não é condição indeclinável para a detração dos períodos de submissão a essas medidas cautelares, não se justificando distinção de tratamento ao investigado ao qual não é determinado e disponibilizado o aparelhamento.

3) As horas de recolhimento domiciliar noturno e nos dias de folga devem ser convertidas em dias para contagem da detração da pena. Se no cômputo total remanescer período menor que vinte e quatro horas, essa fração de dia deverá ser desprezada.

Tema Repetitivo 1172

Tese Firmada

A reincidência específica como único fundamento só justifica o agravamento da pena em fração mais gravosa que 1/6 em casos excepcionais e mediante detalhada fundamentação baseada em dados concretos do caso.

Súmulas do STF na matéria

Súmula 693

Não cabe *habeas corpus* contra decisão condenatória a pena de multa, ou relativo a processo em curso por infração penal a que a pena pecuniária seja a única cominada.

Súmula 695

Não cabe *habeas corpus* quando já extinta a pena privativa de liberdade.

Súmula 698

Não se estende aos demais crimes hediondos a admissibilidade de progressão no regime de execução da pena aplicada ao crime de tortura.

Súmulas do STF na matéria

Súmula Vinculante 26

Para efeito de progressão de regime no cumprimento de pena por crime hediondo, ou equiparado, o juízo da execução observará a inconstitucionalidade do art. 2º da Lei n. 8.072, de 25 de julho de 1990, sem prejuízo de avaliar se o condenado preenche, ou não, os requisitos objetivos e subjetivos do benefício, podendo determinar, para tal fim, de modo fundamentado, a realização de exame criminológico.

Súmula Vinculante 35

A homologação da transação penal prevista no art. 76 da Lei n. 9.099/1995 não faz coisa julgada material e, descumpridas suas cláusulas, retoma-se a situação anterior, possibilitando-se ao Ministério Público a continuidade da persecução penal mediante oferecimento de denúncia ou requisição de inquérito policial.

Súmula Vinculante 56

A falta de estabelecimento penal adequado não autoriza a manutenção do condenado em regime prisional mais gravoso, devendo-se observar, nessa hipótese, os parâmetros fixados no RE 641.320/RS.

Súmula 715

A pena unificada para atender ao limite de trinta anos de cumprimento, determinado pelo art. 75 do Código Penal, não é considerada para a concessão de outros benefícios, como o livramento condicional ou regime mais favorável de execução.

Súmula 716

Admite-se a progressão de regime de cumprimento da pena ou a aplicação imediata de regime menos severo nela determinada, antes do trânsito em julgado da sentença condenatória.

Súmula 717

Não impede a progressão de regime de execução da pena, fixada em sentença não transitada em julgado, o fato de o réu se encontrar em prisão especial.

Súmula 718

A opinião do julgador sobre a gravidade em abstrato do crime não constitui motivação idônea para a imposição de regime mais severo do que o permitido segundo a pena aplicada.

Súmula 719

A imposição do regime de cumprimento mais severo do que a pena aplicada permitir exige motivação idônea.

Teses de Repercussão Geral

Teses 0114

Surge harmônico com o princípio constitucional da individualização da pena o inciso I do art. 61 do Código Penal, no que prevê, como agravante, a reincidência.

Teses 0129

A existência de inquéritos policiais ou de ações penais sem trânsito em julgado não pode ser considerada como maus antecedentes para fins de dosimetria da pena.

Tese 0150

Não se aplica ao reconhecimento dos maus antecedentes o prazo quinquenal de prescrição da reincidência, previsto no art. 64, inciso I, do Código Penal, podendo o julgador, fundamentada e eventualmente, não promover qualquer incremento da pena-base em razão de condenações pretéritas, quando as considerar desimportantes, ou demasiadamente distanciadas no tempo, e, portanto, não necessárias à prevenção e repressão do crime, nos termos do comando do art. 59, do Código Penal.

Tese 0158

Circunstância atenuante genérica não pode conduzir à redução da pena abaixo do mínimo legal.

Tese 0169

I – É inadmissível a aplicação da causa de diminuição prevista no art. 33, parágrafo 4º, da Lei n. 11.343/2006 à pena relativa à condenação por crime cometido na vigência da Lei n. 6.368/1976; II – Não é possível a conjugação de partes mais benéficas das referidas normas, para criar-se uma terceira lei, sob pena de violação aos princípios da legalidade e da separação de Poderes; III – O juiz, contudo, deverá, no caso concreto, avaliar qual das mencionadas leis é mais favorável ao réu e aplicá-la em sua integralidade.

Tese 0187

As consequências jurídicas extrapenais previstas no art. 91 do Código Penal são decorrentes de sentença penal condenatória. Tal não ocorre, portanto, quando há transação penal (art. 76, Lei n. 9.099/1995), cuja sentença tem natureza meramente homologatória, sem qualquer juízo sobre a responsabilidade criminal do aceitante. As consequências geradas pela transação penal são essencialmente aquelas estipuladas por modo consensual no respectivo instrumento de acordo.

Tese 0370

A suspensão de direitos políticos prevista no art. 15, inciso III, da Constituição Federal aplica-se no caso de substituição da pena privativa de liberdade pela restritiva de direitos.

Tese 0423

I – A falta de estabelecimento penal adequado não autoriza a manutenção do condenado em regime prisional mais gravoso; II – Os juízes da execução penal poderão avaliar os estabelecimentos destinados aos regimes semiaberto e aberto, para qualificação como adequados a tais regimes. São aceitáveis estabelecimentos que não se qualifiquem como "colônia agrícola, industrial" (regime semiaberto) ou "casa de albergado ou estabelecimento adequado" (regime aberto) (art. 33, § 1º, "b" e "c"); III – Havendo déficit de vagas, deverá determinar-se: (i) a saída antecipada de sentenciado no regime com falta de vagas; (ii) a liberdade eletronicamente monitorada ao sentenciado que sai antecipadamente ou é posto em prisão domiciliar por falta de vagas; (iii) o cumprimento de penas restritivas de direito e/ou estudo ao sentenciado que progride ao regime aberto. Até que sejam estruturadas as medidas alternativas propostas, poderá ser deferida a prisão domiciliar ao sentenciado.

Tese 0486

É constitucional a imposição da pena de suspensão de habilitação para dirigir veículo automotor ao motorista profissional condenado por homicídio culposo no trânsito.

Tese 0626

É inconstitucional a vedação à conversão da pena privativa de liberdade em restritiva de direitos, prevista nos arts. 33, parágrafo 4º, e 44, *caput*, da Lei n. 11.343/2006.

Tese 0972

É inconstitucional a fixação *ex lege*, com base no art. 2º, parágrafo 1º, da Lei n. 8.072/1990, do regime inicial fechado, devendo o julgador, quando da condenação, ater-se aos parâmetros previstos no art. 33 do Código Penal.

Tese 1169

Tendo em vista a legalidade e a taxatividade da norma penal (art. 5º, XXXIX, CF), a alteração promovida pela Lei n. 13.964/2019 no art. 112 da LEP não autoriza a incidência do percentual de 60% (inciso VII) aos condenados reincidentes não específicos para o fim de progressão de regime. Diante da omissão legislativa, impõe-se a analogia *in bonam partem*, para aplicação, inclusive retroativa, do inciso V do art. 112 da LEP (lapso temporal de 40%) ao condenado por crime hediondo ou equiparado sem resultado morte reincidente não específico.

7.1 Justificações para existência da pena

Anteriormente à exposição das mais conhecidas vertentes de justificação de existência da pena deve ser compartilhada a explicação da necessidade de punição como comportamento contrafático em relação ao mundo[1].

GÜNTHER pondera, a partir de uma visão metajurídica, que a pena estabiliza os próprios mecanismos de repressão e recalque. Quando a confiança na inviolabilidade da norma é abalada pelo crime, a pena precisa eliminar a irritação que isso causa. No entanto, como demonstrou Hafke, essa explicação da necessidade de punição só se aplica a uma sociedade cujas normas precisam ser rigidamente internalizadas, porque as instâncias do ego são fracas demais para garantir a obediência autônoma das normas. Então, a pena somente repete de modo espelhado as próprias repressões intrapsíquicas sobre o delinquente.[2]

Abordando as concepções tradicionais a partir de uma perspectiva crítica, MORSELLI[3] aponta que, no período sucessivo à Segunda Guerra Mundial, a opinião da maioria dos juristas e estudiosos parecia se fixar numa resposta de tipo eclético, isto é, reconhecer-se na pena uma natureza ou caráter constitutivo, de tipo retributivo. Contudo, ao mesmo tempo, superava-se a visão limitada das chamadas *teorias absolutas*, atribuindo-se à pena uma função independente de sua natureza intrínseca, ou seja, uma função preventiva. A pena, dizia-se enfim, é de natureza retributiva, mas tem uma função preventiva. O desenvolvimento da psicologia, da sociologia, e, por consequência, o da criminologia, posicionou o réu sob um novo prisma.

Ainda segundo esse autor, se é verdade que o legislador não pode abdicar do direito de punir, e, por consequência, da pena como sanção a ser infligida ao réu, é igualmente verdade que ele se preocupou, de vários modos, em fazer com que a execução da pena não se constituísse num fim em si mesma, mas fosse finalista, e, por conseguinte, realizada através de toda uma série de medidas e de procedimentos de tipo ressocializador, ou, como se costuma dizer, reeducativo.[4]

---

1   A partir das considerações de GÜNTHER, Klaus. Crítica da pena II. **Revista Direito GV**, v. 3, n. 1, p. 137-150, 2007.
2   Op. cit.
3   MORSELLI, Élio. A função da pena à luz da moderna criminologia. **Revista Brasileira de Ciências Criminais**, v. 19, p. 39-46, 1997.
4   Op. cit.

🔲 7.1.1 As justificativas retributivistas

As teorias retributivistas baseiam-se na ideia de que a pena é um fim em si mesma e tem como objetivo retribuir o mal causado pelo crime. Existem dois tipos principais de teorias retributivistas: as absolutas e as relativas.

As teorias absolutas concebem a pena como um castigo em si mesmo, justificado por seu valor axiológico intrínseco. Elas se fundamentam na ideia de retribuição ética ou retribuição jurídica. A retribuição ética, proposta por Kant[5], considera que a pena é justificada pelo valor moral da lei penal violada pelo culpado e pelo castigo imposto a ele. Já a retribuição jurídica, proposta por Hegel, defende que a pena é uma retribuição necessária para restaurar a ordem jurídica violada. "O delito, entendido como a negação do Direito, é a manifestação de uma vontade irracional – vontade particular – configurando assim essa comum contradição entre duas vontades".[6]

Como lembra PRADO,

> na atualidade, a ideia de retribuição jurídica significa que a pena deve ser proporcional ao injusto culpável, de acordo com o princípio de justiça distributiva. Logo, essa concepção moderna não corresponde a um sentimento de vingança social, mas antes equivale a um princípio limitativo, segundo o qual o delito perpetrado deve operar como fundamento e limite da pena, que deve ser proporcional à magnitude do injusto e da culpabilidade.[7]

🔲 7.1.2 As justificativas utilitaristas

As teorias utilitaristas buscam justificar a pena com base em sua utilidade na prevenção de futuros delitos. Essas teorias se dividem em prevenção geral e prevenção especial.

A prevenção geral tem como objetivo reafirmar a sociedade e a existência do Direito Penal (DP). Ela busca intimidar as pessoas, mostrando as consequências da transgressão da norma penal. A prevenção geral negativa enfatiza a intimidação, enquanto a prevenção geral positiva busca a estabilidade do ordenamento jurídico.

---

5   KANT, Immanuel, citado por SANTOS, Robinson dos. A concepção de justiça penal na doutrina do direito de Kant. **Ethic@**, Florianópolis, v. 10, n. 3, p. 103-114, dez. 2011. Disponível em: <https://periodicos.ufsc.br/index.php/ethic/article/viewFile/1677-2954.2011v10n3p103/21554>. Acesso em: 18 out. 2023.

6   RAMIREZ, Bustos, citado por BITENCOURT, Cezar Roberto. **Tratado de Direito Penal**. 16. ed. São Paulo: Saraiva, 2011. p. 104.

7   PRADO, Luiz Regis. Teoria dos fins da pena: breves reflexões. **Ciências Penais   Revista da Associação Brasileira dos Professores de Ciências Penais**. São Paulo, RT, v. 1, p. 143-158, 2004, *passim*.

Já a prevenção especial tem como objetivo evitar a reincidência, reeducando e ressocializando o infrator. A prevenção especial negativa busca impedir que o condenado volte a cometer crimes, e a prevenção especial positiva tem como objetivo a reintegração do infrator à sociedade.

7.1.3 Doutrinas abolicionistas

As doutrinas abolicionistas são correntes que questionam a legitimidade do DP e defendem a abolição da pena. Existem diferentes vertentes dentro das doutrinas abolicionistas, como o abolicionismo radical de Stirner e o abolicionismo holístico anarquista e pós-marxista. Essas correntes contestam o fundamento ético-político do DP e consideram que os custos da restrição da liberdade, do processo penal e da punição são superiores aos benefícios.

Algumas doutrinas abolicionistas defendem a abolição total do controle social, enquanto outras propõem a substituição da pena jurídico-penal por meios pedagógicos e instrumentos informais e socialmente imediatos. Essas correntes abolicionistas têm contribuído para a autonomia da criminologia crítica, questionando as bases e a legitimidade do DP.

Fazendo uma importante abordagem sobre as concepções abolicionistas e as contrapondo ao minimalismo penal, Rocha[8] aponta que o abolicionismo se apresenta de maneira teórica, mas ao mesmo tempo com uma aplicação prática, se consideramos que este nasceu de um movimento social, político criminal e defende o fim do modelo penal atual, sugerindo a extinção da forma como se dá a resolução de conflitos no sistema punitivo vigente e o substituindo por métodos conciliatórios e preventivos, e, havendo a necessidade de intervenção estatal, que sejam usados outros ramos do Direito que não o DP.

Por fim, destaca a autoria que as bases fundamentais que corroboram com o abolicionismo são a natureza seletiva do DP, uma vez que o DP escolhe a quem ele vai atingir e se fazer valer e a incapacidade de cumprir com as funções atribuídas às penas, pois quando o Estado exerce seu poder punitivo sobre o "público-alvo" do DP, ele não consegue fazer valer as funções objetivas das penas, que seriam reprovar e prevenir o delito.[9]

---

8   ROCHA, Vanessa Carneiro da. **Os modelos abolicionistas de Louk Hulsman e Nils Christie e o minimalismo de Alessandro Barata e Luigi Ferrajoli.** 69 f. Dissertação (Mestrado em Ciências Político-Criminais) – Universidade de Coimbra, 2019. *passim.*

9   *Op. cit.*

7.2 Fundamentos constitucionais para criação e aplicação da pena

7.2.1 Limites constitucionais negativos

7.2.1.1 A impossibilidade da pena de morte

Há um consenso no ambiente internacional protetivo dos direitos humanos pela impossibilidade da aplicação da pena de morte.

Assim, as seguintes leis internacionais banem explicitamente o uso da pena de morte, exceto durante os períodos de guerra:

- O Segundo Protocolo Adicional ao Pacto Internacional sobre os Direitos Civis e Políticos.[10]
- O Protocolo n. 6 à Convenção Europeia dos Direitos Humanos.[11]
- O Protocolo à Convenção Americana sobre Direitos Humanos referente à Abolição da Pena de Morte.[12]
- A Convenção Europeia sobre Direitos Humanos (Protocolo n. 13) proíbe o uso da pena de morte em qualquer circunstância, mesmo durante guerra.[13]

Conforme levantamento da Anistia Internacional,[14]

---

10 Aprovado em 16 de dezembro de 1966 pela Assembleia Geral das Nações Unidas (AGNU) e aberto à adesão dos Estados. Nos termos do seu art. 49, entrou em vigor na ordem jurídica internacional três meses depois do depósito do trigésimo quinto instrumento de ratificação, o que aconteceu em 23 de março de 1976.

11 Art. 1º (Abolição da pena de morte). A pena de morte é abolida. Ninguém pode ser condenado a tal pena ou executado. In: PORTUGAL. Procuradoria-Geral da República. Ministério Público. **Protocolo nº 6 à Convenção para a Protecção dos Direitos do Homem e das Liberdades Fundamentais Relativo à Abolição da Pena de Morte**. 28 abr. 1983. Disponível em: <https://gddc.ministeriopublico.pt/sites/default/files/documentos/instrumentos/protocolo_n_6_a_convencao_para_a_proteccao_dos_direitos_do_homem_e_das_liberdades_fundamentais_relativo_a_abolicao_da_pena_de_morte.pdf>. Acesso em: 18 out. 2023.

12 No Brasil promulgado pelo Decreto n. 2.754, de 27 de agosto de 1998: "Art. 1. Os Estados-Partes neste Protocolo não aplicarão em seu território a pena de morte a nenhuma pessoa submetida a sua jurisdição".

13 PORTUGAL. Procuradoria-Geral da República. Ministério Público. **Protocolo n. 13 à Convenção para a Protecção dos Direitos do Homem e das Liberdades Fundamentais, relativo à abolição da pena de morte em quaisquer Circunstâncias**. 3 maio 2002. Disponível em: <https://gddc.ministeriopublico.pt/sites/default/files/documentos/instrumentos/protocolo_n_13_a_convencao_para_a_proteccao_dos_direitos_do_homem_e_das_liberdades_fundamentais.pdf>. Acesso em: 18 out. 2023.

14 A PENA... **Anistia Internacional**. Disponível em: <https://www.amnistia.pt/tematica/pena-de--morte/>. Acesso em: 1º ago. 2023.

Em 2021, após o fim das restrições impostas devido à COVID-19, registou-se um aumento do número de execuções e de condenações à pena de morte, sobretudo por alguns dos países mais conhecidos por essa prática. Registaram-se, pelo menos, 579 execuções, em 18 países, o que significa um aumento de 20% comparativamente a 2020 (com 483 execuções). Ainda assim, este total de execuções em 2021 representa o segundo número mais baixo registado pela Amnistia Internacional desde 2010.

Ademais,

excluindo-se a China, 93% das execuções ocorreram no Oriente Médio Oriente e no Norte de África. As 196 execuções ocorridas na Arábia Saudita é o maior número registrado no país em 30 anos, segundo o relatório. Além disso, a Anistia Internacional documentou execuções em 20 países, dois a mais que os 18 registrados em 2021.[15]

No Brasil, relativamente à execução desta pena contra civis, o último caso registrado ocorreu em 1876[16], tendo sido o Brasil o segundo país das Américas a abolir esse tipo de pena.

Proibida na primeira constituição republicana, aponta LEAL que, na Assembleia Constituinte de 1934, por exemplo, ocorreram debates acalorados sobre a adoção da pena de morte na nova Constituição e propostas para a sua inserção, até para os crimes de desvios de dinheiro público, mas as propostas foram recusadas. Em 1937, Getúlio Vargas outorgou uma nova Constituição, de caráter autoritário e inspiração fascista, que marcou o início da ditadura do Estado Novo, restringiu os direitos individuais e sociais, e reinstaurou a pena de morte com o Decreto-Lei n. 431, de 18 de maio de 1938, e novamente abolida com a promulgação da Constituição de 1946, persistindo a previsão para os casos de guerra externa.[17]

Nada obstante a exclusão formal na Constituição Federal de 1988 (CF/1988), o debate público sobre a pena de morte mostrou adesão popular ao tema[18],

---

15 EXECUÇÕES... **Anistia Internacional**. 16 maio 2023. Disponível em: <https://agenciabrasil. ebc.com.br/internacional/noticia/2023-05/execucoes-por-pena-de-morte-aumentam-52-em--2022-indica-relatorio>. Acesso em: 27 nov. 2023.

16 Ver, entre outros, JUNIOR, Oseas Batista Figueira. Crime e Castigo: pena de morte e a manutenção da ordem no Império Brasileiro (1830-1876). **História e Diversidade**, v. 9, n. 1, p. 188-202, 2017. Também DE ALBUQUERQUE LEAL, Tatiana Cavalcanti; ASFORA, Alessandra Macedo. Recontando a história da pena de morte no Brasil: na linha tênue entre a oficialidade e a extrajudicialidade. **Caderno de Direito e Política**, v. 1, n. 1, 2020.

17 DE ALBUQUERQUE LEAL, Tatiana Cavalcanti; ASFORA, Alessandra Macedo. Recontando a história da pena de morte no Brasil: na linha tênue entre a oficialidade e a extrajudicialidade. **Caderno de Direito e Política**, v. 1, n. 1, 2020.

18 A respeito, ver SALLA, Fernando Afonso; TEIXEIRA, Alessandra; MARINHO, Maria Gabriela S. M. C. Contribuições para uma genealogia da pena de morte: desnudando a "índole pacífica" do povo brasileiro. **Revista Brasileira de História & Ciências Sociais**, v. 11, n. 21, p. 41-71, 2019.

debordando, segundo o estudo mencionado, na aceitação da prática de justiciamentos como mecanismo de resposta à criminalidade de rua.

Nos termos da CF/1988, art. 5º, não haverá penas de morte, salvo em caso de guerra declarada, que, de acordo com o art. 84 da Lei Maior, é ato do Presidente ocorrível em caso de agressão estrangeira, e desde que autorizado pelo Congresso Nacional ou, mediante sua ratificação, se a agressão ocorrer entre as sessões legislativas.

7.2.1.2 A impossibilidade de penas degradantes ou cruéis

Punições degradantes ou cruéis são aquelas que causam sofrimento extremo, humilhação ou tratamento desumano a uma pessoa. Essas punições podem incluir tortura física ou psicológica, mutilação, castigos públicos humilhantes, entre outros. A essência dessas práticas é infligir dor e sofrimento intencionalmente, indo além do necessário para a punição em si.

A proibição de punições degradantes ou cruéis está prevista em diversos instrumentos internacionais de direitos humanos, destacando-se:

- A Declaração Universal dos Direitos Humanos, adotada pela Assembleia Geral das Nações Unidas em 1948, que estabelece que ninguém será submetido a tortura, tratamento cruel, desumano ou degradante (art. 5º).
- A Convenção contra a Tortura e Outros Tratamentos ou Penas Cruéis, Desumanos ou Degradantes, adotada pela Assembleia Geral das Nações Unidas em 1984, que proíbe explicitamente a tortura e outros tratamentos ou penas cruéis, desumanos ou degradantes (art. 1º).
- A Convenção Americana sobre Direitos Humanos, também conhecida como "Pacto de San Jose da Costa Rica", que proíbe a tortura, o tratamento cruel, desumano ou degradante (art. 5º).

São clássicos exemplos de punições degradantes ou cruéis:

- **Tortura física**: Espancamentos, choques elétricos, afogamento simulado, entre outros.
- **Tortura psicológica**: Ameaças de violência, privação de sono, humilhação, entre outros.
- **Castigos corporais**: Espancamentos, chibatadas, mutilações, entre outros.
- **Prisões superlotadas e insalubres**: Condições de vida degradantes que violam a dignidade humana.

7.2.2 Princípios constitucionais

7.2.2.1 Humanização

O princípio da humanidade da pena encontra respaldo na CF/1988. Diversos preceitos constitucionais reforçam esse princípio, destacando o respeito à integridade física e moral do condenado. O art. 5º, inciso XLIX, assegura aos presos o direito ao respeito à sua integridade física, e o inciso L do mesmo artigo garante às presidiárias condições adequadas para permanecerem com seus filhos durante o período de amamentação.

O art. 5º, inciso XLVII, a CF/1988 proíbe expressamente penas de morte, de caráter perpétuo, de trabalhos forçados, de banimento e penas cruéis. Essa proibição reflete o compromisso do Estado com a humanização das penas e a garantia de tratamento digno aos condenados, (art. 5º, XLIX, CF), no direito de cumprir a pena em estabelecimentos distintos (art. 5º, XLVIII, CF) e na salvaguarda às presidiárias das condições para que possam permanecer com seus filhos durante o período de amamentação (art. 5º, L, CF).[19]

7.2.2.1.1 A humanização em relação à pessoa condenada

7.2.2.1.1.1 A mulher no cárcere

Desde a base constitucional, existe a previsão específica para mulheres que amamentam e o direito que possuem de ficar junto à prole durante o período de amamentação. Destaque *a latere* deve ser feito sobre a Lei n. 13.257, de 8 de março de 2016, que tutela direitos **da criança** e conta com normas que são aplicáveis às mulheres privadas de liberdade a título cautelar. Nada obstante não seja aplicável na execução penal, muitas postulações têm sido feitas para que seja observada, por analogia, no caso da execução da pena.[20]

7.2.2.1.1.2 O encarceramento de integrantes de povos originários

No caso da população indígena, o Conselho Nacional de Justiça (CNJ) editou a Resolução n. 287, de 25 de junho de 2019, que prevê que

> Art. 9º. [...] quando da definição da pena e do regime de cumprimento a serem impostos à pessoa indígena, a autoridade judicial deverá considerar

---

19 CERNICCHIARO, Luiz Vicente; COSTA JR. Paulo José da. **Direito Penal na Constituição**. 3. ed. São Paulo: Revista dos Tribunais, 1995. p. 121.

20 Uma das possibilidades questionadas é a alocação de mulheres mães de crianças na primeira infância (do 6º até o 72º mês de vida) em regime domiciliar quando estiverem cumprindo pena em regime fechado ou semiaberto.

Penas | 193

as características culturais, sociais e econômicas, suas declarações e a perícia antropológica.[21]

7.2.2.2 Proporcionalidade

O princípio da proporcionalidade estabelece que a pena aplicada deve ser equilibrada e proporcional à gravidade do crime cometido[22], apresetando três dimensões interligadas: adequação da pena, necessidade da pena e proporcionalidade em sentido estrito.

1] **Adequação da pena**: A primeira dimensão do princípio da proporcionalidade é a adequação da pena. Nesse contexto, é necessário analisar se a pena criminal é um meio adequado para proteger o bem jurídico em questão, ou seja, a pena deve ser efetiva na proteção desse bem, levando em consideração outros meios disponíveis.

2] **Necessidade da pena**: A segunda dimensão é a necessidade da pena. Além de ser um meio adequado, a pena também deve ser necessária para a proteção do bem jurídico. Isso significa que outros meios podem ser considerados adequados, mas a pena é indispensável para alcançar o objetivo de proteção.

3] **Proporcionalidade em sentido estrito**: A terceira dimensão é a proporcionalidade em sentido estrito. Nesse caso, é preciso avaliar se a pena criminal cominada ou aplicada é proporcional à natureza e extensão do dano causado ao bem jurídico. Essa análise busca evitar respostas penais excessivas em relação à infração cometida.

7.2.2.3 Individualização

7.2.2.3.1 A individualização pelo legislador

7.2.2.3.1.1 Pela gravidade do tipo objetivo

Abordando o tema, MILHOMEM ressalta a relação entre bem jurídico e proporcionalidade legislativa na fixação da pena, destacando que o bem jurídico tenha a suficiente relevância para justificar uma ameaça e privação da liberdade, em geral, e uma efetiva limitação da mesma, em concreto. Continua para afirmar que resulta necessário atender tanto ao fundamento quanto aos fins da pena, à hora

---

21 Na área jurídica, a literatura sobre esse tema é praticamente inexistente, merecendo atenção em outros campos de conhecimento. A ver, por exemplo, BAINES, S. G. A situação prisional de indígenas no sistema penitenciário de Boa Vista, Roraima/The situation of indigenous people in the prisons of the city of Boa Vista, Roraima. **Vivência: Revista de Antropologia**, v. 1, n. 46, 2015.

22 Ver, entre outros, FLACH, Michael Schneider. O princípio da proporcionalidade como limite penal. **Revista do Ministério Público do Rio Grande do Sul**, Porto Alegre, n. 68, p. 157-158, 2011.

de determinar a proporcionalidade da resposta penal. E isso, não só, ainda que, fundamentalmente, por razões de justiça senão, inclusive, mesmo que possa resultar paradoxal, por razões de eficácia.[23]

`7.2.2.3.2` A individualização pelo julgador

`7.2.2.3.2.1` O método trifásico de imposição das penas

No DP brasileiro adota-se o sistema trifásico, também conhecido como *critério trifásico*, que consiste em três etapas distintas: estabelecimento da pena-base, análise das circunstâncias agravantes e atenuantes, e aplicação das causas de aumento e diminuição de pena. Nesta parte do texto, vamos explorar detalhadamente cada uma dessas etapas, bem como as circunstâncias judiciais, agravantes e atenuantes, e as causas de aumento e diminuição de pena.

Etapa 1 – Pena-Base e Circunstâncias Judiciais

A primeira fase da dosimetria da pena é o estabelecimento da pena-base, que ocorre com base nas circunstâncias judiciais. As circunstâncias judiciais são elementos que influenciam na fixação da pena, levando em consideração a culpabilidade, os antecedentes, a conduta social, a personalidade do agente, os motivos, as circunstâncias e consequências do crime, bem como o comportamento da vítima.

As circunstâncias judiciais podem ser classificadas em **objetivas**, relacionadas aos modos e meios de realização do crime, e **subjetivas**, relacionadas à pessoa do agente. As circunstâncias objetivas incluem o tempo, lugar, objeto material, qualidade da vítima e *modus operandi* do crime. Já as circunstâncias subjetivas envolvem os motivos, as qualidades pessoais do agente e suas relações com a vítima.

Na análise das circunstâncias judiciais, o juiz deve levar em consideração o grau de reprovação da conduta, a conduta social do agente e suas características pessoais, os motivos do crime, a gravidade do delito, as consequências produzidas e o comportamento da vítima. Com base nessas circunstâncias, o magistrado estabelecerá a pena-base, respeitando os limites mínimos e máximos previstos em lei para o tipo penal.

Etapa 2 – Circunstâncias Agravantes e Atenuantes

A segunda etapa da dosimetria da pena consiste na análise das circunstâncias agravantes e atenuantes. As circunstâncias agravantes são elementos que aumentam a pena-base, e as atenuantes têm o efeito de diminuí-la.

---

23 MILHOMEM, Flávio. O princípio da proporcionalidade como critério para a cominação de penas em abstracto. **Direito e Justiça**, v. 14, n. 2, p. 29-45, 2000.

Penas | 195 |

As circunstâncias agravantes e atenuantes estão previstas nos arts. 61, 62, 65 e 66 do Código Penal (CP). Entre as agravantes, podemos citar a reincidência, a prática do crime com violência contra a pessoa, o motivo torpe, o uso de meio cruel, entre outros. Já as atenuantes podem ser a confissão espontânea, o arrependimento posterior, a menoridade do agente, entre outras.

Ao analisar as circunstâncias agravantes e atenuantes, o juiz deve levar em consideração a proporcionalidade e a razoabilidade, buscando uma pena justa e adequada ao caso concreto. A jurisprudência tem entendido que, no caso de concurso de agravantes e atenuantes, a pena deve se aproximar do limite indicado pelas circunstâncias preponderantes, considerando os motivos determinantes do crime, a personalidade do agente e a reincidência.

Etapa 3 – Causas de Aumento e Diminuição de Pena

A terceira e última fase da dosimetria da pena consiste na aplicação das causas de aumento e diminuição de pena. Essas causas estão previstas tanto na parte geral quanto na parte especial do Código Penal. Elas podem ser relacionadas a circunstâncias específicas do crime, como a utilização de meio que resulte perigo comum, a prática do crime contra pessoa vulnerável, entre outras.

Ao analisar as causas de aumento e diminuição de pena, o juiz deve levar em consideração os limites e os critérios estabelecidos em lei. É importante ressaltar que, diferentemente das fases anteriores, na terceira fase da dosimetria a pena pode exceder o máximo legal previsto para o tipo penal, bem como ficar abaixo do mínimo estabelecido.

7.2.2.4 A pena aquém do mínimo

A ideia da possibilidade da imposição de uma pena *aquém* do mínimo legal no transcurso regular do devido processo legal não é inédita na dogmática brasileira, destacando-se que na seara da justiça negociada essa baliza da legalidade estrita foi uma das primeiras a ser demolida na prática.

Assim, aponta SANTOS[24] que

> O limite de atenuação da pena por circunstâncias legais é controvertido, pois existem duas posições diferentes: a) a posição dominante na literatura e na jurisprudência brasileira (condensada em súmula do STJ) adota como limite de atenuação da pena o mínimo da pena privativa de liberdade cominada no tipo penal; b) não obstante, crescente posição minoritária admite atenuação da pena abaixo do mínimo da pena cominada.

---

24 SANTOS, Juarez Cirino dos. **Direito penal**: parte geral. 5. ed. rev. e ampl. Florianópolis: Conceito, 2012. p. 554.

Discussão surgida na doutrina[25] em que se pode encontrar manifestações como, "em meu entender, ao menos para as penas privativas de liberdade não está justificada a estipulação de um mínimo legal: seria oportuno, em outras palavras, confiar ao poder equitativo do juiz a seleção da pena abaixo do máximo estabelecido pela lei, sem vinculá-lo a um limite mínimo ou vinculando o a um limite mínimo muito baixo"[26], nada obstante se reconheça que, historicamente, a fixação de uma pena mínima foi um avanço contra o arbítrio medieval, limite construído com o Código Penal napoleônico em 1810[27].

Na jurisprudência há precedentes de longa data a respeito[28], que sucumbem à luz da Súmula n. 231 do Supremo Tribunal de Justiça (STJ), o que, de acordo com precisa observação, "não obsta que academicamente e judicialmente a questão continue a ser debatida e, se for o caso, criticada de forma a fomentar uma revisitação mais atual"[29], mesmo porque o SP brasileiro conhece, desde a edição do atual Código Eleitoral, uma estrutura de tipo penal cuja parte cominativa da pena não indica um mínimo legal.

Ademais, observadas as decisões do STJ que embasam ou refletem o entendimento sumulado ora comentado[30] muitos dos votos estão fundamentados em construções teóricas anteriores à CF, empregando autores que, inclusive,

---

25 Para uma visão geral ver DE OLIVEIRA, Antonio Carlos Moni. Desconstruindo o dogma do enunciado de Súmula 231 do Superior Tribunal de Justiça. **Revista Brasileira de Ciências Criminais**, n. 131, p. 335-363, 2017.

26 FERRAJOLI, Luigi. **Direito e razão**: teoria do garantismo penal. 2. ed. São Paulo: RT, 2006. p. 368,

27 Bitencourt, Cezar Roberto. **Uma revisão conceitual da aplicação da pena**: Pena aquém do mínimo – uma garantia constitucional. Disponível em: <http://www.tex.pro.br/wwwroot/00/00_revisao_conceitual_CB.php>. Acesso em: 26 mar. 2023.

28 "O princípio da individualização da pena (CF, art. 5°, XLVI), materialmente, significa que a sanção deve corresponder às características do fato, do agente e da vítima, enfim, considerar todas as circunstâncias do delito. A cominação, estabelecendo grau mínimo e grau máximo, visa a esse fim, conferindo ao juiz, conforme o critério do art. 68, CP (LGL\1940\2), fixar a pena *in* concreto. A lei trabalha com o gênero. Da espécie, cuida o magistrado. Só assim, ter-se-á Direito dinâmico e sensível à realidade, impossível de, formalmente, ser descrita em todos os pormenores. Imposição ainda da justiça do caso concreto, buscando realizar o direito justo. Na espécie sub judice, a pena-base foi fixada no mínimo legal. Reconhecida, ainda, a atenuante da confissão espontânea (CP – LGL\1940\2 –, art. 65, III, "d"). Todavia, desconsiderada porque não poderá ser reduzida. Essa conclusão significaria desprezar a circunstância. Em outros termos, não repercutir na sanção aplicada. Ofensa ao princípio e ao disposto no art. 59, CP (LGL\1940\2), que determina ponderar todas as circunstâncias do crime". BRASIL. Superior Tribunal de Justiça. **REsp. 151.837/MG**. Sexta Turma. Relator: Min. Luiz Vicente Cernicchiaro. Data de julgamento: 28 maio 1998.

29 DE SOUZA PÊCEGO, Antonio José Franco. Súmula 231 do Superior Tribunal de Justiça (Stj) Revisitada À Luz de um Direito Penal Garantista. **Revista Justiça e Sistema Criminal**, v. 7, n. 13, p. 261-276, 2015. p. 274. Disponível em: <https://revistajusticaesistemacriminal.fae.edu/direito/article/download/60/57>. Acesso em: 1° dez. 2023.

30 A ver BRASIL. Superior Tribunal de Justiça. **Súmula n. 231**. Relator: Min. William Patterson. Data de julgamento: 22 set. 1999. Data de Publicação: DJ, 15 out. 1999. Disponível em: <https://www.stj.jus.br/docs_internet/revista/eletronica/stj-revista-sumulas-2011_17_capSumula231.pdf>. Acesso em: 27 nov. 2023.

mudaram de posição depois de 1988, como no julgamento do REsp n. 7.287-PR (91.4812)[31]:

> As lições doutrinárias trazidas à colação são expressivas desse entendimento, consoante se lê desses lances da brilhante peça recursal: Hoje, com a alteração oriunda da Lei n. [...] 7.209/1984, o C. Penal (ex vi arts. 59 e seu inciso II, 67 e 68) impõe a observância do sistema trifásico do saudoso mestre HUNGRIA. De uma forma ou de outra, seja na legislação de 40, seja na atual (Lei n. 7.209/1984), qualquer que seja o método (de LYRA ou de HUNGRIA, este, agora, obrigatório), as agravantes e as atenuantes não poderiam, e não podem, levar a resposta penal in concreto para fora dos limites de mínimo e máximo estabelecidos para a infração criminal reconhecida. No sentido supra, DAMÁSIO E. DE JESUS (in "DIREITO PENAL", vol. 1, p. 506, 1985) ensina que: "Em face de uma circunstância agravante ou atenuante, nem sempre a aplicação de seu efeito é obrigatória. Isso porque, tratando-se de circunstâncias legais genéricas, a pena não pode ser fixada aquém do mínimo ou além do máximo. Suponha-se que o juiz, atendendo ao art. 59, caput, fixe a pena no mínimo (pena-base). Na segunda operação, encontra uma atenuante. A pena não pode ser inferior ao mínimo legal". Assim, também, HELENO C. FRAGOSO (in "LIÇÕES DE DIREITO PENAL", PG, p. 355, 7ª ed., 1985): "As circunstâncias legais atenuantes são de aplicação obrigatória. Elas atuam diminuindo a reprovabilidade da ação e, pois, da culpabilidade. Não pode, porém, a pena ser diminuída abaixo do mínimo da escala legal". Por igual, tem-se a ensinança de JUAREZ CIRINO DOS SANTOS (in "DIREITO PENAL", 1985, Forense, p. 250), para quem "as circunstâncias atenuantes ou agravantes genéricas (incluídas as do concurso de pessoas) não podem exceder os limites mínimo e máximo da pena cominada ao tipo legal".

Não nesse voto que se toma como argumento exemplificativo, qualquer menção à análise constitucional do tema, limitando-se as menções a situações doutrinárias anteriores a 1988, como mencionado.

---

31 BRASIL. Superior Tribunal de Justiça. **REsp n. 7.287-PR (91.4812)**. Data de julgamento: 16 abr. 1991. Data de publicação: 6 maio 1991. Disponível em: <https://www.jusbrasil.com.br/jurisprudencia/stj/594270>. Acesso em: 1º dez. 2023.

7.3 Pena e conduta

7.3.1 A unidade da conduta e a imposição da pena

Um único comportamento (conduta) com uma única incidência típica é uma situação estândar que implica uma solução direta no que toca à dosimetria da pena em concreto.

Contudo, como se verá na sequência, há situações em que ocorre um único comportamento com pluralidade de incidência típica ou um desdobramento de condutas e crimes ao longo do tempo. A essas situações a doutrina e a legislação impõem diferente repercussões, alimentadas pela prática viva do Direito como se verá na sequência.

7.3.2 Pluralidade de condutas

Trata-se de um campo, como recorda EL HIRECHE[32], que deveria ser tratado em transição da teoria do crime para a teoria das consequências jurídicas, haja vista que o assunto se relaciona diretamente com o crime e sua estrutura – trata de condutas, elemento subjetivo, nexo causal –, mas repercute, decisivamente, na teoria das consequências jurídicas do delito.

7.3.2.1 Concurso formal de condutas e penas

O concurso formal de crimes está previsto no art. 70 do CP brasileiro. Segundo esse dispositivo legal, ocorre o concurso formal quando o agente, mediante uma única ação ou omissão, pratica dois ou mais crimes, sejam eles idênticos ou não. Nesse caso, aplica-se ao agente a pena mais grave entre as cabíveis para os crimes cometidos. Se as penas forem iguais, aplica-se apenas uma delas, mas com aumento de 1/6 até metade. As penas, no entanto, são aplicadas cumulativamente se a ação ou omissão for dolosa e os crimes concorrentes resultarem de desígnios autônomos.

A principal característica do concurso formal de crimes é que o agente pratica uma conduta única, mas essa conduta gera múltiplas infrações penais. Cada uma dessas infrações é autônoma e independente, ou seja, cada crime é considerado separadamente, e o autor pode ser punido por cada um deles.

O concurso formal de crimes pode ser categorizado de várias formas:

- **Concurso formal homogêneo:** Os crimes praticados são idênticos, ou seja, têm a mesma tipificação legal.

---

32 EL HIRECHE, Gamil Föppel. Teoria geral do concurso de crimes. **Revista do CEPEJ**, n. 8, 2007.

- **Concurso formal heterogêneo**: Os crimes são distintos, ou seja, têm tipificações legais diferentes.
- **Concurso formal próprio ou perfeito**: Nesse caso, o agente tem a intenção de cometer vários crimes (desígnios autônomos), e sua ação única resulta na prática de todos esses crimes. Cada crime é consumado, ou seja, se completa de forma independente. No concurso formal próprio, também conhecido como *perfeito*, o agente responde pela pena do crime mais grave, acrescida de uma fração que varia de 1/6 a 1/2.
- **Concurso formal imperfeito**: Também conhecido como *concurso formal impróprio*, ocorre quando o agente tinha a intenção de cometer mais de um crime com uma única conduta, por meio de desígnios autônomos. As penas dos crimes concorrentes são aplicadas cumulativamente, ou seja, são somadas.

A pena de multa é aplicada de maneira distinta no concurso de crimes. Conforme previsto no art. 72 do CP, as penas de multa são aplicadas de modo integral e separado para cada crime cometido.

7.3.2.2 Concurso material de conduta e penas

O concurso material de crimes, ou cumulação de penas, refere-se à situação em que uma pessoa comete dois ou mais crimes distintos, realizando ações separadas e independentes, sem que haja qualquer relação de dependência entre eles. Cada um desses crimes é considerado uma infração penal autônoma e, portanto, sujeita à própria pena.

A principal característica do concurso material de crimes é que o agente pratica diversas condutas delituosas separadamente, resultando na imposição de penas individuais para cada crime cometido. As penas não se somam automaticamente; em vez disso, cada pena é aplicada de acordo com a legislação penal e as regras específicas para cada tipo de crime.

7.3.2.3 Continuidade de condutas e penas: crime continuado

O crime continuado se refere ao cometimento de uma série de ações delituosas similares, mas em momentos distintos, de forma que esses atos são considerados como uma única infração penal, sujeita a uma única pena.

Segundo NETO[33], há três teorias acerca do crime continuado:

1] **Teoria da Unidade Real**: Para esta teoria, o crime continuado seria, em verdade, um crime único, em razão da unidade de intenção, independentemente do número de condutas delitivas. Desta forma, as diversas condutas práticas,

---

33 FONSECA NETO, Alcides da. **O Crime Continuado**. Rio de Janeiro: Lumen Juris, 2004. p. 23-24.

por terem fulcro em um elemento subjetivo comum, fazem parte de uma conduta real e única (o todo).

2] **Teoria da Unidade Jurídica ou Mista**: Por esta teoria, o crime continuado não seria nem uma ficção e nem uma realidade, mas sim se constituiria de instituto sui generis, seria uma figura própria, especial e peculiar; e

3] **Teoria da Ficção Jurídica**: Por fim, pela teoria da ficção, em que pese ontologicamente exista uma pluralidade de condutas delituosas autônomas, a lei penal, devido a circunstâncias objetivas comuns e movida por motivos de política-criminais, estabelece que os crimes subsequentes devam ser tidos como continuação do primeiro, havendo, para fins de aplicação da pena, um crime único.

A discussão sobre essas teorias é longa como aponta a doutrina[34], que teria

> importância não somente em razão de exigências classificatórias ou de enquadramento dogmático, mas, também, em função de que da solução dada ao problema derivam importantes consequências no plano da disciplina jurídica do crime continuado.[35]

Para BITTENCOURT[36], resumindo uma longa lista de autores brasileiros que se manifestam sobre o assunto,

> o crime continuado é uma ficção jurídica concebida por razões de política criminal, que considera que os crimes subsequentes devem ser tidos como continuação do primeiro, estabelecendo, em outros termos, um tratamento unitário a uma pluralidade de atos delitivos, determinando uma forma especial de puni-los.

Com efeito, essa ficção jurídica projeta-se claramente sobre a pena a ser aplicada, como preleciona FAYET[37], para quem

> os demais efeitos penais, cada um dos crimes componentes do elo de continuidade mantém a sua autonomia, notadamente no que respeita à prescrição punitiva e à decadência, cuja analise é realizada em relação a cada crime.

---

34 CÂMARA, Luiz Antonio. A concepção pluralística e a consideração da continuidade delitiva como unidade ou pluralidade de infrações penais. **Revista Jurídica**, v. 25, n. 9, p. 13-31, 2011. Disponível em: <https://revista.unicuritiba.edu.br/index.php/RevJur/article/view/26>. Acesso em: 1º dez. 2023.

35 RISTORI, Roberta. **Il Reato Continuato**. Pádua: CEDAM, 1988, p. 89-90, citada por CÂMARA, op. cit., p. 15.

36 BITENCOURT, Cezar Roberto. **Tratado de Direito Penal**: parte geral. 17. ed. São Paulo: Saraiva, 2012. p. 219.

37 FAYET JÚNIOR, Ney. **Do Crime Continuado**. 4. ed. Porto Algre: Livraria do Advogado, 2013. p. 119.

De maneira mais analítica, pondera FONSECA NETO[38] que

> No Direito brasileiro, no aspecto material, o crime continuado é considerado como crime único para o fim de fixação da pena. [...] É, distintamente, considerado como pluralidade de infrações para os seguintes casos: verificação do termo inicial e do tempo necessário para o cômputo do prazo para a prescrição. Também deve ser vislumbrando como delito plúrimo para fins de verificação da decadência, de anistia e de indulto. No âmbito processual para o fim de concessão de fiança, além de cabimento da suspensão condicional do processo.

Alguns pontos essenciais do crime continuado incluem:

- **Pluralidade de condutas**: Para se configurar o crime continuado, o agente deve cometer pelo menos duas condutas (ações) delituosas que sejam da mesma natureza ou espécie, ou seja, crimes parecidos ou similares.

Aqui, como aponta FAJARDO, há duas visões predominantes:

a] uma orientação mais conservadora e b) uma mais liberal. A primeira, predominante entre os Tribunais Superiores, compreende a expressão "mesma espécie" como delitos descritos no mesmo dispositivo legal, comportando, entretanto, as formas consumadas, tentadas, simples, agravadas ou qualificadas. A segunda vertente, prevalecente na doutrina, partilha o entendimento de que crimes da mesma espécie são aqueles que lesionam o mesmo bem jurídico e que guardam entre si caracteres objetivos e subjetivos comuns. [39]

Na verdade, a doutrina, de há muito, já destacava que

> "crimes da mesma espécie não são apenas aqueles previstos no mesmo artigo de lei, mas também aqueles que ofendem o mesmo bem jurídico e que apresentam, pelos fatos que os constituem ou pelos motivos determinantes, caracteres fundamentais comuns". (...) O conjunto de tais circunstâncias é que informa o critério de aferição da continuação criminosa, segundo a apreciação do julgador. Isoladamente, nenhuma delas é decisiva. Podem as condutas estar distanciadas no tempo e, não obstante, as infrações serem consideradas continuadas.[40]

E, como lembra DOTTI, "A propósito, formaram-se duas correntes: a) são delitos da mesma espécie os referidos acima; b) são delitos da mesma espécie

---

38 FONSECA NETO, Alcides da. **O Crime Continuado**. Rio de Janeiro: Lumen Juris, 2004. p. 23-24.

39 FAJARDO, Victor Bruce Figueirêdo. **A configuração do crime continuado e sua limitação temporal**. Monografia (Curso de Direito – Direito Penal e Direito Processual Penal) – UFPE, Recife, 2017. p. 32.

40 FRAGOSO, Heleno Cláudio. **Lições de direito penal**: parte geral. Rio de Janeiro: Forense, 1990. p. 351.

os descritos no mesmo dispositivo legal, porém, admitindo-se a continuidade entre as suas formas simples, agravadas, qualificadas, consumadas ou tentadas."[41]

E dentre elas, relembra o autor recorrendo a Delmanto[42] que

> Ela é a mais acertada, não só porque o instituto do crime continuado, originariamente, visa ao benefício do acusado, como, principalmente, em razão das expressões que o legislador emprega nos arts. 69 e 70. Neles, fala em crimes "idênticos ou não", enquanto neste art. 71 referese a "crimes da mesma espécie" e prevê, expressamente, a possibilidade de serem as penas idênticas ou a "mais grave", o que mostra que os delitos não precisam estar previstos no mesmo tipo.

Desse conjunto de características e consequências, adverte a doutrina[43] que a fragilidade da indicação da ocorrência fático-temporal dos diversos fatos, limitando-se a uma descrição genérica e vaga que impede a contraprova e, com isso, em um caso, o pleno exercício do direito de defesa.

Anotam DE LIMA e BACH[44], com forte apoio em Busato, acerca da posição adotada pela legislação brasileira privilegiando uma concepção objetiva para a configuração do crime continuado que

> Paulo César Busato menciona que, na verdade, a questão é mais simples do que parece e não exige, de modo algum, um esforço hermenêutico em salvar uma dimensão subjetiva para o crime continuado.

> A prevalência da tese objetiva tem uma razão clara de ser. É que os indicadores externos objetivos apontados pela descrição do dispositivo normativo (tempo, lugar, modo, maneira de execução e outras semelhantes) compõem justamente o acervo que dá lugar à determinação do dolo, segundo a tese de Hassemer.

> [...]

> O autor finaliza esclarecendo que não se trata de um desprezo ao elemento subjetivo, senão que o legislador simplesmente oferece um elenco de marcos objetivos que devem ser observados para que normativamente seja presumida – diga-se, em favor do réu – a existência de uma unidade de propósitos.

---

41 DOTTI, René Ariel. Algumas notas sobre o crime continuado. **Direito em Ação – Revista do Curso de Direito da UCB**, v. 13, n. 2, 2014. p. 3. Disponível em: <https://portalrevistas.ucb.br/index.php/rda/article/view/6450>. Acesso em: 1º dez. 2023.

42 DELMANTO, Celso et al. **Código Penal comentado**. 8. ed. São Paulo: Saraiva, 2010. p. 319.

43 FAYET JÚNIOR, Ney. Do avanço interpretativo na compreensão do instituto do delito continuado: da necessidade de demarcação fático-temporal precisa dos crimes componentes da cadeia continuada. **Revista Jurídica da Presidência**, v. 12, n. 98, p. 493-514, 2011.

44 DE LIMA, Karina Vieira; BACH, Marion. A (in)exigência de elemento subjetivo no crime continuado. **Caderno PAIC**, v. 17, n. 1, p. 521-532, 2016. p. 530. Disponível em: <https://cadernopaic.fae.emnuvens.com.br/cadernopaic/article/view/228/189>. Acesso em: 1º dez. 2023.

Nada obstante a posição legislativa explicitamente adotada em 1984[45], um elemento não previsto em lei acaba por ganhar destaque e reconhecimento na construção jurisprudencial do tema, o da "unidade de desígnio" pela qual as condutas criminosas devem ser cometidas com um único desígnio, ou seja, uma única vontade criminosa de cometer crimes semelhantes de maneira repetida. Alvo de inúmeras censuras dogmáticas[46], tem-se que

> A interpretação literal do artigo 71 do Código Penal veda absolutamente a aferição de tal elemento e, ao fazê-lo, viola-se frontalmente o princípio-regra constitucional da legalidade, cânone instituído pela Constituição Federal de 1988. Em segundo lugar, as justificativas utilizadas pelo pretório excelso, bem como pelo Superior Tribunal de Justiça são absolutamente inadequadas para justificar a inserção desse critério adicional – e, consequentemente, afastar a violação à legalidade – fundamentalmente pela dissonância havida entre a nossa previsão legal e as construções extraterrestres.

Essa afirmação é corroborada por Rudnicki e Constanza,[47] para quem

> A interpretação da lei penal deve ser taxativa, não expansiva. De modo que seja entendida de forma mais benéfica ao agente. Quanto à interpretação do crime continuado, o legislador optou pela teoria objetiva, segundo a qual, basta a implementação dos requisitos externos, relacionados aos fatos, previstos na lei. Porém, existe entendimentos diversos como o referente às teorias subjetiva e objetivo-subjetiva. Esta última, adotada pelo Tribunal gaúcho. Este interpretar, de acordo com o qual há a necessidade de verificar a presença do elemento subjetivo (unidade de desígnios) entre os fatos, traz óbice ao reconhecimento

---

45 A ver a exposição de motivos da Lei n. 7.209/1984, no item 59: "O critério da teoria puramente objetiva não revelou na prática maiores inconvenientes, a despeito das objeções formuladas pelos partidários da teoria objetivo-subjetiva. O Projeto optou pelo critério que mais adequadamente se opõe ao crescimento da criminalidade profissional, organizada e violenta, cujas ações se repetem contra vítimas diferentes, em condições de tempo, lugar, modos de execução e circunstâncias outras, marcadas por evidente semelhança. Estender-lhe o conceito de crime continuado importa em beneficiá-la, pois o delinquente profissional tornar-se-ia passível de tratamento penal menos grave que o dispensado a criminosos ocasionais. De resto, com a extinção, no Projeto, da medida de segurança para o imputável, urge reforçar o sistema destinado [sic] penas mais longas aos que estariam sujeitos à imposição de medida de segurança detentiva e que serão beneficiados pela abolição da medida. A Política Criminal atua, neste passo, em sentido inverso, a fim de evitar a libertação prematura de determinadas categorias de agentes, dotados de acentuada periculosidade".

46 Por todos, ver DE BRITO, Alexis Couto; MORAES, Jenifer. Unidade de desígnios e crime continuado: considerações críticas à luz do ordenamento jurídico brasileiro. **Revista Eletrônica Direito e Política**, v. 16, n. 3, p. 751-771, 2021. p. 761. Disponível em: <https://periodicos.univali.br/index.php/rdp/article/view/18272/10482>. Acesso em: 1º dez. 2023.

47 RUDNICKI, D.; COSTANZA, G. S. O crime continuado e o elemento subjetivo no Tribunal de Justiça do Rio Grande do Sul. In: SIMÕES, Bárbara Bruna de Oliveira; BITENCOURT, Daniella; PREVIDELLI, José Eduardo Aidikaitis. (Org.). **Temas atuais de Direitos Humanos**. Porto Alegre: Fi, 2020. p. 59-67. p. 66.

da continuidade delitiva, haja vista a maior dificuldade de aferição nos casos concretos. Demonstra uma ilegalidade, visto que tal não consta da lei penal, portanto, não poderia ser exigido. Desrespeita a escolha do legislador ao prever a norma, bem como a razão de ser do instituto, criado por motivos de política criminal para beneficiar o réu.

`7.3.2.3.1` Crime continuado e aplicação da lei penal

A Súmula n. 711, de 13 de outubro de 2003, do Supremo Tribunal Federal (STF) trouxe o tema à tona de forma contundente ao prever: "A lei penal mais grave aplica-se ao crime continuado ou ao crime permanente, se a sua vigência é anterior à cessação da continuidade ou da permanência".

A crítica ao espaço ocupado por entendimentos jurisprudenciais vinculantes ou não foi exposta nesta obra[48], sendo certo que a súmula mencionada, de caráter não vinculante – mas com inegável força impositiva de seu conteúdo na prática – é tida por segmentos da doutrina como manifestamente inconstitucional, sob o argumento da ofensa ao princípio da irretroatividade.

Aqui, a importante distinção entre crime continuado e crime permanente, sendo que este último, no dizer de BITTENCOURT, "é uma entidade jurídica única, cuja execução alonga-se no tempo, e é exatamente esta característica [...] que se justifica que sobrevindo lei nova, mesmo mais grave, tenha aplicação imediata, pois o fato, em sua integralidade, ainda está sendo executado"[49], e que a aplicação da lei nova no curso da permanência nada ofende o "princípio constitucional da irretroatividade da lei penal mais grave (art. 5º, XL, da CF), pois se trata, em verdade, da incidência imediata de lei nova a fato que está acontecendo no momento de sua entrada em vigor"[50], concluindo pela constitucionalidade desse entendimento sumulado quanto ao crime permanente, mas repudiando sua aplicação ao crime continuado.[51]

`7.3.2.4` Habitualidade criminosa

A habitualidade criminosa se refere à tendência ou padrão de uma pessoa em cometer crimes de forma repetida ou recorrente ao longo do tempo. É uma

---

48 Recorda-se, aqui, o tema com OLIVEIRA, Bruno Queiroz; SANTIAGO, Nestor Eduardo. A Crise da Legalidade Penal e a função do Superior Tribunal de Justiça na interpretação dos tipos penais. **Revista Eletrônica Direito e Sociedade – REDES**, v. 6, n. 2, p. 41-55, 2018.

49 BITENCOURT, Cezar Roberto. **Tratado de direito penal**: Parte Geral 1. 29. ed. São Paulo: Saraiva, 2023. p. 219.

50 BITENCOURT, Cezar Roberto. **Tratado de direito penal**: Parte Geral 1. 29. ed. São Paulo: Saraiva, 2023. p. 220.

51 A ver BITENCOURT, Cezar Roberto. **Análise crítica de algumas das últimas súmulas do STF**. Disponível em: <https://www.cezarbitencourt.adv.br/index.php/artigos/40-analise-critica-de--algumas-das-ultimas-sumulas-do-stf>. Acesso em: 1º ago. 2023.

Penas | 205

consideração relevante no processo de julgamento e determinação de penas, pois pode influenciar a gravidade da pena imposta a um réu. Alguns pontos-chave relacionados à habitualidade criminosa incluem:

- **Reincidência**: A reincidência é um aspecto da habitualidade criminosa que ocorre quando uma pessoa que já foi condenada por um crime anterior comete um novo crime. A reincidência pode ser considerada um agravante no momento da sentença e pode resultar em uma pena mais severa do que a que seria aplicada a um réu sem histórico criminal.
- **Atos criminosos múltiplos**: Além da reincidência, a habitualidade criminosa também pode ser levada em consideração quando um réu é acusado de cometer uma série de crimes semelhantes ou relacionados em um período de tempo relativamente curto.
- **Avaliação da gravidade**: A habitualidade criminosa pode influenciar a avaliação da gravidade do crime e a determinação da pena. Um réu que demonstra um padrão consistente de comportamento criminoso pode ser visto como mais perigoso ou incorrigível e, portanto, pode receber uma pena mais severa.
- **Reabilitação**: No sistema penal (SP) de muitos países, a habitualidade criminosa também pode influenciar a decisão sobre a concessão de liberdade condicional ou outros programas de reabilitação. A ideia é que réus com histórico de crimes frequentes possam ser menos propensos a se beneficiar de programas de reabilitação ou a serem considerados aptos para a liberdade condicional.

7.4 Espécies de pena

7.4.1 A pena privativa de liberdade e o método progressivo de cumprimento

O sistema progressivo das penas faz parte da estrutura penal brasileira e tem como objetivo principal a ressocialização do condenado. A ideia é proporcionar ao próprio condenado, por meio de seu comportamento carcerário, a possibilidade de conquistar paulatinamente sua liberdade durante o cumprimento da pena. Dessa forma, a pena a ser cumprida não será necessariamente a pena aplicada inicialmente.

A aplicação do sistema progressivo das penas é embasada na teoria ressocializadora, que busca adaptar o condenado ao meio social. Essa perspectiva exclui a ideia de retributividade da sanção penal, entendendo a pena como um instrumento de ressocialização do condenado. Portanto, é fundamental que o sistema prisional proporcione condições para a harmoniosa integração social do condenado.

7.4.1.1 Regimes de cumprimento da pena privativa da liberdade

Regime Fechado

No regime fechado, o condenado cumpre sua pena em estabelecimentos penais de segurança máxima ou média. Nesse regime, a pessoa sentenciada fica reclusa em tempo integral, sem permissão como regra para sair da unidade prisional, como presídios e penitenciárias. As únicas exceções são autorizações especiais para situações como falecimento ou doença grave de familiares, tratamento médico ou trabalho externo, desde que já tenha cumprido ao menos 1/6 da pena.

Dentro da unidade prisional, os detentos têm a oportunidade de trabalhar, participar de atividades culturais e educacionais, além de frequentar cursos profissionalizantes. No regime fechado, também são acolhidos os presos provisórios, que aguardam a sentença do juízo criminal.

Regime Semiaberto

O regime semiaberto é destinado às pessoas condenadas a pena superior a quatro anos e não superior a oito anos, desde que não sejam reincidentes. Nesse caso, o cumprimento da pena ocorre em colônias agrícolas ou estabelecimentos similares, como as APACs (Associação de Proteção e Assistência ao Condenado). No regime semiaberto, a pessoa condenada tem permissão para deixar a unidade penitenciária durante o dia para trabalhar, mas deve retornar à noite.

Regime Aberto

O regime aberto é imposto a todo réu condenado a até quatro anos de prisão, desde que não seja reincidente. Nesse regime, a pena é cumprida em casa de albergado ou, na falta deste, em estabelecimento adequado, como a residência do próprio réu. No regime aberto, o condenado tem permissão para deixar o local durante o dia, devendo retornar à noite. É importante ressaltar que, para ter a progressão para o regime aberto, os condenados que se encontram no regime semiaberto devem cumprir os requisitos previstos na legislação penal brasileira, como tempo de cumprimento de pena e bom comportamento.

7.4.1.2 Os critérios para progressão de regime na pena privativa da liberdade

A progressão de regime está condicionada ao cumprimento de requisitos legais estabelecidos na Lei de Execução Penal (LEP). Esses requisitos envolvem tanto critérios objetivos quanto subjetivos, que serão avaliados pelo juiz responsável pela execução penal.

Requisitos Objetivos

Os requisitos objetivos para progressão de regime estão relacionados ao tempo de cumprimento da pena e variam de acordo com a natureza do crime e a condição do condenado. De acordo com o art. 112 da LEP, o condenado deverá cumprir, no mínimo, os seguintes percentuais da pena:

> 16% da pena, se o apenado for primário e o crime tiver sido cometido sem violência à pessoa ou grave ameaça;
>
> 20% da pena, se o apenado for reincidente em crime cometido sem violência à pessoa ou grave ameaça;
>
> 25% da pena, se o apenado for primário e o crime tiver sido cometido com violência à pessoa ou grave ameaça;
>
> 30% da pena, se o apenado for reincidente em crime cometido com violência à pessoa ou grave ameaça;
>
> 40% da pena, se o apenado for condenado pela prática de crime hediondo ou equiparado, desde que seja primário;
>
> 50% da pena, se o apenado for condenado por crime hediondo ou equiparado, com resultado de morte, sendo vedado o livramento condicional;
>
> [...]
>
> 60% da pena, se o apenado for reincidente na prática de crime hediondo ou equiparado;
>
> 70% da pena, se o apenado for reincidente em crime hediondo ou equiparado com resultado de morte, sendo vedado o livramento condicional.

É importante ressaltar que esses percentuais se aplicam apenas a crimes cometidos após a entrada em vigor da Lei n. 13.964/2019, conhecida como "Pacote Anticrime". Para crimes cometidos antes dessa data, podem ser aplicados outros critérios de fração de pena.

Requisitos Subjetivos

Além dos requisitos objetivos, a progressão de regime também está condicionada ao bom comportamento carcerário do condenado. Esse comportamento é avaliado pelo diretor do estabelecimento prisional, que emite um atestado atestando que o condenado cumpriu as normas internas da instituição e demonstrou uma postura adequada durante o cumprimento da pena.

Crimes Hediondos e Crimes Relacionados à Administração Pública

Nos casos de crimes hediondos e crimes relacionados à Administração Pública, a progressão de regime está condicionada ao atendimento de requisitos específicos. Conforme a Lei n. 8.072/1990, para os condenados por crimes hediondos, é necessário cumprir ao menos dois quintos (2/5) da pena se for primário e três quintos (3/5) se for reincidente. Já nos crimes relacionados à Administração Pública, o CP condiciona a progressão de regime à reparação do dano causado.

7.4.1.3 O livramento condicional

O livramento condicional (LC) é uma forma de execução penal que permite à pessoa condenada cumprir parte da pena em liberdade desde que sejam atendidos os requisitos previstos no CP e na LEP.

Requisitos para concessão do livramento condicional

Para que seja concedido o LC, é necessário cumprir uma série de requisitos estabelecidos na legislação. Esses requisitos podem ser divididos em objetivos e subjetivos.

Requisitos objetivos

Os requisitos objetivos se referem ao tempo de cumprimento da pena e à reparação do dano causado pela infração. De acordo com o art. 83 do Código Penal, o condenado precisa cumprir mais da metade da pena se for reincidente em crime doloso, ou um terço da pena se não for reincidente.

Além disso, é necessário comprovar a reparação do dano causado pela infração, salvo se houver efetiva impossibilidade de fazê-lo. Essa reparação pode ser feita através de indenização à vítima, por exemplo.

Requisitos subjetivos

Os requisitos subjetivos estão relacionados ao comportamento do apenado durante a execução da pena. É necessário apresentar bom comportamento carcerário, bom desempenho no trabalho e capacidade de prover a própria subsistência por meio de trabalho honesto.

No entanto, é importante ressaltar que o LC não será concedido a condenados por crimes cometidos mediante violência ou grave ameaça à vítima, como estupro, roubo e homicídio, caso existam condições pessoais que indiquem que o condenado pode voltar a delinquir.

Suspensão e revogação do livramento condicional

O LC pode ser suspenso ou revogado caso o condenado não cumpra as condições estabelecidas durante a concessão do benefício. A suspensão ocorre quando o apenado descumpre as condições temporariamente, e a revogação implica o retorno do condenado ao cumprimento integral da pena em regime fechado.

A suspensão do LC pode ocorrer, por exemplo, quando o condenado comete um novo crime durante o período de prova. No entanto, é importante ressaltar que a suspensão cautelar do LC não está condicionada ao trânsito em julgado do crime posterior, conforme entendimento do STJ.

A jurisprudência brasileira tem sido bastante atuante no que diz respeito ao LC. O STJ e o STF têm proferido decisões importantes sobre o tema, fixando entendimentos e estabelecendo parâmetros para a concessão do benefício.

Um exemplo relevante é o entendimento de que a falta grave não interrompe o prazo para obtenção do LC, conforme Súmula n. 441 do STJ. Além disso, a jurisprudência tem destacado a necessidade de análise de todo o período de cumprimento da pena, não se limitando apenas aos últimos seis meses, para avaliação do requisito subjetivo.

7.4.1.4 A suspensão condicional da pena: *sursis*

A origem exata da suspensão condicional da pena não é conhecida com precisão. Alguns doutrinadores afirmam que o *sursis* teve origem nos Estados Unidos no século passado. Já outros apontam que o instituto surgiu na França, com o chamado "Projeto Beranger", em 1884, sendo adotado posteriormente pela Bélgica e outros países europeus.

No sistema anglo-americano, conhecido como *probation system*, o processo é suspenso, não havendo uma sentença condenatória. O réu, preenchidos os requisitos legais, é declarado responsável pelo crime e colocado em um período de prova sob a supervisão do Poder Judiciário. Já no sistema franco-belga, a condenação é efetivada, mas a pena não é executada, desde que o réu cumpra as condições impostas pelo juiz.

O Brasil adotou o sistema franco-belga em 1924, estabelecendo que o juiz pode condenar o réu, estipulando a pena, mas suspendendo sua execução por determinado período. O réu precisa preencher certos pressupostos e cumprir as condições impostas pelo juiz para que a pena não seja efetivamente cumprida. Vale ressaltar que a concessão do *sursis* não está atrelada à vontade arbitrária do juiz, mas sim ao cumprimento dos requisitos legais pelo réu.

7.4.1.4.1 Requisitos

Para que uma pessoa condenada possa obter a suspensão condicional da pena, é necessário preencher os requisitos estabelecidos no art. 77 do CP. Esses requisitos se dividem em objetivos e subjetivos.

Os requisitos objetivos referem-se à natureza e à quantidade da pena. A suspensão condicional da pena apenas é aplicável a penas privativas de liberdade de curta duração, conforme estabelecido no art. 80 do CP. Além disso, a pena concreta aplicada na sentença não pode ser superior a dois anos, salvo exceção prevista no parágrafo 2º do art. 77, que trata do *sursis* etário.

Já os requisitos subjetivos estão relacionados à situação da pessoa condenada. O condenado não pode ser reincidente em crime doloso, ou seja, não pode ter cometido um crime semelhante anteriormente. Além disso, a culpabilidade, os antecedentes, a conduta social e a personalidade do réu, bem como os motivos e as circunstâncias do crime, devem permitir a concessão do benefício. Por fim, não pode ser aplicada substituição da pena, conforme previsto no art. 44 do CP.

Espécies de Suspensão Condicional da Pena

Segundo alguns doutrinadores, existem apenas duas espécies: o *sursis* simples e o *sursis* especial. No primeiro, o condenado deve prestar serviços à comunidade ou se submeter a limitações nos fins de semana durante o primeiro ano do período de prova. Já no segundo, as condições são mais rigorosas, substituindo a prestação de serviços à comunidade por outras condições estabelecidas no art. 78, parágrafo 2º, do CP.

No entanto, há quem defenda que existam outras espécies de *sursis* penal, como o *sursis* etário e o *sursis* por motivo de doença. O *sursis* etário é aplicado quando o condenado é maior de 70 anos de idade, permitindo a suspensão da pena por um período maior. Já o *sursis* por motivo de doença é concedido quando a saúde do condenado justifica a suspensão da pena.

Revogação e Cumprimento da Suspensão Condicional da Pena

A suspensão condicional da pena pode ser revogada em alguns casos. Segundo o art. 81 do CP, a revogação é obrigatória quando o beneficiário for condenado, em sentença irrecorrível, por crime doloso, frustrar a execução de pena de multa ou não efetuar, sem motivo justificado, a reparação do dano. Além disso, a revogação pode ser facultativa nos casos de descumprimento de qualquer condição imposta ou pela superveniência de condenação irrecorrível por crime culposo ou contravenção.

Em caso de revogação, o sentenciado deverá cumprir integralmente a pena que lhe foi imposta na sentença. É importante destacar que o cumprimento da pena só se inicia após o término do período de prova, que varia de dois a quatro anos.

Análise da Viabilidade do Sursis Penal

Diante de uma condenação criminal por pena não superior a dois anos, com fixação de regime inicial aberto, surge a reflexão sobre a viabilidade do *sursis* penal. Seria mais vantajoso para o sentenciado cumprir uma pena de curta duração em regime aberto ou ter a pena suspensa pelo prazo mínimo de dois anos?

Com a promulgação da Lei n. 9.714/1998, o *sursis* penal tornou-se praticamente inviável, pois só é concedido quando não é cabível a substituição de penas. No entanto, nos casos abrangidos pela Lei Maria da Penha e pela Lei das Contravenções Penais, é comum ocorrer a suspensão condicional da pena, mesmo sem requerimento da parte.

Em determinadas situações, uma pena de curta duração em regime aberto pode ser menos gravosa do que a suspensão condicional da pena. Além do risco de revogação, que levaria ao cumprimento integral da pena, o período mínimo de prova do *sursis* penal pode ser maior do que a pena corporal estabelecida na sentença. Ademais, as condições impostas no regime aberto e na suspensão condicional da pena não apresentam diferenças significativas, limitando a liberdade de locomoção do sentenciado.

Outro aspecto importante é a possibilidade de reabilitação criminal. Quanto mais rápido o sentenciado terminar de cumprir a pena, mais cedo poderá requerer a reabilitação criminal para resgatar sua primariedade. No caso da suspensão condicional da pena, a extinção só ocorre após o término do período de prova, o que pode levar a uma espera maior para restabelecer a condição de réu primário.

7.4.2 A sanção pecuniária

7.4.2.1 A multa originária

A pena de multa tem uma longa trajetória histórica no ordenamento jurídico brasileiro. Atualmente, encontra-se prevista na CF/1988, mais especificamente em seu art. 5º, inciso XLVI, alínea "c", e no CP, em seu art. 49. No entanto, foi a reforma da Parte Geral do CP de 1984 que introduziu o sistema de dias-multa como forma de cálculo e aplicação da pena pecuniária.

A discussão acerca da natureza jurídica da pena de multa gerou divergências doutrinárias e jurisprudenciais ao longo do tempo. Alguns juristas defendiam que a competência para a execução da multa inadimplida deveria ser das Varas da Fazenda Pública, uma vez que a pena de multa seria uma dívida de valor. Outra corrente, por sua vez, sustentava que a execução da multa deveria ocorrer nas Varas de Execução Penal, uma vez que a pena de multa não perde sua natureza penal.

Após um período de discussões, o STJ consolidou o entendimento de que a competência para a execução da multa inadimplida é da Fazenda Pública. No entanto, em 2018, o STF, por meio da Ação Direta de Inconstitucionalidade (ADI) n. 3.150, decidiu que a execução da pena de multa deve ser prioritariamente promovida pelo Ministério Público perante a Vara de Execuções Penais. Caso o Ministério Público não execute a multa no prazo de 90 dias, a Fazenda Pública assume a competência supletiva.

O Pacote Anticrime, promovido pela Lei n. 13.964/2019, trouxe modificações relevantes no que diz respeito à pena de multa no ordenamento jurídico brasileiro. Uma das principais alterações foi a reafirmação da natureza jurídica da pena de multa como sanção penal.

Antes da entrada em vigor da lei, a discussão sobre a natureza jurídica da multa persistia, mesmo após o entendimento do STF. No entanto, a nova redação do art. 51 do CP, estabelecida pela Lei n. 9.268/1996, deixou clara a natureza penal da multa, ao considerá-la uma dívida de valor e determinar a aplicação das normas da legislação relativa à dívida ativa da Fazenda Pública.

É importante ressaltar que a definição da multa como dívida de valor teve como objetivo principal evitar a conversão da multa não paga em prisão, de acordo com o princípio constitucional que proíbe a prisão por dívida, exceto nos casos de depositário infiel e dívida alimentar. Essa definição também permite a atualização monetária do valor da multa.

No entanto, essa alteração legislativa não implica a inscrição da multa em dívida ativa da Fazenda Pública, como erroneamente interpretado por alguns. A multa penal continua sendo uma sanção criminal, e sua execução deve ser promovida pelo Ministério Público perante a Vara de Execuções Penais. A mudança legislativa busca apenas harmonizar o CP com o entendimento do STF e reforçar a natureza jurídica penal da multa.

Apesar das discussões doutrinárias e jurisprudenciais, é fundamental compreender que a pena de multa é uma sanção criminal, e sua execução deve ser promovida pelo Ministério Público perante a Vara de Execuções Penais. A competência da Fazenda Pública para a execução da multa ocorre apenas de maneira supletiva, caso o Ministério Público não cumpra seu papel no prazo estabelecido.

7.4.2.1.1 Fixação da pena de multa

A fixação da pena de multa no Brasil segue o critério do dia-multa. Isso significa que a quantidade de multas não é estabelecida de forma discricionária pelo juiz, mas sim por um método específico. Esse método envolve três etapas principais.

Na primeira etapa, é necessário determinar o número de dias-multa. O CP estabelece um limite mínimo de 10 e máximo de 360 dias-multa. De acordo com entendimento doutrinário, a fixação da quantidade de dias-multa deve levar em consideração as circunstâncias judiciais da primeira fase da dosimetria da pena, previstas no art. 59 do CP.

Após determinar o número de dias-multa, o juiz deve fixar o valor de cada dia-multa. Esse valor varia de 1/30 até 5 vezes o maior salário mínimo mensal vigente ao tempo do fato. Caso esse valor seja considerado insuficiente, o juiz pode aumentá-lo em até o triplo, conforme previsto no art. 60, parágrafo 1º, do CP. No processo de fixação da pena de multa, o juiz deve levar em conta principalmente a situação econômica do réu.

7.4.2.2 A multa substitutiva

O CP brasileiro prevê a possibilidade de substituição das penas privativas de liberdade por penas restritivas de direitos, conforme disposto no art. 44. No entanto, uma questão que tem gerado controvérsia é a substituição da pena privativa de liberdade (PPL) por multa. A dúvida reside na natureza jurídica dessa sanção: se ela é uma multa propriamente dita ou uma pena restritiva de direitos. Essa diferenciação tem implicações diretas na execução da pena e no tratamento dado ao condenado em caso de descumprimento.

A controvérsia em relação à natureza jurídica da multa substitutiva surgiu em razão da redação do art. 44, parágrafo 2º, do CP, que prevê a possibilidade de substituição da PPL por multa, isolada ou cumulativamente com penas restritivas de direitos. A interpretação divergente se dá quanto à classificação dessa sanção: se ela é uma multa propriamente dita ou uma pena restritiva de direitos.

Os defensores da tese de que a multa substitutiva é uma pena restritiva de direitos argumentam que ela está inserida no rol das sanções alternativas previstas no art. 43 do Código Penal. Essa interpretação é respaldada pela orientação jurisprudencial de diversos tribunais superiores, que entendem que a multa substitutiva deve ser tratada como uma pena restritiva de direitos, sujeita às mesmas condições e consequências previstas para as demais penas dessa natureza.

Por outro lado, há quem defenda que a multa substitutiva é uma multa propriamente dita, com natureza pecuniária, desvinculada das penas restritivas de direitos. Essa posição se fundamenta na literalidade do dispositivo legal e no entendimento de que a substituição da PPL por multa visa refletir a capacidade econômica do condenado como forma de punição pelo delito cometido.

A divergência na interpretação da natureza jurídica da multa substitutiva tem implicações importantes no tratamento dado a essa sanção, especialmente em caso de descumprimento pelo condenado.

Aqueles que entendem a multa substitutiva como uma pena restritiva de direitos defendem que o não pagamento da multa acarreta as mesmas consequências previstas para o descumprimento de outras penas dessa natureza. Nesse sentido, é possível a reconversão da multa em PPL, considerando-se o não cumprimento da sanção.

Já os defensores da tese de que a multa substitutiva é uma multa propriamente dita argumentam que seu não pagamento deve ser tratado como uma obrigação pecuniária, sujeita às regras de cobrança e execução fiscal. Nessa perspectiva, o descumprimento da pena não acarretaria a reconversão em PPL, mas sim a adoção de medidas de cobrança coercitiva para a satisfação do débito.

A jurisprudência brasileira apresenta divergências em relação à natureza jurídica da multa substitutiva. Alguns tribunais entendem que ela deve ser tratada como uma pena restritiva de direitos, enquanto outros a classificam como uma multa propriamente dita.

O STJ tem entendimento consolidado de que a multa substitutiva é uma pena restritiva de direitos, sujeita às mesmas condições e consequências previstas para as demais penas dessa natureza. Essa posição é respaldada pelo princípio da isonomia e pela necessidade de tratamento igualitário entre os condenados sujeitos a penas restritivas de direitos.

Por outro lado, o STF tem adotado uma posição mais flexível em relação à natureza jurídica da multa substitutiva. Em alguns julgados, o egrégio tribunal entendeu que a multa substitutiva pode ser tratada como uma multa propriamente dita, sujeita às regras de cobrança e execução fiscal, em consonância com o princípio da capacidade econômica do condenado.

A definição da natureza jurídica da multa substitutiva é de suma importância, pois dela decorrem diversas implicações jurídicas e práticas. A forma como essa sanção é tratada afeta diretamente a execução da pena, as consequências em caso de descumprimento e a aplicação dos princípios do DP, como a proporcionalidade e a individualização da pena.

Além disso, a definição da natureza jurídica da multa substitutiva também tem impacto na forma como o condenado é tratado pelo SP. Se a multa é considerada uma pena restritiva de direitos, o descumprimento da sanção pode acarretar a reconversão em PPL, o que implica uma restrição maior à liberdade do condenado. Por outro lado, se a multa é tratada como uma obrigação pecuniária, o não pagamento da sanção enseja medidas de cobrança fiscal, sem o reflexo direto na liberdade do condenado.

`7.4.2.3` A prestação pecuniária

A prestação pecuniária é uma forma de pena substitutiva que consiste no pagamento de uma quantia em dinheiro à vítima, a seus dependentes ou a uma entidade pública ou privada com destinação social. Essa modalidade de pena tem como objetivo reparar o dano causado pelo crime oferecendo uma alternativa à privação de liberdade.

A prestação pecuniária tem natureza jurídica penal, sendo uma sanção coercitivamente imposta ao condenado. Diferentemente da multa penal e da multa reparatória, que constituem dívidas de valor, a prestação pecuniária pode ser convertida em pena de prisão caso não seja paga.

O valor da prestação pecuniária é fixado pelo juiz, levando em consideração a posição econômica do réu e a extensão dos danos causados à vítima. Segundo a lei, esse valor não pode ser inferior a um salário mínimo nem superior a 360 salários mínimos.

A destinação da prestação pecuniária pode variar de acordo com o caso. Em situações em que há uma vítima determinada, o valor estipulado deve ser destinado a ela. Caso a vítima não aceite a prestação pecuniária, o valor pode ser direcionado a uma entidade social. No entanto, o juiz deve buscar, prioritariamente, a destinação à vítima, seguindo os princípios de resguardo e proteção.

Em casos em que tanto a prestação pecuniária quanto a reparação de danos são destinadas ao mesmo beneficiário, é possível deduzir o valor da prestação pecuniária do montante fixado para a reparação de danos. Essa dedução é realizada levando em consideração a finalidade reparatória de ambas as penas.

O STJ entende que a norma do CP que prevê a prestação pecuniária estabelece uma ordem de preferência entre os beneficiários: a vítima, seus dependentes ou entidade pública ou privada com destinação social. Portanto, se o crime tiver uma vítima determinada, o valor da prestação pecuniária deve ser destinado a ela.

7.4.3 Penas restritivas de direitos: pena alternativa ou alternativa para a pena?

A abordagem do tema da pena já não comporta mitigações dado seu inquestionável estado falimentar. Tampouco admite paliativos na constatação de seu fracasso histórico a justificar, ainda hoje, desperdício de dinheiro público na manutenção de um sistema irrecuperável e com invejável vocação para a corrupção e a retroalimentação da violência – simbólica ou real nele contida.

Assim, e para acompanhar ZAFFARONI,

> insistir que el poder del sistema penal no cumple con ninguna de las funciones [...] seria redundante. Sabemos que la pena no cumple ninguna función preventiva general ni positiva ni negativa, que tampoco cumple ninguna función preventivo – especial positiva y que la única función preventivo-especial negativa (al igual que general negativa) que prodría cumplir seria a través de un uso generalizado de la pena de muerte. Sabemos que la ejecución penal no

resocializa ni cumple ninguna de las funciones "re" que se la han inventado ("re"-socialización, personalización, individuación, educación, inserción, etc.), que todo eso es mentira y que pretender enseñarle a un hombre a vivir en sociedad mediante el encierro es, como dice Carlos Elbert, algo tan absurdo como pretender entrenar a alguien a jugar fútbol dentro de un ascensor.[52]

Não cumprindo as funções primordiais as quais estaria destinada, a PPL, se não abolida enquanto realidade, passa a ter seu papel reduzido no processo dialético "delito-sanção" ou, como diz Baratta em célebre frase, "la reintegración social del condenado no puede perseguirse a través de la pena carcelaria, sino que debe perseguirse a pesar de ella".[53]

No bojo de todo este contexto, de resto alinhado com posições bem definidas no âmbito da criminologia (*v.g.* criminologia crítica), chegando até a extremos como a abolição total do SP (Hulsman), encontra-se a tendência da alteração da forma tradicional de tratamento do verbete "pena" no dicionário axiológico dos penalistas, abrindo-se espaço para a edificação de um sistema alternativo ou substitutivo ao emprego da PPL conforme o caso.[54]

Com efeito – e desde já é saudável enfrentar esta distinção – são diversas as posturas entre alternativa à pena carcerária e sua substituição. Como se verá, não só no direito brasileiro, mas também no cenário internacional, não raras vezes toma-se uma palavra pela outra. Deve-se ter em mente que a substituição incide sobre uma PPL inicialmente determinada, variando o cumprimento da sanção como resposta à conduta praticada.

Já a pena alternativa, antes de ser um mero desdobramento da pena privativa da liberdade, reveste-se de pena originária, para cuja conduta não foi imaginada uma pena carcerária. Não é algo que vem como sucedâneo natural de uma pena restritiva de liberdade de pequena monta ou de natureza mais flexível (no nosso sistema a pena detentiva ou a prisão simples contravencional), mas que surge de *per se*, de modo autônomo.

Se, do ponto de vista da aplicabilidade, a distinção se reveste dessas características, no plano ontológico as diferenças são mais marcantes. Com efeito,

---

52 ZAFFARONI, Eugenio Raúl. El sistema penal en los países de América Latina. In: ARAÚJO JÚNIOR, João Marcello de (Org.). **Sistema Penal para o Terceiro Milênio**: atos do colóquio Marc Ancel. Riod e Janeiro: Revan, 1991 (em especial p. 223).

53 ALESSANDRO, B. **Resocialización o control social**: por un concepto crítico de 'reintegración social' del condenado...". In: "Sistema...", op. cit., p. 253.

54 Trata-se do movimento de política criminal alternativa, como bem assinalado por SHECAIRA (Sérgio Salomão et al. **Pena e Constituição**. São Paulo: Saraiva, 1996. p. 108): "Em linhas gerais podemos assim resumir o movimento de política criminal alternativas: defende-se a abolição da pena alternativa de liberdade, sendo este o carro-chefe dos defensores desta Escola. Afirma-se que a prisão é inútil seja como instrumento de controle, seja como meio de promover a reinserção social; enquanto não houver a abolição do sistema penal, deve-se descriminalizar, despenalizar e desperjudicializar".

enquanto a pena substitutiva trabalha com as mesmas "ondas axiológicas" do paradigma tradicional – sobretudo a ideia de sanção retributiva –, a pena alternativa é, também, uma alternativa ao paradigma tradicional, buscando encontrar na pena algo substancialmente diverso em seus fins e critérios de operacionalização.

Nesse ponto, a grande dificuldade prática da pena alternativa. Sua aplicação pelo operador do direito não é uma mera questão de interpretação tradicional em face da PPL e suas variações mas, antes e mais importante que isso, uma tomada – não raras vezes corajosa – de postura em face do SP globalmente considerado, passando pela própria dimensão do aparelho repressivo, seus fins e modos de execução.

Na primeira situação, há muito pouca coisa de novo a ser enfrentado. Com efeito, nas palavras de HASSEMER,

> lo que más de uno olvida cuando critica al Derecho penal es que el sistema de Derecho penal mismo prevé allernalivas a la pena privativa de liberdad y que, de, desde hace tiempo, Ia praxis judicial muestra una fuerte y creciente tendencia a favorecer estas alternalivas. Multa, suspención condicional de, Ia pena y liberdad condicional son, sobre todo, las, alternativas que más frecuentemente se utilizan.[55]

Assim, a utilização de substituições à PPL – ou a mitigação na prática de sua imposição – não exige do intérprete mais do que o usual manejo do DP. Sua aplicação é algo mecânico, quase que como naturalmente inerente a um sistema (o penal) que parece, igualmente, ter um insuperável caráter de supremacia e naturalidade na regulação dos conflitos sociais quando, se tanto, deve ocupar apenas mais um lugar – e, quiçá, não primordial – na regulação desses mesmos conflitos, na continuidade da lição de HASSEMER.[56]

Outrossim, como alternativa, a questão posta como título do presente tópico assoma em importância. Trata-se de saber se o caminho aberto é o de uma pena alternativa ou alternativa para pena, sem fazer com que isto se transforme num jogo insinuante de palavras, e, se traz consigo uma realidade substancial, que tem uma ligação extremamente íntima com o papel do DP e sua legitimação como mecanismo de controle social. Por assim dizer, entre a conduta para a qual se impõe uma pena alternativa e a desconsideração dessa mesma conduta como relevante para o DP existe uma distância muito curta a ser percorrida.

---

55 HASSEMER, Winfried. **Fundamentos del Derecho Penal**. Barcelona: Bosch, 1984 (em especial p. 367-368). A abordagem de direito comparado demonstrará a exatidão das colocações trazidas à colação, sendo que o emprego da suspensão condicional da pena se reveste de caráter quase que secular como alternativa à pena restritiva de liberdade.

56 Op. cit., p. 398.

Talvez seja essa uma das mais instigantes estratégias políticas de diminuição do modelo penal. Sem dúvida, quase que irrestritamente considerado como um mecanismo hipertrofiado e de legitimação duvidosa, o DP não consegue encontrar sua medida exata.

Em outras palavras, revogar uma lei penal e não colocar outra em seu lugar pressupõe um custo político razoavelmente alto, custo não necessariamente bancado na práxis. Isso porque, embora reconhecido pelos operadores do Direito a sua exagerada projeção, tem o DP, no campo político, um aspecto estritamente promocional, alimentado que é, não raras vezes, pela atuação de uma mídia inflacionária da ideia de insegurança e que clama constantemente pelo endurecimento das leis penais.

Sem embargo da ilusória ideia do DP provedor, e da pena como expiação dos males de um corpo social "doente", ao mesmo tempo se reconhece cada vez mais a falência do paradigma tradicional, com a inoperância da pena encarceradora e a necessidade cada vez maior de uma exata proporção entre o delito e a pena, que não leve, necessariamente, ao cárcere. Nesse contexto, a pena alternativa pode servir como um valioso elo de passagem da regulação penal para a extrapenal.

Não é de todo incorreto concluir, pois, que, enquanto a pena substitutiva ainda trabalha arduamente para legitimar o SP, sistema que chega a recorrer a intrincados raciocínios sobre a culpabilidade para justificar sua existência – como pode ser observado em JAKOBS[57] –, a pena alternativa caminha no sentido de alteração do paradigma tradicional de regulação social pelo DP, exigindo uma nova estruturação de valores e de compreensão do seu papel, entendido em termos humanitários como a forma de regramento excepcional do corpo social.

Resumidamente, há de ser reconhecido que, embora modernizado em seu material teórico, o tema da pena tem um componente cultural conservador extremamente presente nos operadores do direito de qualquer faixa, o de ser a pena "genuína" a privativa de liberdade.

Daí porque sua substituição ser muito menos traumática que uma alternativa à sua existência. Ao substituí-la, o processo cognitivo do operador passa, antes

---

57 JAKOBS, Günther. **Fundamentos del Derecho Penal.** Tradução de Manuel Cancio Meliá e Enrique Peñaranda Ramos. Madri: Ad-Hoc, 1996 (especialmente p. 16-17), ao afirmar que "la pena no debe regirse exclusivamente por la utilidad pública que se espera de ella, sino que debe mantenerse dentro del marco de Ia culpabilidad del autor (...) Dicho brevemente: la prohibición de vulnerar Ia dignidad debe limitar la optimización de la utilidad de la pena." E, para completar, "podemos partir de la base que una pena inutil no puede legitimarse de ningún modo en un Estado secularizado; la pena debe ser necesariamente para el mantenimiento del orden social", ao que o autor denomina, em apertada conclusão, de 'fins da pena'". ["A punição não deve ser regida exclusivamente pela utilidade pública que dela se espera, mas deve ser mantida no âmbito da culpa do agente [...] Resumindo: a proibição de violar a dignidade deve limitar a otimização da utilidade da pena". E, para concluir, "podemos partir da premissa de que uma pena inútil não pode ser legitimada de forma alguma em um Estado laico; a punição deve ser necessariamente para a manutenção da ordem social", que o autor chama, na conclusão, de "fins da pena"].

de tudo, pela restrição da liberdade. Como dito anteriormente, é algo natural na aplicação de um direito que, em seu próprio nome, é *penal*.

Já a alternativa à pena passa por um outro contexto valorativo. O operador do direito deve excluir no seu processo de conhecimento sobre a conduta o resultado do encarceramento, e essa exclusão não é alcançada sem que se tome um outro ponto de partida quanto aos fins e dimensões desse direito que, então, estranhamente, ainda é denominado *penal*. Por isso já se apontou que existe uma distância muito curta que a separar a alternativa para a pena da conduta penalmente não significativa.

7.4.3.1 Substituição à alternatividade: as experiências do direito comparado

O presente tópico tem por objetivo demonstrar algumas das experiências do direito comparado na construção de um modelo diferenciado em relação àquele fundado na pena de encarceramento.

A invocação das modalidades "desviantes" dos países integrantes da *common law* serve a dois ângulos de abordagem diversos entre si. O modelo norte-americano assenta suas premissas penais na concepção largamente conhecida como *law and order*, com recrudescimento das leis penais e tendo na sanção privativa da liberdade um de seus pontos centrais, ao passo que o direito inglês aceita com maior flexibilidade a ideia de penas que não sejam detentivas e, por tal razão, acabou sendo um referencial nessa matéria desde o início dos anos 1970.

Nesse sentido, o **sistema penal inglês** é considerado como um exemplo na aplicação de penas não restritivas de liberdade, situação esta consideravelmente acentuada pela reforma de 1972 quando foi introduzido o *comunity service*, pena que pode ser aplicada desde que o condenado esteja de acordo com sua imposição e o delito seja passível de pena detentiva. Ao lado da aquiescência e da natureza da pena deve ser somada a efetivação de um relatório acerca da personalidade do réu e dados familires.[58]

Como aponta VINCIGUERRA,

> As principais obrigações do condenado, decorrentes da ordem de Serviço Comunitário, consistem em apresentar-se para relatar o andamento da execução da pena ao coordenador (Organizador de Serviços Comunitários), em comunicar qualquer mudança de domicílio, em cumprir o número de horas de

---

58 CHOUKR, Fauzi Hassan. Penas Alternativas. **Revista dos Tribunais**, SP, v. 89, n. 777, p. 453-471, maio 2000.

trabalho especificado no despacho no prazo de doze meses a contar da data da condenação.[59]

Ao lado dos serviços comunitários, o sistema penal inglês conhece outras formas de alternatividade à sanção corporal, podendo ser destacado o *binding over*, espécie de compromisso pessoal no qual o condenado pode estar obrigado a uma apresentação imediata perante o juiz quando chamado ou ser compelido a ter uma espécie de "boa conduta".[60]

Ao lado destas, a já conhecida pena pecuniária surge como forma de alternação à pena restritiva de liberdade. Tal sanção de tradicional multa, mas pode alcançar limites mais amplos, como a obrigação de indenização (*compensation order*) ou de restituição (*restitution order*), chegando até o ponto do confisco (*deprivation of property*)[61].

Ainda no complexo quadro de sanções existentes no modelo inglês, as penas interditivas ocupam espaço considerável, incidentes que são sobre determinados direitos. Como já foi doutrinariamente apontado, "Uma característica comum dessas medidas é a especificidade, ou seja, a serem impostas não para qualquer tipo de crime, mas apenas para aqueles que têm certa conexão com a própria capacidade".[62]

Por seu turno, o **sistema norte-americano** apresenta, igualmente, mecanismos alternativos à pena privativa da liberdade. Com efeito, ao lado das penas de multa (estabelecidas na forma de "dia multa"), existe a possibilidade da liberdade vigiada na residência, esta última modalidade alternativa justificada pela "Superpolação prisional e o impacto negativo da prisão sobre os acusados".[63]

Nesse sentido, o direito italiano trabalha com algumas das possibilidades punitivas do modelo anglo-saxão, como a liberdade vigiada, a prisão domiciliar e, sobretudo depois de 1.986, quando houve o alargamento das chamadas *penas alternativas*, dando um caráter mais "personalizado" à imposição da pena.

Após esta rapidíssima abordagem do direito comparado, é necessário, antes de concluir, esclarecer que as tendências contemporâneas do tratamento da matéria

---

59 V. VINCIGUERRA, Sergio. **Introduzione allo studio del Diritto Penale Inglese**: I Principi. Padova: Cedam, 1992 (especialmente p. 353): "gli obblighi principali del condannato, derivanti dall'ordine di' community service, consistono in presentarsi a fare rapporto sull'andamento dell'esecuzione della pena al coordinatore (community service organizer), nel counicargli qualsiasi cambiamento di domicilio, nell'eseguire il numere di ore di lavoro specificate nell'ordine entro il periodo di dodici mesi dalla dala della condanna".

60 VINCIGUERRA, op. cit., p. 354.

61 Op. cit., p. 358-361.

62 Op. cit., p. 361: "caratteristica comune a queste misure è la spceficità, cioè, di essere irrogate non per qualsiasi tipo di reato ma soltanto per quelli che obbiano una certa conessione com la capacità stessa".

63 BLAKERLEY, Christopher L. Le Droit Pénal des États-Unies D'Amerique. **Revue Internacional du Droit Pénal**, v. 61, p. 539: "superpolation carcérale et l'impact négatif de l'emprisionnement sur le prévenu".

reservam um espaço para a necessária presença de algumas alternativas à pena de encarceramento, como o trabalho de interesse da comunidade situação esta que não existe, em âmbito europeu, apenas na Espanha e na Suécia, sendo que os demais o consagram ao menos em sede legislativa – e, no que tange ao tema da acessoriedade da pena, a reparação dos danos à vítima e a restituição dos bens objeto de atividade criminosa seguem também o caminho da uniformização.[64]

Por outro lado, as assim denominadas "sanções morais", como a publicização da condenação ou a advertência verbal e o pedido de desculpas à vitrina também vêm ganhando espaço na escala de punições, não sem receber a pecha, em algumas situações, de serem vexatórias para o condenado.

Mas, de modo geral, ainda segundo Pradel em conclusão a estudo estatístico comparativo da aplicação das chamadas "penas alternativas" no contexto europeu, "as alternativas à privação da liberdade, no seu todo, não tem mais que uma importância mediana. Pode-se realmente falar de um meio fracasso em relação às esperanças que, com relação a elas, tinha o legislador"[65], tendo alguma de suas espécies, sido razoavelmente bem recebidas em certos países (trabalho comunitário na Grã-Bretanha, por exemplo), mas nem de longe tendo se transformado numa concreta mudança de mentalidade e postura.

7.4.3.2 Substituição e alternatividade no direito brasileiro

Mais uma vez é necessário frisar a distinção entre substitutividade e alternatividade. Sendo a substituição um sucedâneo à PPL imposta, o DP pátrio conheceu significativos avanços com a reforma da parte geral do Código em 1984, ocasião em que as penas restritivas de direito (arts. 54 e 57) vieram a substituir a pena encarceradora em larga escala.[66]

No dizer de REALE JÚNIOR, em face da legislação em vigor

> as penas restritivas são aplicáveis independentemente de cominação na parte especial. Como substitutivas que são da pena privativa de liberdade, basta que sejam cominadas de modo geral, na parte geral; essa substituição tem cabimento se a pena privativa de liberdade foi inferior a um ano ou nos crimes culposos, quando inexistirá este limite do quantum da pena para se operar a

---

64 As considerações que ora se seguem são substancialmente extraídas da obra de PRADEL, Jean. **Droit Pénal Comparé**. Paris: Dalloz, 1992 (em especial p. 598 e seguintes).

65 PRADEL, op. cit., p. 621: "les alternatives à la privation de liberté n'ont dans l'ensamble qu'une importance trés mouyenne. On a même parlé de demi-echec par rapport aux espoir des législateur".

66 CHOUKR, Fauzi Hassan. Penas Alternativas. **Revista dos Tribunais**, SP, v. 89, n. 777, p. 453-471, maio 2000.

substituição; a duração da pena restritiva de direito será a mesma da pena privativa de liberdade que vem a substituir.[67]

Como se verá, o projeto de lei ora em tramitação apenas modifica ampliativamente este cenário.

Se o arsenal legislativo hoje existente no contexto brasileiro não diz respeito, na essência, às penas alternativas, mas sim às substitutivas, resta indagar como discurso das penas alternativas vem sendo apropriado no campo teórico e por quais razões acabou ganhando espaço considerável nos debates acadêmicos.

Há uma pretensa íntima relação entre aquilo que se denomina *penas alternativas* e o advento da Lei n. 9.099/1995, reguladora do art. 98, inciso I, da CF/1988 e que instituiu os Juizados Especiais Criminais, inaugurando, assim, aquilo que parte da doutrina denominou *paradigma consensual* na política criminal, que

> admite que o infractor abra mão de algumas garantias constitucionais em prol de satisfazer outros interesses pessoais, v.g. o de não sofrer o constrangimento de um processo penal em virtude da prática de uma infração penal de pouca monta [...] adotando princípios inovadores como os da oralidade, simplicidade, informalidade, economia processual e celeridade.[68]

Esta ligação a partir dos valores dominantes no "novo paradigma" vem realçada pela posição de Gomes, ao afirmar que "as penas e medidas verdadeiramente alternativas, no Brasil, vieram com a Lei dos Juizados Especiais Criminais", caracterizando-se a pena alternativa por ser "aplicada diretamente, sem necessidade de um processo, denúncia, provas, condenação, etc. (exemplo: transação penal)".[69]

Todavia, é necessário entender o porquê do esforço de vincular as penas alternativas à Lei n. 9.099/1995 até se chegar ao ponto de conceituar, como na posição aludida, pena alternativa como a que é produzida sem um processo. As razões repousam nas agudas críticas que o aludido diploma legal vem recebendo, sobretudo atinentes à inconstitucionalidade da pena imposta fruto da "transação penal", considerações estas que podem ser sinteticamente resumidas na obra de REALE JÚNIOR[70], ao concluir que com a supracitada lei "infringe o

---

67 REALE JÚNIOR, Miguel et al. **Penas e medidas de segurança no novo Código**. Rio de Janeiro: Forense, 1985. p. 153-154.

68 JESUS, Damásio Evangelista de. Instituição dos Juizados Especiais Criminais no Brasil e sua influência na aplicação das penas alternativas. **Boletim do Instituto Brasileiro de Ciências Criminais**. São Paulo, n. 45, p. 2-3, ago. 1996.

69 Gomes, Luiz Flávio. **Penas e Medidas Alternativas à Prisão**. São Paulo: Revista dos Tribunais, 1999. p. 96.

70 Ver, entre outros textos do autor na seguinte obra, REALE JÚNIOR, M. Pena sem processo. In: PITOMBO, Antonio Sérgio A. de Moraes (Org.). **Juizados Especiais Criminais**: interpretação e crítica. São Paulo: Malheiros, 1997. p. 82.

devido processo legal. Faz-se tábula rasa do princípio constitucional da presunção inocência, realizando-se um juízo antecipado de culpabilidade, com lesão ao princípio *nulla poena sine judicio*, informador do processo penal".

Para justificar, pois, a "transação penal à brasileira", em que uma pena é imposta fora do exercício do direito de ação e tudo em nome da celeridade, informalidade, suposta autonomia da vontade e do consenso, e dadas as volumosas críticas que vem recebendo tal tratamento, as "penas alternativas" foram invocadas como último bastião da constitucionalidade. Entretanto, o resultado teórico não poderia ser mais desastroso. Num primeiro aspecto, porque o conceito de "penas alternativas", qualquer que seja o ponto de partida teórico para alcançá-lo, jamais abre mão da jurisdicionalização ou, em outras palavras, a formação de um título condenatório. Por mais informal que seja, nunca chega ao ponto de dispensar o processo. Pode-se, em maior ou menor grau, flexibilizar o processo e reinterpretar as garantias do "*due process of law*", mas, em instante algum, a ele renunciar.

Por outro lado, é assombroso que se possa abrir mão com tanta tranquilidade de garantias constitucionais conquistadas arduamente na convivência humana em nome da justificação de teorias que refletem, quando muito, uma parcela do pensamento jurídico. Nem bem as mínimas conquistas do garantismo penal foram solidificadas no plano teórico e de direito positivo e, em escala ainda menor, se cristalizaram na cultura dos operadores, e já se as dispensam em favor das supracitadas justificativas.

Bem se vê, pois, que as tênues conquistas garantistas não se comprazem com os preceitos ora utilizados para a entronização da Justiça dita consensual. Ao contrário, aquilo que ora é apresentado como inovação de garantia, historicamente é identificado com o que de mais atroz já existiu nos valores do direito e do processo penal. Refere-se aqui, em especial, à ideia da transação, fonte de pena sem processo que, pela definição ora espancada, é considerada como "alternativa".

FERRAJOLI, esclarece lapidarmente que

> todas las garantias – penales o procesales – [...] resultan efectivamente alteradas con la negociación entre las partes o, peor aún, entre juez e imputado que tenga por objecto la prueba y pena... Legalidad, jurisdicionalidad, inderogabilidad de la acción y del juicio y indisponibilidad de las situaciones penales se desvanecen en definitiva en esta negociación desigual, dejando espacio a un poder enteramente dispositivo que desemboca inevitablemente en el arbitrio.[71]

Com efeito, pois, não encontra fundamento a ideia de uma pena construída fora dos cânones do devido processo legal possa ganhar foro de legalidade ou

---

71 FERRAJOLI, Luigi. **Derecho y Razón**: teoria del garantismo penal. Traducción de Espanhola de André Ibañes e outros. Madrid: Trotta, 1995 (em especial p. 609).

legitimidade. Alternativa ela pode até ser, se for considerada como alternativa a um modelo de direito existente no Estado democrático.

7.4.3.3 O itinerário legislativo das penas alternativas: o Projeto de Lei n. 2.684/1996

O projeto de lei em apreço, tendo em vista as premissas teóricas já aqui lançadas, não trata de pena alternativa, mas sim de penas substitutivas, a teor da própria redação sugerida para o art. 44 que, em seu *caput*, aponta que "as penas restritivas de direitos são autônomas e **substituem** as privativas de liberdade, quando" (grifo nosso).

O rol é ampliado para contemplar a perda de bens e valores, instituir o recolhimento domiciliar, a advertência, esta consistente na admoestação verbal ao condenado, e o compromisso de frequência a curso ou submissão a tratamento, isso pelo tempo da pena restritiva de liberdade aplicada (nos casos em que a pena for inferior a seis meses).

As hipóteses de substituição são bastante complexas, como pode ser observado:

a] cabem para qualquer crime culposo, independentemente da quantidade de pena;

b] cabem para os crimes dolosos, desde que a pena não seja superior a quatro anos e que o crime não tenha sido cometido com violência ou grave ameaça à pessoa;

c] não for o réu criminoso habitual;

d] não for o réu reincidente específico;

e] estiverem presentes as condições previstas, em analogia, ao art. 77, inciso II, do CP.

O art. 44, inciso I, trata da substituição nos crimes culposos (independentemente da quantidade e espécie da pena) e, se doloso, a pena não for superior a quatro anos, desde que o crime não tenha sido praticado com violência ou grave ameaça a pessoa.

Inicialmente, em relação aos crimes culposos, pode ser efetuada a mesma crítica que se seguirá ao parágrafo 2º do mesmo artigo, sendo praticamente nula sua aplicabilidade prática.

Já com relação aos crimes dolosos, a pergunta igualmente se impõe e com outros fundamentos. Tirando hipóteses de concurso de delitos, em que a substituição já não seria recomendável a teor do disposto no inciso III do mesmo art. 44 (culpabilidade, antecedentes, motivos e circunstâncias inviabilizam a substituição), então, as hipóteses concretas de substituição que fizessem valer a existência dessa norma é algo que o estudioso deve tentar decifrar. Ficariam

Penas | 225 |

de fora, de plano, todos os delitos que tivessem seu julgamento e execução pelo Juizado Especial Criminal e, igualmente, os que possibilitassem, *ab initio*, a suspensão condicional do processo (obviamente desde que ela fosse aceita). O que fica de fora é um espaço de aplicação muito restrito, e que não resiste a uma crítica global do ordenamento.

Pergunta interessante que se pode fazer em face da proposta de lei enfocada, é a de se saber se o caso que não comportou suspensão do processo em face da ausência dos requisitos subjetivos do art. 77, inciso II, comportaria a substituição da pena restritiva de liberdade. Esse problema surge em vários momentos da análise do texto em pauta e vai dizer respeito, entre outras coisas, há algo que o sistema não tem de há muito: coerência.

Pode-se argumentar que os momentos no processo serão distintos, e que nada impediria a substituição mesmo quando a suspensão não tivesse sido proposta após a denúncia. Mas não há como negar o contrassenso, colocando em dúvida a legitimação do aparelho penal vez que, se não havia condição para a suspensão (e basicamente tratando-se do mesmo fundamento), também não há de haver para a substituição.

No parágrafo 2º da sugestão para o art. 44 fica estabelecido que, no caso de a pena cominada ser igual ou inferior a um ano, tanto poderá ela ser substituída por multa como por uma pena restritiva de direitos. Se superior a um ano, pode ser substituída por uma pena restritiva de liberdade e multa, conjuntamente, ou por duas restritivas de direitos. Cabe entender, dentro da prolixa e inconsistente tessitura legislativa penal, qual seria o eventual alcance prático desta disposição.

Dentro do sistema já existente, se a pena é igual ou inferior a um ano, a competência para julgamento e eventual execução da pena é do Juizado Especial Criminal. Sendo o primeiro comparecimento do réu perante a Justiça criminal tudo se esgota na transação penal e a norma em tela fica operacionalmente sem aplicação. Caso o autor do fato se negue a compactuar com a Justiça "consensual", uma das possibilidades que se abre é o oferecimento da denúncia, que, pela quantidade de pena (e uma vez presentes os requisitos subjetivos), normalmente desembocará na formulação da proposta da suspensão condicional do processo em que, igualmente, tal dispositivo não terá aplicação prática.

Resulta disso que a norma sugerida em questão tende a ser aplicada em caráter por demais residual. Para alcançar sua viabilidade prática, os meios consensuais e de flexibilização da pena restritiva da liberdade foram totalmente esgotados quando mais uma vez, se dispensa a pena carcerária. A pergunta que então se pode fazer é: "Por que não abolir diretamente a pena carcerária para tais delitos, vez que sua execução será excepcional?". Certamente, um dos caminhos da resposta passa pela concepção atrás invocada do que vem a ser substancialmente uma pena alternativa e as grandes dificuldades culturais e políticas de sua correta introdução.

No mesmo contexto está a situação do parágrafo 1º, inovador em nosso direito pela introdução de uma pena de advertência, até então conhecida no Brasil dentro do Estatuto da Criança e do Adolescente (ECA) e das sanções disciplinares administrativas e, em termos de DP "clássico" tendo aplicação quando da concessão da suspensão condicional da penal (audiência admonitória, após o trânsito em julgado) ou o compromisso de frequência a curso ou submissão a tratamento. Além das críticas efetuadas em relação ao parágrafo 2º, essa disposição merece alguns comentários pelas inovações que traz.

A primeira delas, e já criticada por facção de operadores do Direito, diz respeito à advertência ser pena imprestável para os "adultos" consoante o texto mencionado. Sua introdução, como já frisado, pode ser nova no âmbito do DP "clássico" em território nacional, mas é já realidade em outros sistemas (*vide* estudo do direito comparado *supra*) e já aplicado em outros níveis de sanção não penais. Nesse sentido, pode-se indagar se uma conduta desviada, cuja pena possa ser apenas a admoestação, é substancialmente uma conduta penalmente relevante ou se, de plano, seu tratamento devesse se situar na esfera extrapenal. A resposta tende a ser incisivamente negativa. Se a advertência é a sanção adequada, a verdadeira pena então imposta foi o curso do processo e os traumas que daí podem advir (sobretudo a rotulação como "réu" no meio social) e não a advertência em si, cujo resultado, dentro do contexto penal estrito, é irrisório.

Por outro lado, o curso a ser frequentado, embora a lei não o diga (e seria interessante dizê-lo) deve ter estrito vinculo com o fato criminoso praticado. Se o fito da norma é, inescusavelmente, a reeducação, tal conduta também escapa em sua essência da órbita penal, ficando patente que se pode solucionar esse desvio social com a imposição de um procedimento sem a pecha criminal e a estigmatização que daí surge.

Passando para o tópico do tratamento do réu reincidente, a proposta de lei não é de boa técnica, vez que, o art. 44, inciso II, proíbe a substituição, enquanto o parágrafo 3º do mesmo artigo faculta sua concessão, desde que presentes os requisitos de ordem subjetiva lá enunciados. Impõe-se, pois, que na motivação da decisão o magistrado explique as razões de ordem subjetiva as quais levou em consideração para operar ou não a substituição. Repetir literalmente o texto de lei (se assim aprovado) como "fundamento", não poderá ser tolerado por ofensa ao art. 93, inciso IX, do texto constitucional. Entre outros pontos, esta norma clama a atenção para a necessidade de se formar, já dentro do processo de conhecimento, um perfil psicológico do acusado com vias a eventual utilização quando da aplicação dessa norma.

Outrossim, reaviva-se, uma vez mais, o tema da reincidência específica, definição esta que ganhou um colorido especial com a Lei n. 9.072/1990 (crimes hediondos) e que se alastra agora pelos campos da execução penal. O modelo penal de garantia, que não se compraz com a reincidência nos termos liberais de nosso CP, muito menos tolera a modalidade "específica".

Justamente em relação aos crimes hediondos, há uma marcante incongruência. O regime da Lei n. 8.072/1990 (não de todo imune a críticas), impossibilita a concessão de anistia, graça, liberdade provisória e a progressão de regime fechado, facultando-se apenas a liberdade condicional uma vez cumpridos dois terços da pena. Seu rol (e os delitos a eles assemelhados) contempla crimes que chocam o imaginário público e que são exemplarmente explorados pela mídia, tanto que nasceram por sua obra e graça. A lei em tela nasceu, pois, da concepção de um regime mais duro na quantificação e forma de execução da pena, e não se compraz tranquilamente com a idéia da substituição da pena imposta.

Contudo, é de modo marcante nesses crimes (todos dolosos) que o projeto pode ter reiterada reincidência. Basta que se tome o caso da pena mínima para o art. 12 da Lei n. 6.368/1976, com a aplicação que lhe foi dada pela Lei n. 9.072/1990 para que se verifique a possibilidade da substituição. Poder-se-ia argumentar que, uma vez presente o requisito objetivo a substituição teria óbice nos requisitos subjetivos, dada a conduta, consequências, personalidade do agente etc. Tal objeção tem sua procedência, mas, ao menos em tese, a substituição seria viável "a priori".

Por outro lado, o projeto de lei em análise buscou solucionar um problema prático nascido com a Lei n. 9.099/1995, que, como um dos frutos da transação penal, criou o pagamento de cestas básicas em prol de entidades assistenciais. Com efeito, não é pouca a polêmica em torno dessa matéria.

Se, de um lado, os defensores da absoluta constitucionalidade da imposição da entrega de cestas básicas como espécie de sanção penal[72] apontam para o caráter humanitário dessa "pena", por outro, seus opositores, marcadamente centrados na ideia de que isso não passa de uma corruptela da pena pecuniária[73] e que, em termos do projeto em apreço, "confessadamente a ideia é regularizar a prática, até então desamparada legalmente", da entrega das tais "cestas".

---

72 Nesse ponto, o estado do Mato Grosso do Sul teve um papel pioneiro e, naturalmente, os operadores do Direito a ele vinculado defendam sua legalidade absoluta (*vide* OLIVEIRA RONALDO, José Carlos de. Juizado Especial Criminal como forma alternativa despenalizadora do Direito Penal. Penas Alternativas: cestas básicas – experiência pioneira. **Boletim IBCCrim**, n. 51, 1996), muito embora o e. STF tivesse fulminado de inconstitucionalidade a pretensa inovação da época (**HC 74.298-0/MS**. Relator: Min. Maurício Correia. Data de julgamento: 27 set. 1996, citado no mesmo Boletim IBCCrim, *supra*).

73 Nesse sentido, ROCHA, Galvão da; NOGUEIRA, Fernando Antonio. O Direito Penal se legitima por meio das penas alternativas? **AMMP em Notícias**, ago. 1997.

Chama atenção a forma de pena alternativa denominada *recolhimento domiciliar*, fundado em autodisciplina e senso de responsabilidade do condenado, vez que deverá, sem vigilância, trabalhar, frequentar curso ou exercer atividade autorizada, recolhendo-se nos dias ou horários de folga em residência ou qualquer local destinado à sua moradia habitual, conforme for estabelecido na sentença.

A irrealidade de tal proposta é latente e dispensa maiores comentários. Sua introdução serviria, quando muito, para aumentar o anedotário jurídico pátrio e muito pouco de útil teria a acrescentar a restauração da legitimidade do DP. Outrossim, em termos já expostos no presente trabalho, ressurge a indagação de saber se uma conduta que mereça tal pena "alternativa", no dizer da lei, ou substitutiva no exato extrato terminológico, deva continuar a ser considerada corno penalmente digna, na forma como lapidarmente esclarecida por FIGUEIREDO DIAS[74].

Há, por derradeiro, a extensão da hipótese do chamado *sursis etário*, que compreenderia, também, razões de saúde a justificar a suspensão condicional da pena para aquele que contar com mais de setenta anos à época da sentença condenatória.

7.4.4 O regime jurídico das penas alternativas no Código Penal

A forma como encerrado o processo legislativo com a aprovação dos artigos renovados no CP trouxe algumas alterações em face do projeto apresentado, sendo as seguintes vedações apresentadas:

a] desaparece o recolhimento domiciliar como forma de pena "alternativa" (redação sugerida ao art. 43, III, no Projeto, com a definição contida no art. 45, § 4º do mesmo texto);

b] desaparece a figura do criminoso habitual (redação prevista para o art. 44, II, no Projeto);

c] desaparece a pena de "advertência", tal como sugerida para o art. 44, § 1º, do Projeto;

d] alteração redacional do art. 44, I, do Projeto (mas mantendo-se sua *ratio*);

e] alteração redacional do "*caput*" do art. 45, para suprimir a locução "no art. 44";

f] correção redacional do § 3º do art. 46, em que constava indevidamente a palavra "as", antes de "aptidões do condenado" e, por fim,

---

74 Dignidade que é um dos fundamentos para a caracterização da ação criminosa, compreendida como "um comportamento ilicito-típico, culposo e digno de punição" (in: FIGUEIREDO DIAS, Jorge de. Sobre o Estado Atual da Doutrina do Crime. **Revista do Instituto Brasileiro de Ciências Criminais**, n. 1, 1993, especialmente p. 30).

g] supressão da menção ao § 2º na redação do art. 55.

Veja-se, pois, a gama de consequências em face da redação definitiva e seu cotejo com o projeto apresentado.

7.4.4.1 Penas substitutivas e crimes hediondos

Como já esperado em face da redação inicial, a aplicação da substitutividade aos crimes hediondos acabou se revestindo no maior problema de aplicação prática e no de maior confronto teórico. Com efeito, inúmeras vezes suscitado o problema no mundo forense, a jurisprudência dos Tribunais Superiores (notadamente o STJ nesse aspecto) tem-se mostrado avessa à substituição no caso dos crimes hediondos e, em particular, no tráfico ilícito de entorpecentes, elencando-se as seguintes fundamentações:

a] Incompatibilidade da substituição com a disposição legal de cumprimento de pena dos crimes hediondos em regime integralmente fechado. Nesse sentido, os seguintes julgados:

> Por ser o crime de tráfico de entorpecentes equiparado aos crimes hediondos é insuscetível de certos benefícios, como a substituição da pena restritiva de liberdade pela restritiva de direitos. Ademais, tal substituição é incompatível com a Lei nº 8.072/90, que impõe o cumprimento da pena em regime integralmente fechado [...]. 4 – Impossibilidade, portanto, de progressão de regime no caso dos autos. Precedentes do STF. 5 – Recurso improvido.[75]

Ainda:

> As alterações introduzidas no Código Penal pela Lei das Penas Alternativas (Lei 9.714/98) não alcançam o crime de tráfico de entorpecentes (crime hediondo), cujo cumprimento da pena é em regime integralmente fechado.

---

75 BRASIL. Superior Tribunal de Justiça. **Ap. n. 9.031/SP** (Reg. n. 1999.03.99.062247-7). 3ª Região. 1ª Turma. Relator: Des. Oliveira Lima. Data de julgamento: 28 set. 1999, v.u. Data de publicação: DJU, 9 nov. 1999, p. 359.

Impossibilitada, portanto, a substituição da pena privativa de liberdade pela restritiva de direitos.[76]

b] A norma da pena substitutiva é genérica, eis que prevista no CP, e aquela dos crimes hediondos é específica devendo, pois, prevalecer em relação a anterior. Nesse sentido:

A Lei n. 8.072/1990, em seu art. 2°, parágrafo 1°, não é inconstitucional – (Plenário do Pretório Excelso).

II – A Lei n. 9.455/1997 que trata, especificamente, do crime de tortura não se aplica, em sede do art. 2°, § 1° da Lei n. 8.072/1990, a outros crimes. III – A Lei n° 9.714/98, que modifica dispositivos legais do C. Penal, não reformou a forma de execução penal preconizada na Lei n° 8.072/90. Writ indeferido".[77]

No mesmo contexto:

A alteração genérica da legislação, sem explicitação acerca das leis especiais, não pode revogar textos destas últimas (lex generalis non derogat lex specialis) ex vi, também, art. 12 do C. Penal. II – A Lei n° 9.714/98, que modificou dispositivos legais do C. Penal, não reformou a forma de execução penal preconizada na Lei n° 8.072/90 (art. 2° §1°). Recurso desprovido.[78]

---

76 BRASIL. Superior Tribunal de Justiça. Quinta Turma. **Acórdão Hc 10169/Rj**. *Habeas Corpus*, Dj, 17 dez. 1999, p. 387. Relator: Min. Jorge Scartezzini (1113). Data da decisão: 9 nov. 1999. Veja **RHC 8406-Rj**, HC 9875-RS (STJ). No Mais, os seguintes acórdãos: BRASIL. Superior Tirbunal de Justiça. Quina Turma. **Acórdão HC 10887/MG**; *Habeas Corpus*, Dj, Ata: 17 dez. 1999, p. 390 (1999/0091009-5). Relator: Min. Edson Vidigal (1074). Data da decisão: 23 nov. 1999. Penal. Processual Penal. Tráfico de Entorpecentes. Lei n. 9.714/1998. Aplicação. Impossibilidade. Os condenados pela prática de crimes hediondos e os a estes assemelhados (tortura, tráfico de entorpecentes e terrorismo) deverão cumprir integralmente a pena em regime fechado (Lei n. 8.072/1990, art. 2°, § 1°). Não se lhes aplicam, portanto, os benefícios previstos na Lei n. 9.714/1998. Ressalva da posição vencida do Relator. 2. "*Habeas Corpus*" conhecido; pedido indeferido; BRASIL. Superior Tribunal de Justiça. Quinta Turma. **HC 10108/Rj**; *Habeas Corpus* (1999/0064072-1). Dj, 28 fev. 2000, p. 97. Relator: Min. Jorge Scartezzini (1113). Data da decisão: 2 dez. 1999. HC – Penal – Tráfico de Entorpecentes – Lei Das Penas Alternativas – Inaplicabilidade. – As alterações introduzidas no Código Penal pela Lei das Penas Alternativas (Lei n. 9.714/1998) não alcançam o crime de tráfico de entorpecentes (crime hediondo), cujo cumprimento da pena é em regime integralmente fechado. Impossibilitada, portanto, a substituição da PPL pela restritiva de direitos. – Precedentes. – Ordem denegada.

77 BRASIL. Superior Tribunal de Justiça. Quinta Turma. **HC 11252/MG**; *Habeas Corpus* (1999/0103680-1). Relator: Min. Felix Fischer (1109). Data da decisão: 14 dez. 1999. Ainda no mesmo sentido: Veja RHC 7347-MG; HC 7774-MG; RHC 7926-MG (STJ); HC 69603; HC 69657-SP; HC 69871-SP; HC 75634-SP; HC 76371-SP (STF).

78 BRASIL. Superior Tribunal de Justiça. Quinta Turma. **Acórdão RHC 8406/RJ**; Recurso Ordinário em *Habeas Corpus* (1999/0015305-7). Dj, 27 set. 1999, p. 100. Relator: Min. Felix Fischer (1109). Data da decisão: 30 jun. 1999. Veja HC 69657-SP; HC 69603-SP (STF); RESP 98746-SP; RESP 98716-SP (STJ).

As vertentes jurisprudenciais mencionadas, porque distintas em seus fundamentos, devem ser analisadas separadamente. Fiquemos inicialmente com a primeira delas, que em seu bojo traz a necessidade do reconhecimento da constitucionalidade do cumprimento integral da pena em regime fechado, consoante a norma do art. 2º da Lei n. 8.072/1990, que assim já foi tida inúmeras vezes pelo e. STF[79], o que só vem confirmar afirmação por nós lançada em texto pretérito quanto a sedimentação dos equívocos através das sucessivas reformas parciais[80].

Ainda que minoritária, tal linhagem decisória sofreu críticas aguadas e insuperáveis, cabendo ser lembrado a substanciosa fundamentação da Apelação Criminal n. 99.002222-6, do e. Tribunal de Justiça de Santa Catarina, da lavra do eminente Des. Nilton Macedo Machado que, analisando a matéria, assim se posicionou (*in verbis*):

> A Lei n. 8.072/90, que trata dos crimes hediondos e a eles equiparados, proíbe progressão do regime, concessão de anistia, graça e indulto, assim como de liberdade provisória, mas não contém comando proibitivo à substituição da pena privativa de liberdade por restritivas de direitos, nem ao sursis. Observado o princípio da reserva legal (CF, art. 5º, XXXIX e CP, art. 1º), na falta de proibição expressa na norma incriminadora especial e diante da nova sistemática penal advinda com a Lei n. 9.714/98, admite-se, em tese, a substituição da pena privativa de liberdade aplicada não superior a 4 (quatro) anos aplicada por crime denominado de tráfico de entorpecentes, por penas restritivas de direito, chamadas "alternativas", tendo em vista que, de regra, não são praticados com violência ou grave ameaça à pessoa. O tratamento mais leve, entretanto, condiciona-se à presença das circunstâncias objetivas e subjetivas, estas referentes à pessoa

79 CRIMES HEDIONDOS – Cumprimento integral da pena em regime fechado – Obrigatoriedade: STF(3) – Ementa oficial: "*Habeas Corpus*" – Lei dos Crimes Hediondos – PENA CUMPRIDA NECESSARIAMENTE EM REGIME FECHADO – CONSTITUCIONALIDADE DO ARTIGO 2º, § 1º DA LEI Nº 8072. – Tráfico ilícito de entorpecentes. Condenação, onde o artigo 2º § 1º da Lei 8072, dos crimes hediondos, impõe cumprimento da pena necessariamente em regime fechado. Não há inconstitucionalidade em semelhante rigor legal, visto que o princípio da individualização da pena não se ofende na impossibilidade de ser progressivo o regime de cumprimento da pena: retirada a perspectiva da progressão frente à caracterização legal da hediondez, de todo modo tem o juiz como dar trato individual à fixação da pena, sobretudo no que se refere à intensidade da mesma – "*Habeas Corpus*" n. 69.657-1/SP – Tribunal Pleno – Relator: Marco Aurélio – Data de julgamento: 18 dez. 1992 – Paciente: Mauro Tenório de Albuquerque e outro – Impetrante: Arnaldo Pires Ramos – Coator: Tribunal de Justiça de São Paulo. (*Habeas Corpus* n. 69.657-1. Data de julgamento: 18 dez. 1992. Tribunal Pleno. Relator: Marco Aurélio, RJDTACRIM 21/420).

80 Uma das consequências mais desastrosas da pulverização legislativa por meio das reformas pontuais é que as incoerências sistêmicas e mesmo os erros técnicos tendem a ser tratados com benevolência ímpar pelos operadores do direito. Esse comodismo nada desejável impedirá a correta verificação dos malefícios da reforma fragmentada pois seria politicamente inadmissível a reforma para corrigir o erro da reforma. As sucessivas edições normativas deslegitimariam o processo parcial e, na verdade, chamariam a atenção para a necessidade da reforma total. CHOUKR, Fauzi Hassan. As Reformas Pontuais e o CPP. In: _____. (Coord.). **Estudos de Processo Penal**: "O Mundo à Revelia". Campinas: Agá-Juris, 2000.

do agente e à gravidade do crime, previstas nos incisos II e III do art. 44 do CP, pois a nova lei "confia na prudência dos operadores jurídicos", porque cada caso é um caso e "não se irá valorar do mesmo modo a conduta de um jovem que cede gratuitamente a droga numa reunião de amigos a outro companheiro, com a conduta de quem explora o tráfico com ânimo de lucro ou para aliciar menores" (LUIZ FLÁVIO GOMES).

Por fim, no tocante ao pleito de substituição da pena privativa de liberdade imposta, a ser cumprida em regime integralmente fechado, por restritivas de direito nos moldes fixados pela Lei n. 9.714/98, tem-se que tal providência é possível, em tese, porquanto a lei nova, posterior ao crime imputado ao apelante, tem efeitos e consequências benéficas, especialmente porque evita o encarceramento. [81

E prossegue na sua fundamentação:

A nova redação do art. 44, do Código Penal, advinda com a Lei n. 9.714/98 (em complemento à reforma penal procedida com a Lei n. 7.209/84 – vide Exposição de Motivos da nova parte geral do Código Penal, ítem 29), fixa requisitos objetivos e subjetivos para substituição da pena privativa de liberdade pelas restritivas de direito (alcunhadas doutrinariamente de "penas alternativas"), tendo-se como condições objetivas, que sempre deverão ser cumpridas: a) pena inferior ou igual a 4 (quatro) anos, se o crime for doloso; b) crime praticado sem violência ou grave ameaça à pessoa; c) réu não reincidente em crime doloso.

Cumpre observar no tocante à reincidência, que havendo condenação anterior e não se tratando de réu reincidente específico, ainda assim poderá obter a substituição desde que presente um elemento subjetivo adicional: a medida seja socialmente recomendável (§ 3º, art. 44). De outra banda, o requisito subjetivo que sempre deverá ser observado para determinação da substituição é a suficiência desta operação, verificada a partir da análise dos seguintes elementos: a) culpabilidade, b) antecedentes, c) conduta social e a personalidade do condenado, d) motivos e as circunstâncias e do crime.

Analisando caso de igual matiz, o e. Tribunal de Justiça de Minas Gerais assim decidiu:

O inconformismo referente à substituição da pena privativa de liberdade pela restritiva de direitos não procede. A simples alegação de ser crime hediondo não obsta a substituição da pena. Se o legislador não fez qualquer restrição nesse sentido, não cabe ao intérprete fazê-la. Preenchidos os requisitos legais objetivos

---

81 SANTA CATARINA. Tribunal de Justiça. **Apelação Criminal n. 99.002222-6.** Disponível em: <https://www.jusbrasil.com.br/jurisprudencia/tj-sc/4972852>. Acesso em: 29 nov. 2023.

e subjetivos, previstos no art. 44 do CP, com as alterações da Lei nº 9.714/98, nenhum impedimento existe para que a pena privativa de liberdade, no caso do crime de tráfico, seja substituída por restritiva de direitos.

[...]

A lei apenas exclui da possibilidade de substituição a pena relativa a crimes praticados com violência ou grave ameaça à pessoa, dentre os quais não se insere o tráfico ilícito de entorpecentes. É claro que o verdadeiro traficante, que vive desse pernicioso negócio e busca lucros financeiros sem qualquer pudor, é perigoso e causa repugnância a todos. Cabe ao juiz, analisando as condições do art. 59 do CP, evitar a impunidade, aplicando a pena adequada e não concedendo o benefício da pena restritiva de direitos àquele que representa risco à sociedade. O pequeno traficante, como o do caso presente, que muitas das vezes é usado como instrumento nas mãos dos grandes e poderosos, inobstante a gravidade do delito, não deve ser tratado de igual forma, em razão de trazer menor risco à comunidade.

Também não constitui óbice à referida substituição o fato de o regime de cumprimento da pena ser integralmente fechado (Lei nº 8.072/90, art. 2º, § 1º). Uma coisa é substituição de pena, outra, diversa, é sua execução, ou seja, a forma como vai ser cumprida. Conforme entendimento da Súmula nº 7 da jurisprudência predominante desta 1ª Câmara Criminal: "A Lei nº 8.072/90 não veda a concessão do sursis". Ora, se é permitida a suspensão condicional da pena em crime hediondo, também não há que se negar sua substituição por pena restritiva de direitos, uma vez preenchidos os requisitos legais.[82]

Com efeito, nesses dois provimentos encontram-se bem lançadas as críticas à posição jurisprudencial dominante, a saber:

a] não existe vedação expressa à concessão da alternatividade aos denominados *crimes hediondos* ou *assemelhados* (como já se adiantou quando da crítica ao anteprojeto);

b] a impossibilidade da concessão *tout court* viola o preceito constitucional da legalidade das penas, consequência lógica do estado democrático e de direito;

c] por seu turno, a alternação não é automática, mas exige a presença de requisitos objetivos e subjetivos

d] o argumento do cumprimento da pena em regime fechado (malgrado careça em sua gênese de constitucionalidade por ofensa ao princípio da

---

82 MINAS GERAIS. Tribunal de Justiça. **AP. n. 148.427-8.** Itanhandú; 1ª CCrim. Relator: Des. Zulman Galdino. Data de julgamento: 29 jun. 1999, v.u.

individualização da pena) não impede a alternação, porque regula a forma de execução, e não a pena imposta.

Para o Estado democrático e de direito, não existe hierarquia na violação de seus preceitos, a dizer, qualquer violação é grave e quebra os pressupostos daquele. Embora assim seja, apenas por um efeito que poderia rotular "didático" em face de sua ubiquação no DP, parece ser necessário exaltar a ofensa denunciada no item "b" *supra*, porque traz em seu bojo a equivocada redução do princípio da legalidade penal ao enunciado *nullum crime sine previa lege*. No entanto, aquilo que se compreende corretamente como legalidade no DP não se restringe a esse preceito, mas se apresenta em quatro diferentes formas (*sine lege scripta, praevia, certa e stricta*)[83]:

> uma pessoa somente pode ser punida por um ato que era codificado [...] ao tempo de sua comissão(*lex scripta*), tenha sido cometido após ele ter entrado em vigor, (*lex praevia*), tenha sido definido com clareza suficiente (*lex certa*) e não pode ser estendido por analogia (*lex stricta*). Os últimos princípios, de certeza e proibição da analogia resolvem as ambiguidades em favor do acusado. Mais além, os princípios da escrita (*lex scripta*) e da não retroatividade (*lex praevia*) dão ao suspeito o direito de se basear na lei que estava codificada e era válida ao tempo da comissão. Em caso de mudança da lei antes do julgamento final, a lei mais favorável ao acusado deve ser aplicada.

Analisando o mesmo tema e sob o mesmo enfoque, FERRAJOLI[84] assim apresenta o tratamento das penas no Estado de direito:

> O segundo princípio logicamente conexo ao primeiro é aquele de estrita legalidade da pena [*nula poena sine lege*] ditado pelo artigo 1, 2ª parte do Código Penal [ninguém poder ser punido com pena que não esteja estabelecida pela lei] e implicitamente do já recordado artigo 25 parágrafo 2º da Constituição. Ao lado da estrita legalidade dos crimes e da estrita legalidade das penas três significados surgem: a) aquele da reserva de lei, com base no qual apenas a lei formal encontra-se habilitada a introduzir ou a modificar penas; b) aquele da tipicidade ou taxatividade das penas, em virtude do qual as penas são todas e apenas cuja qualidade e quantidade estão previstas pela lei; c) aquela da pré determinação legal das penas, por força da qual as penas podem ser infringidas apenas nas hipóteses [isto é na presença dos crimes] e nas medidas [de um mínimo a um

---

83 ROXIN, Claus. **Strafrecht-Allgemeiner Teil**. 3. ed. 1997. v. I. p. 97-99, citado por AMBOS, Kai. Princípios Gerais de Direito Penal no Estatuto de Roma. In: CHOUKR, Fauzi Hassan; AMBOS, Kai (Org.). **Tribunal Penal Internacional**. São Paulo: RT (no prelo).

84 FERRAJOLI, Luigi. **Direito e Razão**. Tradução de Gomes, Luiz Flávio; Zommer, Ana Paula, Tavares, Juarez e Choukr, Fauzi Hassan. 4. ed. São Paulo: RT, 2002. p. 346

máximo] preestabelecidos por lei. E também dessa deriva relativamente às penas os três corolários já enunciados em tema de crime: a) irretroatividade da lei penal desfavorável ao réu; b) a retroatividade e ultra atividade da lei penal favorável ao réu; c) a proibição da analogia *in malan partem*.

A negação *tout court* significa, pois, a exclusão de uma pena dentre as legalmente previstas sem qualquer valoração judicial, fruto apenas de um etiquetamento legal e, pior, vedando aquilo que a lei automaticamente não veda. A incompatibilidade dessa vertente com o estado democrático apenas se entende – sem o que diríamos se tratar de puro e simples arbítrio – porque fruto de uma pressão irracional e incontrolada do meio social e alimentada pela mídia como bem acentuou SILVA FRANCO.[85]

> A sociedade atual está, além disso, possuída por uma sensação de insegurança, coletiva e individual. A percepção subjetiva dos riscos e perigos é nitidamente superior à dos riscos e perigos reais e, desse modo, é mais comunicacional do que existencial. A posição privilegiada ocupada pelos meios de comunicação social, no contexto de um mundo considerado como uma aldeia global, permite a construção de imagens dramatizadas e distorcidas da realidade, capazes de difundir um sentimento generalizado de intranquilidade e de impunidade.

O DP com um de seus mais poderosos instrumentos de atuação – a pena privativa de liberdade – passa então a ser convocado para afrontar esse quadro de medo e de angústia. Esse apelo ao DP é ainda estimulado pelos chamados *gestores atípicos da moral* de que fala SILVA SANCHEZ[86] e que são representados pelas "organizações ecológicas, feministas, de consumidores, de vizinhos, de pacifistas ou antidiscriminatórias" que encabeçam na atualidade a tendência para uma progressiva ampliação do DP, embora os resultados da intervenção penal, máxime quando acionada na linha da pena privativa da liberdade, se revelem "inadequados, vulnerantes de princípios gerais do DP e, inclusive, contraproducentes". Ao mesmo tempo, garantias clássicas do Estado constitucional de direito são postas de lado porque se mostram rígidas demais e se defende, então, uma postura de flexibilização que constitui, em verdade, um desmentido dessas garantias. A eficácia da repressão penal compreende, portanto, uma mudança de atitude para com as formas e os procedimentos apontados como obstáculos a serem vencidos para a obtenção da almejada segurança.[87]

---

85 SILVA FRANCO, Alberto. A Pessoa Humana como centro do Sistema Punitivo. **Boletim IBCCrim**, jan. 2000. p. 3.

86 SILVA SÁNCHEZ, Jesús-María. La Expansión del Derecho Penal. **Cuadernos Civitas**, Madrid, 1999. p. 47-48.

87 CHOUKR, Fauzi Hassan. Penas Alternativas. **Revista dos Tribunais**, São Paulo, v. 89, n. 777, p. 453-471, maio 2000.

Disso não decorre o automatismo da substituição, mas a necessidade de adequar-se (ou não) tal mecanismo ao caso concreto, com a análise dos requisitos subjetivos em face do disposto no art. 44 da Lei n. 9.714/1998, *in verbis*:

> Art. 44. As penas restritivas de direitos são autônomas e substituem as privativas de liberdade, quando:
>
> I - aplicada pena privativa de liberdade não superior a 4 (quatro) anos e o crime não for cometido com violência ou grave ameaça à pessoa ou, qualquer que seja a pena aplicada, se o crime for culposo;
>
> II - o réu não for reincidente em crime doloso;
>
> III - **a culpabilidade, os antecedentes, a conduta social e a personalidade do condenado, bem como os motivos e as circunstâncias indicarem que essa substituição seja suficiente.** (grifo nosso)

Já a outra linhagem jurisprudencial nega a substituição da pena porque a Lei dos Crimes Hediondos seria "especial" em face do CP e, por tal razão, sobre ele preponderaria. Damásio DE JESUS[88], citado no já robusto acórdão catarinense, desmente tal assertiva, enunciando que

> Regras gerais do Código são as normas não incriminadoras, permissivas ou complementares, previstas na Parte Geral ou Especial. Em regra, estão contidas na Parte Geral, mas também podem estar descritas na Especial (ex: conceito de funcionário público – art. 327). Por outro lado, a legislação especial, conjunto de leis extravagantes, também pode conter regras gerais diversas das do Código. Neste caso, prevalecem aquelas. Em caso contrário, quando a lei especial não ditar regras gerais a respeito dos fatos que descreve, serão aplicadas as do Código.

Completa o eminente Des. Nilton Macedo no supracitado provimento:

> Este dispositivo (art. 12, CP) não suscita qualquer dúvida, tendo a doutrina assentado, com firmeza: "A essas leis, a menos que disponham de forma diferente, aplicam-se as regras gerais do Código Penal, não apenas as contidas em sua Parte Geral, como também as que se encontram na Parte Especial, como a que conceitua funcionário público, por exemplo (art. 327)".[89]

Pois bem, a Lei n. 8.072/1990, que é especial, definiu os crimes hediondos e seus equiparados, dentre eles o tráfico ilícito de entorpecentes, aumentou as sanções penais e proibiu expressamente a concessão de anistia, graça, indulto,

---

88 DE JESUS, Damásio. **Direito Penal**. 13. ed. São Paulo: Saraiva, 1988. v. 1. p. 127-128.
89 BASTOS JÚNIOR, Edmundo José de. **Código Penal em Exemplos Práticos**. Florianópolis: Terceiro Milênio, 1998. p. 30.

fiança e liberdade provisória, acrescentando que o cumprimento da pena privativa de liberdade imposta deverá se dar em regime integralmente fechado (art. 2º, I, II e § 1º), **nada dispondo quando à impossibilidade ou incompatibilidade tanto de suspensão condicional da execução da pena (*sursis*), muito menos de substituição por penas restritivas de direito**.

Com efeito, é a seguinte a regra mencionada no CP: "Art. 12. As regras gerais deste Código aplicam-se aos fatos incriminados por lei especial, se esta não dispuser de modo diverso".

Na Lei n. 8.072/1990, não está previsto (por absoluta inconsistência legislativa) que a aplicação do art. 44 do CP está vedada, e o silêncio da Lei não pode ser interpretado em desfavor do réu em face dos princípios da lex *certa* e da *lex stricta*, como já demonstrado.

7.4.4.2 O recolhimento domiciliar

Muito embora tenha sido banido por veto presidencial, o recolhimento domiciliar acabou ganhando ares de legalidade no direito pátrio no tocante aos crimes ambientais. A Lei n. 9.605/1998, em seu art. 8º, dispõe:

> Art. 8º. As penas restritivas de direito são:
>
> [...]
>
> V – recolhimento domiciliar.

Na sequência, dispõe que tal pena substitutiva consiste no seguinte:

> Art. 13. O recolhimento domiciliar baseia-se na autodisciplina e senso de responsabilidade do condenado, que deverá, sem vigilância, trabalhar, frequentar curso ou exercer atividade autorizada, permanecendo recolhido nos dias e horários de folga em residência ou em qualquer local destinado a sua moradia habitual, conforme estabelecido na sentença condenatória.

A redação é próxima ao do projeto de Lei de Penas Alternativas e padece dos mesmos males antes indicados. Fica no ar a indagação, aparentemente irrespondível, quanto às razões que levaram o legislador a inserir num diploma extremamente específico tal sanção penal – ao que parece como pena autônoma – e deixá-la de fora diante do texto do CP. Apenas a falta de sistema, de coerência e lógica podem indicar o caminho de resposta a tal pergunta.

A advertência, por seu turno, não teve tanta sorte, e continua a ser medida socioeducativa prevista no ECA, além de ser ofertada em audiências admonitórias quando da concessão do *sursis*, mas sem ter o *status* de pena substitutiva.

7.4.5 A dinâmica das penas restritivas de direitos

Ao se manifestar sobre a então reforma aprovada, REALE JÚNIOR, de maneira incisiva aduziu que

> a recente Lei modificativa do Capítulo das Penas do Código Penal irrompe no sistema como invasor bárbaro, fazendo tábula rasa da relação de harmonia que se pretendera presidisse minimamente a aplicação das diversas medidas penais. Desconhecendo por inteiro as relações entre os institutos, os autores da novel legislação, tal como hunos em terra alheia, saquearam o que havia de coerência e logicidade no sistema de penas existente na Lei 7209-94.[90]

Alentado relatório sobre o cumprimento das penas restritivas de direitos aponta, décadas passadas da aprovação da reforma legislativa que, observada a finalidade de diminuir a população carcerária,

> Os indivíduos que são condenados à pena privativa de liberdade e que têm realmente sua pena substituída pela pena restritiva de direitos em verdade não seriam apenados com a prisão, dada a preexistência de outros institutos, como o sursis, que evitariam sua prisão. A lei 9.714/98, promulgada com vistas à ampliação das possibilidades de aplicação das penas alternativas, ao prever o aumento para quatro anos do quantum de pena passível de substituição, em verdade se mostrou absolutamente ineficiente para essa finalidade.[91]

Por fim, quanto à fiscalização dessas penas, o mesmo estudo constata aquilo que intuitivamente se verifica na dinâmica concreta dessas reprimendas:

> é imprescindível que o Poder Judiciário constituído nas unidades federativas assuma o papel que lhe foi conferido em 1984, no que diz respeito à titularidade da execução das penas alternativas, criando e provendo cargos para que o monitoramento e a fiscalização dessas modalidades penais possam de fato se efetivar.[92]

---

90 REALE JÚNIOR, Miguel. Mens Legis insana, corpo estranho. In: DOTTI, René Ariel et al. **Penas Restritivas de Direitos**: críticas e comentários às penas alternativas – Lei 9714, de 25.11.1998. São Paulo: RT, 1999. p. 23.

91 ILANUD – Instituto Latino-Americano das Nações Unidas para Prevenção do Delito e Tratamento do Delinquente. **Levantamento Nacional sobre Execução de Penas Alternativa**: Relatório final de pesquisa – Relatório da Coordenação Geral de Penas e Medidas Alternativas do Ministério da Justiça. Rio de Janeiro, RJ: Instituto Latino Americano das Nações Unidas para o Desenvolvimento – Ilanud/Brasil, 2016. p. 16. Disponível em: <https://www.mpsp.mp.br/portal/page/portal/documentacao_e_divulgacao/doc_biblioteca/bibli_servicos_produtos/BibliotecaDigital/BibDigitalLivros/TodosOsLivros/Levantamento-nacional-sobre-execucao-de-penas-alternativas.pdf>. Acesso em: 1º dez. 2023.

92 ILANUD – Instituto Latino-Americano das Nações Unidas para Prevenção do Delito e Tratamento do Delinquente. **Levantamento Nacional sobre Execução de Penas Alternativa**: Relatório final de pesquisa – Relatório da Coordenação Geral de Penas e Medidas Alternativas do Ministério da Justiça. Rio de Janeiro, RJ: Instituto Latino Americano das Nações Unidas para o Desenvolvimento – Ilanud/Brasil, 2016. p. 21. Disponível em: <https://www.mpsp.mp.br/portal/page/portal/documentacao_e_divulgacao/doc_biblioteca/bibli_servicos_produtos/BibliotecaDigital/BibDigitalLivros/TodosOsLivros/Levantamento-nacional-sobre-execucao-de-penas-alternativas.pdf>. Acesso em: 1º dez. 2023.

Capítulo 8
Punibilidade e sua extinção

Base Legal no Código Penal

Extinção da punibilidade

Art. 107. Extingue-se a punibilidade: (Redação dada pela Lei n. 7.209, de 11 de julho de 1984)

I – pela morte do agente;

II – pela anistia, graça ou indulto;

III – pela retroatividade de lei que não mais considera o fato como criminoso;

IV – pela prescrição, decadência ou perempção;

V – pela renúncia do direito de queixa ou pelo perdão aceito, nos crimes de ação privada;

VI – pela retratação do agente, nos casos em que a lei a admite;

VII – (Revogado pela Lei n. 11.106, de 28 de março de 2005)

VIII – (Revogado pela Lei n. 11.106, de 28 de março de 2005)

IX – pelo perdão judicial, nos casos previstos em lei.

Art. 108. A extinção da punibilidade de crime que é pressuposto, elemento constitutivo ou circunstância agravante de outro não se estende a este. Nos crimes conexos, a extinção da punibilidade de um deles não impede, quanto aos outros, a agravação da pena resultante da conexão. (Redação dada pela Lei n. 7.209, de 11 de julho de 1984)

Prescrição antes de transitar em julgado a sentença

Art. 109. A prescrição, antes de transitar em julgado a sentença final, salvo o disposto no § 1º do art. 110 deste Código, regula-se pelo máximo da pena privativa de liberdade cominada ao crime, verificando-se: (Redação dada pela Lei n. 12.234, de 5 de maio de 2010).

I – em vinte anos, se o máximo da pena é superior a doze;

II – em dezesseis anos, se o máximo da pena é superior a oito anos e não excede a doze;

III – em doze anos, se o máximo da pena é superior a quatro anos e não excede a oito;

IV – em oito anos, se o máximo da pena é superior a dois anos e não excede a quatro;

V – em quatro anos, se o máximo da pena é igual a um ano ou, sendo superior, não excede a dois;

VI – em 3 (três) anos, se o máximo da pena é inferior a 1 (um) ano. (Redação dada pela Lei n. 12.234, de 5 de maio de 2010).

Prescrição das penas restritivas de direito

Parágrafo único. Aplicam-se às penas restritivas de direito os mesmos prazos previstos para as privativas de liberdade. (Redação dada pela Lei n. 7.209, de 11 de julho de 1984)

Prescrição depois de transitar em julgado sentença final condenatória

Art. 110. A prescrição depois de transitar em julgado a sentença condenatória regula-se pela pena aplicada e verifica-se nos prazos fixados no artigo anterior, os quais se aumentam de um terço, se o condenado é reincidente. (Redação dada pela Lei n. 7.209, de 11 de julho de 1984)

§ 1º A prescrição, depois da sentença condenatória com trânsito em julgado para a acusação ou depois de improvido seu recurso, regula-se pela pena aplicada, não podendo, em nenhuma hipótese, ter por termo inicial data anterior à da denúncia ou queixa. (Redação dada pela Lei n. 12.234, de 5 de maio de 2010).

§ 2º (Revogado pela Lei n. 12.234, de 5 de maio de 2010).

Termo inicial da prescrição antes de transitar em julgado a sentença final

Art. 111. A prescrição, antes de transitar em julgado a sentença final, começa a correr: (Redação dada pela Lei n. 7.209, de 11 de julho de 1984)

I – do dia em que o crime se consumou; (Redação dada pela Lei n. 7.209, de 11 de julho de 1984)

II – no caso de tentativa, do dia em que cessou a atividade criminosa; (Redação dada pela Lei n. 7.209, de 11 de julho de 1984)

III – nos crimes permanentes, do dia em que cessou a permanência; (Redação dada pela Lei n. 7.209, de 11 de julho de 1984)

IV – nos de bigamia e nos de falsificação ou alteração de assentamento do registro civil, da data em que o fato se tornou conhecido. (Redação dada pela Lei n. 7.209, de 11 de julho de 1984)

V – nos crimes contra a dignidade sexual ou que envolvam violência contra a criança e o adolescente, previstos neste Código ou em legislação especial, da data em que a vítima completar 18 (dezoito) anos, salvo se a esse tempo já houver sido proposta a ação penal. (Redação dada pela Lei n. 14.344, de 24 de maio de 2022) (Vigência)

Termo inicial da prescrição após a sentença condenatória irrecorrível

Art. 112. No caso do art. 110 deste Código, a prescrição começa a correr: (Redação dada pela Lei n. 7.209, de 11 de julho de 1984)

I – do dia em que transita em julgado a sentença condenatória, para a acusação, ou a que revoga a suspensão condicional da pena ou o livramento condicional; (Redação dada pela Lei n. 7.209, de 11 de julho de 1984)

II – do dia em que se interrompe a execução, salvo quando o tempo da interrupção deva computar-se na pena. (Redação dada pela Lei n. 7.209, de 11 de julho de 1984)

Prescrição no caso de evasão do condenado ou de revogação do livramento condicional

Art. 113. No caso de evadir-se o condenado ou de revogar-se o livramento condicional, a prescrição é regulada pelo tempo que resta da pena. (Redação dada pela Lei n. 7.209, de 11 de julho de 1984)

Prescrição da multa

Art. 114. A prescrição da pena de multa ocorrerá: (Redação dada pela Lei n. 9.268, de 1º de abril de 1996)

I – em 2 (dois) anos, quando a multa for a única cominada ou aplicada; (Incluído pela Lei n. 9.268, de 1º de abril de 1996)

II – no mesmo prazo estabelecido para prescrição da pena privativa de liberdade, quando a multa for alternativa ou cumulativamente cominada ou cumulativamente aplicada. (Incluído pela Lei n. 9.268, de 1º de abril de 1996)

Redução dos prazos de prescrição

Art. 115. São reduzidos de metade os prazos de prescrição quando o criminoso era, ao tempo do crime, menor de 21 (vinte e um) anos, ou, na data da sentença, maior de 70 (setenta) anos. (Redação dada pela Lei n. 7.209, de 11 de julho de 1984)

Causas impeditivas da prescrição

Art. 116. Antes de passar em julgado a sentença final, a prescrição não corre: (Redação dada pela Lei n. 7.209, de 11 de julho de 1984)

I – enquanto não resolvida, em outro processo, questão de que dependa o reconhecimento da existência do crime; (Redação dada pela Lei n. 7.209, de 11 de julho de 1984)

II – enquanto o agente cumpre pena no exterior; (Redação dada pela Lei n. 13.964, de 24 de dezembro de 2019)

III – na pendência de embargos de declaração ou de recursos aos Tribunais Superiores, quando inadmissíveis; e (Incluído pela Lei n. 13.964, de 24 de dezembro de 2019)

IV – enquanto não cumprido ou não rescindido o acordo de não persecução penal. (Incluído pela Lei n. 13.964, de 24 de dezembro de 2019)

Parágrafo único. Depois de passada em julgado a sentença condenatória, a prescrição não corre durante o tempo em que o condenado está preso por outro motivo. (Redação dada pela Lei n. 7.209, de 11 de julho de 1984)

Causas interruptivas da prescrição

Art. 117. O curso da prescrição interrompe-se: (Redação dada pela Lei n. 7.209, de 11 de julho de 1984)

I – pelo recebimento da denúncia ou da queixa; (Redação dada pela Lei n. 7.209, de 11 de julho de 1984)

II – pela pronúncia; (Redação dada pela Lei n. 7.209, de 11 de julho de 1984)

III – pela decisão confirmatória da pronúncia; (Redação dada pela Lei n. 7.209, de 11 de julho de 1984)

IV – pela publicação da sentença ou acórdão condenatórios recorríveis; (Redação dada pela Lei n. 11.596, de 29 de novembro de 2007).

V – pelo início ou continuação do cumprimento da pena; (Redação dada pela Lei n. 9.268, de 1º de abril de 1996)

VI – pela reincidência. (Redação dada pela Lei n. 9.268, de 1º de abril de 1996)

§ 1º Excetuados os casos dos incisos V e VI deste artigo, a interrupção da prescrição produz efeitos relativamente a todos os autores do crime. Nos crimes conexos, que sejam objeto do mesmo processo, estende-se aos demais a interrupção relativa a qualquer deles. (Redação dada pela Lei n. 7.209, de 11 de julho de 1984)

§ 2º Interrompida a prescrição, salvo a hipótese do inciso V deste artigo, todo o prazo começa a correr, novamente, do dia da interrupção. (Redação dada pela Lei n. 7.209, de 11 de julho de 1984)

Art. 118. As penas mais leves prescrevem com as mais graves. (Redação dada pela Lei n. 7.209, de 11 de julho de 1984)

Art. 119. No caso de concurso de crimes, a extinção da punibilidade incidirá sobre a pena de cada um, isoladamente. (Redação dada pela Lei n. 7.209, de 11 de julho de 1984)

Perdão judicial

Art. 120. A sentença que conceder perdão judicial não será considerada para efeitos de reincidência. (Redação dada pela Lei n. 7.209, de 11 de julho de 1984)

Súmulas STJ na matéria

Súmula 18

Direito Penal – Extinção da Punibilidade

Enunciado:

A sentença concessiva do perdão judicial é declaratória da extinção da punibilidade, não subsistindo qualquer efeito condenatório.

Súmula 438

Direito Penal – Extinção da Punibilidade

Enunciado:

É inadmissível a extinção da punibilidade pela prescrição da pretensão punitiva com fundamento em pena hipotética, independentemente da existência ou sorte do processo penal.

Súmula 191

Direito Penal – Prescrição

Enunciado:

A pronúncia é causa interruptiva da prescrição, ainda que o Tribunal do Júri venha a desclassificar o crime.

Súmula 220

Direito Penal – Prescrição

Enunciado:

A reincidência não influi no prazo da prescrição da pretensão punitiva.

Súmula 415

Direito Penal – Prescrição

Enunciado:

O período de suspensão do prazo prescricional é regulado pelo máximo da pena cominada.

STJ – Recursos Repetitivos

Tese Firmada 1100

O acórdão condenatório de que trata o inciso IV do art. 117 do Código Penal interrompe a prescrição, inclusive quando confirmatório de sentença condenatória, seja mantendo, reduzindo ou aumentando a pena anteriormente imposta

STF – Teses com repercussão geral

Tese 0239

É inadmissível a extinção da punibilidade em virtude da decretação da prescrição "em perspectiva, projetada ou antecipada", isto é, com base em previsão da pena que hipoteticamente seria aplicada, independentemente da existência ou sorte do processo criminal.

Tese 0788

O prazo para a prescrição da execução da pena concretamente aplicada somente começa a correr do dia em que a sentença condenatória transita em julgado para ambas as partes, momento em que nasce para o Estado a pretensão executória da pena, conforme interpretação dada pelo Supremo Tribunal Federal ao princípio da presunção de inocência (art. 5º, LVII, CF) nas ADC 43, 44 e 54.

8.1 A punibilidade e seus fundamentos de ocorrência

A punibilidade é uma decorrência do devido processo legal de conhecimento que se desenvolve para apurar a ocorrência de uma atribuível e penalmente relevante (típica)[1]. Não se trata, pois, de um elemento constitutivo da definição de crime sendo, no entanto, um constitutivo do fenômeno criminal globalmente considerado.

Assim, parece-nos correta a afirmação de CLARO[2]:

> Sistematicamente, a punibilidade é consequência jurídica do delito. Não há, portanto, se confundir a punibilidade como sendo qualquer um dos elementos ou requisitos do crime, tais como o fato típico, a ilicitude ou a culpabilidade. É isolado o entendimento no sentido de que a punibilidade seria um dos elementos integrantes do conceito analítico de crime. Este posicionamento é defendido, entre outros, por Basileu Garcia e Francisco Muñoz Conde, que adotam o conceito quadripartido de crime, estabelecendo-o como o fato típico, antijurídico, culpável e punível. Neste caso, a ausência da punibilidade levaria a inexistência do crime. [...] O afastamento da punibilidade, por qualquer razão – seja pela presença de causa de sua extinção, seja pela falta de uma condição objetiva de punibilidade, seja pela presença de uma causa negativa de punibilidade – não excluí o conceito de crime já perfeito e acabado.

A punição como decorrente do devido processo legal está sujeita a limites para seu início e se não se exaurir como o cumprimento da pena tem uma validade temporal para ser atuada pelo Estado, como se verá a seguir.

---

1   A ver afirmação em igual sentido de SCHMIDT, Andrei Zenkner. **Da Prescrição Penal**: de acordo com as Leis nºs 9.268/96 e 9.271/96 – doutrina, prática, jurisprudência. Porto Alegre: Livraria do Advogado, 1997. p. 17.

2   CLARO, Adriano Ricardo. **Prescrição Penal**. Porto Alegre: Verbo Jurídico, 2008. p. 11-12.

8.1.1 O trânsito em julgado da sentença condenatória

O trânsito em julgado da sentença condenatória é o marco inicial para o fluxo da extinção da punibilidade, seja pelo seu cumprimento natural – a pena executada e cumprida –, seja para regrar lapsos prescricionais após condenação definitiva.

8.2 A extinção da punibilidade

A extinção da punibilidade se dá nas formas taxativamente previstas em lei, recordando PRADO[3] que

> O elenco de causas de extinção da punibilidade constante do art. 107 do CP não é taxativo. Causas extintivas da punibilidade encontram-se previstas em diversos outros dispositivos, tais como o ressarcimento do dano anterior à sentença irrecorrível no peculato culposo (art. 312, §3.º, CP), a restitutio in integrum na subtração de incapazes (art. 249, §2.º, CP – perdão judicial), o pagamento do tributo ou contribuição nos delitos definidos na Lei 8.137/1990 (art. 34, Lei 9.249/1995), o pagamento integral dos débitos oriundos de tributos e contribuições sociais, inclusive acessórios, nos delitos dos art. 1.º e 2.º da Lei 8.137/1990, 168-A do Código Penal (art. 9.º, §2.º, Lei 10.682/2003) e a devida reparação do dano ambiental comprovada pelo laudo de constatação (art. 28, I, Lei 9.605/1998).

8.2.1 Extinção normal

8.2.1.1 O cumprimento da pena

O cumprimento da pena é a forma esperada para o esgotamento da punibilidade quando, então, deve ser **declarada** extinta, num provimento jurisdicional que tem marcantemente esse caráter. O esgotamento da pena cumprida sem que haja essa declaração nada interfere no reconhecimento estatal do esgotamento da punibilidade, nada obstante a ausência de declaração formal possa, inegavelmente, acarretar prejuízos práticos à pessoa envolvida, física ou jurídica.

Ademais, a punibilidade somente pode ser **declarada** extinta quando cumpridas todas as penas impostas e não apenas uma delas ou parte de uma delas.

---

3 PRADO, Luiz Regis. **Comentários ao Código Penal**: jurisprudência; conexões lógicas com vários ramos do direito. 7. ed. São Paulo: Revista dos Tribunais, 2012. p. 382-383.

8.2.2 A extinção anômala

8.2.2.1 Pelo decurso do tempo: a prescrição

O tema da prescrição ganhou dimensão a partir de 1988 ao ser inserido no texto constitucional previsões de imprescritibilidade gerando, num raciocínio inverso que todas as demais hipóteses seriam passíveis de serem submetidas a um prazo prescricional.

No Código Penal (CP), a disciplina normativa reproduz a construção histórica que, na Lei n. 261, de 3 de janeiro de 1841[4], e no Regulamento n. 120, de 31 de janeiro de 1842[5], fixou prazo prescricional de 20 anos quando, no mesmo tipo de crime, estivesse o imputado em lugar sabido no Império, bem como o prazo de 10 anos se, nesse caso, fosse afiançável o crime. Posteriormente, o Decreto n. 774, de 20 nov. 1890[6] adota uma faixa de penas máximas para cada prazo prescricional, com o máximo de 20 anos atualmente acolhida pelo art. 109 do CP.

Nada obstante essa evolução[7] que aloca prazos relacionando-os à quantidade de pena, fato é que não existe nenhuma justificativa para os atuais parâmetros

---

4   A ver: "Art. 32. Os delictos em que tem lugar a fiança, prescrevem no fim de vinte annos, estando os réos ausentes fóra do Imperio, ou dentro em lugar não sabido".
"Art. 33. Os delictos que não admittem fiança prescrevem no fim de vinte annos, estando os réos ausentes em lugar sabido dentro do Imperio: estando os réos ausentes em lugar não sabido, ou fóra do Imperio, não prescrevem em tempo algum.
Art. 34. O tempo para a prescripção conta-se do dia em que fôr commettido o delicto. Se porém houver pronuncia interrompe-se, e começa a contar-se da sua data.
Art. 35. A prescripção poderá allegar-se em qualquer tempo, e acto do Processo da formação da culpa, ou da accusação; e sobre ella julgará summaria e definitivamente o Juiz Municipal, ou de Direito, com interrupção da causa principal.
Art. 36. A obrigação de indemnisar prescreve passados trinta annos, contados do dia em que o delicto fôr commettido". BRASIL. Lei n. 261, de 3 de dezembro de 1841. **Coleção de Leis do Brasil**, Poder Executivo, Rio de Janeiro, 3 dez. 1841. Disponível em: <http://www.planalto.gov.br/ccivil_03/leis/lim/lim261.htm#:~:text=LEI%20N%C2%BA%20261%2C%20DE%203%20DE%20DEZEMBRO%20DE%201841.&text=Reformando%200%20Codigo%20do%20Processo,e%20Defensor%20Perpetuo%20do%20Brasil>. Acesso em: 24 out. 2023.
5   Previsto no Capítulo VIII, Da prescripção – arts. 273 e seguintes. Disponível em: <http://www.planalto.gov.br/ccivil_03/regulamentos/r120.htm>. Acesso em: 24 out. 2023.
6   "Art. 4º A pena prescreve, não tendo entrado em execução:
I – Si o réo estiver ausente no estrangeiro, pelo lapso de 30, 20 ou 10 annos, applicando-se a prescripção tritennaria á condemnação por 20 ou mais annos, a vicennal, á de menos de 20 até seis, a decennal, á de menos de seis annos.
II – Si o réo estiver dentro do territorio brazileiro, pelo lapso de 20, 10 ou cinco annos, applicando-se a vicennal á condemnação de seis ou mais annos, a decennal á de menos de seis até dous, a quinquennal á de menos de dous annos". BRASIL. Decreto n. 774, de 20 de setembro de 1890. **Coleção das Leis do Brasil**, Poder Executivo, Rio de Janeiro, 20 set. 1890. Disponível em: <https://www2.camara.leg.br/legin/fed/decret/1824-1899/decreto-774-20-setembro-1890-517659-publicacaooriginal--1-pe.html#:~:text=Declara%20abolidaa%20pena%20de%20gal%C3%A9s,estabelece%20a%20prescrip%C3%A7%C3%A3o%20das%20penas>. Acesso em: 24 out. 2023.
7   Ver a respeito em maiores detalhes em: NETO, Artur Maximiano NUNES; RUTTE, Israel. Relato histórico da prescrição penal no direito brasileiro. **JICEX**, v. 9, n. 9, 2017.

do CP salvo certo determinismo histórico para os prazos. O mesmo vale para as causas interruptivas da prescrição.

Ainda em sede introdutória do assunto deve-se recordar que há divergências em torno da natureza jurídica da prescrição[8]. A maioria entende que a prescrição apresenta conteúdo de direito material, direito substantivo, enquanto outros a enquadram dentro do direito processual. Ainda, há uma terceira corrente que afirma o caráter misto[9] da natureza da prescrição.

Andrei Z. SCHMIDT[10] pondera que

> Entendemos estar o tema prescricional necessariamente atrelado ao direito material. Não será, porém, pela sua topologia que encontraremos fundamentos satisfatórios para caracterizar sua substancialidade; o fato de uma norma estar contida no Código Penal, por si só, não a faz de direito substancial. O mesmo diga-se da forma de contagem do prazo: não é porque a regra a ser obedecida seja a do art. 10 do CP que a prescrição terá essa natureza. Não se deve definir um instituto pelos seus efeitos. O que, realmente caracteriza a materialidade da prescrição é a subjetividade do direito.

Essa discussão não é meramente cerebrina tendo efeitos práticos significativos. Entender a "natureza" processual da prescrição significa deslocar sua análise para conjugá-la com seu estado de inocência previamente reconhecido. Assim sendo, perde o sentido buscar-se "provar a inocência" de alguém numa situação processual em que foi reconhecida a prescrição sob qualquer fundamento. Da mesma forma que não faz sentido exigir-se da pessoa acusada que prove sua inocência.

`8.2.2.1.1` Conceito

Recorde-se inicialmente com FARIA COSTA[11], que

> é dentro da problemática da prescrição, seja da prescrição do procedimento criminal, seja da prescrição da pena que, em verdadeiro rigor, de forma mais intensa se agudizam e aprofundam os problemas decorrentes dessa relação complexa e difícil entre o tempo e o direito, muito particularmente o direito penal.

---

8 LOZANO JÚNIOR, José Júlio. **Prescrição Penal**. São Paulo: Saraiva, 2002. p. 24.

9 FRAGOSO, Heleno Cláudio. A reforma da legislação penal. **Revista Brasileira de Criminologia e Direito Penal**, ano L, v. 3, n. 37, out./dez. 1963.

10 SCHMIDT, Andrei Zenkner. **Da Prescrição Penal**: de acordo com as Leis n°s 9.268/96 e 9.271/96: doutrina, prática, jurisprudência. Porto Alegre: Livraria do Advogado, 1997. p. 17.

11 FARIA COSTA, O Direito Penal e o tempo (Algumas reflexões dentro do nosso tempo e em redor da prescrição). **Direito**, v. 11, n. 11, p. 109-132, 2022. p. 122. Disponível em: <https://minerva.usc.es/xmlui/bitstream/handle/10347/7752/pg_110-133_dereito11-1.pdf?sequence=1>. Acesso em: 26 out. 2023.

A prescrição penal existe com o objetivo de evitar que o Estado possibilidade de punir alguém a qualquer momento, sem considerar o tempo transcorrido entre a prática do crime e a aplicação da pena. Assim, a prescrição penal tem um duplo objetivo: impedir que o Estado puna alguém sem um prazo razoável[12], tornando a pessoa refém da punição estatal[13], e garantir que os órgãos públicos cumpram suas funções de forma eficiente e dentro de um prazo determinado.[14]

8.2.2.1.2 A imprescritibilidade como exceção

Embora a prescrição penal seja a regra, há limites materiais negativos, a dizer, casos nos quais a própria Constituição Federal de 1988 (CF/1988) impõe a imprescritibilidade, a dizer:

- **Racismo**[15]: O crime de racismo, previsto na Lei n. 7.716/1989, consiste em atos resultantes de discriminação ou preconceito de raça, cor, etnia, religião ou procedência nacional praticados contra uma pessoa ou um grupo. De acordo com a CF/1988[16], o crime de racismo é inafiançável e imprescritível[17], sujeito à pena de reclusão, nos termos da lei[18].

O Supremo Tribunal Federal (STF), no julgamento do Habeas Corpus n. 154.248, equiparou o crime de injúria racial ao de racismo, estendendo para este a imprescritibilidade, recordando, no voto o relator que

> O conceito de racismo não se confunde com o de preconceito, nem com o de discriminação (embora estejam relacionados). Aquele consiste em processo

---

12 VAZ, Paulo Afonso Brum. **O sistema penal brasileiro e a prescrição**: violação ao dever de proteção no Estado Democrático de Direito. 166 f. Dissertação (Mestrado Profissional em Poder Judiciário) – Escola de Direito do Rio de Janeiro da Fundação Getulio Vargas, 2008. Disponível em: <https://bibliotecadigital.fgv.br/dspace/bitstream/handle/10438/2762/DMPPJ%202008%20-%20Paulo%20Afonso%20Brum%20Vaz.pdf?sequence=1&isAllowed=y>. Acesso em: 24 out. 2023.

13 NUNES, Anelise Coelho; CONCEIÇÃO, Mateus Marques. A prescrição penal após o advento da Lei n 12.234/10, e sua relação Com os Deveres de proteção estatal. **Conpedi Law Review**, v. 1, n. 10, p. 28-51, 2016.

14 KUCARZ, Darciano; TAPOROSKY FILHO, Paulo Silas. O instituto da prescrição, o princípio da eficiência e a razoável duração do processo na jurisdição penal. **Academia de Direito**, v. 5, p. 218-234, 2023.

15 BARROS, Judson et al. Aspectos históricos e socioculturais justificadores da imprescritibilidade do crime de racismo. **Planeta Amazônia: Revista Internacional de Direito Ambiental e Políticas Públicas**, n. 4, p. 23-36, 2012.

16 Art. 3º, inciso XLI, "Constituem objetivos fundamentais da República Federativa do Brasil: promover o bem de todos, sem preconceitos de origem, raça, sexo, cor, idade e quaisquer outras formas de discriminação".
Art. 5º, inciso XLII. "A prática do racismo constitui crime inafiançável e imprescritível, sujeito à pena de reclusão, nos termos da lei".

17 CALIXTO, Clarice Costa. Breves reflexões sobre a imprescritibilidade dos crimes de racismo. **Revista Eletrônica do Curso de Direito da UFSM**, v. 5, n. 2, 2010.

18 Para uma visão do STF sobre o assunto, ver VERAS, Ryanna Pala. O racismo à luz do STF. **Boletim Científico Escola Superior do Ministério Público da União**, n. 11, p. 89-104, 2004.

sistemático de discriminação que elege a raça como critério distintivo para estabelecer desvantagens valorativas e materiais. O preconceito racial é juízo baseado em estereótipos acerca de indivíduos que pertencem a um determinado grupo racializado, e que pode ou não resultar em práticas discriminatórias.[19]

Ao final, concluiu que

Desse modo, a prática do crime de injúria racial traz em seu bojo o emprego de elementos associados ao que se define como raça, cor, etnia, religião ou origem para se ofender ou insultar alguém. Em outras palavras, a conduta do agente pressupõe que a alusão a determinadas diferenças se presta ao ataque à honra ou à imagem alheia, à violação de direitos que, situados, em uma perspectiva civilista, no âmbito dos direitos da personalidade, decorrem diretamente do valor fundante de toda a ordem constitucional: a dignidade da pessoa humana.

Na esteira dessa decisão, já se ponderou em seu macrocontexto que[20]

Não se pode interpretar a extensão realizada pelo Supremo Tribunal Federal como analogia em *malam partem* no crime de injúria racial, porque o Brasil assumiu obrigações na esfera internacional ao ratificar a Convenção Interamericana Contra o Racismo, a Discriminação Racial e Formas Correlatas de Intolerância, e integrá-la ao sistema brasileiro, por meio do Decreto nº 10.932, de 10 de janeiro de 2022[21]. Dentre essas obrigações está a adoção de legislação que defina e proíba expressamente o racismo, a discriminação racial e formas correlatas de intolerância, aplicável a todas as autoridades públicas, e a todos os indivíduos ou pessoas físicas e jurídicas, tanto no setor público como no privado.

- **Ação de grupos armados contra a constituição e a democracia**[22]: Ações de grupos armados, civis ou militares, que atentem contra a ordem constitucional e o Estado democrático são consideradas crimes inafiançáveis e imprescritíveis, tais como definidos na Lei n. 14.197, de 1º de setembro de 2021,

---

19 ALMEIDA, Silvio. **O que é racismo estrutural?** Femininos plurais. Belo Horizonte: Letramento, 2018. p. 25.

20 DE BRITTO TAQUARY, Eneida Orbage; BERINO, Catharina Orbage de Britto Taquary. Convenção Interamericana contra o Racismo e a Equiparação Realizada pelo Supremo Tribunal Federal em Relação à Imprescritibilidade do Crime de Injúria Racial. **Revista de Direitos Humanos em Perspectiva**, v. 8, n. 1, 2022. p. 62. Disponível em: <https://indexlaw.org/index.php/direitoshumanos/article/view/8776/pdf>. Acesso em: 1º dez. 2023.

21 A respeito recorde-se que a Convenção Interamericana Contra o Racismo, a Discriminação Racial e Formas Correlatas de Intolerância (aprovada em 5 de junho de 2013), foi ratificada pelo Estado Brasileiro, por meio do Decreto Legislativo n. 1, de 18 de fevereiro de 2021.

22 O inciso XLIV do art. 5º, promulgado pela CF/1988, define que: "constitui crime inafiançável e imprescritível a ação de grupos armados, civis ou militares, contra a ordem constitucional e o Estado democrático". Na literatura, ver, por todos, WUNDERLICH, Alexandre. **Crime político, segurança nacional e terrorismo**. São Paulo: Tirant lo Blanch, 2020.

que acresce o Título XII no Código Penal, denominado "Dos crimes contra o Estado Democrático de Direito", tipificando os ilícitos contra a soberania nacional (atentando à soberania – art. 359-I; atentado à integridade nacional – art. 359-J; e espionagem – art. 359-K), os crimes contra as instituições democráticas (abolição violenta do Estado democrático de direito – art. 359-L; e golpe de Estado – art. 359-M), crimes contra o funcionamento das instituições democráticas no processo eleitoral (interrupção do processo eleitoral – artigo 359-N; violência política – art. 359-P) e os crimes contra o funcionamento dos serviços essenciais (sabotagem – art. 359-R).

A propósito do assunto, pondera WUNDERLICH, fundamentado em sólida pesquisa que a nova legislação, fulminou o modelo de segurança nacional imposto no Brasil, adotando, com a proteção das instituições democráticas, um modelo constitucional de proteção e defesa do Estado e que postura não mancha uma proposta de intervenção mínima no Direito Penal (DP). Contribui para a superação definitiva do antigo modelo autoritário, adequando-se ao paradigma trazido pelo texto constitucional.[23]

Compartilhamos dessa posição. No direito comparado, basicamente todos os Estados democráticos contam com semelhante legislação porquanto a própria democracia necessita, pela via penal, quando esgotadas todas as demais, contar com instrumentos para sua preservação.

As exceções supranacionais

No campo internacional, como aponta VELOSO[24]

> A prescrição jamais chegou [...] a ser reconhecida como instituto e como princípio pelo direito penal internacional. Esta disciplina, nascida apenas algumas décadas atrás, desenvolveu-se sob o signo da imprescritibilidade, de início pela omissão de qualquer referência ao tema prescricional, e mais tarde pela adoção convencional da regra que exclui expressamente a extinção da punibilidade pelo decurso do tempo. Os textos internacionais, e com eles as leis internas e a doutrina concebidas a partir das duas décadas seguintes à segunda grande guerra, forjaram os fundamentos teóricos do princípio emergente.

---

23 WUNDERLICH, Alexandre. **Em defesa das instituições democráticas:** não é terrorismo. Disponível em: <https://www.conjur.com.br/2023-jan-17/alexandre-wunderlich-defesa-instituicoes--nao-terrorismo>. Do mesmo autor, ver sua tese de doutoramento: WUNDERLICH, Alexandre Lima. **Entre a segurança nacional e os direitos fundamentais:** reformulação conceitual do crime político e a defesa das instituições democráticas. 44 f. Tese (Doutorado em Direito) – Pontifícia Universidade Católica do Rio Grande do Sul, Porto Alegre, 2016, na qual tais ideias são amplamente expostas.

24 VELLOSO, Ana Flávia Penna. A imprescritibilidade dos crimes internacionais. **Revista de Direito Internacional**, 2006. p. 11.

Nada obstante essa afirmação constatada a partir de uma série de textos internacionais, destaca GRECO[25] que

> Verifica-se, no moderno Direito Penal internacional, amplo consenso sobre a existência de um dever de punir graves violações de direitos humanos. Não tão uniforme, mas bastante difundida é também uma opinião a respeito da qualidade desse dever: não se trataria de um dever condicionado, tampouco prima facie, e sim de um dever absoluto. Em nome desse dever absoluto caíram as barreiras da soberania e da prescrição; agora são criticados a anistia e os acordos de paz. O slogan em que se baseia essa crítica é a chamada luta contra a impunidade.

E conclui, depois de analisar cada um dos fundamentos para a imprescritibilidade no campo internacional, que

> Há, sim, um dever de punir, derivado do dever mais geral de proteger direitos humanos. Esse dever, contudo, não tem natureza incondicionada e cogente. Primeiramente, não se encontra qualquer fundamentação para tanto. Em segundo lugar e de forma mais fundamental, esse fundamento é impossível, porque um dever de punir derivado de um dever de proteger tem a natureza de dever-meio e de dever de atuação positiva. Ocorre que um dever-meio nunca pode ser incondicionado, e um dever de ação só poderá ser cogente se for o único dever a que o sujeito se encontra vinculado.[26]

Anote-se que a Assembleia Geral das Nações Unidas adota, em 1968, Convenção Sobre a Imprescritibilidade dos Crimes de Guerra e dos Crimes Contra a Humanidade impedindo a prescrição da pretensão punitiva quanto da pretensão executória [27](art. 4) havendo, no plano regional a Convenção Interamericana sobre os Desaparecimentos Forçados, texto de 9 de junho de 1994.[28]

---

25 GRECO, Luís. Por que inexistem deveres absolutos de punir. **Católica Law Review**, v. 1, n. 3, p. 115-126, 2017. p. 116. Dispobnível em: <https://revistas.ucp.pt/index.php/catolicalawreview/article/view/1991/1913>. Acesso em: 1º dez. 2023.

26 GRECO, Luís. Por que inexistem deveres absolutos de punir. **Católica Law Review**, v. 1, n. 3, p. 115-126, 2017. p. 125. Dispobnível em: <https://revistas.ucp.pt/index.php/catolicalawreview/article/view/1991/1913>. Acesso em: 1º dez. 2023.

27 "Art. 4º. Os Estados Membros na presente Convenção obrigam-se a adotar, em conformidade com os seus processos constitucionais, as medidas legislativas ou de outra índole que sejam necessárias para assegurar a imprescritibilidade dos crimes referidos nos artigos 1º e 2º da presente Convenção, tanto no que diz respeito ao procedimento penal como à pena; abolir-se-á a prescrição quando vigorar por força da lei ou por outro modo, nesta matéria".

28 Convenção Interamericana sobre o Desaparecimento Forçado de Pessoas (1994): Art. VII – "A ação penal decorrente do desaparecimento forçado de pessoas e a pena que for imposta judicialmente ao responsável por ela não estarão sujeitas a prescrição. No entanto, quando existir uma norma de caráter fundamental que impeça a aplicação do estipulado no parágrafo anterior, o prazo da prescrição deverá ser igual ao do delito mais grave na legislação interna do respectivo Estado Parte".

Acresça-se, ainda, que o Estatuto de Roma, que criou o Tribunal Penal Internacional prevê, em seu art. 29, a imprescritibilidade da pretensão punitiva quanto da pretensão executória para os crimes lá previstos.[29]

No âmbito do STF, quando do julgamento Extradição n. 1.362/DF, considerou-se inaplicável o *jus cogens* e afastou-se a imprescritibilidade na medida em que:

> (a) o Brasil não subscreveu a Convenção sobre a Imprescritibilidade dos Crimes de Guerra e dos Crimes contra a Humanidade, nem aderiu a ela; e (b) apenas lei interna pode dispor sobre prescritibilidade ou imprescritibilidade da pretensão estatal de punir (ADPF 153; Relator(a): Min. Eros Grau, voto do Min. Celso de Mello, Tribunal Pleno, DJe, 6 ago. 2010).[30]

Por fim, analisando o tema, o Superior Tribunal de Justiça (STJ), no REsp 1.798.903-RJ, julgado em 25 de setembro de 2019, DJe de 30 de outubro de 2019 (Terceira Seção do Superior Tribunal de Justiça), decidiu que o disposto na Convenção sobre a Imprescritibilidade dos Crimes de Guerra e dos Crimes contra a Humanidade não torna inaplicável o art. 107, inciso IV, do CP.

As posições das altas Cortes implicam um distanciamento brasileiro do tema que, se não é inédito, choca-se contra a estrutura constitucional aderente a uma ordem internacional promovente os direitos humanos e que procura maximizá-la por meio da incorporação de estândares jurídicos internacionais prevalentes sobre o tema.

`8.2.2.1.3` Espécies de prescrição

`8.2.2.1.3.1` Prescrição da pretensão punitiva

A prescrição da pretensão punitiva ocorre quando o Estado perde a possibilidade de apresentar judicialmente uma punição contra uma conduta criminosa. Esse tipo de prescrição é regulado pelo máximo da pena privativa de liberdade (PPL) cominada ao crime, conforme o art. 109 do CP. O prazo da prescrição da pretensão punitiva varia de acordo com a pena máxima prevista tomada em abstrato.

---

29 Art. 29 do Estatuto de Roma: "Os crimes de competência do Tribunal Penal Internacional não prescrevem".

30 TALON, E. STJ: o disposto na Convenção sobre a Imprescritibilidade dos Crimes de Guerra e dos Crimes contra a Humanidade não torna inaplicável o art. 107, inciso IV, do CP (informativo 659 do STJ). **Evenis Talon**, 30 nov. 2019. Disponível em: <https://evinistalon.com/stj-o-disposto-na-convencao-sobre-a-imprescritibilidade-dos-crimes-de-guerra-e-dos-crimes-contra-a-humanidade-nao-torna-inaplicavel-o-art-107-inciso-iv-do-cp-informativo-659-do-stj/>. Acesso em: 25 out. 2023.

8.2.2.1.3.2 Prescrição da pretensão executória

A prescrição da pretensão executória ocorre quando o Estado perde o direito de executar a pena imposta após o trânsito em julgado da sentença condenatória[31] e se regula pela aplicada, não mais pela pena abstratamente cominada.

Tema de grande importância é o início da contagem desse prazo, recordando Prado[32] a partir da necessária literalidade da lei que

> O termo inicial da prescrição após a sentença condenatória irrecorrível começa a correr (art.112, CP): a) do dia em que transita em julgado a sentença condenatória, para a acusação, ou a que revoga a suspensão condicional da pena ou o livramento condicional; b) do dia em que se interrompe a execução, salvo quando o tempo da interrupção deva computar-se na pena: se a execução é interrompida pela fuga do condenado, inicia-se então o prazo prescricional da pretensão executória, com base no restante da pena. Não obstante, a interrupção motivada pela superveniência de doença mental ou internação em hospital de custódia e tratamento psiquiátrico (arts. 41 e 42, CP) não inicia o decurso do prazo prescricional da pretensão executória. Suspende-se a prescrição, depois de passada a sentença condenatória, durante o tempo em que o condenado está preso por outro motivo (art. 116, parágrafo único, CP). [...] De outro lado, interrompe-se o curso do prazo da prescrição executória pelo início ou continuação do cumprimento da pena e pela reincidência (art. 117, V e VI, CP).

8.2.2.1.3.3 Prescrição retroativa

A prescrição retroativa ocorre após a sentença condenatória transitar em julgado para a acusação. Nesse caso, o prazo prescricional é retroagido, ou seja, é verificado entre a data do recebimento da denúncia ou queixa e a data da sentença condenatória. A pena imposta serve apenas para marcar a quantidade pela qual será aferida a prescrição.

O reconhecimento da prescrição retroativa pode ocorrer tanto pelo juiz da condenação quanto pelo juiz da execução. Caso seja constatada a ocorrência dessa modalidade de prescrição, a sentença perde seus efeitos, levando à extinção da punibilidade do agente.

No plano legislativo, a Lei n. 12.234/2010, segundo parte da doutrina, eivada de inconstitucionalidade[33], impede que se projete a prescrição retroativa para o período da investigação criminal. A crítica procede e só se justifica a legislação

---

31 JUNQUEIRA, Gustavo Octaviano Diniz Junqueira. **Manual de direito penal**: parte geral. 5. ed. São Paulo: Saraiva, 2019. p. 1220.

32 PRADO, Luiz Regis. **Tratado de direito penal brasileiro**: parte geral – consequências jurídicas do delito. São Paulo: Revista dos Tribunais, 2014. v. 3. p. 380.

33 BITENCOURT, Cezar Roberto. **Tratado de Direito Penal**: Parte Geral – Vol. 1. 29. ed. São Paulo: Saraiva Jur; Edição do Kindle, 2023. p. 1451 e ss.

então inovada pelo apego parlamentar a instrumentos pouco sustentáveis de enfrentamento da "impunidade" causada pela prescrição.

8.2.2.1.3.4 Prescrição "virtual" (em perspectiva)

A prescrição virtual é uma construção doutrinária e jurisprudencial que busca antecipar o reconhecimento da prescrição retroativa, levando em consideração a pena que possivelmente seria aplicada ao réu caso fosse condenado fundamentando essa posição ora na dignidade da pessoa humana[34], ora à celeridade e economia processuais[35]. Essa modalidade de prescrição visa evitar o prosseguimento de um processo penal que, diante das circunstâncias do crime e das condições pessoais da pessoa submetida à persecução, resultaria em uma pena mínima, levando ao reconhecimento da prescrição retroativa.[36]

A aplicação da prescrição virtual encontra fundamento na ideia de falta de interesse de agir do Estado em prosseguir com a ação penal. Afinal, se a pena a ser aplicada, considerando as circunstâncias judiciais apresentadas nos autos, levaria à prescrição efetiva, não faz sentido continuar com um processo inútil e ocioso. Nesse sentido, sustenta-se a possibilidade de antecipar o reconhecimento da prescrição, declarando-a antes mesmo do término do processo. Não se trata, pois, na essência, de reconhecer-se a prescrição mas, sim, a **falta de interesse** em fazer funcionar a máquina persecutória.

No entanto, o STF, em sede de Repercussão Geral, firmou entendimento de que não é viável o reconhecimento desse tipo de prescrição, como evidenciado no julgamento do RE n. 602.527. Da mesma forma, o STJ, por meio da Súmula n. 438,[37] estabelece que é inadmissível a extinção da punibilidade com base em pena hipotética, independentemente da existência ou sorte do processo penal em andamento.

A discussão que arrasta por anos assim o é porque se arrasta uma concreta conformação do processo penal ao modelo acusatório constitucionalmente estabelecido em todas as suas consequências que contemple de maneira regrada hipóteses de não persecução as quais existem e cada vez em maior número no campo da justiça negocial. Portanto, não é uma aberração entender-se a possibilidade de **não persecução** por desinteresse na sua realização diante de um

---

34 DE SANTANA, Magna Oliveira Pires. Prescrição virtual à luz do princípio da dignidade da pessoa humana. **Scientiam Juris**, v. 1, n. 1, p. 46-56, 2013.

35 LINS FILHO, Alexandre Zamboni; CARNEIRO, Andréa Walmsley Soares. A função da punibilidade na teoria geral do direito penal: uma análise da prescrição virtual como causa de sua extinção/The Function of Punibility in the General Theory of Criminal Law: Analysis of Virtual Prescription as a Cause of its Extinction. **Ciências Criminais em Perspectiva**, v. 1, n. 1, 2020.

36 VAZ, Paulo Afonso Brum. Prescrição em perspectiva ou virtual: um mal ainda necessário para a racionalização da atividade judicial. **Revista de Doutrina da 4ª Região**, n. 25, 29 ago. 2008.

37 Súmula n. 438: "É inadmissível a extinção da punibilidade pela prescrição da pretensão punitiva com fundamento em pena hipotética, independentemente da existência ou sorte do processo penal".

cenário fático cotejado com a praxe jurisdicional. O argumento da ausência de legalidade estrita, um dos mais contundentes para rechaçar essa modalidade de **não persecução** pode ser contornado numa visão sistêmica que derroga cada vez mais o dever de acusar.

Mas isso implicaria, por outro lado, um dever de máximo esgotamento do acervo de meios provas a serem utilizados numa eventual "instrução processual" a fim de diminuir-se o risco de uma *mutatio libelli*, que é um dos argumentos dos que defendem a impossibilidade do reconhecimento dessa prescrição.

8.2.2.1.4 Prazos prescricionais

8.2.2.1.4.1 Prazos máximos para a prescrição de crimes

O prazo da prescrição penal varia de acordo com a pena máxima prevista no CP. Conforme o art. 109 do referido diploma, os prazos são os seguintes:

> a prescrição ocorre em 20 anos se o máximo da pena for superior a 12 anos;
>
> em 16 anos se o máximo da pena for superior a 8 anos e não exceder 12 anos;
>
> em 12 anos se o máximo da pena for superior a 4 anos e não exceder 8 anos;
>
> em 8 anos se o máximo da pena for superior a 2 anos e não exceder 4 anos;
>
> em 4 anos se o máximo da pena for igual a 1 ano ou, sendo superior, não exceder 2 anos;
>
> em 3 anos se o máximo da pena for inferior a 1 ano.

8.2.2.1.4.2 Fatores que podem alterar os prazos prescricionais

É importante notar que, em certas circunstâncias, o prazo de prescrição pode ser reduzido pela metade. De acordo com o art. 115 da CP, se o agente tinha menos de 21 anos na data dos fatos ou mais de 70 anos na data da condenação, o prazo de prescrição será reduzido para metade. Se a pessoa sentenciada tiver mais de 70 anos à data da sentença é necessário sublinhar que não importa o momento em que atingiu essa idade, desde que tenha ocorrido antes do trânsito em julgado da sentença.

Na ausência de previsão específica para a pessoa jurídica acusada, Mourão[38] propõe que as pessoas jurídicas têm o direito de reduzir pela metade o prazo prescricional em relação aos atos criminosos que lhes são atribuídos. Isso é

---

38 MOURÃO, Roberto Ítallo et al. A aplicação da redução do prazo prescricional aos delitos imputados às pessoas jurídicas. **Revista Eletrônica de Direito Penal e Política Criminal**, v. 6, n. 1, p. 95-115, 2018. Disponível em: <https://seer.ufrgs.br/index.php/redppc/article/view/80344/49797>. Acesso em: 1º dez. 2023.

semelhante ao que é permitido às pessoas físicas, nos termos do art. 115 do CP brasileiro. Em síntese, considera

> a possibilidade de o criminoso ser uma entidade coletiva. Mais do que isso, afirmamos que lhe deve ser garantido o direito de redução pela metade do prazo prescricional aos fatos a ela atribuídos, com fundamento no uso de interpretações sistemática e extensiva, somado ao princípio do in dubio pro reo, em nível hermenêutico.[39]

Nada obstante lançar luz sobre um tema não especificamente pensado quando da introdução da possibilidade de atribuição de conduta pena a pessoa jurídica, não nos parece haver, por qualquer critério, a transposição da norma específica da pessoa natural para aquela coletiva.

8.2.2.1.4.3 Contagem dos prazos em diferentes tipos de pena cominada

O início da contagem do prazo prescricional varia de acordo com a natureza do crime. Conforme o art. 111 do CP:

- no caso de crime consumado, o prazo inicia-se no dia da consumação;
- no caso de crime tentado, o prazo inicia-se no dia em que cessou a atividade criminosa;
- no caso de crime permanente, o prazo inicia-se no dia em que cessou a permanência;
- no caso de crime contra a dignidade sexual de menor de idade, o prazo inicia-se quando o menor atinge a maioridade.

Além disso, o termo inicial da prescrição da pretensão executória ocorre a partir do trânsito em julgado da sentença condenatória, tema que ganhou destaque no cenário jurisprudencial nada obstante a literalidade do art. 112, inciso I, do CP[40], assim como o art. 147 da Lei das Execuções Penais[41], que, contudo, não se coadunam com a correta compreensão de que apenas com o trânsito em julgado definitivo – para ambas as partes – pode ter início a execução da pena. Ambos os textos são anteriores a 1988 e foram concebidos num modelo constitucional que não vincula a execução da pena ao trânsito em julgado para ambas as partes.

---

39 Op. cit., p. 10.

40 "Art. 112 – No caso do art. 110 deste Código, a prescrição começa a correr: (Redação dada pela Lei nº 7.209, de 11.7.1984) I – do dia em que transita em julgado a sentença condenatória, para a acusação, ou a que revoga a suspensão condicional da pena ou o livramento condicional;".

41 "Art. 147. Transitada em julgado a sentença que aplicou a pena restritiva de direitos, o Juiz da execução, de ofício ou a requerimento do Ministério Público, promoverá a execução, podendo, para tanto, requisitar, quando necessário, a colaboração de entidades públicas ou solicitá-la a particulares".

Assim, no julgamento do Agravo em Recurso Extraordinário (ARE) n. 848107, com repercussão geral (Tema 788), a tese de repercussão geral fixada foi[42]:

> O prazo para a prescrição da execução da pena concretamente aplicada somente começa a correr do dia em que a sentença condenatória transita em julgado para ambas as partes, momento em que nasce para o Estado a pretensão executória da pena, conforme interpretação dada pelo Supremo Tribunal Federal ao princípio da presunção de inocência (art. 5°, inciso LVII, da Constituição Federal) nas ADC 43, 44 e 54.

Como consequência, aplica-se esse entendimento aos casos em que

> (a) a pena não foi declarada extinta pela prescrição e (b) cujo trânsito em julgado para a acusação tenha ocorrido após 12 de novembro de 2020, data de julgamento das sobreditas ADCs.

Na literalidade da decisão, esta vale

> para todos os casos em que o trânsito em julgado para a acusação tenha se dado ANTES de 11/11/2020 – incluídos aí os lapsos em que houve oscilação jurisprudencial acerca da correta aplicação da literalidade do dispositivo (ou seja: do julgamento do HC 84.078, em 5/2/09, ao julgamento do HC 126.292, ocorrido em 17/5/2016 e deste até o julgamento das ADC's 43, 44 e 54, em 11/11/2020) – aplica-se a literalidade do artigo 112, I, do CP, fluindo o prazo prescricional a partir deste termo: trânsito em julgado para a acusação.

8.2.2.1.4.4 Causas que suspendem o prazo prescricional

As causas suspensivas da prescrição penal são aquelas que fazem com que o prazo prescricional pare de transcorrer temporariamente, voltando do ponto em que havia parado quando ocorreu a causa suspensiva.

De acordo com o art. 116 do CP:

> enquanto não resolvida, em outro processo, questão de que dependa o reconhecimento da existência do crime; enquanto o agente cumpre pena no exterior; na pendência de embargos de declaração ou de recursos aos Tribunais Superiores, quando inadmissíveis; e, enquanto não cumprido ou não rescindido o acordo de não persecução penal.

A Lei Anticrime introduziu duas novas causas suspensivas da prescrição penal: a suspensão do curso da prescrição enquanto não cumprido ou não rescindido o

---

42 BRASIL. Supremo Tribunal Federal. **Agravo em Recurso Extraordinário (ARE) n. 848107**. 11 dez. 2014. Disponível em: <https://redir.stf.jus.br/paginadorpub/paginador. jsp?docTP=TP&docID=7810669>. Acesso em: 1° dez. 2023.

acordo de não persecução penal e a suspensão do curso da prescrição na pendência de embargos de declaração ou de recursos aos Tribunais Superiores, quando inadmissíveis. Essas novas causas têm como objetivo evitar a prescrição em casos em que ainda há discussões processuais pendentes.

O art. 366 do Código de Processo Penal (CPP) estabelece a suspensão do processo e da prescrição caso o réu seja citado por edital e não compareça nem constitua defensor. No entanto, a aplicação desse dispositivo tem sido alvo de equívocos e divergências, gerando insegurança jurídica e dificuldades para as partes envolvidas. É necessário, portanto, esclarecer e enfrentar essas dificuldades para garantir a correta aplicação da lei.

Uma das principais controvérsias relacionadas ao art. 366 do CPP diz respeito à forma e ao prazo de contagem da suspensão do processo e da prescrição. O dispositivo legal não estabelece um prazo específico para a duração da suspensão, o que tem gerado interpretações divergentes.

Diferentes correntes têm se manifestado sobre esse tema. A primeira corrente defende que não haveria um prazo determinado para a suspensão, ou seja, o processo e a prescrição ficariam suspensos por tempo indeterminado até que o réu comparecesse em juízo. Essa posição foi adotada pelo STF por um longo período, mas gerou discussões sobre a possibilidade de criação de novas hipóteses de imprescritibilidade por lei infraconstitucional.

Uma segunda corrente argumenta que somente a CF/1988 poderia estabelecer casos de crimes imprescritíveis, como é o caso do crime de racismo (art. 5°, XLII) e da ação de grupos armados contra a ordem constitucional (art. 5°, XLIV). Para essa corrente, o legislador ordinário não pode criar novas hipóteses de imprescritibilidade. Esse entendimento foi seguido pelo STJ e resultou na aprovação da Súmula n. 415, que estabelece que o período de suspensão do prazo prescricional é regulado pelo máximo da pena cominada.

No entanto, o STF, em julgamento recente, decidiu que é constitucional limitar o período de suspensão do prazo prescricional ao tempo de prescrição da pena máxima em abstrato cominada ao crime. Essa decisão foi fundamentada no princípio da proporcionalidade e na necessidade de garantir a estabilidade do direito e a individualização da pena. Assim, o prazo de suspensão da prescrição deve guardar proporção com a pena a ser aplicada, evitando que a liberdade individual fique sujeita a um prazo indefinido, semelhante à imprescritibilidade.

`8.2.2.1.4.5` Causas que interrompem o prazo prescricional

A prescrição penal pode ser interrompida por determinados eventos, conforme o art. 117 do CP. Essas causas, que se poderiam denominar *processuais endógenas*, visto que ocorridas no mesmo processo que origina a interrupção da prescrição, possuem dois eixos comuns:

Punibilidade e sua extinção | 261 |

1] o aproveitamento do seu reconhecimento a todas as pessoas acusadas;

2] a desconsideração desses marcos quando reconhecida alguma eiva que nulifique o ato em questão.

Pelo recebimento da denúncia ou queixa

O recebimento da denúncia como marco interruptivo da prescrição penal está previsto no art. 117 do CP. Segundo esse dispositivo legal, o curso da prescrição é interrompido "pelo recebimento da denúncia ou da queixa". Isso significa que, a partir do momento em que a denúncia é recebida pelo juiz, um novo prazo prescricional tem início.

No contexto do recebimento da denúncia, é importante destacar que existem diferentes tipos de aditamento da denúncia. Esses aditamentos podem influenciar de maneira distinta a prescrição penal. Em alguns casos, o aditamento da denúncia é realizado apenas para corrigir irregularidades formais, sem que haja inclusão de novos crimes. Nesses casos, o aditamento não interrompe a prescrição, conforme entendimento consolidado pelo STJ. Isso ocorre quando o aditamento não relata fatos novos, mas apenas confere uma definição jurídica diferente daquela inicialmente veiculada na acusação.

Já quando o aditamento da denúncia inclui um novo delito, a interrupção do prazo prescricional ocorre somente em relação ao novo fato denunciado, ou seja, o prazo prescricional para o novo crime terá início a partir do recebimento do aditamento. Essa interpretação tem respaldo em precedentes do STJ e do STF.

Em casos nos quais o despacho de recebimento da denúncia é anulado, seja por incompetência da autoridade que o recebeu, seja por outra razão, o novo recebimento da denúncia será considerado o marco interruptivo da prescrição. Isso ocorre, por exemplo, quando a autoridade que recebe a denúncia é incompetente em razão de prerrogativa de foro do réu. Nesses casos, o recebimento da nova peça acusatória será um ato nulo e não interromperá a prescrição.

Acrescente-se nossa posição sobre o correto momento do recebimento da denúncia:

> Não é possível conceber o segundo momento como o do recebimento da denúncia porque não se pode conceber uma "absolvição sumária" de uma acusação não recebida o que, como já expusemos, seria o ápice de concessão ao modelo abstrato do direito de ação (Choukr, 2001b, passim), incompatível com a estrutura constitucional do processo penal.[43]

---

43 CHOUKR, Fauzi Hassan. **Código de Processo Penal: Comentários consolidados e Crítica Jurisprudencial**. 4. ed. Rio de Janeiro: Lumen Juris, 2010. p. 621.

Pela pronúncia e decisão confirmatória da pronúncia

A pronúncia é a decisão que admite o julgamento do mérito pelo Conselho de Sentença no caso dos crimes submetidos ao júri popular cuja competência central é a dos crimes dolosos contra a vida, e expansível diante da possibilidade da ocorrência de conexão. Portanto, outras formas de conteúdo de decisão que podem existir **na fase de pronúncia**, mas que não são "a" decisão de pronúncia não servem como marco interruptivo, como a desclassificação da conduta para outra que não seja dolosa contra a vida.

Diferente é a situação em que ocorre a desclassificação no julgamento de mérito, em plenário, em que a etapa de pronúncia já ocorreu o que, inclusive, levou o caso à apreciação do Conselho de Sentença[44].

Nada obstante, merece destaque neste assunto o contraponto de abalizada doutrina, ao afirmar que a decisão de pronúncia posteriormente desclassificada pelo conselho de sentença

> não deveria interromper, pois se houve equívoco na capitulação do fato, que não deveria ser objeto de pronúncia, e como tal erro não pode ser imputado ao indivíduo, não pode ser ele prejudicado com a majoração dos prazos prescricionais gerada pela interrupção.[45]

Pela publicação da sentença ou acórdão condenatórios recorríveis

Em 2007, a Lei n. 11.596/2007 alterou o dispositivo em comento para incluir também o acórdão condenatório como causa interruptiva da prescrição.

> A alteração legislativa apenas explicitou o que já vinha sendo verificado na prática, no sentido de que tanto a sentença condenatória quanto o acórdão condenatório interrompem o lapso prescricional (STJ – AgR-REsp n. 710.552).[46]

Três correntes despontaram acerca do tema: 1º) o acórdão confirmatório da condenação, que altera o título da condenação, com modificação substancial da pena, reveste-se da condição de marco interruptivo da prescrição (STJ – HC n. 266.211 e STF – ED-AgR-RE n. 559649); 2º) o acórdão confirmatório da condenação não é marco interruptivo da prescrição, ainda que altere a pena fixada (STJ – AgR-REsp n. 1.263.140); 3º) o acórdão confirmatório da condenação resulta na interrupção da prescrição, mesmo sem alterar a pena (STF – HC n. 92.340[1])

---

44 Nesse sentido, ver STJ – Súmula n. 191: "A pronúncia é causa interruptiva da prescrição, ainda que o Tribunal do Júri venha a desclassificar o crime".

45 JUNQUEIRA, Gustavo Octaviano Diniz; VANZOLIN, Patrícia. **Direito penal**: Parte Geral. 9. ed. São Paulo: Saraiva, 2023. eBook Kindle. p. 1329.

46 COSTA, Aldo de Campos. A interrupção da prescrição ante a publicação do acórdão condenatório. **Consultor Jurídico**, 18 dez. 2014. Disponível em: <https://www.conjur.com.br/2014-dez-18/toda-prova-interrupcao-prescricao-publicacao-acordao-condenatorio#_ftn1>. Acesso em: 25 out. 2023.

Em abril de 2020, o STF julgou o tema e modificou essa orientação. Ficou decidido que qualquer acórdão condenatório, mesmo que apenas para confirmar a sentença de condenação, interromperia a prescrição. Essa nova posição foi acolhida pelo STJ, que fixou a tese em recursos repetitivos.

A alteração na interpretação decorre da evolução legislativa e da necessidade de evitar recursos protelatórios da defesa que poderiam levar à extinção da punibilidade pela prescrição. A inclusão, em 2007, do inciso IV no art. 117 do CP, estabelecendo a interrupção da prescrição pela publicação de sentença ou acórdão condenatórios recorríveis, reflete essa preocupação em equilibrar os interesses individuais do acusado e o interesse da sociedade em evitar a impunidade.

A posição do STJ sobre a interrupção da prescrição foi consolidada em julgamento de recursos repetitivos, sob o tema 1.100. A tese fixada pela 3ª Seção do STJ estabelece que o acórdão condenatório, inclusive quando confirmatório de sentença condenatória, interrompe a prescrição, seja mantendo, reduzindo ou aumentando a pena anteriormente imposta.

O relator do repetitivo, Ministro João Otávio de Noronha, apresentou uma interpretação gramatical, histórica e finalística do tema. Segundo ele, a expressão "acórdão condenatório" utilizada no inciso IV do art. 117 do CP não se restringe apenas à decisão colegiada que reforma uma sentença absolutória. O objetivo da lei foi adicionar um novo marco interruptivo da prescrição, evitando recursos protelatórios e garantindo a aplicação da justiça.

Pelo início ou continuação do cumprimento da pena

A insistência jurisprudencial na existência de uma "execução antecipada da pena", cuja crítica já foi por nós exposta[47], impacta aqui também. A considerar-se o início da "execução provisória" como "cumprimento de pena", é ali que o marco interruptivo deve ser lançado, num desrespeito frontal ao texto constitucional e com prejuízos processuais concretos à pessoa que, rigorosamente falando, pode estar presa, mas a título cautelar e não como cumprimento de pena.

Reincidência

O conceito de reincidência é puramente normativo a teor do art. 63 do CP:

> Verifica-se a reincidência quando o agente comete novo crime, depois de transitar em julgado a sentença que, no País ou no estrangeiro, o tenha condenado por crime anterior.

Duas situações são acrescidas de modo igualmente normativo a esse conceito:

---

47 Entre outros textos, CHOUKR, Fauzi Hassan. A leitura do Supremo Tribunal Federal sobre o sistema recursal e o início da execução da pena: a pauperização do comparatismo à brasileira. **Revista Brasileira de Direito Processual Penal**, v. 4, n. 3, p. 1119-1142, 2018.

a] **limitação material**: a não aplicação aos crimes políticos e militares;

b] **limite temporal**: a não aplicação do conceito em relação ao novo crime se passados mais que 5 anos da condenação anterior.

Sobre a possibilidade de reincidência e a extinção de punibilidade do crime anterior, há interessante observação doutrinária assim manifestada:

> Para saber se a extinção da punibilidade do crime anterior afasta a reincidência, dois fatores devem ser analisados: o momento em que ocorreu a causa extintiva da punibilidade e a espécie de causa de extinção da punibilidade. Se a causa de extinção da punibilidade ocorreu antes do trânsito em julgado da sentença condenatória, o crime anterior não subsiste para fins de reincidência. Essa conclusão é evidente, até mesmo porque, nesse caso, não existe condenação definitiva. É o que se dá, por exemplo, com a prescrição da pretensão punitiva. Por outro lado, se a extinção da punibilidade efetivou-se após o trânsito em julgado da condenação, a sentença penal continua apta a caracterizar a rein-cidência, tal como ocorre na prescrição da pretensão executória. Essa regra, entretanto, comporta duas exceções: anistia e abolitio criminis. Nesses casos, desfaz-se a própria condenação, pois são veiculadas por meio de lei, que torna atípico o fato até então incriminado (abolitio criminis) ou exclui determinados fatos do raio de incidência do Direito Penal (anistia). O próprio fato praticado pelo agente deixa de ser penalmente ilícito, não se podendo, por corolário, falar-se em reincidência.[48]

8.2.2.2 Pela atuação do Poder Executivo

A anistia, a graça e o indulto são institutos jurídicos relacionados à extinção da punibilidade, mas apresentam diferenças significativas. Ao passo que a anistia extingue não apenas a execução da pena, mas também o próprio crime, a graça e o indulto focam apenas na execução da pena. A graça é concedida a pedido do réu, e o indulto é uma iniciativa do Poder Público direcionada a determinados réus. Além disso, a anistia é um ato de interesse coletivo, geralmente motivado por considerações políticas e pela busca de paz social, já a graça e o indulto são mais individuais e específicos.

8.2.2.2.1 A anistia

A anistia é concedida ao crime em si, e não à pessoa do réu. Ela beneficia automa-ticamente aqueles que cometeram o crime, geralmente de natureza política. Di-ferentemente da graça ou do indulto, que extinguem apenas a execução da pena,

---

48 MASSON, Cleber. **Código Penal Comentado**. 2. ed. Rio de Janeiro: Forense; São Paulo: Método, 2014. p. 327-328.

a anistia vai além, extinguindo o próprio ato delituoso e suas consequências na esfera penal, inclusive o instituto da reincidência. É importante ressaltar que a anistia tem efeito retroativo, ou seja, é aplicada a atos passados (*post factum*) com efeito *ex tunc*, fazendo o crime desaparecer e extinguindo os efeitos da sentença.

Conforme HUNGRIA e DOTTI[49],

> Anistia e de todas as formas de clemência a que age com mais eficiência e prontidão e da qual decorrem efeitos mais extensos. É de caráter real, por que extingue o fato punível em sua origem obstando por um efeito de retroação transitória que aqueles que nele figuram qualquer que fosse o grau de atuação sejam submetidos ao exame e julgamento do poder judiciário ou sofrerão as consequências e as incapacidades que o julgamento acarreta. [...] Dirige-se sempre a uma coletividade de pessoas [...] O escopo da anistia é a pacificação dos espíritos é a reintegração da ordem e da paz na sociedade convulsionada e nisto distingue-se do indulto cujo fim é a conciliação da lei com a equidade para corrigir o erro judiciário ou ar elevação da pena pela sua improficuidade.

Essa leitura, contudo, deve ser efetuada à luz da compreensão dos limites contemporâneos dados pelo tema nos compromissos internacionais assumidos pelo Brasil. Assim, a anistia com o fim exclusivo de impedir a persecução de graves violações de direitos humanos seja a terceiros ou a ocorrência da denominada *autoanistia* não são, sob esse prisma, toleráveis.

No cenário do sistema interamericano de direitos humanos, a Corte Interamericana já se pronunciou várias vezes a respeito dando a linha da dogmática construída. Anote-se, a título exemplificativo, o seguinte julgado que resume esse pensamento– Caso Chumbipuma Aguirre e outros (Barrios Altos) c. Peru:

> 41. Esta Corte considera que são inadmissíveis as disposições de anistia, as disposições de prescrição e o estabelecimento de excludentes de responsabilidade que pretendam impedir a investigação e punição dos responsáveis por graves violações de direitos humanos, tais como tortura, execuções sumárias, extralegais ou arbitrárias e desaparecimentos forçados, todas elas proibidas por violar direitos inderrogáveis reconhecidos pelo Direito Internacional dos Direitos Humanos.

> 42. A Corte, conforme o alegado pela Comissão e não controvertido pelo Estado, considera que as leis de anistia adotadas pelo Peru impediram que os familiares das vítimas e as vítimas sobreviventes no presente caso fossem ouvidas por um juiz, conforme o indicado no artigo 8.1 da Convenção; violaram o direito à proteção judicial, consagrado no artigo 25 da Convenção; impediram a

---

49 HUNGRIA, Nélson; DOTTI, René Ariel. **Comentários ao Código Penal**: Volume 1 – Tomo 1. Rio de Janeiro: GZ Editora, 2017. p. 345.

266

investigação, persecução, captura, julgamento e punição dos responsáveis pelos fatos ocorridos em Barrios Altos, descumprindo o artigo 1.1 da Convenção; e obstruíram o esclarecimento dos fatos do caso. Finalmente, a adoção das leis de autoanistia, incompatíveis com a Convenção, descumpriu a obrigação de adequar o direito interno, consagrada no artigo 2 da mesma.

43. A Corte considera necessário enfatizar que, à luz das obrigações gerais consagradas nos artigos 1.1 e 2 da Convenção Americana, os Estados Partes têm o dever de tomar providências de todo tipo para que ninguém seja privado da proteção judicial e do exercício do direito a um recurso simples e eficaz, nos termos dos artigos 8 e 25 da Convenção. É por isso que, quando adotam leis que tenham este efeito, como o caso das leis de autoanistia, os Estados Partes na Convenção incorrem na violação dos artigos 8 e 25, combinados com os artigos 1.1 e 2 da Convenção. As leis de autoanistia conduzem à vulnerabilidade das vítimas e à perpetuação da impunidade, motivo pelo qual são manifestamente incompatíveis com a letra e o espírito da Convenção Americana. Este tipo de lei impede a identificação dos indivíduos responsáveis por violações de direitos humanos, na medida em que obstaculiza a investigação e o acesso à justiça e impede as vítimas e seus familiares de conhecerem a verdade e de receberem a reparação correspondente.

44. Como consequência da manifesta incompatibilidade entre as leis de autoanistia e a Convenção Americana sobre Direitos Humanos, as mencionadas leis carecem de efeitos jurídicos e não podem representar um obstáculo para a investigação dos fatos deste caso, nem para a identificação e punição dos responsáveis, nem podem ter igual ou similar impacto em outros casos ocorridos no Peru relativos à violação dos direitos consagrados na Convenção Americana.[50]

`8.2.2.2.2` A graça

A graça é historicamente apresentada como uma espécie individualizada de perdão penal concedido pelo Poder Executivo ou, em outras palavras, uma espécie individualizada de indulto, com a mesma base constitucional, a dizer, o art. 84, inciso XII, da CF/1988. Alguns autores apontam, como característica distintiva,

---

50 CORTE INTERAMERICANA DE DIREITOS HUMANOS. Chumbipuma Aguirre e outros (Barrios Altos) c. Peru. Mérito, 14 março 2001, Série C, n. 75, §§ 41-44. Em idêntico sentido, e de forma mais ampla em alguns aspectos os seguintes casos: Corte Interamericana de Direitos Humanos. Almonacid Arellano y otros c. Chile. Exceções Preliminares, Mérito, Reparações e Custas, Sentença de 26 setembro 2006, Série C n. 154; Corte Interamericana de Direitos Humanos. Gomes Lund e outros (Guerrilha do Araguaia) c. Brasil. Exceções Preliminares, Mérito, Reparações e Custas, Sentença de 24 novembro 2010, Série C n. 219; Corte Interamericana de Direitos Humanos. Herzog e outros c. Brasil. Exceções Preliminares, Mérito, Reparações e Custas, Sentença de 15 março 2008, Série C n. 353.

a necessidade de pedido prévio de concessão de graça e espontaneidade na emissão do perdão. Contudo, não há previsão expressa desse instituto na Lei Maior.

Destacada a compreensão dominante atual de que essa clemência individualizada configura, essencialmente, um "ato político"[51], o tema da concessão da graça pairou largamente no campo das abstrações teóricas dos penalistas contemporâneos brasileiros até a edição do decreto presidencial que beneficiou o condenado Daniel Silveira[52] e cujo teor foi questionado, e reconhecido pelo STF como inconstitucional, no julgamento das ADPFs n. 966, 964, 965 e 967.

Na discussão decisória merece destaque trecho que explicitamente reconhece a incompatibilidade da graça com o modelo constitucional em vigor, dadas

> i] a inexistência de referência expressa à graça em sentido estrito na Constituição Federal, (ii) a edição da legislação infraconstitucional sobre o tema em momento anterior à Carta Política atual e em panorama fático e normativo absolutamente diverso, (iii) a submissão de todas as esferas de poder aos princípios regentes da Administração Pública –, poder-se-ia até cogitar da incompatibilidade do indulto individual com a ordem constitucional positiva.[53]

No julgamento de mérito, contudo, a conclusão foi pela anulação do decreto presidencial concessivo sob o argumento da ocorrência do desvio de finalidade da sua edição.

8.2.2.2.3 O indulto

Forma de extinção da pena com protagonismo do Poder Executivo federal na forma como disciplinada na CF/1988[54] encontra limites materiais no texto constitucional em relação aos crimes hediondos, à tortura, ao terrorismo e ao tráfico

---

51 FERREIRA. Ana Lúcia Tavares. **Indulto e sistema penal: limites, finalidades e propostas**. Rio de Janeiro: Uerj, 2011. p. 110-113.

52 Texto integral do Decreto concessivo da graça ao condenado Daniel Silveira: "DECRETA: 'Art. 1º Fica concedida graça constitucional a Daniel Lucio da Silveira, Deputado Federal, condenado pelo Supremo Tribunal Federal, em 20 de abril de 2022, no âmbito da Ação Penal nº 1.044, à pena de oito anos e nove meses de reclusão, em regime inicial fechado, pela prática dos crimes previstos: 'I – no inciso IV do caput do art. 23, combinado com o art. 18 da Lei nº 7.170, de 14 de dezembro de 1983; e 'II – no art. 344 do Decreto-Lei nº 2.848, de 7 de dezembro de 1940 – Código Penal. 'Art. 2º A graça de que trata este Decreto é incondicionada e será concedida independentemente do trânsito em julgado da sentença penal condenatória. Art. 3º A graça inclui as penas privativas de liberdade, a multa, ainda que haja inadimplência ou inscrição de débitos na Dívida Ativa da União, e as penas restritivas de direitos'". BRASIL. Decreto de 21 de abril de 2022. **Diário Oficial da União**, Poder Executivo, Brasília, DF, 21 abr. 2022. Disponível em: <https://static.poder360. com.br/2022/04/Decreto-Bolsonaro-Deputado-Daniel-Silveira.pdf>. Acesso em: 25 out. 2023.

53 BRASIL. Supremo Tribunal Federal. **ADPF n. 966**. Relatora: Min. Rosa Weber. 10 maio 2023. Disponível em: <https://portal.stf.jus.br/processos/downloadPeca.asp?id=15360158583&ext=. pdf>. Acesso em: 25 out. 2023.

54 "Art. 84. Compete privativamente ao Presidente da República: [...] XII – conceder indulto e comutar penas, com audiência, se necessário, dos órgãos instituídos em lei;".

ilícito de entorpecentes. A previsão do indulto nos textos constitucionais constitui larga tradição normativa existente desde o texto de 1824.[55]

DAL POGGETTO, inclinando-se por um viés bem delimitado dos fundamentos do sistema penal – SP (sua subordinação a um modelo econômico exploratório), afirma que "o indulto se apresenta como uma possível estratégia política de desencarceramento, tendo em vista que se trata de um instrumento jurídico voltado ao perdão da pena de uma coletividade indeterminada de pessoas presas"[56], e conclui:

> Nessa toada, a análise histórica-normativa do indulto no Brasil mostra que, apesar de haver movimentos para que tal prerrogativa seja retirada das atribuições do chefe do Poder Executivo – Presidente da República –, esta competência se mostrou sólida no decorrer de todas as Constituições Federais. Ainda que houvesse, também, tentativas por parte de grupos de interesse que o indulto e outros perdões constitucionais se concentrassem nas atribuições do Presidente da República, inclusive por vezes sem qualquer limitação, a partir de 1937 o dispositivo constitucional que prevê essa prerrogativa é mantido quase sem alteração, de forma ampla e genérica, sem que houvesse uma legislação infraconstitucional que criasse limites e parâmetros quanto aos termos do decreto de indulto.[57]

De modo geral, na seara constitucional, a literatura inclina-se por considerar que "o indulto e a comutação da pena configuram típico ato de governo, que se caracteriza pela discricionariedade".[58]

Essa afirmação, correta dentro de uma lógica de direito interno, não subsiste aos compromissos internacionais protetivos de direitos humanos aos quais o Brasil adere e se compromete a consolidar como discutido em inúmeros outros pontos desta obra. Assim, as mesmas limitações existentes para a anistia devem ser aqui reiteradas quanto ao indulto.

Observados os outros casos fora do contexto recém mencionado, resta saber se há limitação ao reconhecido "poder discricionário" da Presidência da República

---

55 A respeito, ver DAL POGGETTO, João Paulo Ghiraldelli. **Políticas públicas e sistema penitenciário**: análise dos decretos de indulto desde a Constituição Federal de 1988. Campinas: PUC-Campinas, 2021. Encarando-o também como um mecanismo de "política pública", ver ALVES, Reinaldo Rossado. **Punir e Perdoar**: Análise da política pública na edição dos decretos de indulto. Rio de Janeiro: Lumen Juris, 2016. p. 66.

56 DAL POGGETTO, op. cit.

57 *Idem, ibidem.*

58 CANOTILHO, J. J. Gomes; MENDES, Gilmar Ferreira; SARLET, Ingo Wolfgan; STRECK, Lenio. **Comentários à Constituição do Brasil**. São Paulo: Saraiva, 2013. p. 1254.

para editar indultos, mormente diante de caso paradigmático de repercussão mundial[59].

Sintetizando o pensamento, SARLET[60] manifesta o ponto central de análise:

> Que tanto a graça quanto o indulto podem ser concedidos por critério de conveniência e oportunidade do presidente da República, não é aqui (e mesmo em geral) objeto de questionamento, mas sim, o fato de que inexiste, em regra, ato do poder público totalmente blindado contra algum tipo de controle judicial, justamente pelo fato de que a discricionariedade administrativa, assim como a liberdade de conformação legislativa, encontram seus limites na CF e na legislação, incluindo aqui também – ainda que com atenção a determinadas peculiaridades – a normativa internacional.

E conclui, na esteira do que é o marco teórico desta obra, que

> À vista do exposto, à guisa de síntese conclusiva, não restam dúvidas de que, num Estado Democrático de Direito comprometido com a proteção e promoção da dignidade da pessoa humana e os direitos humanos e fundamentais, seja no plano interno, seja em nível externo (perante a comunidade internacional), a prerrogativa presidencial de anistiar e indultar, além de não absoluta, não pode, em hipótese alguma, alcançar crimes de suma gravidade, que, além de configurarem graves violações de direitos humanos e fundamentais (não necessariamente crimes contra a humanidade), afrontem decisões emanadas de tribunais internacionais.[61]

8.2.2.3 Pela atuação do Poder Legislativo

8.2.2.3.1 A revogação do tipo

A revogação do tipo pode ser total ou parcial – sendo a extinção da punibilidade uma sua consequência –, projetando seus efeitos para o campo penal mas preservando as consequências cíveis. No presente tópico, importa a revogação total que extingue a punibilidade, ficando à parte as situações de modificações da pena imposta para beneficiar a situação da pessoa condenada.

---

59 A ver os decretos de indulto Decreto n. 11.302, de 22 de dezembro de 2022, publicado em 23 de dezembro de 2022, que beneficiaria policiais militares condenados pelo fato histórico alcunhado de "massacre do Carandiru".

60 SARLET, Ingo Wolfgang. Indulto presidencial também é subordinado à Constituição. **Consultor Jurídico**, 6 jan. 2023. Disponível em: <https://www.conjur.com.br/2023-jan-06/indulto--presidencial-tambem-subordinado-constituicao>. Acesso em: 28 nov. 2023.

61 SARLET, Ingo Wolfgang. Indulto presidencial também é subordinado à Constituição. **Consultor Jurídico**, 6 jan. 2023. Disponível em: <https://www.conjur.com.br/2023-jan-06/indulto--presidencial-tambem-subordinado-constituicao>. Acesso em: 28 nov. 2023.

Merece observação a política legislativa que implanta **revogações temporárias** do tipo criando a figura da *abolitio criminis* temporária como se deu, por exemplo, no marco normativo da art. 32 da Lei n. 10.826/2003, trazida pela Lei n. 11.706/2008, período no qual os efeitos da revogação do tipo se fazem presentes.

Por fim, não se deve confundir a **abolição típica** com a continuidade material da criminalização da conduta (denominada "continuidade normativa típica" em algumas fontes doutrinárias[62] e jurisprudenciais) em outro artigo de lei ou com nova nomenclatura, discussão que surge, por exemplo, entre a Lei n. 14.132, de 31 de março de 2.021, que revogou expressamente, em seu art.3º, o art. 65 do Decreto-Lei n. 3.688/1941 (o crime de "perseguição" ou, na locução inglesa, *stalking* e a contravenção da perturbação do sossego)

No caso específico, observando as estruturas típicas em questão, ponderam BIANCHINI e ÁVILA que

> a nova lei, ao tempo em que alargou o âmbito qualitativo (uma perseguição que gere ataques à liberdade, não apenas à tranquilidade), exigiu uma intensidade quantitativa maior (não basta um único episódio, é necessário que seja reiteradamente). Portanto, como já dito, para as condutas antigas de perturbação da tranquilidade que foram praticadas de forma reiterada, com acinte e motivo reprovável, e que tenham gerado uma perturbação da esfera de liberdade ou privacidade da vítima, não há que se falar em abolitio criminis.[63]

Outro exemplo significativo é a Lei n. 12.015/2009, que alterou o Título VI do CP e determinou a revogação do art. 1º da Lei n. 2.252/2004, que tratava do delito especial de corrupção de menores.

8.2.2.4 Pela morte da pessoa submetida ao sistema penal

Aqui se destaca a morte da pessoa submetida à persecução ou em execução de pena e não os questionamentos comprobatórios sobre a ocorrência deste fato, aspecto que gera debates sobre os limites dessa declaração de acordo com idoneidade ou não do documento apresentado como alegadamente comprobatório dessa ocorrência.

Inexistindo a possibilidade da persecução ou sua execução transcender a pessoa submetida à persecução estatal, no caso das pessoas naturais, a declaração da extinção da punibilidade é direta e evidente. Discussões sobre o "direito a provar

---

62 A ver, por exemplo, em CUNHA, Rogério Sanches. **Manual de Direito Penal**: Parte Geral (arts. 1 ao 120). 8. ed. rev., ampl. e atual. Salvador: JusPODIVM, 2020. p. 142.

63 BIANCHINI, Alice; ÁVILA, Thiago Pierobom. A revogação do artigo 65 da LCP pela Lei 14.132 criou uma abolitio criminis? **Consultor Jurídico**, 5 abr. 2021. Disponível em: <https://www.conjur.com.br/2021-abr-05/opiniao-revogacao-artigo-65-lcp-criou-abolitio-criminis/>. Acesso em: 25 out. 2023.

a inocência" ou semelhantes perdem o sentido diante da matriz constitucional que, como já discutido nesta obra, dão à pessoa o estado de liberdade e de inocência sua condição natural e impõe ao Estado o dever de provar em contrário. Assim, perde-se o sentido de querer-se provar, em qualquer circunstância, a inocência. Esta já é um atributo natural da pessoa.

No caso das pessoas jurídicas, a "morte" a dizer, sua extinção, pode gerar discussões a depender se houve fusão ou incorporação a qualquer outra de sucessão negocial.

Analisando o tema, instigante trabalho doutrinário[64] vale-se da necessária distinção das formas de sucessão e modificação de estruturas de empresas para, em preservando o princípio da instranscendência, adequar cada situação à hipótese de genuína extinção ou não, posição que parece a mais adequada para uma evolução legislativa da responsabilização mais bem regrada da responsabilidade penal da pessoa jurídica.

`8.2.2.5` Decadência

A decadência é um conceito presente tanto no DP quanto no direito civil. No âmbito penal, a decadência refere-se à perda do direito de ajuizar uma ação penal, em razão do tempo transcorrido. No entanto, essa restrição se aplica apenas às ações penais privadas e às ações penais públicas condicionadas.

De acordo com o art. 103 do CP, o prazo de decadência é de seis meses a contar da data em que o ofendido tem conhecimento da autoria do crime. Essa regra se aplica tanto para a ação penal privada quanto para a representação do ofendido nos casos de ação penal pública condicionada. No entanto, é importante ressaltar que a decadência atinge apenas o ofendido, não afetando a legitimidade do Ministério Público para promover a ação penal.

A decadência da representação como condição para o desenvolvimento da persecução penal pública é tema presente na doutrina penal e processual penal há muito. Nada obstante, o tema ganhou novos ares com a discussão de seu cabimento no crime de estelionato, sobretudo quanto à projeção temporal (retroatividade) da Lei n. 13.964/2019, que transformou o estelionato em crime de ação penal condicionada à representação do ofendido, com a exceções materiais de ter sido o crime cometido contra a Administração Pública, direta ou indireta, criança ou adolescente ou pessoa com deficiência mental.

---

64 MARCHESAN, Ana Maria Moreira. A responsabilidade penal da pessoa jurídica: prescrição, processo e redesenhos empresariais. **Revista do Ministério Público do Rio Grande do Sul**, v. 1, n. 92, p. 43-72, 2022.

Tratada como norma processual "híbrida" dado seu alegado conteúdo material por interferir na extinção da punibilidade[65], a exigência da representação passou a ser uma regra, discutindo-se se isso valeria para todos os casos ou somente para aqueles que ainda não tivessem denúncia oferecida (ou acordo de não persecução penal, acrescente-se). Na solução dessa situação, acompanhou-se a forma como a dogmática penal lida com o tema desde a Lei n. 9.099/1995[66], sendo que o STF a exigir que a vítima se manifestasse em todos os casos[67], mesmo com denúncia oferecida.

8.2.2.6 Situações específicas da persecução privada: perempção, renúncia do direito de queixa ou perdão aceito

- **Perempção**: A perempção é uma causa de extinção da punibilidade prevista no art. 107, inciso IV, do CP. Ela ocorre quando o querelante, ou seja, a parte que ofereceu a queixa-crime em uma ação penal privada, deixa de promover o andamento do processo por um determinado período de tempo.
- **Perdão do ofendido**: O perdão do ofendido como causa de extinção da punibilidade é previsto no art. 107, inciso V, do CP brasileiro. De acordo com esse dispositivo, o perdão só pode ser concedido após o oferecimento da ação penal privada e antes do trânsito em julgado da sentença penal condenatória. Isso significa que o perdão só pode ser solicitado quando a vítima decide prosseguir com a ação penal, e antes que haja uma decisão final definitiva.

O perdão do ofendido pode ser entendido como a manifestação de desistência do prosseguimento da ação penal privada. É um ato unilateral, realizado pelo próprio ofendido ou por seu representante legal, no qual expressam o desinteresse em buscar uma condenação contra o suposto autor do crime. Esse perdão pode ser expresso de forma verbal ou por escrito, ou até mesmo de maneira tácita, por meio de atitudes que demonstrem a desistência.[68]

Quando há concurso de pessoas, ou seja, mais de um envolvido no crime, o perdão ofertado a um dos acusados se estende a todos os demais. Isso significa que se o ofendido concede o perdão a um dos acusados, todos os demais têm a

---

65 LIMA, Renato Brasileiro de. **Manual de Processo Penal**: volume único. 6. ed. Salvador: JusPodivm, 2018. p. 366.

66 Lei n. 9.099/1995, art. 91.

67 STF. **Habeas Corpus n. 208.817**. Disponível em: <https://portal.stf.jus.br/processos/detalhe. asp?incidente=6297053>. Acesso em: 25 out. 2023.

68 Art. 106: "O perdão, no processo ou fora dele, expresso ou tácito: [...] § 1º Perdão tácito é o que resulta da prática de ato incompatível com a vontade de prosseguir na ação. § 2º Não é admissível o perdão depois que passa em julgado a sentença condenatória".

oportunidade de aceitar ou rejeitar o perdão oferecido. Essa regra está prevista no art. 51 do CPP.

No entanto, é importante ressaltar que a aceitação do perdão é um ato personalíssimo, ou seja, só produzirá efeitos em relação ao acusado que efetivamente o aceitou. Caso algum dos acusados rejeite o perdão, o processo continuará em relação a ele, e a sentença condenatória poderá ser proferida se o processo já estiver nessa fase.

Após a manifestação do perdão, o querelado é intimado a dizer se aceita ou recusa o perdão dentro de três dias. Caso o perdão seja aceito, o juiz julgará extinta a punibilidade. Essa previsão está estabelecida no art. 58 do CPP.[69]

- **Renúncia ao oferecimento de queixa:** trata-se de conduta de disposição da formalização da acusação nas ações penais privadas genuínas, que se manifesta por quem tem o direito de acusar ou seu representante legal nas hipóteses fixadas em lei. Exige voluntariedade e ausência de qualquer causa coativa para que a manifestação seja considerada legítima e produza seus efeitos legais.

Ademais, a renúncia ao direito de queixa pode ser expressa ou tacitamente manifestada, esta última mediante atos que se tornam incompatíveis com o desejo de acusar.

É importante ressaltar que a renúncia ao direito de queixa deve ser integral, ou seja, não é possível renunciar à queixa em relação a apenas um dos autores do crime. Isso se deve ao princípio da indivisibilidade, que estabelece que a renúncia relacionada a um dos autores se estende automaticamente a todos os demais. Essa disposição está prevista no art. 49 do CPP.[70]

Para que a renúncia ao direito de queixa tenha validade, ela deve ser feita antes do início da ação penal. Caso contrário, uma vez provocado o juízo competente e imputado o fato criminoso ao querelado, este pode se recusar a aceitar o perdão e insistir no prosseguimento da ação.

- **Retratação do acusado, nos casos em que a lei a admite:** A possibilidade de retratação está prevista no CP brasileiro, mais especificamente no art. 143. De acordo com esse dispositivo, o acusado que se retratar de maneira cabal da calúnia ou difamação antes da sentença estará isento de pena. É importante ressaltar que a retratação deve ser clara, completa, definitiva e irrestrita, não deixando dúvidas sobre o seu alcance.

---

69 Art. 58: "Concedido o perdão, mediante declaração expressa nos autos, o querelado será intimado a dizer, dentro de três dias, se o aceita, devendo, ao mesmo tempo, ser cientificado de que o seu silêncio importará aceitação".

70 Art. 49: "A renúncia ao exercício do direito de queixa, em relação a um dos autores do crime, a todos se estenderá".

Diferente de outros mecanismos jurídicos, a retratação não depende da aceitação da parte ofendida para produzir efeitos na esfera penal. A lei não exige que o ofendido concorde com a retratação realizada pelo acusado. Basta que a retratação seja cabal e atenda aos requisitos estabelecidos pelo CP.

Merece um destaque especial o contexto da ofensa ocorrida por meios de comunicação e a operacionalização da sua retratação. No contexto atual, em que as redes sociais têm um papel significativo na disseminação de informações, a retratação por meios de comunicação ganha relevância. Caso o acusado tenha praticado a calúnia, a difamação ou a injúria utilizando-se de meios de comunicação, como a internet, a retratação poderá ocorrer por esses mesmos meios, desde que assim deseje o ofendido.

REFERÊNCIAS

ABBOUD, Georges. Súmula vinculante versus precedentes: notas para evitar alguns enganos. **Revista de Processo**. 2008;

ABOITIZ, Francisco; GARCÍA, Ricardo R; BOSMAN, Conrado; BRUNETTI, Enzo. Cortical Memory Mechanisms and Language Origins. **Brain and Language**, v. 98, n. 1, p. 40-56, 2006.

ABRAHAM, Wickliffe C. Metaplasticity: Tuning Synapses and Networks for Plasticity. **Nature Reviews Neuroscience**, v. 9, p. 387-387, 2008.

ADIGUN, Muyiwa. The Principle of Complementarity: A Reflection on Its Meaning, Origin and Types in International Criminal Law. **African Journal of International and Comparative Law**, v. 29, n. 1, p. 82-94, 2021.

ALFLEN, Pablo Rodrigo. **Teoria do Domínio do Fato**. São Paulo: Saraiva, 2014a. p. 213-214.

ALFLEN, Pablo Rodrigo. Teoria do domínio do fato na doutrina e na jurisprudência brasileira: considerações sobre a APn 470 do STF. **Revista Eletrônica de Direito Penal**, v. 2, n. 1, 2014b.

ALVES, Felipe Otávio Moraes. Cibercrime como Crime Permanente. 2019. INTERNATIONAL CONFERENCE ON FORENSIC COMPUTER SCIENCE AND CYBER LAW. 11th, São Paulo, Brazil, Nov. 4-5, 2019 Disponível em: <http://dx.doi.org/10.5769/C2019004>. Acesso em: 16 out. 2023.

ANDERSON, John R.; FINCHAM, Jon M.; QIN, Yulin; STOCCO, Andrea. A Central Circuit of the Mind. **Trends in Cognitive Sciences**, v. 12, n. 4, p. 136-143, 2008.

ARAÚJO, James Frade. A complementariedade do estatuto de Roma em relação ao código de guerra do Brasil. **Revista Ciência & Polícia**, v. 4, n. 2, p. 28-47, 2016.

ÁVILA, Humberto. **Teoria dos princípios**. São Paulo: Malheiros, 2007.

AZEVEDO, André Mauro Lacerda; NETO, Orlando Faccinni. **O bem jurídico penal**: duas visões sobre a legitimação do direito penal a partir da teoria do bem jurídico. Porto Alegre: Livraria do Advogado Editora, 2021.

BAINES, S. G. A situação prisional de indígenas no sistema penitenciário de Boa Vista, Roraima/ The situation of indigenous people in the prisons of the city of Boa Vista, Roraima. **Vivência: Revista de Antropologia**, v. 1, n. 46, 2015.

BARATTA, Alessandro. **Criminologia crítica e crítica do direito penal**. Tradução de Juarez Cirino dos Santos. 2. ed. Rio de Janeiro: Freitas Bastos Editora, 1999.

BARBOSA, Julianna Nunes Targino. **A culpabilidade na responsabilidade penal da pessoa jurídica**. Dissertação (Mestrado em Direito) – Universidade de São Paulo, 2014.

BARBOSA, Licínio Leal. O Sistema Penal Brasileiro. **Revista da Faculdade de Direito da UFG**, v. 7, n. 1-2, p. 15-22, 1983.

BARKER, F. G. 2nd. Phineas Among the Phrenologists: the American Crowbar Case and Nineteenth-Century Theories of Cerebral Localization. **Journal of Neurosurgery**, v. 82, n. 4, p. 672-682, 1995.

BARROS, Judson et al. Aspectos históricos e socioculturais justificadores da imprescritibilidade do crime de racismo. **Planeta Amazônia: Revista Internacional de Direito Ambiental e Políticas Públicas**, n. 4, p. 23-36, 2012.

BASTOS, Celso; MARTINS, Yves Gandra da Silva. **Comentários à Constituição do Brasil**. São Paulo: Saraiva, 1988-1989.

BATISTA, Nilo. **Concurso de agentes**. 2. ed. Rio de Janeiro: Renovar, 2004. (1. ed. 1979).

BATISTA, Nilo. **Introdução crítica ao direito penal brasileiro**. Rio de Janeiro: Revan, 1990.

BATISTA, Nilo; ZAFFARONI, Eugenio Raúl et al. **Direito penal brasileiro** – I. Rio de Janeiro: Revan, 2003.

BECHARA, Ana Elisa Liberatore Silva. Discursos de emergência e política criminal: o futuro do direito penal brasileiro. **Revista da Faculdade de Direito, Universidade de São Paulo**, v. 103, p. 411-436, 2008.

BECHARA, Ana Elisa Liberatore Silva. O rendimento da teoria do bem jurídico no direito penal atual. **Revista Liberdades**, v. 1, n. 1, p. 16-29, 2009. Disponível em: <https://ibccrim.org.br/media/posts/arquivos/1/artigo1.pdf>. ACesso em: 30 nov. 2023.

BENZING, Markus. The complementarity regime of the International Criminal Court: international criminal justice between state sovereignty and the fight against impunity. **Max Planck Yearbook of United Nations Law Online**, v. 7, n. 1, p. 591-632, 2003.

BIANCHINI, Alice. ÁVILA, Thiago Pierobom. **A revogação do artigo 65 da LCP pela Lei 14.132 criou uma abolitio criminis?** Disponível em: <https://www.conjur.com.br/2021-abr-05/opiniao-revogacao-artigo-65-lcp-criou-abolitiocriminis>. Acesso em: 26 out. 2023.

BITENCOURT, Cezar Roberto. **Análise crítica de algumas das últimas súmulas do STF**. Disponível em: <https://www.cezarbitencourt.adv.br/index.php/artigos/40-analise-critica-de--algumas-das-ultimas-sumulas-do-stf>. Acesso em: 1º ago. 2023.

BITENCOURT, Cezar Roberto. **Princípio da continuidade normativo-típica e suas limitações**. Disponível em: <https://www.conjur.com.br/2022-mar-10/cezar-bitencourt-irretroatividade-lei-penal-grave#:~:text=Em%20outros%20termos%2C%200%20princ%C3%ADpio,n%C3%A3o%20configura%20a%20abolitio%20criminis>. Acesso em: 18 mar. 2023.

BITENCOURT, Cezar Roberto. **Tratado de Direito Penal**: Parte Geral – Vol. 1. 29. ed. São Paulo: Saraiva Jur; Edição do Kindle, 2023.

BITTENCOURT, Cezar Roberto. **Tratado de Direito Penal**: Parte Geral – Vol. 1. 14. ed. São Paulo: Saraiva, 2009.

BITENCOURT, Cezar Roberto. **Uma revisão conceitual da aplicação da pena**: Pena aquém do mínimo – uma garantia constitucional. Disponível em: <http://www.tex.pro.br/wwwroot/00/00_revisao_conceitual_CB.php>. Acesso em 26/03/2023.

BOBBIO, Norberto. **A era dos direitos**. Rio de Janeiro: Campus, 1992.

BOBBIO, Norberto. **Os intelectuais e o Poder**: dúvidas e opções dos homens de cultura na sociedade contemporânea. Tradução de Marco Aurélio Nogueira. São Paulo: Ed. da Unesp, 1996.

BOLHUIS, J. J.; GAHR, M. Neural mechanisms of birdsong memory. **Nature Reviews Neuroscience**, v. 7, n. 5, p. 347-357, 2006.

BOSI, Alfredo. **Dialética da colonização**. São Paulo: Cia das Letras, 1992.

BOTTINI, Pierpaolo Cruz. **Crimes de omissão imprópria**. São Paulo: M. Pons, 2018.

BOURDIEU, Pierre. **O Poder Simbólico**. Lisboa: Difel, 1989.

BRANCO, Daniela Holler. Responsabilidade penal das corporações: lições dos sistemas jurídicos anglo-americanos. **Revista dos Tribunais**, v. 862, n. 2007, p. 463-484, 2007.

BRANDÃO, Cláudio. **Curso de Direito penal**: parte geral. Rio de Janeiro: Forense, 2008.

BRANDÃO, Cláudio. Bem jurídico e norma penal: a função da antinormatividade na teoria do crime/Legal Good and Criminal Norm: the Function of the Antinormativity on the Crime Theory. **Delictae Revista de Estudos Interdisciplinares sobre o Delito**, v. 3, n. 4, p. 7-45, 2018, p. 22

BRANDÃO, Cláudio. Significado político-constitucional do direito penal. **Revista Brasileira de Direito Constitucional**, v. 7, n. 1, p. 31-45, 2006.

BRANDÃO, Cláudio. Teorias da conduta no direito penal. **Revista de Informação Legislativa**, Brasília, ano 37, n. 148, out./dez. 2000. Disponível em: <https://www2.senado.leg.br/bdsf/bitstream/handle/id/631/r148-05.pdf?sequence=4&isAllowed=y>. Acesso em: 30 nov. 2023.

BRANDARIZ-GARCÍA, José A.; MELOSSI, Dario; SOZZO, Máximo. The political economy of punishment today: An introduction. In: _____. **The Political Economy of Punishment Today**. New York, NY: Routledge, 2017. p. 1-22.

BRENER, Paula Rocha Gouvêa. **Ações neutras e limites da intervenção punível**: sentido delitivo e desvalor do comportamento típico do cúmplice. Dissertação (Mestrado em Estudo de Direito Penal Contemporâneo) – Universidade Federal de Minas Gerais, Faculdade de Direito, Belo Horizonte, 2021.

BRODT, Luís Augusto Sanzo et al. Hermenêutica da norma penal incriminadora. **Revista Eletrônica de Direito Penal e Política Criminal**, v. 3, n. 1/2, p. 23-38, 2015.

BUSATO, Paulo César. **Direito Penal Parte Geral**. 5. ed. Barueri: Gen, 2020. v. 1.

BUSATO, Paulo César. A responsabilidade criminal de pessoas jurídicas na história do Direito positivo brasileiro. **Revista de Informação Legislativa**, v. 55, n. 218, p. 85-98, 2018.

BUSATO, Paulo César. A teoria do domínio do fato e o Código Penal Brasileiro. **Revista Justiça e Sistema Criminal**, v. 9, n. 17, p. 175-208, 2017.

BUSATO, Paulo César. Valoração crítica da *actio libera in causa* a partir de um conceito significativo de ação/Critical Valuation of Actio Libera In Causa from the Significant Action Concept. **Revista Justiça e Sistema Criminal**, v. 1, n. 2, p. 149-172, 2009.

CALIXTO, Clarice Costa. Breves reflexões sobre a imprescritibilidade dos crimes de racismo. **Revista Eletrônica do Curso de Direito da UFSM**, v. 5, n. 2, 2010.

CALIXTO, Domingos Sávio. Do dolo como tecnologia de linguagem na economia da culpabilidade/Intention as Technology of Language in the Economy of Culpability. **Revista Justiça e Sistema Criminal**, v. 1, n. 1, p. 123-156, 2009.

CALMON de Passos, José Joaquim. **Direito, poder , justiça e processo**: julgando os que nos julgam. Rio de Janeiro: Forense, 1997.

CÂMARA, Luiz Antonio. A concepção pluralística e a consideração da continuidade delitiva como unidade ou pluralidade de infrações penais. **Revista Jurídica**, v. 25, n. 9, p. 13-31, 2011. Disponível em: <https://revista.unicuritiba.edu.br/index.php/RevJur/article/view/26>. Acesso em: 1º dez. 2023.

CAMPOS, Marcelo da Silveira; AZEVEDO, Rodrigo Ghiringhelli de. A ambiguidade das escolhas: política criminal no Brasil de 1989 a 2016. **Revista de Sociologia e Política**, v. 28, 2020.

CAMPOS, Ricardo. **Metamorfoses do direito global**: sobre a interação entre direito, tempo e tecnologia. São Paulo: Contracorrente, 2022.

CANÊDO, Carlos. **O Genocídio como Crime Internacional**. Belo Horizonte: Del Rey, 1999.

CANOTILHO, José Joaquim Gomes. **Direito constitucional e Teoria da Constutuição**. 5. ed. Coimbra: Almedina, 2002.

CANOTILHO, José Joaquim Gomes; MENDES, Gilmar Ferreira; SARLET, Ingo Wolfgan; STRECK, Lenio. **Comentários à Constituição do Brasil**. São Paulo: Saraiva, 2013. p. 1254.

CARINHATO, Pedro Henrique et al. Os crimes de perigo abstrato e a expansão do direito penal. Argumenta Journal Law, n. 20, p. 63-80, 2014.

CARTER, Linda E. The future of the international criminal court: complementarity as a strength or a weakness. **Wash. U. Global Stud. L. Rev.**, v. 12, p. 451, 2013.

CARVALHO, Ricardo Gusmão. A Teoria do Risco na sociedade pós-industrial e a sua aplicação na responsabilização penal da pessoa jurídica. **Direito UNIFACS – Debate Virtual**, v. 104, n. 104, 2009.

CARVALHO RAMOS, André. O Estatuto do Tribunal Penal Internacional e a Constituição Brasileira. In: CHOUKR, Fauzi Hassan; AMBOS, Kai (Org.). **Tribunal Penal Internacional**. São Paulo: RT, 2000. p. 263-264.

CASTRO, Lola Aniyar de. **Criminologia da libertação**. Rio de Janeiro: Revan, 2005.

CERNICCHIARO, Luiz Vicente; COSTA JR. Paulo José da. **Direito Penal na Constituição**. 3. ed. São Paulo: Revista dos Tribunais, 1995.

CHAUÍ, Marilena. **Introdução à Filosofia**. São Paulo: Brasiliense, 1982. v. 1.

CHAVES JUNIOR, Airto. O esvaziamento dos critérios teórico-dogmáticos da intervenção mínima em matéria penal no Brasil: duas reflexões acerca do abandono do conteúdo material do crime pelos tribunais superiores. **Católica Law Review**, v. 3, n. 3, p. 11-41, 2019.

CHOUKR, Fauzi Hassan. **Código de Processo Penal**: Comentários consolidados e Crítica Jurisprudencial. 4. ed. Rio de Janeiro: Lumen Juris, 2010.

CHOUKR, Fauzi Hassan. **Iniciação ao Processo Penal**. 3. ed. Curitiba: Intersaberes, 2022.

CHOUKR, Fauzi Hassan. A leitura do Supremo Tribunal Federal sobre o sistema recursal e o início da execução da pena: a pauperização do comparatismo à brasileira. **Revista Brasileira de Direito Processual Penal**, v. 4, n. 3, p. 1119-1142, 2018.

CHOUKR, Fauzi Hassan. **Processo Penal de Emergência**. Rio de Janeiro: Lumen Juris, 2002.

CHOUKR, Fauzi Hassan; AMBOS, Kai (Org.). **Tribunal Penal Internacional**. São Paulo: RT, 2000.

CIVITARESE, Jamil Kehdi Pereira; MARTINS, Armando Nogueira de Gama Lamela. Populismo penal, agenda e opinião pública: uma análise formal do comportamento legislativo em crimes de alta repercussão. In: CONGRESSO INTERNACIONAL DE TEORIA DAS INSTITUIÇÕES:

30 ANOS DA CONSTITUIÇÃO. **Anais...**, 5., Rio de Janeiro. UFRJ, 2017. Disponível em: <https//www.even3.com.br/anais/vciti/116559-POPULISMO-PENAL-AGENDA-E-OPINIAO-PUBLI-CA-UMA-ANALISE-FORMAL-DO-COMPORTAMENTO-LEGISLATIVO-EM-CRIMES-DE-ALTA-REPE>. Acesso em: 13 out. 2023.

CLARO, Adriano Ricardo. **Prescrição Penal**. Porto Alegre: Verbo Jurídico, 2008.

COLEN, Guilherme Coelho. A teoria finalista da ação e as bases do Código Penal. **Revista da Faculdade Mineira de Direito**, v. 21, n. 41, p. 152-165, 2018. Disponível em: <https://periodicos.pucminas.br/index.php/Direito/article/view/18860/13888>. Acesso em: 30 nov. 2023.

COMPARATO, Fábio Konder. Ensaio sobre o juízo de constitucionalidade de políticas públicas. **Revista dos Tribunais**, ano 86, n. 737, p. 39-48, mar. 1997. Disponível em: <https://edisciplinas.usp.br/pluginfile.php/4182394/mod_resource/content/1/COMPARATO_Ensaio_sobre_o_juizo_de_constitucionalidade_de_politicas_publicas.pdf>. Acesso em: 30 nov. 2023.

CORRÊA, Paloma Morais. Corte Interamericana de Direitos Humanos: opinião consultiva 4/84: a margem de apreciação chega à América. **Revista de Direito Internacional**, Brasília, v. 10. n. 2, p. 262-279, 2013.

COSTA, Aldo de Campos. **A interrupção da prescrição ante a publicação do acórdão condenatório**. Disponível em: <https://www.conjur.com.br/2014-dez-18/toda-prova-interrupcao-prescricao-publicacao-acordao-condenatorio#_ftn1>. Acesso em: 26 out. 2023.

COSTA JR., Paulo José da. **Curso de direito penal**: parte geral. 2. ed. São Paulo: Saraiva, 1992. v. 1.

COSTA, Pedro Jorge. **Dolo penal e sua prova**. São Paulo: Atlas, 2015.

CRESPO, Eduardo Demetrio. Crítica al Funcionalismo Normativista. **Revista de Derecho Penal y Criminología**, n. 3, p. 13, 2010. Disponível em: <https://periodicos.ufersa.edu.br/rejur/article/download/8776/10073/49244>. Acesso em: 1º dez. 2023.

CUCHE, Denys. **A noção de cultura nas ciências sociais**. São Paulo: Ed. da Universidade do Sagrado Coração, 1999.

CUNHA, Rogério Sanches. **Manual de Direito Penal Parte Geral (arts. 1 ao 120)**. 8. ed. rev., ampl. e atual. Salvador: JusPODIVM, 2020.

CUNHA, Rogério Sanches. **Manual de Direito Penal Brasileiro, parte geral, volume único**. 3. ed. rev., ampl .e atual. Bahia: JusPODIVM, 2015.

DA SILVA, José Afonso. Os princípios constitucionais fundamentais. **Revista do Tribunal Regional Federal 1ª Região**, v. 6, n. 4, p. 17-22, 1994.

D'AVILA, Fabio Roberto; DOS SANTOS, Daniel Leonhardt. Direito penal e criminalidade informática: breves aproximações dogmáticas/Criminal Law and Cybercrimes: Brief Dogmatic Approaches. **Duc In Altum-Cadernos de Direito**, v. 8, n. 15, 2016.

DE AGUIAR, Tiago Antunes. Requisitos da ação de legítima defesa: necessidade e moderação em face de agressão injusta mediante o uso de faca ou arma similar. **Delictae Revista de Estudos Interdisciplinares sobre o Delito**, v. 6, n. 10, 2021. Disponível em: <https://delictae.com.br/index.php/revista/article/view/151/114>. Acesso em: 1º dez. 2023.

DE ALBUQUERQUE LEAL, Tatiana Cavalcanti; ASFORA, Alessandra Macedo. Recontando a história da pena de morte no Brasil: na linha tênue entre a oficialidade e a extrajudicialidade. **Caderno de Direito e Política**, v. 1, n. 1, 2020.

DE ANDRADE, Vera Regina Pereira. **A ilusão de segurança jurídica**: do controle da violência à violência do controle penal. Porto Alegre: Livraria do Advogado, 2021.

DE BRITO, Alexis Couto; MORAES, Jenifer. Unidade de desígnios e crime continuado: considerações críticas à luz do ordenamento jurídico brasileiro. **Revista Eletrônica Direito e Política**, v. 16, n. 3, p. 751-771, 2021. Disponível em: <https://periodicos.univali.br/index.php/rdp/article/view/18272/10482>. Acesso em: 1º dez. 2023.

DE BRITTO TAQUARY, Eneida Orbage; BERINO, Catharina Orbage de Britto Taquary. Convenção interamericana contra o racismo e a equiparação realizada pelo Supremo Tribunal Federal em relação à imprescritibilidade do crime de injúria racial. **Revista de Direitos Humanos em Perspectiva**, v. 8, n. 1, 2022. Disponível em: <https://indexlaw.org/index.php/direitoshumanos/article/view/8776/pdf>. Acesso em: 1º dez. 2023.

DE LACERDA, Marina Santana; FÉLIX, Nayara Pereira; LOBO, Marina Rúbia Mendonça. O Princípio da Pessoalidade e suas Garantias Constitucionais e Penais. **Revista Fragmentos de Cultura-Revista Interdisciplinar de Ciências Humanas**, v. 23, n. 2, p. 207-217, 2013.

DE LIMA, Karina Vieira; BACH, Marion. A (in)exigência de elemento subjetivo no crime continuado. **Caderno PAIC**, v. 17, n. 1, p. 521-532, 2016. p. 530. Disponível em: <https://cadernopaic.fae.emnuvens.com.br/cadernopaic/article/view/228/189>. Acesso em: 1º dez. 2023.

DE OLIVEIRA TOLEDO, Kelvia; DE ASSIS, Claudio Abel Franco. O simbolismo penal e a deslegitimação do poder punitivo na sociedade de risco: consequências e imprecisões. **Revista de Criminologias e Políticas Criminais**, v. 1, n. 1, p. 238-266, 2015.

DE OLIVEIRA ZONTA, Fernando; KISS, Vanessa Morais. Elementos subjetivos nos sistemas causalista, finalista e funcionalista. **Revista Saber Digital**, v. 14, n. 1, p. 8-26, 2021.

DE OLIVEIRA, Antonio Carlos Moni. Desconstruindo o dogma do enunciado de Súmula 231 do Superior Tribunal de Justiça. **Revista brasileira de ciências criminais**, n. 131, p. 335-363, 2017.

DE OLIVEIRA, Rodrigo Szuecs; DOS SANTOS, Tamara Pinto; MAYRINK, Renata Pereira. A construção jurisprudencial da natureza binária do crime de estelionato previdenciário. **Meritum: Revista de Direito da Universidade FUMEC**, 2015.

DE OLIVEIRA, Sara Mariana Fonseca Nunes. O desrespeito ao princípio da intranscendêcia da pena: seu impacto sobre o núcleo familiar. **Revista Transgressões**, v. 2, n. 1, p. 155-167, 2014.

DE PAULA MACHADO, Fábio Guedes. A (re) normativização do Direito penal frente aos direitos difusos. **Revista Curso de Direito Universidade Federal de Uberlândia**, v. 34, p. 139-166, 2006.

DE POLI, Camilin Marcie. Funcionalismo Penal em Claus Roxin. **Revista de Direito da FAE**, v. 1, n. 1, p. 27-42, 2019.

DE SANTANA, Magna Oliveira Pires. Prescrição virtual à luz do princípio da dignidade da pessoa humana. **Scientiam Juris**, v. 1, n. 1, p. 46-56, 2013.

DE SOUZA PÊCEGO, Antonio José Franco. Súmula 231 do Superior Tribunal de Justiça (Stj) Revisitada à Luz de um Direito Penal Garantista. **Revista Justiça e Sistema Criminal**, v. 7, n. 13, p. 261-276, 2015. Disponível em: <https://revistajusticaesistemacriminal.fae.edu/direito/article/download/60/57>. Acesso em: 1º dez. 2023.

DELMANTO, Celso et al. **Código Penal comentado**. 8. ed. São Paulo: Saraiva, 2010.

DELMAS-MARTY, Mireille. La responsabilité pénale en échec (prescription, amnistie, immunités). In: CASSESE, Antonio; DELMAS-MARTY, Mireille (Éds.). **Juridictions nationales et crimes internationaux**. Paris: PUF, 2002.

DELMAS MARTY, Mireille. **Modelos e movimentos de Política Criminal**. Rio de Janeiro: Revan, 1992.

DELMAS-MARTY, Mireille; IZORCHE, Marie-Laure. Marge nationale d'appréciation et internationalization du droit: Réflexions sur lavali di té formelle d'um droit commun pluraliste. **Revue internationale de droit compare**, v. 52. n. 4. p. 753-780, out./dez., 2000.

DE LORENZI, Felipe da Costa; CEOLIN, Guilherme Francisco; BUONICORE, Bruno Tadeu. As relações de complementaridade entre direito penal, direito processual penal e política criminal. **Revista Brasileira de Políticas Públicas**, v. 13, n. 1, 2023.

DIMOULIS, Dimitri. Efeito transcendente, mutação constitucional e reconfiguração do controle de constitucionalidade no Brasil. 2008. Tese de Doutorado. Pontifícia Universidade Católica de São Paulo.

DISSENHA, Rui Carlo. Anistias Como Prática do Direito Internacional Criminal e a Complementaridade do Tribunal Penal Internacional. **Revista Brasileira de Direito Internacional-RBDI**, v. 1, n. 1, jan./jun. 2005.

DO NASCIMENTO SILVA, Luciano; LEITE, Tiago Medeiros. O crime permanente a partir das concepções do ordenamento jurídico brasileiro e da Corte Interamericana dos Direitos Humanos. **Dat@ venia**, v. 6, n. 8, p. 100-113, 2014.

DOTTI, René Ariel. Algumas notas sobre o crime continuado. **Direito em Ação – Revista do Curso de Direito da UCB**, v. 13, n. 2, 2014. Disponível em: <https://portalrevistas.ucb.br/index.php/rda/article/view/6450>. Acesso em: 1º dez. 2023.

DOTTI, René Ariel. O concurso de pessoas. **Revista da Faculdade de Direito da UFG**, v. 5, n. 1-2, p. 73-93, 1981.

DOVERA, Ruth Lusia Duarte. Princípios constitucionais. **Revista Eletrônica Direito e Política, Programa de Pós-Graduação Stricto Sensu em Ciência Jurídica da UNIVALI**, Itajaí, v. 7, n. 2, 2º quadrimestre de 2012. Disponível em: <www.univali.br/direitoepolitica>. Acesso em: 26 out. 2023.

ECO. Umberto. **Interpretação e Superinterpretação**. São Paulo: M. Fontes, 1997.

ECO, Umberto. **Os Limites da Interpretação**. São Paulo: Perspectiva, 1995.

EDWARDS, J.; Ll J. The Criminal Degrees of Knowledge. **The Modern Law Review**, v. 17, n. 4, p. 294-314, 1954.

EL HIRECHE, Gamil Föppel. Teoria geral do concurso de crimes. **Revista do CEPEJ**, n. 8, 2007.

EL ZEIDY, Mohamed. The Principle of Complementarity in International Criminal Law: Origin, Development and Practice. In: _____. **The Principle of Complementarity in International Criminal Law**. Leiden, NE: Brill Nijhoff, 2008.

ESTEFAM, André. **Direito penal**: parte geral (arts. 1º a 120). 7. ed. São Paulo: Saraiva Educação, 2018.

FAJARDO, Victor Bruce Figueirêdo. **A configuração do crime continuado e sua limitação temporal**. Monografia (Curso de Direito – Direito Penal e Direito Processual Penal) – UFPE, Recife, 2017.

FALAVIGNO, Chiavelli Facenda. A deslegalização no direito penal brasileiro: discussões dogmáticas. **Revista Inclusiones**, n. 8, p. 70-82, 2021. Edição especial.

FARIA COSTA, O Direito Penal e o tempo (Algumas reflexões dentro do nosso tempo e em redor da prescrição). **Dereito**, v. 11, n. 11, p. 109-132, 2022. Disponível em: <https://minerva.usc.es/xmlui/bitstream/handle/10347/7752/pg_110-133_dereito11-1.pdf?sequence=1>. Acesso em: 26 out. 2023.

FARIAS FILHO, Marcio José. A antinomia jurídica real entre o direito à maternidade digna no cárcere e o princípio da intranscendência da pena em face da situação concreta do Estabelecimento Penal Irmã Irma Zorzi. **Revista Estudo & Debate**, v. 29, n. 2, 2022.

FAYET JÚNIOR, Ney. Do avanço interpretativo na compreensão do instituto do delito continuado: da necessidade de demarcação fático-temporal precisa dos crimes componentes da cadeia continuada. **Revista Jurídica da Presidência**, v. 12, n. 98, p. 493-514, 2011.

FAYET JÚNIOR, Ney. **Do Crime Continuado**. 4. Ed. Porto Alegre: Livraria do Advogado, 2013.

FERRAJOLI, Luigi. **Direito e razão**: teoria do garantismo penal. 2. ed. São Paulo: RT, 2006.

FERRAZ JÚNIOR, Tércio Sampaio. **Introdução ao Estudo do Direito**. 4. ed. São Paulo: Atlas, 2003.

FERRAZ JÚNIOR, Tércio Sampaio. **Teoria da Norma Jurídica**. Rio de Janeiro: Forense, 1978.

FERREIRA. Ana Lúcia Tavares. **Indulto e sistema penal**: limites, finalidades e propostas. Rio de Janeiro: Ed. da UERJ, 2011.

FERREIRA, Marília Pinheiro; DA SILVA, Vitória Soares Brito; LAVOR, Isabelle Lucena. A utilização do direito penal simbólico pela classe política e suas consequências para a sociedade brasileira. CONEXÃO UNIFAMETRO. **Anais...**, 2019.

FIGUEIRA JUNIOR, Oseas Batista. Crime e Castigo: pena de morte e a manutenção da ordem no Império Brasileiro (1830-1876). **História e Diversidade**, v. 9, n. 1, p. 188-202, 2017.

FISHER, George. **Plea bargaining's triumph**: a history of plea bargaining in America. Redwood City, CA: Stanford University Press, 2003.

FLACH, Michael Schneider. O princípio da proporcionalidade como limite penal. **Revista do Ministério Público do Rio Grande do Sul**, Porto Alegre, n. 68, p. 157-158, 2011.

FLORÊNCIO FILHO, Marco Aurélio. A teoria do erro de proibição em Cláudio Brandão. **Delictae Revista de Estudos Interdisciplinares sobre o Delito**, v. 5, n. 8, p. 68-113, 2020. Disponível em: <https://www.delictae.com.br/index.php/revista/article/view/121/83>. Acesso em: 1º dez. 2023.

FONSECA NETO, Alcides da. **O Crime Continuado**. Rio de Janeiro: Lumen Juris, 2004.

FORTES, Vinícius Borges; BOFF, Salete Oro. Uma análise dos crimes informáticos a partir de uma perspectiva global do direito penal/An Analysis of Cybercrimes from a Global Perspective on Penal Law. **Revista Brasileira de Direito**, v. 13, n. 1, p. 7-24, 2017.

FRAGOSO, Heleno Cláudio. A reforma da legislação penal. **Revista Brasileira de Criminologia e Direito Penal**, ano L, v. 3, n. 37, out./dez. 1963

FRAGOSO, Heleno Claudio. Ciência e experiência do direito penal. **Revista de direito penal**, v. 26, p. 7-17, p. 3, 1979.

FRAGOSO, Heleno Cláudio. **Lições de Direito Penal**: Parte Geral. 17. ed. rev. por Fernando Fragoso. Rio de Janeiro: Forense, 2006. p. 120.

FRANCK JUNIOR, Wilson. **A problemática do dolo (eventual) no direito penal contemporâneo**. 127 f. Dissertação (Mestrado em Ciências Criminais) – Programa de Pós-Graduação em Ciências Criminais, Faculdade de Direito, PUCRS. Porto Alegre, 2014.

GARLAND, David. **A cultura do controle**: crime e ordem social na sociedade contemporânea. Rio de Janeiro: Revan, 2005.

GARLAND, David. Concepts of culture in the sociology of punishment. **Theoretical criminology**, v. 10, n. 4, p. 419-447, 2006.

GAZOTO, Luís Wanderley. **Justificativas do congresso nacional brasileiro ao rigor penal legislativo**: o estabelecimento do populismo penal no Brasil contemporâneo. 377 f. Tese (Doutorado em Sociologia). Brasília, DF: UnB, 2010.

GEBIN, Marcus. **Corrupção, pânico moral e populismo penal**: estudo qualitativo dos projetos de lei propostos no Senado Federal e na Câmara dos Deputados. 124 f. Dissertação (Mestrado em Direito) – Escola de Direito de São Paulo, Fundação Getulio Vargas, São Paulo, 2014. Disponível em: <http://bibliotecadigital.fgv.br/dspace/ handle/10438/11823>. Acesso em: 11 out. 2023.

GIACOMOLLI, Felipe Mrack. A responsabilidade penal das pessoas jurídicas: análise crítica comparativa dos sistemas brasileiro e espanhol de imputação. **Revista General de Derecho Público Comparado**, n. 22, p. 19, 2017.

GIACOMOLLI, Nereu José et al. O princípio da legalidade como limite do ius puniendi e proteção dos direitos fundamentais. **Revista de Estudos Criminais**, v. 6, n. 23, p. 153-177, 2006.

GIACOMOLLI, Nereu José; SILVA, Pablo Rodrigo Alflen da. Panorama do princípio da legalidade no direito penal Alemão vigente. **Revista Direito GV**, v. 6, p. 565-582, 2010.

GIOIA, Federica. State Sovereignty, Jurisdiction, and 'Modern' International Law: The Principle of Complementarity in the International Criminal Court. **Leiden Journal of International Law**, v. 19, n. 4, p. 1095-1123, 2006.

GIULIANI, Emília Merlini. A função crítica do bem jurídico supraindividual frente à intervenção Penal. **Revista Justiça e Sistema Criminal**, v. 6, n. 11, p. 101-120, 2014.

GOMES, Luiz Flávio. Estelionato previdenciário: crime instantâneo ou permanente? Crime único, continuado ou concurso formal? **Jus Navegandi**, Teresina, ano 10, n. 1188, 2 out. 2006.

GOMES, Luis Flávio. Penas Alternativas. **Boletim do Instituto Brasileiro de Ciências Criminais**, n. 56, edição especial.

GRECO, Luís. **Cumplicidade através de ações neutras**: a imputação objetiva na participação. Rio de Janeiro: Renovar, 2004.

GRECO, Luis. Dolo sem vontade. In: SILVA DIAS, Augusto et al. **Liber Amicorum de José de Sousa e Brito em comemoração do 70º aniversário**. Coimbra: Almedina, 2009.

GRECO, Luís. Introdução à dogmática funcionalista do delito: em comemoração aos trinta anos de Política criminal e sistema jurídico-penal de Roxin. **Revista Brasileira de Ciências Criminais**, v. 32, p. 120-163, 2000.

GRECO, Luís. Por que inexistem deveres absolutos de punir. **Católica Law Review**, v. 1, n. 3, p. 115-126, 2017. Dispobnível em: <https://revistas.ucp.pt/index.php/catolicalawreview/ article/view/1991/1913>. Acesso em: 1º dez. 2023.

GRECO, Luís; LEITE, A. A recepção" das teorias do domínio do fato e do domínio da organização no direito penal econômico brasileiro. **Zeitschrift für Internationale Strafrechtsdogmatik**, v. 7, p. 8, p. 389, 2015.

GRECO, Luís; LEITE, Alaor. O que é e o que não é a teoria do domínio do fato sobre a distinção entre autor e partícipe no direito penal. In: GRECO, Luís et al. **Autoria como domínio do fato**. São Paulo: Marcial Pons, 2014.

GÜNTHER, Klaus. Crítica da pena II. **Revista Direito GV**, v. 3, n. 1, p. 137-150, 2007.

GÜNTHER, Klaus. O desafio naturalístico de um direito penal fundado na culpabilidade. Revista Direito GV, v. 13, p. 1052-1077, 2017.

HABER, Carolina Dzimidas. **A Relação entre o Direito e a Política no Processo Legislativo Penal**. 160 f. Tese (Doutorado em Filosofia e Teoria Geral do Direito) – Departamento de Filosofia do Direito da Universidade de São Paulo, São Paulo, 2011.

HALLEVY, Gabriel. **Liability for Crimes Involving Artificial Intelligence Systems**. New York, NY, USA: Springer International Publishing, 2015.

HALLEVY, Gabriel. The Criminal Liability of Artificial Intelligence Entities: from Science Fiction to Legal Social Control. **Akron Intellectual Property Journal**, v. 4, p. 171, 2010.

HALLEVY, Gabriel. **When robots kill**: Artificial Intelligence under Criminal Law. Boston, MA: UPNE, 2013.

HASSEMER, Winfried. Crítica al derecho penal de hoy. **Coleccion de estúdios**, n. 10. Bogotá: Universidad Externado de Colombia, 1998.

HAYWARD, Keith J.; MAAS, Matthijs M. Artificial Intelligence and Crime: a Primer for Criminologists. **Crime, Media, Culture**, v. 17, n. 2, p. 209-233, 2021.

HONIG, Richard. Kausalität und objektive Zurechnung. In: HEGLER, August von. (Hrsg.). **Festgabe für Reinhard von Frank**. Aalen: Scientia Verlag, 1930. Bd. I. p. 174–201.

HULSMANN, Louk; BERNART DE CELIS, Jacqueline. **Penas perdidas**: o sistema penal em questão. 2. ed. Tradução de Maria Lucia Karam. Rio de Janeiro: LUAM, 1997.

ILANUD – Instituto Latino-Americano das Nações Unidas para Prevenção do Delito e Tratamento do Delinquente. **Levantamento Nacional sobre Execução de Penas Alternativa**: Relatório final de pesquisa – Relatório da Coordenação Geral de Penas e Medidas Alternativas do Ministério da Justiça. Rio de Janeiro, RJ: Instituto Latino Americano das Nações Unidas para o Desenvolvimento – Ilanud/Brasil, 2016. Disponível em: <https://www.mpsp.mp.br/portal/page/portal/documentacao_e_divulgacao/doc_biblioteca/bibli_servicos_produtos/BibliotecaDigital/BibDigitalLivros/TodosOsLivros/Levantamento-nacional-sobre-execucao--de-penas-alternativas.pdf>. Acesso em: 1º dez. 2023.

JAKOBS, Günther. **Imputação Objetiva no Direito Penal**. Tradução André Luis Callegari. São Paulo: Revista dos Tribunais, 2000.

JANUÁRIO, Túlio Felippe Xavier. Dos limites entre o dolo eventual e a culpa consciente: uma análise dos crimes de trânsito a partir da teoria da ação significativa. **Revista de Estudos Jurídicos da UNESP**, v. 19, n. 30, 2015. Disponível em: <https://dialnet.unirioja.es/descarga/articulo/5847423.pdf>. Acesso em: 1º dez. 2023.

JANUÁRIO, Túlio Felippe Xavier. Inteligência artificial e responsabilidade penal no setor da medicina. **Lex Medicinae: Revista Portuguesa de Direito da Saúde**, v. 17, n. 34, 2020.

JESUS, Damásio Evangelista de. Instituição dos Juizados Especiais Criminais no Brasil e sua influência na aplicação das penas alternativas. **Boletim do Instituto Brasileiro de Ciências Criminais**. São Paulo, n. 45, p. 2-3, ago. 1996.

JIMÉNEZ, Tomás Hernando Hernández. Dogmática penal y neurociencias. **Estudios de Derecho**, v. 76, n. 168, p. 95-121, 2019.

FIGUEIREDO DIAS, Jorge de. **Direito Penal**: Parte Geral – Tomo I, Questões Fundamentais, a Doutrina Geral do Crime. 3. ed. Coimbra: GESTLEGAL, 2019. p. 800

JUNQUEIRA, Gustavo Octaviano Diniz. **Direito penal**. São Paulo: Revista dos Tribunais, 2010.

JUNQUEIRA, Gustavo Octaviano Diniz; VANZOLIN, Patrícia. **Direito penal**: Parte Geral. 9. ed. São Paulo: Saraiva, 2023. eBook Kindle. p. 1329.

JUNQUEIRA, Gustavo Octaviano Diniz Junqueira. **Manual de direito penal**: parte geral. 5. ed. São Paulo: Saraiva, 2019. p. 1220.

KAUL, Hans-Peter. Germany: Methods and Techniques Used to Deal with Constitutional, Sovereignty and Criminal Law Issues. In: LEE, Thomas C. C. **States' Responses to Issues Arising from the ICC Statute**. Leiden, NE: Brill Nijhoff, 2005. p. 65-81.

KLEFFNER, Jann K. The Impact of Complementarity on National Implementation of Substantive International Criminal Law. **Journal of international criminal justice**, v. 1, n. 1, p. 86-113, 2003.

KUCARZ, Darciano; TAPOROSKY FILHO, Paulo Silas. O instituto da prescrição, o princípio da eficiência e a razoável duração do processo na jurisdição penal. **Academia de Direito**, v. 5, p. 218-234, 2023.

LARENZ, Karl. **Hegels Zurechnungslehre und der Begriff der objektiven Zurechnung**: ein Beitrag zur Rechtsphilosophie des kritischen Idealismus und zur Lehre von der "juristischen Kausalität". Leipzig: A. Deichertsche Verlagsbuchhandlung Dr. Werner Scholl, 1927.

LEU, Nicolas. **Kritik der objektiven Zurechnung**. Sui Generis Verlag, 2022.

LIMA, José Wilson Ferreira. Análise de critérios para a elaboração da política criminal pelo Parlamento Brasileiro. **Revista de Criminologias e Politicas Criminais**, v. 4, n. 2, p. 1-20, 2018.

LIMA, Renato Brasileiro de. **Manual de Processo Penal**: volume único. 6. ed. Salvador: Jus-Podivm, 2018. p. 366.

LINS FILHO, Alexandre Zamboni; CARNEIRO, Andréa Walmsley Soares. A função da punibilidade na teoria geral do direito penal: uma análise da prescrição virtual como causa de sua extinção/The Function of Punibility in The General Theory of Criminal Law: Analysis of Virtual Prescription as a Cause of its Extinction. **Ciências Criminais em Perspectiva**, v. 1, n. 1, 2020.

LOBATO, José Danilo Tavares. **Teoria Geral da Participação Criminal e Ações Neutras**. Curitiba: Juruá, 2010

LOUREIRO, Maria Fernanda; CHOUKR, Fauzi Hassan. Ensino Jurídico, Críticas e Novas Propostas: Paisagem no Horizonte? In: RODRIGUES, Horácio Wanderlei; MEZZAROBA, Orides; MOTTA, Ivan Dias da. (Org.). **XXII Encontro Nacional do CONPEDI/UNICURITIBA**. Tema: 25 anos da Constituição Cidadã – os Atores Sociais e a Concretização Sustentável dos Objetivos da República. Florianópolis: Funjab, 2013, v. p. 266-290.

LOZANO JÚNIOR, José Júlio. **Prescrição Penal**. São Paulo: Saraiva, 2002. p. 24.

LUCCHESI, G. B. A **Punição da Culpa a Título de Dolo**: o Problema da Chamada "Cegueira Deliberada". Tese (Doutorado em Direito) – Universidade Federal do Paraná, Curitiba, 2017.

LUTZ, Ellen; SIKKINK, Kathryn. The Justice Cascade: the Evolution and Impact of Foreign Human Rights Trials in Latin America. **Chicago Journal of International Law**, v. 2, n. 1, p. 1-34, 2001.

MAÑALICH, Juan Pablo. La prohibición de la infraprotección como principio de fundamentación de las normas punitivas: ¿Protección de los derechos fundamentales mediante el derecho penal? **Derecho y Humanidades**, n. 11, 2005.

MARCHESAN, Ana Maria Moreira. A responsabilidade penal da pessoa jurídica: prescrição, processo e redesenhos empresariais. **Revista do Ministério Público do Rio Grande do Sul**, v. 1, n. 92, p. 43-72, 2022.

MARTINS, Danilo Gustavo Vieira. A Aplicação do Direito Penal na Zona Econômica Exclusiva Brasileira: Aspectos Políticos, Geográficos e Econômicos. **Revista de Ciências Jurídicas e Empresariais**, v. 17, n. 1, p. 69-78, 2016.

MASSON, Cleber. **Código Penal Comentado**. 2. ed. Rio de Janeiro: Forense; São Paulo: Método, 2014. p. 327-328.

MAUÉS, Antonio Moreira. Súmula vinculante e proteção dos direitos fundamentais. **Revista Brasileira de Direitos Fundamentais & Justiça**, v. 3, n. 8, p. 81-96, 2009.

MENDELSOHN, Benjamin. The Origin of the Doctrine of Victimology. **Exerpta Criminologica**, v. 3, p. 239-245, 1963.

MENDES, Gilmar. O Controle de Constitucionalidade no Brasil. **Repositório STF**. 2008.

MILHOMEM, Flávio. O princípio da proporcionalidade como critério para a cominação de penas em abstracto. **Direito e Justiça**, v. 14, n. 2, p. 29-45, 2000.

MINAHIM, Maria Auxiliadora. **O direito penal na regulação da vida e da morte ante a biotecnologia**. 263 f. Tese (Doutorado em Direito) – Universidade Federal do Paraná, Curitiba, 2005.

MIR PUIG, Santiago. **Direito Penal**: fundamentos e teoria do delito. São Paulo: Revista dos Tribunais, 2007. p. 126.

MORAIS, Pedro Jacob. **Em torno do Direito Penal do Inimigo**: uma análise crítica a partir de Günther Jakobs. Coimbra: GESTLEGAL, 2020.

MORGADO, Helena Zani. Considerações sobre a inconstitucionalidade das leis temporárias no direito penal brasileiro. **Revista da Faculdade de Direito da UFMG**, n. 68, p. 339-374, 2016.

MORON, Eduardo Daniel Lazarte; MATTOSINHO, Francisco Antonio Nieri. A Lei N.º 13.104/2015 (Feminicídio): Simbolismo Penal ou uma Questão de Direitos Humanos? **Revista de Direitos Humanos em Perspectiva**, v. 1, n. 1, p. 228-251, 2015.

MORSELLI, Élio. A função da pena à luz da moderna criminologia. **Revista brasileira de ciências criminais**, v. 19, p. 39-46, 1997.

MOURÃO, Roberto Ítallo et al. A aplicação da redução do prazo prescricional aos delitos imputados às pessoas jurídicas. **Revista Eletrônica de Direito Penal e Política Criminal**, v. 6, n. 1, p. 95-115, 2018. Disponível em: <https://seer.ufrgs.br/index.php/redppc/article/view/80344/49797>. Acesso em: 1º dez. 2023.

NEUMANN, Ulfrid; MARTÍN, Adán Nieto. **Crítica y justificación del derecho penal en el cambio de siglo**: el análisis crítico de la Escuela de Frankfurt. Ciudad Real, ES: Univ. de Castilla La Mancha, 2003. p. 202.

NEWTON, Michael A. Comparative Complementarity: Domestic Juridiction Consistent with the Rome Statute of the International Criminal Court. **Military Law Review**, v. 167, p. 20, 2001.

NOUEN, Sarah M. H. Fine-Tuning Complementarity. In: BROWN, S. Bartram. **Research Handbook on International Criminal Law**. Cheltenham, UK: Edward Elgar Publishing, 2011.

NUNES, Anelise Coelho; CONCEIÇÃO, Mateus Marques. A prescrição penal após o advento da Lei n. 12.234/10, e sua relação com os deveres de proteção estatal. **Conpedi Law Review**, v. 1, n. 10, p. 28-51, 2016.

NUNES NETO, Artur Maximiano; RUTTE, Israel. Relato histórico da prescrição penal no direito brasileiro. **JICEX**, v. 9, n. 9, 2017.

OLDONI, Fabiano. Responsabilidade penal da pessoa jurídica: uma abordagem a partir da Teoria do Delito e da Teoria do Garantismo. **Revista Eletrônica Direito e Política**, v. 2, n. 3, p. 374-387, 2007.

OLIVEIRA, Bruno Queiroz; SANTIAGO, Nestor Eduardo. A Crise da Legalidade Penal e a função do Superior Tribunal de Justiça na interpretação dos tipos penais. **Revista Eletrônica Direito e Sociedade – REDES**, v. 6, n. 2, p. 41-55, 2018.

OLIVEIRA, Patricia Vieira. Uma análise à decisão do STF que equiparou as condutas homofóbicas e transfóbicas ao crime de racismo e sua possível violação aos princípios da separação dos poderes e legalidade. In: CONGRESSO BRASILEIRO DE PROCESSO COLETIVO E CIDADANIA. **Anais...**, 2021. p. 158-191.

PACELLI, Eugênio. **Manual de Direito Penal**. 5. ed. São Paulo: Atlas, 2019.

PAIVA, Matheus Maciel; DA SILVA FILHO, Edson Vieira. O minimalismo penal de Raúl Zaffaroni e um diálogo com a hermenêutica filosófica como caminhos para a reconstrução do sistema penal brasileiro. **Revista Quaestio Iuris**, v. 14, n. 3, p. 1205-1239, 2021.

PATRÍCIO, Miguel. Nota sobre as implicações da Neurociência no Direito Penal. **PNAS**, v. 110, n. 15, p. 6223-6228, 2013.

PERELMAN, Chaim. **Ética e Direito**. São P,aulo: M. Fontes, 1996.

PEREZ, Stephanie Carolyn. Lavagem de dinheiro: crime instantâneo ou permanente? **Revista do Instituto Brasileiro de Direito Penal Econômico**. v. 2, p. 202, 2018.

PIOSEVAN, Flávia. **Direitos Humanos e o Direito Constitucional Internacional**. São Paulo: Max Limonad, 1996.

PIOVESAN, Flávia. Princípio da Complementaridade e Soberania. **Revista CEJ**, Brasília, n. 11, p. 71-74, 2000.

PIRES, Ariosvaldo de Campos. Aspectos do código penal brasileiro de 1969. **Revista da Faculdade Direito Universidade Federal Minas Gerais**, v. 8, p. 139, 1968.

PRADEL, Jean. **Droit Pénal Comparé**. Paris: Dalloz, 1992.

PRADO, Luiz Régis. Argumento analógico em matéria penal. **Revista dos Tribunais**, v. 734, p. 541, 1996.

PRADO, Luiz Régis. **Comentários ao Código Penal: jurisprudência**: conexões lógicas com vários ramos do direito. 7. ed. São Paulo: Revista dos Tribunais, 2012.

PRADO, Luiz Regis. Teoria dos fins da pena: breves reflexões. **Ciências Penais Revista da Associação Brasileira dos Professores de Ciências Penais**. São Paulo, RT, v. 1, p. 143-158, 2004.

PRADO, Luiz Régis. **Tratado de direito penal brasileiro**: parte geral – consequências jurídicas do delito. São Paulo: Revista dos Tribunais, 2014. v. 3.

QUEIROZ, Paulo. **Direito Penal**: introdução crítica. São Paulo: Saraiva, 2001.

RAMOS, André de Carvalho. **Curso de direitos humanos**. São Paulo: Saraiva Educação, 2020.

RAMOS, Margarita Danielle. Reflexões sobre o processo histórico-discursivo do uso da legítima defesa da honra no Brasil e a construção das mulheres. **Revista Estudos Feministas**, v. 20, p. 53-73, 2012.

RASSI, João Daniel. **Imputação das ações neutras e o dever de solidariedade no direito brasileiro**. LiberArs: São Paulo, 2012.

RATNER, Steven R.; ABRAMS, Jason S. **Accountability for Human Rights Atrocities in International Law**: Beyond the Nuremberg Legacy. New York: Oxford University Press, 1997.

REALE JÚNIOR, Miguel. **Instituições de direito penal**: parte geral. Rio de Janeiro: Forense, 2002.

REALE JUNIOR, Miguel. Mens Legis insana, corpo estranho. In: DOTTI, René Ariel et al. **Penas Restritivas de Direitos**: críticas e comentários às penas alternativas Lei 9714, de 25.11.1998. São Paulo: RT, 1999.

REALE JÚNIOR, M. Pena sem processo. In: PITOMBO, Antonio Sérgio A. de Moraes (Org.). **Juizados Especiais Criminais**: interpretação e crítica. São Paulo: Malheiros, 1997. p. 26-28.

REALE JÚNIOR, Miguel et al. **Penas e medidas de segurança no novo Código**. Rio de Janeiro: Forense, 1985, p. 153/154.

REIS, Marco Antonio Santos. Uma contribuição à dogmática dos delitos de perigo abstrato. **RFD – Revista da Faculdade de Direito da UERJ**, n. 18, 2010.

RIBEIRO, Adriane Santos. Culpabilidade e neurociência: uma análise da crise do paradigma científico moderno. **Revista do CEPEJ**, n. 16, 2015. Disponível em: <https://periodicos.ufba.br/index.php/CEPEJ/article/view/22329/14398>. Acesso em: 1º dez. 2023.

RIPOLLÉS, José Luis Díez. O Papel Epistêmico da Política Criminal nas Ciências Penais: a Contribuição de V. Liszt. **Direito Público**, v. 19, n. 104, 2022.

RISTORI, Roberta. **Il Reato Continuato**. Pádua: CEDAM, 1988.

ROCHA, Fernando Luiz Ximenez. A incorporação dos tratados e convenções internacionais de direitos humanos no direito brasileiro. **Revista de Informação Legislativa**, v. 33, n. 130, p. 77-81, abr./jun. 1996.

ROCHA, Vanessa Carneiro da. **Os modelos abolicionistas de Louk Hulsman e Nils Christie e o minimalismo de Alessandro Barata e Luigi Ferrajoli**. 69 f. Dissertação (Mestrado em Ciências Político-Criminais) – Universidade de Coimbra, 2019.

RODRIGUES, Fillipe Azevedo. **Análise econômica da expansão do direito penal**. Belo Horizonte: Del Rey, 2014.

RONCOLATTO, Eduardo Lameirão. **Os limites da jurisdição brasileira**: a extraterritorialidade e seus princípios informativos. 180 f. Dissertação (Mestrado em Direito Internacional) – Faculdade de Direito da Universidade de São Paulo, 1997.

ROXIN, Claus. A teoria da imputação objetiva. **Revista Brasileira de Ciências Criminais**, v. 38, p. 11-31, 2002.

ROXIN, Claus. **Autoría y Dominio del Hecho en Derecho Penal**. Traducción de Joaquín Cuello Contreras y José Luis Serrano González de Murillo. Madrid: Marcial Pons, 2000.

ROXIN, Claus. **Política Criminal e Sistema Jurídico Penal**. Tradução de Luís Greco. Rio de Janeiro: Renovar, 2002.

ROXIN, Claus. **Sobre a Mais Recente Discussão Acerca do Domínio da Organização (Organisationsherrschaft)**: Desenvolvimentos Atuais das Ciências Criminais na Alemanha. Brasília, Brasília, DF: Gazeta Jurídica, 2013.

ROXIN, Claus. **Tem futuro o direito penal?** In: _____. Estudos de direito penal. Tradução Luís Greco. Rio de Janeiro: Renovar, 2006.

RUDNICKI, D.; COSTANZA, G. S. O crime continuado e o elemento subjetivo no Tribunal de Justiça do Rio Grande do Sul. In: SIMÕES, Bárbara Bruna de Oliveira; BITENCOURT, Daniella; PREVIDELLI, José Eduardo Aidikaitis. (Org.). **Temas atuais de Direitos Humanos**. Porto Alegre: Fi, 2020. p. 59-67. p. 66.

RUTTE, Israel; KOZICKI, Katya; RIOS, Rodrigo Sánchez. **Sociedade de risco, recrudescimento da criminalidade e o crime de perigo abstrato**. 149 f. Dissertação (Mestrado em Direito) – Pontifícia Universidade Católica do Paraná, Curitiba, 2013. Disponível em: <http://www.biblioteca.pucpr.br/tede/tde_busca/arquivo.php?codArquivo=2855>. Acesso em: 20 nov. 2019.

SAAVEDRA, Giovani; PETER FILHO, Jovacy; CURY, Rogério Luis Adolfo. A definição do alcance da posição de garante do compliance officer como reforço a agenda anticorrupção no Brasil. **Delictae Revista de Estudos Interdisciplinares sobre o Delito**, v. 6, n. 11, 2021.

SAGUINÉ, Odone. Irretroatividade e retroatividade das alterações da jurisprudência penal. **Revista Brasileira de Ciências Criminais**, São Paulo, n. 31, Revista dos Tribunais, 2000.

SALLA, Fernando Afonso; TEIXEIRA, Alessandra; MARINHO, Maria Gabriela S. M. C. Contribuições para uma genealogia da pena de morte: desnudando a "índole pacífica" do povo brasileiro. **Revista Brasileira de História & Ciências Sociais**, v. 11, n. 21, p. 41-71, 2019.

SALOMÃO, Sérgio et al. **Pena e Constituição**. São Paulo: Saraiva, 1996.

SAMPAIO, Fábio Anderson Ribeiro; DE MOURA FÉ, Valmir Messias; PARANHOS FILHO, Antonio Conceição. O princípio da complementariedade como forma de responsabilidade subsidiária do Tribunal Penal Internacional. Cadernos de Direito, v. 21, n. 40, p. 131-143, 2022.

SANTOS, Hugo Leonardo Rodrigues. A influência do saber criminológico na conversão do estado liberal em estado social. **Sistema Penal & Violência**, v. 3, n. 2, 2011.

SANTOS, Juarez Cirino dos. **Direito Penal**: Parte Geral. 4 ed. Curitiba: ICPC; Conceito Editorial, 2010.

SANTOS, Juarez Cirino dos. **Direito penal**: parte geral. 5. ed. rev. e ampl. Florianópolis: Conceito, 2012, p. 554

SANTOS, Robinson dos. A concepção de justiça penal na doutrina do direito de Kant. **Ethic@**, Florianópolis, v. 10, n. 3, p. 103-114, dez. 2011. Disponível em: <https://periodicos.ufsc.br/index.php/ethic/article/viewFile/1677-2954.2011v10n3p103/21554>. Acesso em: 18 out. 2023.

SARLET, Ingo Wolfgang. Indulto presidencial também é subordinado à Constituição. **Consultor Jurídico**, 6 jan. 2023. Disponível em: <https://www.conjur.com.br/2023-jan-06/indulto--presidencial-tambem-subordinado-constituicao>. Acesso em: 1º nov. 2023.

SCALCON, Raquel Lima. Apontamentos críticos acerca do funcionalismo penal de Claus Roxin. In: CONGRESSO INTERNACIONAL DE CIÊNCIAS CRIMINAIS, 2011.

SCHABAS, William A. et al. The International Criminal Court and complementarity: five years on. **Criminal Law Forum**, Springer Nature BV, v. 19, n. 1, p. 1-3, 2008. p. 1.

SCHMIDT, Andrei Zenkner. **Da Prescrição Penal**: de acordo com as Leis nºs 9.268/96 e 9.271/96: doutrina, prática, jurisprudência. Porto Alegre: Livraria do Advogado, 1997.

SCHROEDER, Friedrich-Christian. **Der Täter hinter dem Täter**: Ein Beitrag zur Lehre von der mittelbaren Täterschaft. Berlin: Duncker & Humblot, 1965.

SILVA FRANCO, Alberto. A Pessoa Humana como Centro do Sistema Punitivo. **Boletim IBCCrim**, jan. 2000.

SILVA SÁNCHEZ, Jesús-Maria. **Aproximación al Derecho Penal Contemporáneo**. Barcelona: JM Bosch, 1992.

SILVA SÁNCHEZ, Jesús-María. **La Expansión del Derecho Penal**. Madrid: Cuadernos Civitas, 1999.

SILVEIRA, Renato de Mello Jorge. A aplicação da teoria da cegueira deliberada nos julgamentos da Operação Lava Jato. **Revista brasileira de ciências criminais**, n. 122, p. 255-280, 2016.

SIQUEIRA, Leonardo. A ação de legítima defesa no direito penal. **Duc In Altum-Cadernos de Direito**, v. 3, n. 4, 2011.

SKIDMORE, Thomas. **Uma história do Brasil**. Tradução de Raul Fiker. São Paulo: Paz & Terra, 1998.

STAHN, Carsten; EL ZEIDY, Mohamed M. (Ed.). **The International Criminal Court and Complementarity**: from Theory to Practice. Cambridge, UK: Cambridge University Press, 2011.

STIGEN, Jo. **The Relationship Between the International Criminal Court and National Jurisdictions**: the Principle of Complementarity. Leiden, NE: Brill, 2008.

TAVARES, Juarez. **Teoria dos crimes omissivos**: monografias jurídicas. São Paulo: Marcial Pons, 2018.

TEIDER, Lucas Hinckel et al. Política criminal é política pública? **E-Civitas**, v. 12, n. 2, p. 197-211, 2019.

TEIDER, Lucas Hinckel; SANTOS, Gabriel Pivatto dos. Responsabilidade penal da inteligência artificial (?): a problemática relacionada ao elemento da conduta na clássica estrutura analítica do delito. In: GONZÁLEZ, Javier García et al. **El Derecho Público y Privado ante las Nuevas Tecnologías**. Nova Iorque: JSTOR/ITHAKA, 2020.

TELLES JUNIOR, Goffredo. **O direito quântico**. 6. ed. São Paulo: Max Limonad, 1985.

TIEDEMANN, Klaus. **Introdução ao direito penal e ao direito processual penal**. Belo Horizonte: Del Rey, 2007.

TRINDADE, Antonio Augusto Cançado. A interação entre direito internacional e o direito interno na proteção dos direitos humanos. **Arquivos do Ministério da Justiça**, Brasília, DF, v. 46, n. 182, p. 27-54, jul./dez. 1993.

VAN WEEZEL, Alex. Intención, azar e indiferencia: el dolo no intencional en la dogmática penal chilena del siglo XXI. **Ius et Praxis**, v. 27, n. 1, p. 190-209, 2021.

VAZ, Paulo Afonso Brum. **O sistema penal brasileiro e a prescrição**: violação ao dever de proteção no Estado Democrático de Direito. 166 f. Dissertação (Mestrado Profissional em Poder Judiciário) – Escola de Direito do Rio de Janeiro da Fundação Getulio Vargas, 2008. Disponível em: <https://bibliotecadigital.fgv.br/dspace/bitstream/handle/10438/2762/DMPPJ%20 2008%20-%20Paulo%20Afonso%20Brum%20Vaz.pdf?sequence=1&isAllowed=y>. Acesso em: 24 out. 2023.

VAZ, Paulo Afonso Brum. Prescrição em perspectiva ou virtual: um mal ainda necessário para a racionalização da atividade judicial. **Revista de Doutrina da 4ª Região**, n. 25, 29 ago. 2008.

VELLOSO, Ana Flávia Penna. A imprescritibilidade dos crimes internacionais. **Revista de Direito Internacional**, p. 11, 2006.

VERAS, Ryanna Pala. O racismo à luz do STF. **Boletim Científico Escola Superior do Ministério Público da União**, n. 11, p. 89-104, 2004.

VERVAELE, J. A. E. La responsabilita penale della persona guiridica nei Paesi Bassi: Storia e sviluppi recenti. **Societas Puniri Potest: La responsabilita da Reato degli Enti Collettivi**, p. 135-178, 2003.

VIANA, Eduardo. **Dolo como compromisso cognitivo**. São Paulo: Marcial Pons Editora do Brasil, 2017.

VICO MAÑAS, Carlos. **O Princípio da Insignificância como Excludente da Tipicidade no Direito Penal**. São Paulo: Saraiva, 1994.

VILLEY, Michel. **O direito e os direitos humanos**. São Paulo: M. Fontes, 2007.

VON BERTALANFFY, Ludwig et al. **Teoria dos sistemas**. Rio de Janeiro: Fundação Getulio Vargas, 1976

VON LISZT, Franz. **Tratado de Direito Penal Allemão**. Rio de Janeiro: F. Briguiet & C, 1899. Tomo I. p. 105.

WACQUANT, Loïc. **As prisões da miséria**. Tradução de André Telles. Rio de Janeiro: J. Zahar, 2001.

WELZEL, Hans. **Der allgemeine Teil des deutschen Strafrechts in seinen Grundzügen**. Berlin, DE: Walter de Gruyter GmbH & Co KG, 2020.

WELZEL, Hans. **El Nuevo Sistema del Derecho Penal. Uma introducción a la doctrina de la acción finalista**. Barcelona: Ariel, 1964.

WELZEL, Hans. Kausalität und Handlung. **Zeitschrift für die gesamte Strafrechtswissenschaft**, v. 51, n. Jahresband, p. 703-720, 1931.

WINFRIED, Hassemer. **Fundamentos del Derecho Penal**. Barcelona: Bosch, 1984.

WUNDERLICH, Alexandre. **Crime político, segurança nacional e terrorismo**. São Paulo: Tirant lo Blanch, 2020.

ZAFFARONI, E. R.; PIERANGELI, J. H. **Da Tentativa**: Doutrina e Jurisprudência. 6. ed. rev., ampl. e atual. São Paulo: Revista dos Tribunais, 2000.

ZAFFARONI, Eugenio Raúl et al. **Direito penal brasileiro**. Rio de Janeiro: Revan, 2003. v. 1.

ZAFFARONI, Eugênio Raúl. **Em Busca das Penas Perdidas**: a Perda da Legitimidade do Sistema Penal. Rio de Janeiro: Revan, 1989.

ZAFFARONI, Eugênio Raúl; PIERANGELI, José Henrique. **Manual de Direito Penal Brasileiro**: Parte Geral. 3. ed. São Paulo: Revista dos Tribunais, 2001.

ZAFFARONI, Eugênio Raúl. El sistema penal en los países de América Latina. In: ARAÚJO JÚNIOR, João Marcello de (Org.). **Sistema Penal para o Terceiro Milênio**: atos do colóquio Marc Ancel. Rio de Janeiro: Revan, 1991.

ZANOIDE DE MORAES, Maurício. Política criminal, Constituição e Processo Penal: razões da caminhada brasileira para a institucionalização do caos. **Revista da Faculdade de Direito**, Universidade de São Paulo, v. 101, p. 403-430, 2006. Disponível em: <https://www.revistas. usp.br/rfdusp/article/view/67712/70320>. Acesso em: 30 nov. 2023.

Sobre o autor

Fauzi Hassan Choukr tem Pós-Doutorado pela Universidade de Coimbra (2012/2013). Doutorado (1999) e Mestrado (1994) em Direito Processual Penal pela Universidade de São Paulo. É Especializado em Direitos Humanos pela Universidade de Oxford (New College; 1996) e em Direito Processual Penal pela Universidade Castilla la Mancha (2007). Capacitação profissional para o sistema acusatório junto ao CEJA – Centro de Estudos Jurídicos das Américas (OEA), Chile, 2016; Pesquisador convidado do Instituto Max Planck para direito penal estrangeiro, internacional e criminologia (1997 a 2008); Pesquisador convidado do Collège de France, cátedra sob egência da Profa. Mirreile Delmas-Marty (2005 a 2011). É Acadêmico da Academia Paulista de Direito (a partir de 2018, Cadeira Nelson Hungria) e da Academia Jundiaiense de Letras Jurídicas. Também é Membro da Associação Internacional de Direito Penal (AIDP); do Instituto Panamericano de Direito Processual; da Associação Brasileira de Direito Processual(ABDPro); do Instituto Brasileiro de Direito Processual Penal (IBRASPP); do Instituto Brasileiro de Ciências Criminais (IBCCrim). Exerce a função de Presidente do Ibraspp (2016/2019). Coordenador do PPGD da Facamp – Faculdades de Campinas. Realiza pesquisas concentradas nos seguintes temas: direitos fundamentais e sistema penal; internacionalização de direitos e globalização econômica; justiça de transição. Promotor de Justiça no Estado de São Paulo (desde 1989).

Impressão:
Junho/2024